ETR Law Firm
廣信君達律師事務所 1993-2023

思辨·钻研·前瞻

律师业务热点研究精选

广东广信君达律师事务所 主编

广信君达法律实务丛书

广信君达律师事务所30周年庆典纪念册书

法律出版社 LAW PRESS · CHINA
北京

图书在版编目(CIP)数据

思辨 钻研 前瞻：律师业务热点研究精选 / 广东广信君达律师事务所主编. -- 北京：法律出版社，2023
(广信君达法律实务丛书)
ISBN 978-7-5197-7412-7

Ⅰ. ①思… Ⅱ. ①广… Ⅲ. ①案例-汇编-中国 Ⅳ. ①D920.5

中国版本图书馆 CIP 数据核字(2022)第 238057 号

思辨·钻研·前瞻
——律师业务热点研究精选
SIBIAN · ZUANYAN · QIANZHAN
—LUSHI YEWU REDIAN YANJIU JINGXUAN

广东广信君达律师事务所 主编

责任编辑 薛 晗 王 斓
装帧设计 汪奇峰

出版发行 法律出版社
编辑统筹 法商出版分社
责任校对 李慧艳
责任印制 刘晓伟
经　　销 新华书店

开本 710 毫米×1000 毫米 1/16
印张 26　　字数 466 千
版本 2023 年 1 月第 1 版
印次 2023 年 1 月第 1 次印刷
印刷 天津嘉恒印务有限公司

地址：北京市丰台区莲花池西里 7 号(100073)
网址：www.lawpress.com.cn
投稿邮箱：info@lawpress.com.cn
举报盗版邮箱：jbwq@lawpress.com.cn

销售电话：010-83938349
客服电话：010-83938350
咨询电话：010-63939796

书号：ISBN 978-7-5197-7412-7
定价：98.00 元

编 委 会

编 写 组

序

习近平总书记在党的二十大报告中强调，我们要坚持走中国特色社会主义道路，建设中国特色社会主义法治体系、建设社会主义法治国家。法治的核心含义是良法和善治。全面推进依法治国，需要良法先行，也需要广大法律工作者实施、捍卫法律。亚里士多德说过，法律执业者处于法治的核心地带。没有这个群体对于法律相关价值的效忠，法治是很难运作的。

立法需要面对时代命题，反映人民的意志和根本利益，法律的实施则需要准确地解释和适用法律，二者均离不开实践的反馈。律师始终工作在司法实践的前端，从实务角度对法律进行运用，提出完善立法或法律适用的建议，具有独特的实践价值。律师是法治文明发展到一定阶段的产物，也是法治文明的标志；律师是程序公正的保障，不仅捍卫着程序公正，其对法律案件的介入本身就是程序公正的体现。作为实现程序正义和实体正义的重要力量，律师担负着和其他法律人一样的共同使命。我国的法律实践业已表明，律师在庭审等法律活动中发挥的作用越大，对法官的帮助就越大，没有一支专业化的法律职业队伍，司法公正高效权威的要求就难以实现。律师在实践中摸索出来的经验对于严格执法和公正司法都会有一定的参考作用。

广信君达律师事务所是广东省乃至全国规模较大的综合型律所之一，在成立30周年之际，将律师执业过程中积累的研究成果和经办的经典案例，以丛书形式出版，体现了律师在法治国家建设中的责任担当。晓华同志邀请我为丛书作序，我十分高兴。拿到丛书的样稿后，我认真阅读了内容，可以说，这套丛书有颇多可圈可点之处。

第一，丛书注重理论与实践相结合，彰显法律的经验价值。“法律的生命不在于逻辑，而在于经验”，这在律师行业体现得尤为明显。律师关注的法学理论和研究方法，具有明显的实践导向。丛书分为“学术研究”与“案例精选”两辑，既有对法律规范的深入思考，也有对个案的详细分析，最终都指向“如何理解”“如何适用”“如何完善”法律，反映了法治建设进程中律师的思考和行动。

第二,丛书关注立法的最新成果,注重解决社会生活中的新问题。社会生活的千变万化决定了法律不可能一成不变,需要与时俱进。特别是《民法典》的颁行,使我国民事法律体系发生重要变化。新法如何快速得以贯彻实施?律师作为法律工作者,其作用不可或缺。我欣喜地看到,丛书中的文章和案例,对新制度、新规则、新问题作出了一些务实的回应,体现了律师的责任与担当。

第三,丛书体例编排合理,适合读者阅读学习。丛书中的文章和案例,经过了用心的撰写和打磨,展示了律师的智慧和经验。学术文章坚持问题导向,提出解决法律问题的律师建议,案例强调从个案事实和裁判文书中抽象出可以普遍适用的规则和方法,让研究成果能够在更大范围应用,也是丛书的价值所在。

孟子说:"徒善不足以为政,徒法不能以自行。"法治是人类文明进步的标志,是现代社会治国理政的基本方式,良法是善治之前提,良法也需要善治落实,全面依法治国需要全社会的参与。广信君达律师的思考和总结,是我国律师参与法律实施过程中的一个剪影。希望丛书的出版可以为法律实务研究积累有益经验,为我国法治建设贡献律师智慧。

是为序。

王利明

中国法学会副会长,中国法学会民法学研究会会长

2022 年 10 月

引　言

与时代同行　向未来奋进

1993 年 1 月 29 日，广东广信律师事务所成立。2012 年 11 月 29 日，广东广信律师事务所、广东信利盛达律师事务所和广东安道永华律师事务所三家首届“广州十佳”律师事务所，及其他五家律师事务所的优秀律师团队，合并为广东广信君达律师事务所。2023 年 1 月，广信君达律师事务所成立 30 周年。

30 年来，我们锐意进取，积极投身改革开放大潮，从初创时 4 名律师 3 名行政财务人员，到 2022 年 9 月底，发展到 875 名律师，24 家境内外办公室，员工总数 1306 人。

30 年来，我们坚持政治引领，党建先行，坚持人民律师为人民的宗旨，着力打造思想过硬、作风过硬、爱党爱国的律师队伍。

30 年来，我们深耕业务，致力为当事人提供优质法律服务。据统计，事务所成立至今，担任常年法律顾问 12,259 宗（次）、代理民事诉讼案件 46,947 件、承办非诉案件/项目 14,217 件、刑事辩护案件 7368 件、行政案件 1962 件、仲裁案件 1849 件，总计经办各项业务 84,615 件（宗）。

30 年来，我们勇于承担社会责任，积极参与法律援助、人民调解、捐资助学、扶贫济困、抗击疫情、参政议政等社会公益事业与活动，积极响应主管部门号召，在广东平远县和西藏工布江达县设立分所，将法律服务送到相对贫困落后的全国无律师县，为国分忧，为民解愁。

30 年寒来暑往，30 次春秋更迭。在各级党委和政府关怀下，在广信君达人共同努力下，事务所先后被司法部、全国律协、广东省委以及国内外智库、机构颁评“全国法律服务行业文明服务窗口”、“全国优秀律师事务所”、“全国律师行业先进党组织”、“广东省先进基层党组织”、2021 年“中国律所品牌价值 100 强”（榜单第 7 名）等荣誉称号。

历史需要记录，经验需要总结，教训需要吸取。作为广东本土成长起来的全国性大所，回顾 30 年走过的历程，概括起来，我们做了四个坚持：

一是坚持统一思想，凝聚共识。事务所经过多次讨论与访谈，形成了我们的核心价值观:效率、信任、责任。这不仅是律所的愿景,也是每一个广信君达人必须遵守的原则:办理客户委托事项效率要高;工作成果要让委托人满意,要赢得客户的信任;要积极承担社会责任,回报国家、回馈社会。

二是坚持发展就是硬道理,律所要不断做大、做优、做强。律所要快速做大、做强,靠自身增长太慢,必须走合并重组的路子。我们用广信君达的理念去说服其他同行合并加盟,用较快的速度实现规模化。

三是坚持专业强所,严把工作质量关。律所在调研和达成基本共识的基础上,实行"两主两辅"办案规则,即每位律师只能经办登记在册的"两主两辅"法律业务,其他业务以有偿方式转由"两主两辅"领域内的专业律师办理,确保律所为客户提供最专业、最优质的法律服务。

四是坚持管理赋能,向管理要效益。虚心向同行取经学习,提高事务所的管理水平服务能力,凝聚人心,激发员工活力,不断提升广信君达文化品牌的吸引力和影响力。

孔子曰:"学而不思则罔,思而不学则殆。"值此广信君达成立30周年之际,我所决定编辑出版纪念丛书《专业智慧　步步为赢——律师实务案例精选》和《思辨·钻研·前瞻——律师业务热点研究精选》,将我所律师办案或平时的思考、心得、建议等编撰成书,是为献礼。

本次出版的丛书凝聚了我所律师的心血与智慧,也是律师结案(项目)后的复盘和提炼,对丰富相关法学理论,推动现行法律法规规章政策的修改完善具有一定的现实意义。由于律师比较忙等因素,书中难免有错漏之处,敬请谅解,欢迎指正。可能还有部分更为经典的案例,考虑商业秘密等因素,未能编入书中与各界人士交流,实属遗憾。

感谢广信君达的律师及助理们百忙中整理撰写书稿,感谢法律出版社编辑用心审核修改,更加感谢中国法学会副会长、民法学研究会会长王利明教授拨冗作序。

律师已经成为全面依法治国不可或缺的重要力量,新时代呼唤新担当、新作为,我们将继续奋斗,不断借鉴他山之石,打造广信君达百年品牌。

雄关漫道真如铁,而今迈步从头越。在党的二十大精神指导下,我所将继续坚持以习近平法治思想为指引,为建设中国特色社会主义法治国家、为实现中华民族伟大复兴做出应有的贡献。

王晓华

广东广信君达律师事务所创始合伙人、名誉主任

2022年10月

目　　录

民商事篇

金融证券及资本市场篇

涉外事务篇

行政法及知识产权篇

刑事辩护篇

民商事篇

在英小留学生包机回国相关法律问题分析*

王晓华　唐浩森

新冠肺炎疫情席卷全球，截至2020年4月1日，处于亚欧大陆另一端的英国确诊人数超过25,474例，累计死亡1793例。① 疫情日益严重下的英国已于3月20日起关闭所有中小学校，滞留在此的小留学生备受关注。

党中央高度重视和关心海外中国留学生人员的健康和安全，尤其是在英国的中国小留学生，约1.5万居世界首位。党中央非常重视这个特殊群体，使领馆也努力帮助他们解决目前的困境。根据外交部发布的最新消息，中国驻英大使馆正组织小留学生们在伦敦时间4月2日从伦敦乘包机直飞山东济南，此次包机仅限孩子乘坐，相关费用自理。外交部发言人在4月1日举行的外交部例行记者会上介绍，外交部正在积极协调民航等部门，将于第二天增加临时航班赴英国，为确有困难的海外学子归国提供便利。②

此前，百名英国小留学生家长联名向中国外交部、驻英大使馆递交《关于对滞留在英国的未成年中国小学生开展领事保护的申请》，请求政府包机接回小留学生，引发部分网友的不同意见。③ 我们不应忘记，也不应忽视，留学生这个特殊群体为国家民族作出的贡献。

在此次疫情发生之初，广大海外同胞尤其是留学生心系祖国，主动捐款捐物，体现了宝贵的爱国情怀。再往前追溯一百多年，留学生这个中国近代史上不可忽略的一个群体，如当年考取庚子赔款而留美的中国学生，在后来的几十年间成了

---

* 原文于2020年4月1日发表于广信君达律师事务所微信公众号，刊登后被今日头条、中国律师网、广东省法学会微信公众号、广州律协微信公众号等平台转载。

① 参见《世界各国新冠疫情数据分析》，载腾讯网，https://new.qq.com/rain/a/20200414A0LJ1U00。

② 参见《外交部：明日增加临时航班赴英国　为海外学子归国提供便利》，载央视新闻客户端2020年4月1日，https://www.yicai.com/news/100574978.html。

③ 参见《明日增加临时航班赴英接送海外学子，英国小留学生包机回国》，载腾讯网，https://new.qq.com/rain/a/20200401A0TT0B00。

中国学术界最闪亮的明星，包括梅贻琦、胡适、赵元任等，以及后来的中国科技界很有建树的许多专家，都成为中国现代化进程中强有力的中坚力量。

从现实而言，接回正处于水深火热中的在英小留学生也刻不容缓。小留学生在英国无法得到应有保护，英国政府和英国民众未对疫情引起足够重视，依然有大部分英国人“酒照喝，舞照跳”。这与欧洲人潜在意识不无关系：在部分欧洲人的逻辑中，只有生病的人才会戴口罩。因此戴口罩出门的小留学生们成为当地“另类”。疫情发生以来，国外超市等发生驱逐戴口罩的中国人事件也屡见不鲜。而且，由于学校关闭，许多小留学生无法继续寄宿学校，部分住宿家庭明确拒绝接收中国留学生。即便有寄宿家庭，他们也不能给小留学生群体们提供充足有效的防护措施，小留学生群体感染的风险依然存在。加之国际航班的缩减，回国机票一票难求，部分12周岁以下的孩子更因无人陪伴而无法购票，这些情况更是让小留学生群体的回国路“雪上加霜”。

实际上，即使在疫情发生之前，这些小留学生们也面临比同龄人大得多的学习和居住压力。笔者曾于2001—2003年赴英国伦敦东伦敦大学留学并获得硕士学位。因课程对语言的需要，加入过英国校方开办的语言班。通过和班级中的许多青少年留学生们长达一年多的相处，笔者深刻体会到这个特殊群体的不易之处：受当时英国政府限制中国留学生在银行开户政策的影响，只能带现金上学的小留学生们极易发生被偷盗的情况；许多针对小留学生群体的中介机构大多尽不到全托全管的义务，而寻找合适的寄宿家庭又并非易事，许多小留学生的日常生活和健康都无法保障，甚至被诈骗、被部分当地人恶意歧视。因对该情况触动极大，笔者回国后还曾在2004年提出过以保障和改善小留学生群体生活为主题的提案。

笔者2016年赴英留学并就读于爱丁堡大学法学院。留学海外这不仅是对个人学习能力的考验，也是对生活自理能力等综合能力的一次锻炼。如何平衡繁重的学业与生活是每个留学生都必须面对的问题。对于小留学生群体来说，他们更是在小小年纪就经历了一次“人生大考”。疫情当前，越来越多的海外大留学生群体已经行动起来响应号召，给予小留学生群体们更多力所能及的帮助和支持。

在当下世界性公共卫生危机面前，没有国家可以独善其身。秉承“人类命运共同体”的意识，我们必须携起手来，众志成城，共克时艰。漂泊在异国他乡的小留学生们，理应在法律上受到保护。具体来说，关于该问题，可以尝试从以下几个法律角度进行分析：

一、民事法律关系层面

(一)妥善处理小留学生与寄宿家庭的关系

英国官方在办理签证时对于监护人有强制性的要求,凡父母双方不是英国公民或在英国陪读的,如果孩子未满法定年龄,必须在英国当地指定合法的监护人或监护公司代替父母履行监护义务。在英国私立学校,学生是不允许单独外出的,即便是学校组织的外出活动,也必须提前让监护人知晓。因此,寄宿家庭(Homestay)的家长并不等同于监护人,寄宿家庭只为孩子提供食宿,并没有义务照顾孩子,不享有孩子的监护权。

在英国,可选择的监护人包括:学校提供的监护服务、专业的监护机构(英国本土公司或华人监护机构)、专业监护个人等。英国《2016 年特别监护有关规定(修正版)》《1989 年儿童保护法》《2002 年赡养及儿童保护法》等法律明确规定,未到法定年龄的全日制留学生必须配备合法的监护人。监护人每天 24 小时随时待命处理紧急情况,如突发疾病、交通意外、财物损失、国际航班延误,以及校园内的状况等。英国的法定假期比较多,寄宿学校一般在周末或假期不允许学生住校,学生就需要到监护人那里居住,孩子生病也需要监护人帮忙看病。因此,针对仍滞留在英国的小留学生,如因学校停课,则该学生日常生活与学习上能与寄宿家庭、监护人三方都保持联系,一定频次的正常沟通是非常重要的。

(二)与学校及时沟通,确保学业完成

应当提醒家长注意的是,对于尚未完成学业的小留学生,应当关注一系列后续需处理的问题。如回国是否影响小留学生的学业,作为学生签证的担保方,英国大部分学校对学生的出勤有严格的管理。如果学生经常无故旷课、请假导致出勤率不达标,校长有责任将情况上报至英国出入境管理部门,严重的可能会直接取消签证。一般来说,学生因为收到院校的处罚邮件,邮件上面都会写明学生是否有申诉的机会,该向谁申诉,申诉的截止时间等,如果不够详细,学生可以参考学生手册的说明进行申诉;遇到类似情况,学生还可以以邮件的形式向老师发邮件询问。对小留学生来说,需要与学术行政服务的相关教职工保持联系,留充分的时间准备申诉材料,提高申诉成功率的机会。因此,一定要和校方沟通好并做好安排,并关注签证有效期等问题。

(三)建议购买相关保险

根据最新消息,从英国回国的第一批小学生必须签署《责任承诺书》,其中包含"本人自愿承担未成年子女搭乘临时商业航班回国过程中的任何风险"等内容。而机票里面含有的保险一般是航空公司因自身的责任造成航空旅客人身伤亡,应

对航空旅客赔偿的责任保险，但它是航空公司为自己的承运责任购买的保险，并不是替乘客购买的人身险。因此，为了给自己提供人身意外保障，最好在出发前为小留学生购买一份航空意外险，它是保险公司为航空旅客专门设计的一种针对性很强的商业险种，保险期限从被保险乘客踏入保单上载明的航班班机的舱门开始到飞抵目的港走出舱门为止。

二、行政法律关系层面

根据行政法相关理论，行政法律关系的客体指行政法律关系中当事人权利，义务所指向的对象。实施领事保护的主体是政府等行政机关，在国外是驻外使领馆。在中国公民、法人的合法权益在所在国受到侵害时，中国驻当地使、领馆依法向驻在国有关当局反映有关要求，敦促对方依法公正、妥善处理，从而维护海外中国公民、法人的合法权益。作为驻外使领馆，其所依据的法规主要包括公认的国际法原则、有关国际公约、双边条约或协定以及中国和驻在国的有关法律法规。而作为行政相对人的中国公民的合法权益主要包括：人身安全、财产安全、合法居留权、合法就业权，法定社会福利、人道主义待遇等。

因此，笔者认为，结合当下特殊情况，我们可以初步认为驻英大使馆与包括小留学生群体在内的中国公民形成了某种准行政法律关系。具体来说：

《国家安全法》第33条规定，国家依法采取必要措施，保护海外中国公民、组织和机构的安全和正当权益，保护国家的海外利益不受威胁和侵害。笔者也注意到，在《中国领事保护和协助指南》中类似的规定也清晰可见：凡是依照《国籍法》具有中国国籍者，都可以得到中国政府的领事保护。换句话说，只要是中国公民，无论是定居国外的华侨，还是临时出国的旅行者，都是我们提供领事保护的对象。

2018年公布的《领事保护与协助工作条例(草案)(征求意见稿)》第14条提到：驻在国发生武装冲突、政治动乱、严重自然灾害、恐怖袭击等重大突发事件，中国公民因人身安全受到严重威胁需要帮助时，驻外外交机构和驻外外交人员应当及时了解核实有关情况，敦促驻在国有关部门采取有效措施，保护中国公民人身安全。在确有必要且具备条件的情况下，可联系、协调有关组织或者机构提供救助；该征求意见稿第21条详细规定了关于费用的承担问题：中国公民、法人和非法人组织获得领事保护与协助的，应当自行承担其食宿、交通、通信、医疗、诉讼费用及其他应由个人承担的费用。

因此，在行政法律层面，需要多角度、多维度的发挥政府、驻外使领馆等行政机关的协调与保护职能。在国际法与国内法两个层面统筹协调国际法基本原则、国际公约、双边条约或协定以及中国和驻在国有关法律法规，在实践中发挥法律法规的指引作用，从而对作为行政相对人的中国公民的合法权益作出全面保护。

三、国际法层面

国家作为参与国际法律关系的重要主体之一，中、英两国在国际法大框架内均应受到相应约束。就法律层面而言，小留学生们作为中国公民，理应享有其应当享受的各项权利，中、英两国都有义务和责任从国际法层面对他们实施有效的保护，具体来说：

结合《维也纳领事关系公约》第 5 条的规定分析，一旦中国公民在当地所享有的合法权益受到侵害，中国驻外使、领馆有责任在国际法及当地法律允许的范围内实施领事保护。[①]

针对保障儿童权利问题，联合国于 1989 年决议通过《儿童权利公约》，该公约是具有法律约束力的国际性约定，适用于全世界 18 岁以下的任何人。[②] 1991 年 12 月第七届全国人民代表大会常务委员会第 23 次会议批准了《儿童权利公约》，从此《儿童权利公约》成为我国广泛认可的国际公约。该公约提到的儿童权利多达几十种，如姓名权、健康权、医疗保健权、受父母照料权、隐私权、表达权等。

根据联合国国际人权公约的相关规定，其实际上将《世界人权宣言》中规定的权利以法律形式固定成为具有约束力的国际条约，各缔约国应承担法律上的权利和义务，这对国际政治和国际法产生了广泛而深远的影响。我国于 1979 年开始派观察员出席联合国人权委员会，1982 年成为该委员会正式成员国。我们应该看到，人权本身不是国际法创设的，国际法只是通过国家的合作，尊重和保护有关权利或促进其更好地实现。其中，生存权和发展权是最基本的人权。而小留学生群体，毋庸置疑，应当享有最基本的人权。

结　语

小留学生们始终是国家的骨肉，是祖国未来建设的中坚力量。小小年纪的他们远渡重洋，有家难回，这份成长的记忆也许是刻骨铭心的。在当前特殊情况下，任何一个看到孩子们无助眼神的人都不会无动于衷。总而言之，接回小留学生们是政府应尽的责任，在疫情肆虐的紧要时刻，各方有关主体都要行动起来履行应尽职责，为小留学生群体们从法律法规制度等层面提供必要且及时的保护。

---

① 参见《维也纳领事关系公约》。

② 参见《儿童权利公约》。

全民所有制企业清算义务人违反清算义务相关争点问题评析

王春平　黎月梅

引　言

近年来，随着供给侧改革的推进，中央要求"更加注重运用市场机制、经济手段、法治办法化解产能过剩，加大政策引导力度，完善企业退出机制"。全民所有制企业作为特殊的国有企业，在其清退过程中，为维护自身的合法权益，债权人会依据《公司法》关于清算义务人的有关规定，向全民所有制企业清算义务人主张权利，而全民所有制企业清算义务人往往会以"公司法不适用于全民所有制企业"作为抗辩理由，这在理论界和司法实务中引发了较大争议。就此，笔者将在本文中从法律层面、司法裁判层面进行分析研判，以期从中总结或提出符合司法裁判主流趋势的观点。

一、全民所有制企业及其性质

所谓"全民所有制"也就是全民族、整个国家或整个社会占有生产资料的一种所有制。①

《全民所有制工业企业法》第2条明确了"全民所有制企业"的定义：全民所有制企业是指企业财产属于全民所有的，依法自主经营、自负盈亏、独立核算的商品生产和经营单位。

结合其历史演变过程，全民所有制企业实际上是国家在当时特定经济环境下、为了实现一定的经济目的独资创办的企业，是受国家委托对国家财产进行经营处理的经营人。国家依照所有权和经营权分离的原则授予全民所有制企业经营管理国家财产，全民所有制企业对国家授予其经营管理的财产享有占有、使用

---

① 参见奚兆永：《论全民所有制：理论和现实——兼评胡德巧等同志的观点》，载《当代经济研究》1996年第4期。

和依法处分的权利。

二、《全民所有制工业企业法》《公司法》关于清算的法律规定之比较

企业法人的清算实际是对企业法人的债权债务进行梳理、解决，对其财产进行分配处置的过程，清算义务人在清理企业法人债权债务过程中的主要职能和义务是尽量保全企业的财产，采取合法的措施回收企业的对外债权，从而实现企业财产的保值甚至增值。

（一）适用于企业法人清算的一般规定①

适用于企业法人清算的一般规定主要有：《民法典》第 70 条、第 71 条；《企业法人登记管理条例》（2022 年已失效）第 21 条；《市场主体登记管理条例》第 26 条、第 31－33 条；最高人民法院《关于企业法人营业执照被吊销后，其民事诉讼地位如何确定的复函》（法经〔2000〕24 号函）；最高人民法院《关于债权人对人员下落不明或者财产状况不清的债务人申请破产清算案件如何处理的批复》（法释〔2008〕10 号，以下简称法释〔2008〕10 号批复）。

（二）《全民所有制工业企业法》关于全民所有制企业清算的相关规定

《全民所有制工业企业法》于 1988 年 4 月 13 日颁布实施，后于 2009 年 8 月 27 日被修正。无论是修正前还是修正后的《全民所有制工业企业法》，均只对全民所有制企业的终止原因、终止程序、债权债务清理等作出了一般性的规定，主要为第 19－21 条。

（三）《公司法》关于有限责任公司、股份有限公司清算的相关规定

1993 年《公司法》的颁布，体现了中国企业立法从计划经济体制向市场经济体制的转变，企业立法模式也由传统的所有制标准向企业组织形式标准转变。

根据《公司法》第 3 条等相关法律规定，有限责任公司、股份有限公司是独立的民事责任主体，以其全部财产对自身的债务承担责任，公司股东只在其认缴出资或认购股份的范围内对公司承担责任。在清算过程中，有限责任公司、股份有限公司仍是独立民事主体的资格，为了防止清算主体利用公司独立法人的地位，损害公司债权人或公司小股东的利益，《公司法》及相关司法解释对清算主体的法律责任作出了相关规定，主要为《公司法》第 184 条，最高人民法院《关于适用〈中华人民共和国公司法〉若干问题的规定（二）》（以下简称《公司法司法解释二》）第 18－20 条、第 22 条。

---

① 鉴于本文主要是探讨公司法关于有限责任公司、股份有限公司清算义务人民事责任的相关规定能否适用于全民所有制企业清算义务人民事责任的认定和追究，故在此罗列的主要是涉及清算义务人民事义务或责任的相关法律规定。

(四)对比情况

从上述法律规定来看,全民所有制企业、有限责任公司、股份有限公司的清算义务人及其所负有的民事义务及承担的民事责任分别如表1所示。

表1 全民所有制企业、有限责任公司、股份有限公司的清算义务人及民事责任对比

	全民所有制企业	有限责任公司	股份有限公司
清算义务人	出资人、开办单位或主管单位	股东、实际控制人	董事、控股股东或实际控制人
民事责任	《民法典》的一般规定:成立清算组织依法进行清算,并依法办理注销登记,如未及时履行清算义务,造成损害的,应当承担民事责任		
	《全民所有制工业企业法》的特别规定:依法清理债权、债务,并依法办理注销登记	《公司法》及其司法解释的特别规定: 1.未在法定期限内成立清算组开始清算,导致公司财产贬值、流失、毁损或者灭失的赔偿责任; 2.怠于履行义务,导致公司主要财产、账册、重要文件等灭失,无法进行清算的连带清偿责任; 3.在公司解散后,恶意处置公司财产给债权人造成损失,或者未经依法清算,以虚假的清算报告骗取公司登记机关办理法人注销登记的赔偿责任; 4.公司未经清算即办理注销登记,导致公司无法进行清算,而对公司债务的清偿责任; 5.公司解散,公司财产不足以清偿债务时,在未缴出资范围内对公司债务的连带清偿责任	

可见,对于"全民所有制企业清算义务人应在何时成立清算组、成员由哪些人组成""清算组享有哪些职权和负有哪些义务""应按照何种程序进行清算""如何才构成未及时履行清算义务""应承担何种民事责任"等相关问题,《全民所有制工业企业法》未作出进一步的规定,存在较大空白。

三、案例检索结果

对比《全民所有制工业企业法》,关于清算义务人所负民事责任,公司法的规定可谓十分详尽,全民所有制企业清算义务人所负民事责任的规定尚不完备。

在处理因全民所有制企业清算而引发的争议过程中,尽管部分法院会根据最高人民法院《关于适用〈中华人民共和国公司法〉若干问题的规定(一)》第2条"因公司法实施前有关民事行为或者事件发生纠纷起诉到人民法院的,如当时的法律法规和司法解释没有明确规定时,可参照适用公司法的有关规定"的规定,参照公司法相关规定处理,但是,经围绕"能否适用公司法相关法律规定处理全民所有制企业有关的纠纷"进行司法裁判文书的检索和研究,结果显示:部分法院对前述问题持否定态度，理由主要是“全民所有制企业并非公司法调整的对象”。主要列举如下。

(一)最高人民法院相关裁判

在(2015)民提字第 197 号债权转让合同纠纷案中，最高人民法院认为：《公司法》第 2 条规定“本法所称公司是指依照本法在中国境内设立的有限责任公司和股份有限公司”，蔬菜集团其工商登记信息及法人营业执照均显示为全民所有制企业，蔬菜集团并非依照《公司法》设立的有限责任公司或股份有限公司，而是依照原《民法通则》设立的全民所有制企业法人，原《民法通则》第 48 条规定“全民所有制企业法人以国家授予它经营管理的财产承担民事责任”，故蔬菜集团并非《公司法》调整的主体范围，更非《公司法》规定的一人有限责任公司。商业经营公司虽为蔬菜集团的唯一出资人，但其身份并非《公司法》规定的一人有限责任公司的股东，而是国有企业的出资人，故二审法院适用《公司法》第 63 条的规定判令商业经营公司对蔬菜集团的债务承担连带责任，适用法律错误，应予纠正。

(二)广东地区法院相关裁判

1. 在(2014)穗中法审监民再字第 136 号股东滥用股东权利赔偿纠纷案中，广州市中级人民法院认为：《公司法》于 1994 年 7 月 1 日施行，海外公司系成立于 1993 年 2 月 19 日的全民所有制企业法人，其出资问题应适用《全民所有制工业企业法》的相关规定……现中国印刷物资总公司要求上述出资人应提供《公司法》规定的相关验资证明，不符合最高人民法院《关于适用〈中华人民共和国公司法〉若干问题的规定(一)》第 1 条的规定，本院再审对此不予支持。

2. 在(2016)粤 01 民终 5797 号股东损害公司债权人利益责任纠纷案中，广州市中级人民法院认为：根据《公司法》第 2 条“本法所称公司是指依照本法在中国境内设立的有限责任公司和股份有限公司”的规定，白某集团不属该法的调整对象，因此，A 联合公司主张适用《公司法》及相关司法解释的规定，认定韩某某系白某集团的实际股东、实际控制人并据此追究韩某某的个人责任，缺乏事实及法律依据。

(三)北京地区法院相关裁判

1. 在(2008)海民初字第 34397 号合同纠纷案中，北京市海淀区人民法院认为：D 公司属于全民所有制企业，其依据公司法中关于有限责任公司、股份有限公司股东清算责任的规定，要求工业大学承担清算赔偿责任，缺乏法律依据，故对中水中心该请求不予支持。

2. 在(2018)京 02 民终 1600 号执行异议之诉案中，北京市第二中级人民法院认为：北京某中心以北京 C 公司在北京 D 公司注销时未经清算即同意注销为由，申请追加北京C公司为被执行人，并称由于北京D公司经济性质为全民所有制，并非公司，故应参照适用最高人民法院《关于民事执行中变更、追加当事人若干问题的规定》第21条，但该主张缺乏法律依据，法院不予支持。

（四）上海地区法院相关裁判

1. 在上海Z公司诉上海某交流中心股东损害公司债权人利益责任纠纷案中，上海市第一中级人民法院认为：《公司法》关于清算义务人的清算赔偿责任不能当然地适用于非公司制法人清算义务人的清算义务和责任认定……《公司法司法解释二》中有关公司清算义务人承担赔偿责任的规定，仅适用于公司制企业。

2. 在（2017）沪01民终2827号清算责任纠纷案中，上海市第一中级人民法院认为：B公司性质为全民所有制，虽然于2008年6月9日被吊销营业执照，其主管部门（出资人）地质供应站于2003年12月12日被注销，注销时地质供应站向工商机关出具《单位注销申请书》中载明资金、财产已全部并入地矿勘察院，但B公司并不属于公司法中所称的公司，不适用公司法及公司法的相关规定，故E公司要求地矿勘察院根据公司法的相关规定承担赔偿责任，无法律依据，一审法院不予支持符合法律规定。

3. 在（2014）沪二中民四（商）终字第1520号清算责任纠纷案中，上海市第二中级人民法院认为：科教公司系非公司制企业，故本案争议不适用我国《公司法》及其司法解释关于公司清算的相关规定。

4. 在（2014）沪二中民四（商）终字第1119号联营合同纠纷案中，上海市第二中级人民法院认为：医用仪表厂系全民所有制企业，非公司法人，有关其出资人责任承担问题不适用我国《公司法》相关规定……即便参考我国《公司法》及公司法律制度原理，股东未履行或未全面履行出资义务或者抽逃出资的情况下对公司不能清偿的债务应承担的是补充赔偿责任而非连带清偿责任。一审法院判决医药公司对医用仪表厂的上述债务承担连带清偿责任有所不当，二审法院依法予以纠正。

（五）江苏地区法院相关裁判

在（2016）苏03民终×号建设工程合同纠纷案中，徐州市中级人民法院认为：因G公司系全民所有制企业，有关该企业的涉及出资问题纠纷应当适用《全民所有制企业法》的有关规定，一审法院适用《公司法》有关规定处理本案纠纷系属不当。

四、分析意见和建议

（一）全民所有制企业并非公司法调整的对象，直接依照公司法相关法律规定要求全民所有制企业清算义务人承担民事责任，存在适用法律不准确之虞

《公司法》第2条规定：“本法所称公司是指依照本法在中国境内设立的有限

责任公司和股份有限公司。”

根据前述法律规定，公司法的调整对象是在我国境内设立的有限责任公司、股份有限公司，不包括全民所有制企业。

结合前述案例检索结果，笔者认为，直接依照公司法相关法律规定要求全民所有制企业清算义务人承担民事责任，存在适用法律不准确之虞。

（二）如《全民所有制工业企业法》无规定的，债权人可依据原《民法总则》第71条、《民法典》第71条要求全民所有制企业清算义务人承担责任

《全民所有制企业》关于全民所有制企业清算的规定存在较大空白，对于该等空白，2017年10月1日施行的《民法总则》起到了一定的填补作用。

原《民法总则》第71条规定："法人的清算程序和清算组职权，依照有关法律的规定；没有规定的，参照适用公司法的有关规定。"2021年生效的《民法典》第71条完全继承了这条规定。

根据前述法律规定，在《全民所有制企业》没有规定的情况下，债权人要求全民所有制企业清算义务人参照公司法关于清算程序、清算组职权、清算义务人民事责任等规定组织实施全民所有制企业的清算、行使职权、承担责任等具有法律依据。

需要说明的是："法不溯及既往"作为一项基本法律适用原则，主要适用于新旧法对同一问题都有规定但规定又有所不同的情形。此时，要根据行为时的法律来确定所应适用的法律：行为时《民法总则》《民法典》尚未施行的，适用当时的法律规定；行为时《民法总则》《民法典》已经施行的，适用《民法总则》《民法典》的规定。但该原则并非绝对，它有两个例外：一是某项制度《民法总则》《民法典》有规定，而旧法如合同法没有规定的；二是根据"有利追溯"原则，例外情况下允许新法具有溯及力。①

（三）债权人可向全民所有制清算义务人主张权利的其他可行路径

1. 依据《民法典》等相关法律规定，向全民所有制企业清算义务人主张侵权责任。

从上文援引的《公司法》有关法律规定来看，有限责任公司和股份公司清算义务人制度以及未清算承担责任的制度，其理论基础是《公司法》第20条规定的法人人格否认制度，是对股东有限责任的突破。这种突破是基于"规范公司

---

① 最高人民法院刘贵祥专职委员在2019年7月3日全国法院民商事审判工作会议上的讲话相关内容。

的退出机制，保护债权人合法利益不受侵害”的价值考量。[①]《公司法司法解释二》第18条规定的未履行清算义务的股东所负民事责任，从本质上说，是一种侵权责任。

尽管全民所有制企业清算义务人的民事责任认定不能直接依据《公司法》相关法律规定，但若全民所有制企业清算义务人在全民所有制企业清算程序中存在侵权行为，同时又符合构成侵权责任的其他三个要件（清算义务人存在过错、债权人权益受损的损害结果、清算义务人的行为与债权人的损害结果之间存在因果关系），则债权人应可依据《民法典》相关法律规定要求该清算义务人承担侵权责任。

《民法典》第70条第3款规定的“清算义务人未及时履行清算义务，造成损害的，应当承担民事责任”，在本质上来说，也是一种侵权责任，但适用于“清算义务人未及时履行清算义务，造成损害”此种特定的情形。

据此，债权人可以结合具体案件情况，依据行为施行时的《民法总则》第70条第3款或现行有效的《民法典》第70条第3款等相关法律规定，向全民所有制企业清算义务人主张侵权责任。

需要注意的是：对于“如何才能认定为清算义务人未及时履行清算义务”“清算义务人应承担何种民事责任”等问题，《民法典》第70条第3款未作明确规定。笔者认为，在依据前述法律规定向全民所有制企业清算义务人主张权利时，可参照适用《公司法》相关规定，以明确己方主张。

2. 在出现法释〔2008〕10号批复规定的特定情形时，依据该批复主张清算义务人承担相应民事责任。

根据法释〔2008〕10号批复，在债务人下落不明或者财产状况不清的债务人申请破产清算情形下，如债务人的有关人员不履行法定义务，法院可依据有关法律规定追究其相应法律责任；其行为导致无法清算或者造成损失，有关权利人起诉请求其承担相应民事责任的，法院应依法予以支持。

法释〔2008〕10号批复的适用范围是前述特定情形，而且规定了较多的适用条件，该批复第3款与《公司法司法解释二》第18条第2款规定的适用主体、行为要件、造成结果、责任范围、法律依据均存在差异（见表2）。

---

① 最高人民法院研究室编：《最高人民法院司法解释：正式文本·理解与适用》，法律出版社2009年版，第113页。

表 2 《公司法司法解释二》第 18 条第 2 款与法释〔2008〕10 号批复第 3 款比较

项目	《公司法司法解释二》第 18 条第 2 款	法释〔2008〕10 号批复第 3 款
适格主体	有限责任公司的股东、股份有限公司的董事和控股股东	债务人的有关人员
行为要件	怠于履行义务	配合清算义务、未及时履行破产申请义务
造成结果	导致公司主要财产、账册、重要文件等灭失，无法进行清算	债务人的有关人员不配合清算的行为导致债务人财产状况不明，或者依法负有清算责任的人未依照《企业破产法》第 7 条第 3 款的规定及时履行破产申请义务，导致债务人主要财产、账册、重要文件等灭失，致使管理人无法执行清算职务
责任范围	连带清偿责任	相应民事责任
法律依据	《公司法》第 180 条、第 183 条	《企业破产法》第 15 条、第 126 条、第 128 条

据此，如债权人适用法释〔2008〕10 号批复向全民所有制企业的清算义务人主张权利的，应注意先行研究判断是否符合法释〔2008〕10 号批复规定的适用条件。

需要注意的是：对于“债务人的有关人员”“清算义务人应承担何种民事责任”“是否应在破产程序终结前主张”等问题，该批复也未作明确规定。由于对前述主体范围、责任类型、程序要求的把握，涉及该批复内容的本意理解，必要时，可依法申请审理法院报请最高人民法院进一步明确。

结　语

尽管《全民所有制企业》对全民所有制企业清算义务人民事责任的规定不完善，但不代表全民所有制企业清算义务人便可为所欲为，也不代表债权人在全民所有制企业清算义务人侵害债权人合法权益时无法向其主张权利，债权人依然可在现有法律体系下找到维护自身合法权益的护盾。

夫妻公司人格否认法律适用与认定的实证研究*

王　钲　李键文

引　言

随着市场经济发展，以夫妻二人共同出资、共同经营的公司市场活动普遍存在。我国《公司法》并不禁止具有夫妻关系的股东发起设立公司，然而实践中，夫妻公司股东滥用公司法人独立地位和股东有限责任而逃避债务的情况也时有发生。因此，商事审判中有必要在人格否认上对夫妻公司作出更严格的规定，不能放任夫妻股东以公司面纱为由予以抗辩。笔者在本文中，将通过大量案件中生效判决的裁判观点，总结法院对夫妻公司人格否认的法律适用及审查要点，并提出相关参考建议。

一、夫妻公司与一人公司争议

一般而言，夫妻公司是指公司股东有且仅为夫妻二人的有限责任公司。夫妻公司的表述不是严格意义上的法律术语，现行法律规范下并未对夫妻公司的表述进行特别规定，但司法实践中对这一类股东构成公司的定义基本达成共识，绝大部分判决文书中直接将该类型公司统称为夫妻公司。从夫妻公司的产生形式上看，可分为原生型夫妻公司和衍生型夫妻公司。夫妻公司大多是从家庭式个体工商户、小作坊等经济组织发展而来，其能够满足夫妻以有限投资减少经营风险的需求。夫妻公司具有以下法律特征。

第一，夫妻公司的出资与收益特殊。《民法典》第 1062 条规定，夫妻在婚姻关系存续期间所得的生产、经营、投资的收益归夫妻共同所有。夫妻公司的股东为夫妻二人，股东出资来源是夫妻共同财产，公司所得收益同样具有夫妻共同财产

---

* 本文已发表于《法制博览》2022 年第 27 期。

的性质，当然夫妻双方可以书面约定对该收益予以分割和处置。

第二，夫妻公司股东关系特殊。夫妻股东包含了合作伙伴和配偶双重关系，由于夫妇一体、夫唱妇随等婚姻家庭传统观念的影响，相较其他公司，夫妻公司股东之间的人合性更加突出、关系更加紧密，在利益上能够保持高度一致。

第三，夫妻公司内部治理结构简单。市场活动中，大部分夫妻公司都是人数和规模较小的公司，通常仅有夫妻二人，由夫妻共同或一方控制日常经营。公司的法定代表人、执行董事和监事往往是夫妻一并兼任，股东会的召集、表决和董事执行等程序基本流于形式，内部监督机制缺失。

基于夫妻公司以上特征，《公司法》中对公司治理结构、经营模式、利益制衡机制等规定，难以约束夫妻股东对公司的治理，这与《公司法》规定的一人公司有相似之处。设立一人公司有利于节约创业成本、繁荣市场经济，但只有一个自然人或法人股东的一人公司内部治理结构简单，容易造成股东对公司的过度支配与控制，使公司丧失独立性。为了避免一人公司沦为股东的工具或躯壳，损害公司或债权人利益，《公司法》第63条确定了举证责任倒置的规则，即一人公司的股东应当举证证明公司财产独立于股东自己的财产，否则将承担举证不能的不利法律后果。《公司法》对一人公司采取了比普通有限责任公司更为严格的制度约束，但对夫妻公司没有特别规定。

随着夫妻公司纠纷案件日益增加，夫妻公司能否被认定为法律规范下的一人公司这一法律问题越来越突出。司法实践中，有的法院认为夫妻公司股东为复数、股东形式上不属于一人公司，也有的法院认为夫妻公司为实质意义上的一人公司，司法机关对夫妻公司的认识差异，不仅给司法裁判带来困扰，还直接影响了债权人的利益保护以及夫妻股东的责任承担，对夫妻公司人格否认的探讨有其必要性及现实需求。

二、夫妻公司人格否认的实证分析

笔者检索到2020年1月1日至2021年10月31日，以“夫妻公司”“一人公司”“连带责任”为关键词的已结民事案件共有185个。经研读，筛除以下案例：(1)案件仅将夫妻公司作为裁判理由中的套话使用，判决的主要内容与本文研究内容无关；(2)案件中只有原被告双方或者一方提及夫妻公司人格否认问题，而法院并未对该问题进行说理；(3)同一法院受理案件事实与论理基本一致的同案判决。最终有效案例共有74个(含执行程序案件13个)。

在74个案件中，二审案件为35个，占比47%，仅有2个案件为二审改判案件，改判率极低。74个案件中判决夫妻公司人格否认的案件为48个，占比为

65%，该48个案件中有43个案件明确认定夫妻公司为实质意义上的一人公司，占比约90%。笔者根据案件判决结果，结合个案案件事实，从实证角度做以下分析。

（一）未支持夫妻公司人格否认的主要裁判观点

在26个未支持夫妻公司人格否认的案件中，绝大部分法院认为夫妻公司由2个股东成立，不符合一人公司的成立要件，难以适用一人公司的举证责任分配规则。且部分法院认为，公司与股东为独立民事主体，各自财产相互分离，夫妻公司的财产仅归公司所有，并不属于夫妻二人共同财产。在投资之前，股东之间之财产关系如何，是否实际为夫妻共同财产，有无订立财产分割协议，对公司资本构成及资产状况实质并无影响。因此，夫妻公司与普通有限责任公司并无人格以及责任独立等方面的差异，在原告债权人无法举证证明股东的财产与夫妻公司财产发生混同情形下，不应支持股东对公司债务承担连带责任的主张。

不难看出，前述裁判主要是从夫妻公司股东构成的外观形式上，与一人公司加以区分。同时，夫妻股东是否已全面履行出资义务、该公司是否为原生型夫妻公司、公司债务是否形成于夫妻担任股东期间、夫妻公司能否提供独立的财务报表证明公司与股东财产分离等，对主审法官在夫妻公司的法律性质认定上有重要影响。

（二）支持夫妻公司人格否认的主要裁判观点

如前所述，支持夫妻公司人格否认的案件中，绝大部分法院认为夫妻公司属于实质意义上的一人公司，其主要裁判观点为：在夫妻公司股东未对其婚前财产或婚后所得财产归属进行约定的情况下，该公司全部股权实质源于同一财产权，并为一个所有权共同享有和支配，该股权主体具有利益的一致性和实质的单一性，与一人公司极其相似。法院参照适用《公司法》关于一人公司的相关规定，对夫妻公司的人格进行判断并予以特别规制，符合《公司法》的立法目的。

当然，部分法院在能够查明夫妻公司与股东存在财产混同的情况下，则直接适用《公司法》第20条第3款的规定，对夫妻公司进行人格否认，从而规避夫妻公司是否属于实质意义上的一人公司的论理。

2020年6月28日，最高人民法院在熊某平执行异议之诉再审案件中，明确夫妻公司属于实质意义上的一人公司，并从法理和司法效果等多方面进行充分论理。该判决虽然不是指导案例，但在此后的同类案件中，无论是诉讼当事人还是主审法官，均多次直接引用该裁判观点，笔者认为，该判决对后续同类案件的裁量结果有较大影响。

（三）在执行程序中夫妻公司人格否认的主要裁判观点

根据在执行程序中涉及夫妻公司案件的裁判结果，不难发现，法院在执行异议阶段对夫妻公司人格否认，即直接追加夫妻股东为被执行人的可能性较低，主要原因在于大部分法院执行机构认为对执行程序中追加被执行人的审查应当遵循既判力有限扩张原则，不作扩大解释，对于夫妻二人出资设立的公司不宜作为一人公司适用最高人民法院《关于民事执行中变更、追加当事人若干问题的规定》第20条的规定予以追加。此外，异议人没有证据表明被执行人无财产可供执行，致使追加被执行人的理由不符合前述法律规定的构成要件，也是法院执行机构不予追加的重要原因。

尽管异议人在执行非诉审查程序上的申请很难得到支持，但该裁决结果不对执行异议之诉实体审理结果产生影响。因此，若异议人坚持认为夫妻公司系实质意义上的一人有限责任公司，可依照法律规定提起执行异议之诉，由诉讼程序判断是否参照上述案例裁判。根据检索案件的判决结果，在执行异议之诉中，法院支持夫妻公司人格否认的案件比例明显更高。

三、夫妻公司人格否认的法律路径与事实认定

《公司法》总则第20条的规定对分则部分的一人公司具有涵摄效力，一人公司法人人格否认不仅可适用第63条的规定，也可以适用第20条的规定，第63条的规定相对于第20条的规定而言，乃法人人格否认的特别条款。夫妻公司作为有限责任公司，在无法适用《公司法》第63条特别规定情况下，当然适用《公司法》第20条的规定。

（一）夫妻公司为实质意义上一人公司被人格否认的依据

司法机关认定夫妻公司为实质意义上的一人公司后，即参照《公司法》第63条的规定，在财产混同的举证责任上适用举证责任倒置，夫妻股东如举证不能则应对公司债务承担连带责任。《立法技术规范（试行）（一）》规定"参照"一般用于没有直接纳入法律调整范围，但是又属于该范围逻辑内涵自然延伸的事项，属于特殊的法律适用方法。

法官是否参照《公司法》第63条规定适用案件争议，需要其比较夫妻公司与一人公司的性质进行确定。笔者通过研究大量支持夫妻公司为实质意义上一人公司的裁判案例发现，法官除了从法理上论述夫妻公司的股权具有利益一致性和实质单一性外，还会重点关注夫妻股东是否担任公司职务、是否参与公司的管理经营等问题；同时，尽管现行法律没有强制要求夫妻股东设立公司时必须提交财产分割证明，但多数法官仍然会对夫妻公司股东是否向公司登记管理部门提交分割财产证明进行审查，进而作为夫妻公司是否为实质意义上一人公司的评价依据。

（二）夫妻公司因财产混同被人格否认的依据

《公司法》第 20 条规定了有限责任公司人格否认的一般情形，最高人民法院《全国法院民商事审判工作会议纪要》明确《公司法》第 20 条第 3 款规定实践中滥用股东权常见的情形有人格混同、过度支配与控制、资本显著不足等。

实践中，若有证据能够证明夫妻股东与公司人格混同等情形，司法机关会优先依照《公司法》第 20 条的规定对夫妻公司进行人格否认。大部分人认为债权人似乎很难掌握夫妻公司内部的财务账册等以此证明其财产混同事实，不过通过研究大量案件判决，笔者发现，法官对前述事实的证明标准要求并不高，很多案件中只要一旦查明夫妻公司存在用股东个人账户公私混用情况，甚至哪怕仅是股东个人账户代公司支付货款，法院亦有极大可能认定夫妻公司与股东之间存在财产混同的事实。

在夫妻公司纠纷案件中，可以将夫妻公司为实质意义上一人公司进而对其人格否认的主张作为优先诉讼策略路径，但这不是唯一方法，债权人可以同时将《公司法》第 20 条第 3 款规定作为请求权基础。然而在笔者检索研究的案件中，暂未发现因过度支配与控制、资本显著不足因素被人格否认的夫妻公司，因人格混同导致人格否认的数量也不多。

四、相关法律建议

现行法律并未对夫妻公司股东是否应对公司债务承担连带清偿责任的条件、要素或认定标准等作出明确规定，多数法院将夫妻公司认定为实质意义上的一人公司，但实质意义上的一人公司也并非法律规范术语，裁判人员在对夫妻公司人格否认的路径选择上仍存在现实困境。笔者认为在商事审判实践中，有必要针对夫妻公司的特殊性，对其人格否定的认定标准作出更加合理的、明确的法律规定，不能任由夫妻公司以“公司面纱”为由作有限抗辩。

《全国法院民商事审判工作会议纪要》第 10 条明确了认定公司人格与股东人格是否存在混同，最根本的判断标准是公司是否具有独立意思和独立财产，最主要的表现是公司的财产与股东的财产是否混同且无法区分。是否存在财产混同是法院审查公司人格否认的重点。对于债权人而言，如果想让夫妻股东对公司债务承担连带责任，除了主张夫妻公司为实质意义上一人公司外，还应积极举证夫妻公司存在财产混同的事实，如夫妻公司资金收支是否有权属界限、公司账簿和股东账簿对资金收支是否进行了独立记载和独立核算等，债权人可以根据最高人民法院《关于适用〈中华人民共和国民事诉讼法〉的解释》第112条、最高人民法院《关于民事诉讼证据的若干规定》第45－48条规定的书证提出命令制度，申请要求夫妻公司提供其控制的会计账簿等原始凭证，并对夫妻公司财产是否混同申请司法审计。

对于夫妻公司股东而言，为尽量避免股东个人对公司债务承担连带责任，笔者建议夫妻公司应当建立独立规范的财务制度，保存好公司完整、清晰的会计账册，参照《公司法》第62条的规定，定期制作财务报告并依法进行年度审计，审计报告应保证真实性和连续性。同时，夫妻公司应杜绝股东个人账户与公司账户混用，日常经营支出应当以公司的自有财产进行结算，避免将除分红外的其他款项转入股东个人账户。

合规连带责任法律性质辨析

石其军律师团队

引　言

民法上的连带责任制度为我们所熟知，在不同民事法律规范中也有规定；而合规责任的概念，因中兴事件的爆发逐渐走入“寻常百姓家”，已然成为街头巷尾热议概念，但其定义还停留在理论阶段，每个人都有自己不同的见解。通过简单的网络检索发现，普遍认为，连带责任是民事方面的责任，合规责任偏向于行政性质、刑事方面的责任。如果不是因为中国证券投资基金业协会（以下简称基金业协会）2018 年 12 月更新的《私募基金管理人登记须知》（以下简称《登记须知》）对此有所规定，一般人依靠朴素的法律观念，脑海中应该不会产生“合规连带责任”这个概念。

《登记须知》第 6 条机构关联方相关要求中第 5 项同质化要求规定，同一实际控制人下再有新申请机构的，应当说明设置多个私募基金管理人的目的与合理性、业务方向区别、如何避免同业化竞争等问题。该实际控制人及其控制的已登记关联私募基金管理人需书面承诺，在新申请机构展业中出现违法违规情形时，应当承担相应的合规连带责任和自律处分后果。由此，引发了本文对“合规连带责任”的思考与探讨。

一、合规连带责任的性质讨论

在讨论合规连带责任的性质之前，应从不同的角度对该规定做理解。首先，考虑到我国私募基金行业发展现状，该规定应当负有一定的历史使命，因此从历史的角度去分析是必要的；其次，该规定上文对下文的适用范围是否有所限制，通过体系解释应能充分理解上下文之间的关系；最后，单独的文义拆分解释，是理解该规定的基础所在。鉴于此，本部分通过历史解释、体系解释、目的解释、文义解释方法对合规连带责任做初步分析。

从历史数据看，2018 年全国各地证监局对私募基金管理人共公开作出 82 宗

行政处罚(不含纪律处分,下同),主要涉及以下几个方面:

1. 适当性管理不到位;

2. 向非合格投资者募集资金;

3. 未按规定进行信息披露;

4. 未办理基金备案,信息更新不及时;

5. 从业人员未取得基金从业资格;

6. 违规宣传,承诺最低收益;

7. 未建立防范利益冲突的机制;

8. 委托个人或不符合条件的第三方机构提供投资建议;

9. 未履行管理人职责,违规运作;

10. 不配合开展现场检查工作。

2019 年上半年,各地证监局公开作出行政处罚通告 15 个,通报违规行为 36 个,具体的违规事项仍然与上述基本一致,但新出现了"未预先披露减持计划""违规使用基金财产"等违规行为,从违规的数量来看,对于全国共计 2 万多家私募基金管理人的基数,上述处罚的数量还在少数,处罚比例并不高,但这只能说明已经查处的数量不多,不代表违规的情况不多。就笔者个人观察,目前无论是大机构还是小机构,都或多或少有违规的情况。可以想见,现在埋下的雷,一旦爆发,后果将是系统性的,这也是基金业协会扩大责任主体的动因之一。

从体系解释、目的解释观察,合规连带责任承诺函被放在"同质化要求"的部分,且该规定的前半部分是从同业竞争的角度出发作出的要求,对于不涉及同业竞争的违规行为,应不属于承担合规连带责任的范畴,但后半句并未加以区分。若独立理解的话,导致打击面过大,体系化理解的话又将导致不能实现基金业协会的目的。显然,打击面的问题只是作为法律从业人员主观理解的,笔者更倾向于认为,从体系解释的角度,该规定就是违规行为的全面覆盖,不限于同业相关的违规行为。此外,合规连带责任与自律处分后果作为并列规定,其与自律处分后果应存在性质相近性。

从文义解释考察,合规连带责任很让人费解,笔者试图通过拆分概念,以达到文义解释之目的。合规之概念有广义与狭义之分,狭义的合规仅指符合国家法律、企业规章的状态或行为;广义的合规,既包括前者,也包括遵守职业道德、外部监督等能够对内心形成约束软法或软规则的状态或行为,但无论狭义还是广义,都包括国家法律、企业规章。从保护法益的角度区分,国家法律分为公法与私法;从调整对象区分,国家法律分为民法、行政法与刑法。至于合规,就《登记须知》而言,未区分是合什么"规",因此,应当作平义解释,即包括民法、行政法与刑法。而连带责任,顾名思义,则是两者或两者以上对某一方的行为一并承担责任。具体能否实现合规责任的连带,本部分暂且按下不表。

通过上述解释,可以简单地概括合规连带责任的概念:合规连带责任指的是因私募基金管理人违反国家法律、企业规章时,其实际控制人及其控制的已登记私募基金管理人要与之一同承担的不可分的责任。

因此,对应合规连带责任的性质是属于民事责任、行政责任或刑事责任,则应视私募基金管理人所违反的"规"的性质而定,此处尚无法形成一个确定性的判断,具体而言:

1. 假使私募基金管理人违反民法相关调整规范,则合规连带责任属于民事责任范畴;

2. 假使私募基金管理人违反证监会行政监管规定或基金业协会自律监管规则,应当属于行政责任范畴,尽管基金业协会属于自律组织,但其处分也带有行政性质;

3. 假使私募基金管理人违反的是刑事法律,则合规连带责任应属于刑事责任;

4. 假使违反上述两种或两种以上规范,则合规连带责任属于复合性质的责任。

二、合规连带责任的法律基础及构造

合规连带责任不是一个法律概念,其性质最终由私募基金管理人所违反的具体规范决定,因此,合规连带责任成立的前提在于私募基金管理人存在违规行为,然而,《登记须知》的表述所体现的逻辑关系,与具体规范的逻辑关系并不对应。本部分将从具体规范中连带责任的法律构造出发,研判《登记须知》所要求的合规连带责任能否实现。

《登记须知》表述的合规连带责任规范要素包括:假定条件要素为"在新申请机构展业中出现违法违规情形时";行为模式要素为"应当承担相应的合规连带责任和自律处分后果";而法律后果要素则没有明确规定,相应法律后果则适用"违法违规"中的"法"和"规"中的具体规定。按照该表述,其侧重点在于判断连带,不在于判断合规,合规与否的判断已经交由具体的"法""规"规定,而连带与否,则仅有一个标准,即只要存在私募基金管理人违法违规的法律事实,其实际控制人及其控制的已登记关联私募基金管理人则均连带承担该等"法""规"规定的具体责任,不论该实际控制人及其控制的已登记关联私募基金管理人是否存在过错、是否对新申请机构存在管控义务,也不论所违之“法”“规”规定的追责主体具体范围,实质上是“一刀切”地强调实际控制人及其控制的已登记私募基金管理人连带承担合规责任。

《登记须知》规范表述不符合基金业协会一贯的监管理念。基金业协会要求关联方与私募基金管理人相互独立,不应该存在利益输送,但《登记须知》要求承担合规连带责任,间接地鼓动关联方干预私募基金管理人的业务合规性情况,这显然与独立性的要求相悖。此外,集团化的私募基金管理人实际控制人控制的企业可能不仅包括私募基金管理人,还包括不定量的非私募基金管理人,即广义上的关联方,对此也可能存在利益输送,如果不纳入合规连带责任承担主体范畴,也不能全方位倒逼私募基金管理人合规展业。笔者认为,基金业协会未将非已登记私募基金管理人纳入合规连带责任主体范围的原因,是其对该等企业不存在监管权力,该问题涉及基金业协会处分权的范围,将在本文后部分作进一步分析。

(一)民事连带责任的构造

民事连带责任包括法定的连带与意定的连带,法定连带责任主要体现在《民法典》中,具体条文见表1。

表1 《民法典》连带责任具体类型

条文序号	连带责任的具体类型
1168	关于共同侵权行为的连带责任
1169	关于教唆和帮助的连带责任
1170	关于共同危险行为的连带责任
1171	关于聚合因果关系中的连带责任
1197	关于网络用户与网络服务提供者之间的连带责任
1214	关于买卖拼装车的买受人和转让人之间的连带责任
1241	遗失、抛弃高度危险物致人损害时所有人与管理人的连带责任
1242	关于非法占有高度危险物致害中占有人与所有人的连带责任
1252	关于建设单位与施工单位就工作物倒塌的连带责任

根据《民法典》第176条的规定,民事主体依照法律规定和当事人约定,履行民事义务,承担民事责任。在侵权责任编中,连带责任表现为法定性;在合同编中,连带责任表现为意定性。基于私法自治原则,权利人对自身权利的处分使得其可以允诺承担连带的民事责任,但不可以因此排除法定的连带责任。法定民事责任的构造,具体包括如下几点要件:第一,主观过错,体现为共同过错或共同过

失，具体根据不同的侵权行为类型确定；第二，侵权行为，包括积极侵权行为或是消极的不作为致人损害；第三，存在损害事实。此外，关于责任主体，笔者认为，应存在两个或两个以上的独立民事主体，否则不应属于连带责任范畴，而仅属于责任归属的判断问题。

《登记须知》规定的合规连带责任，具体体现在民事责任领域时，可以因新申请机构与实际控制人及其控制的已登记私募基金管理人之间存在共同过错，或因实际控制人及其控制的已登记私募基金管理人与投资人之间存在约定，依据法定或约定承担连带责任。应当明确的是，实际控制人及其控制的已登记私募基金管理人承担的责任不属于不真正连带责任，也不是转承责任，虽然实际控制人是作为新申请机构的实际控制人，但实际上并不能以此为由认定新申请机构在展业过程中的任何违法违规行为，其实际控制人都属于过错方，如果不属于过错方，则有两种处理方式：一是推定的过错，二是意定的连带。

综合来说，要求新申请机构的实际控制人及其控制的已登记私募基金管理人承担民事连带责任，理论上能够行得通，操作上也不存在障碍；但也难免有损新申请机构独立性及股东有限责任等商法基本原则。

（二）刑事连带责任的质疑

在《刑法》中，确有二人以上共同实施犯罪行为的规定，但那属于共同犯罪。根据《刑法》规定，共同犯罪是指二人以上共同故意犯罪。从不法的层面来说，共同犯罪的立法与理论所解决的问题是，将不法事实归属于哪些参与人的行为。就具体案件而言，司法机关认定二人以上的行为是否成立共同犯罪，是为了解决二人以上行为的结果归属，在二人以上的行为都是结果发生的原因的案件中，各参与人的责任不可能完全相同，更不可能连带。

根据责任主义的要求，即使行为符合构成要件且违法，但不具有客观归责性，就不以犯罪论处，因此，在判断各行为人是否值得处罚时，只能以每一参与人是否具有责任为根据，而不能因为此参与人有责任，便处罚彼参与人。①

显而易见，刑事责任无连带一说，即便是共同犯罪中，各参与人的责任也不会完全相同，更不用说追究一方责任，进而由其相互追偿。按照《登记须知》的逻辑，新申请机构的实际控制人及其实际控制的关联已登记私募基金管理人为新申请机构的展业合法合规性兜底，不考虑后者有没有实施行为，简单直接地进行有罪推定，实质上与“连坐”无异。

---

① 参见张明楷：《刑法学》（第5版），法律出版社2016年版，第381－382页。

笔者认为，刑事合规连带责任应是个伪命题，在这个层面上，基金业协会的要求不可能实现。

（三）行政连带责任的限缩解释

《证券法》作为资本市场各项规范的母法，其他规范的设计都必须遵循《证券法》的基本原则，更贴切地说，下位规范的具体规定是在《证券法》基础之上的细化。私募基金管理人的登记是其发行产品的前置程序，笔者倾向于认为登记的过程与行政许可无异，即便按照《证券投资基金法》规定，基金业协会不属于行政机关，但其根据《证券投资基金法》授权及受证监会行政委托，使其行使职权时带有行政管理的色彩，而与私募基金管理人的关系体现为鲜明的上对下的不平等地位。① 从这个不大严格的立场来讲，基金业协会作出的业务指导文件，也属于行政管理文件，因此，笔者将合规连带责任延伸到行政责任的连带上做讨论，有积极意义，准确地说，本文所述的行政连带责任应该表述为行政性质的连带责任。

在资本市场中，对于由实际控制人作出承诺的各类发行业务，当属首次公开发行股票时要求最为严格，承诺类型也最多，其中包括承诺承担赔偿责任的承诺，但并无合规连带责任一说。在首次公开发行股票业务中，笔者将发行人及其实际控制人所做承诺均视为发行申请文件之一，承诺内容应当纳入招股书中，假使承诺内容为承担连带责任的，则该连带责任性质上属于意定连带责任，属于民事责任范畴，而不属于行政责任范畴。虽然在行政合同中，行政相对人可以做出连带责任的承诺，但私募基金管理人申请登记的行为，显然不在这个范畴内。

按照上述分析，《登记须知》所述的合规连带责任仅能在民事连带责任的范畴适用，在行政责任中不适用。但从另外独立人格的角度，还有一定的适用空间。假使新申请机构不具有独立人格，则相应的责任后果将传导至其控制股东，但如此处理的前提在于否定新申请机构的独立性，这又与一贯的监管要求相悖。

笔者试图通过检索类似处分案例，进而论证行政连带责任的成立，但类似的案例中，都强调股东对其投资的私募基金管理人的违规行为存在过错，进而承担相应责任。想必合理的解释即在于现实的无奈，基金业协会为了促使新申请机构展业合规，要求其实际控制人及其控制的已登记私募基金管理人为此提供连带责任担保，一旦违规，推定存在过错，实施连坐并罚。如果这一假设不成立，那么还是建议将合规连带责任修改为对投资者损失承担连带责任。

---

① 参见天津汉红股权投资基金管理有限公司诉中国证券投资基金业协会名誉权纠纷案，北京市西城区人民法院(2015)西民初字第22784号民事判决书。

三、正当性的问题：基金业协会处分权的范围

基金业协会曾在天津汉红股权投资基金管理有限公司诉中国证券投资基金业协会名誉权纠纷案中作答辩，称其与私募基金管理人不处于平等位置，其实施纪律处分的职权源于法律授权和中国证监会委托，属于行政行为。结合《登记须知》表述，“合规连带责任”和“自律处分”是并列的，据此可以看出两个层面的问题：第一，基金业协会可以实施纪律处分，行使纪律处分权具有合法性；第二，除了纪律处分权，还有其他的来自法律授权或证监会委托的行政处罚权。[①]

对基金业协会授权的规范性文件主要有《证券投资基金法》《私募投资基金监督管理暂行办法》，其中前者为法律，后者为部门规章。根据《证券投资基金法》规定，基金行业协会履行下列职责：制定和实施行业自律规则；监督、检查会员及其从业人员的执业行为；对违反自律规则和协会章程的，按照规定给予纪律处分。根据《私募投资基金监督管理暂行办法》规定，基金业协会监督、检查会员及其从业人员的执业行为，可对会员及其从业人员的违法违规行为采取自律管理措施。《中国证券投资基金业协会纪律处分实施办法（试行）》对上述“会员及其从业人员的”范围有所扩大，包括“会员、登记机构、产品备案机构及其从业人员”。笔者认为，鉴于实践中大量登记机构为非会员，如果不将其纳入基金业协会监管，则与基金业协会的设立目的不符。因此，扩大会员的语义范围具有正当性。

尽管如此，上述规定均未将登记机构的实际控制人纳入纪律处分之列，但该实际控制人在登记机构从业的除外。基金业协会处分权的范围限于其业务管理范围内的登记机构及其从业人员，对超出这一范围的主体实施纪律处分或行政处罚均不具有正当性，不宜因非登记机构自愿接受其管理就将非登记机构纳入管理范围，这种做法不符合依法行政的原则。此外，在不判断可归责性的前提下，一并要求登记机构的实际控制人及其控制的所有已登记机构承担责任，也不符合合法行政、合理行政的要求。

笔者认为，对于可归责的实际控制人，可以通过诚信系统进行把控，如果造成投资者损失的，应当发挥连带责任的制度效果；对于可归责的关联已登记私募基金管理人，则可以根据《中国证券投资基金业协会纪律处分实施办法（试行）》作出相应处分或处罚；对于不可归责的实际控制人及其控制的已登记私募基金管理人，不应被处分或处罚。

四、合规连带责任：有生存的土壤，但不应该长期存在

在当前的行业环境中，大量基金从业人员仅通过基金从业资格考试、证券从

---

① 根据《行政处罚法》第18－21条，基金业协会可以获得授权或接受委托实施行政处罚。

业资格考试即上岗，在业务规则逐步规范、行业要求逐步提高的过程中，这些基础知识已然不能满足执业要求。但实际控制人可以通过提高从业人员素质、提高基金管理人的内控水平、提高从业人员的业务能力等减少基金管理人的违法违规行为。在这个层面上，可以认为合规连带责任有其生存的土壤，但倒逼式的治理不具有长久性，除非这种倒逼机制形同虚设。在另一个层面上，实际控制人往往是私募基金管理人实施违法违规行为的始作俑者，其不仅是违法违规行为的知情者，更是参与者，要求其连带承担合规责任及纪律处分后果，也能够形成一定威慑力。

结 语

无论规范如何演变，规范间的冲突总是无法绝对避免，但建立一个健全的制度体系，应当有统一的价值取向，尽可能减少规范之间的冲突与对立。好的营商环境不是靠每个人笑脸相迎，而是有稳定、安全、健康的制度保障。

浅析律师见证的法律风险与应对*

卢庆波

引　言

本文通过一起经律师见证的《股权激励方案》引发的盈余分配纠纷案，分析律师见证的风险；在此基础上，尝试与大家探讨一下如何做好一份合法有效的律师见证。

一、一起经律师见证的《股权激励方案》引发的盈余分配纠纷案

（一）案情经过

某广告公司于2009年7月9日成立，股东为李某与贾某，分别持有90%和10%的股权。李某作为控股股东，为激励本公司的核心员工肖某某、周某某、白某某，拟订《某广告有限公司股权激励方案》。股权激励方案载明：……（3）本激励方案自2011年1月1日开始实施；（4）本股权激励方案相关人员包括创始人李某，首批激励人员为肖某某及周某某、白某某；（5）每个激励人员可享有2011年至2012年两个会计年度内5%公司股权对应的分红权，根据两个会计年度内获得的股权红利总额来认购公司5%的股权，红利总额大于所认购股权价格的，多出红利退还激励人员，反之，激励人员出资补足；（6）经协商一致，公司股权总价人民币（以下币种均为人民币）100万元，激励人员的出资额按其个人所能认购的股权比例计算；（7）激励人员可自主决定是否将个人每个会计年度结束后所获得的股权红利用于认购公司股权，如决定不认购公司股权的，则将股权红利退还给激励人员……（13）本激励方案实施之日起，李某、贾某、肖某某、周某某、白某某等人员为首届董事会成员，其中李某任董事长。

2011年3月3日，广东某律师事务所指派林律师、吴律师对某广告公司股东李某及核心员工肖某某、周某某、白某某签订《某广告有限公司股权激励方案》过

---

* 该文章发表于《广东律师》2016年第3期，在2016年度《广东律师》文章评选中被评为三等奖。

程进行了见证,在见证书上载明,律师分别核对了四方当事人身份,并询问了四方对《某广告有限公司股权激励方案》(以下简称股权激励方案)内容理解情况,四方均表示已明确理解,并为各自真实意思表示;2011 年 6 月 16 日,李某及肖某某、周某某、白某某在广东某律师事务所签订了股权激励方案。

肖某某于 2014 年 3 月 12 日诉至法院,请求判令:(1)某广告公司支付肖某某 2011 年会计年度内 5% 股权对应的分红 10 万元及其三年来未分红产生的利息 73,800 元;(2)某广告公司支付肖某某 2012 年会计年度内红利 15 万元及其两年来产生的利息 73,800 元;(3)某广告公司支付肖某某 2013 年会计年度内应分红利 20 万元。

(二)判决结果

法院对肖某某起诉某广告公司盈余分配纠纷案,认定和判决如下:有限责任公司股东有权按实缴的出资比例分取红利,分红由董事会制定利润分配方案,并经股东会审议通过。本案中,肖某某依据其与某广告公司股东签订的股权激励方案向某广告公司主张分红及相应利息,该主张依据明显不足,理由如下:(1)股权激励方案的相对方是否为某广告公司,法院难以确定。因股权激励方案并无某广告公司签章,虽有某广告公司股东李某签字,但未有证据证明李某得到某广告公司的授权,在某广告公司另一股东贾某未追认的情况下,股权激励方案对某广告公司不具有约束力。(2)即便股权激励方案对某广告公司具有约束力,按方案的约定,肖某某所享有的也是向某广告公司主张虚拟股权对应公司利润的现金奖励,双方间应属劳动关系争议,但双方间劳动争议已经黄浦区劳动人事争议仲裁委员会调处后,无其他争议,肖某某也丧失主张的权利。(3)分红权系股东的专属权利,即便股权激励方案合法有效,也不能证明肖某某已取得某广告公司的股东资格。(4)主张公司分红,首先公司应按法律规定在补亏,缴足法定公积金后还有红利可分,其次需经董事会提议,得到股东会审议批准。但肖某某对上述分红要件均无证据证明。故肖某某的诉讼请求,法院不予支持。判决如下:驳回肖某某的全部诉讼请求。

二审法院驳回上诉,维持原判。

二、律师在见证中的风险

律师和律师所虽然不是上述案件的当事人,但对律师来说,不得不深思一个问题:律师在见证中的风险在哪里?

在案件审理过程中,肖某某曾对参与见证的律师工作进行过投诉,深圳市律师协会也对投诉案件作出立案调查通知书。至于律师是否受到处分,笔者没有查实,但从判决书的判决和律师协会进行立案调查来看,律师见证业务风险实在太大了,一不小心会受到处分。那么律师在合同见证上有哪些风险?笔者尝试结合该案,试图作以下分析。

(一)本案中律师的过错

律师在该股权激励方案见证中,最重要的过错是没有审查合同的合法性或有效性。

在常见的律师见证书上,通常有一句声明之类的文字:本律师只对双方签字的真实性见证,对合同的内容和合法性不做审查。笔者认为,前述所谓声明是无任何意义的。当事人之所以找律师见证,是因为相信律师的专业,能对合同的合法性把关,减少或避免以后的争议;如果律师对一份需要见证的合同的效力问题视而不见,笔者认为即使不受处罚,也有违律师的专业精神。该案的《股权激励方案》是涉及股权转让的问题,所以须根据《公司法》的规定进行转让。《公司法》第72条规定如下:

有限责任公司的股东之间可以相互转让其全部或者部分股权。

股东向股东以外的人转让股权,应当经其他股东过半数同意。股东应就其股权转让事项书面通知其他股东征求同意,其他股东自接到书面通知之日起满30日未答复的,视为同意转让。其他股东半数以上不同意转让的,不同意的股东应当购买该转让的股权;不购买的,视为同意转让。

经股东同意转让的股权,在同等条件下,其他股东有优先购买权。两个以上股东主张行使优先购买权的,协商确定各自的购买比例;协商不成的,按照转让时各自的出资比例行使优先购买权。

公司章程对股权转让另有规定的,从其规定。

虽然笔者无法清楚该公司的章程关于股权转让是如何规定的,但有一点可以确定:股权转让因涉及其他股东的利益,应当召开股东会,作出一个股东决议,决定是否同意该《股权激励方案》实施。但该案的《股权激励方案》只有其中一个股东签名同意,无其他股东意见,不能代表股东会意志,所以《股权激励方案》效力上存在瑕疵。律师为此类合同见证就需要注意:要求提供股东会决议或全体股东在《股权激励方案》上共同签名确认,以此保证合同的效力。只有做到以上这点,才能维护见证各方的利益。否则,律师对效力上有问题的合同进行见证,将会有受到投诉和处分的风险。

(二)律师在见证中的其他风险

律师在见证中的其他风险主要表现在如下几方面:

1. 未签订三方的委托代理合同

律师做任何一个案件均需签订委托代理合同,但相当一部分律师不清楚,律师见证签订三方合同较为保险。通常情况下,律师见证时,律师费只会由一方支付,所以律师事务所一般只会与付费一方签订合同。这样就会有问题:未签约一方由于不清楚合同的内容,猜测条款对自己不利,从而对律师充满不信任感,为日后纠纷埋下隐患。所以不管谁付律师费,签订三方代理合同为上策,这样的好处是,让见证各方均清楚条款约定,感觉律师公平公正,减少或避免日后的争议。

2. 未要求见证各方签订共同见证的委托书

这是《律师法》的要求,律师见证业务权利来自见证各方的授权,无授权而做见证,律师见证就失去基础。

3. 未做收案笔录

(1)如果不做好笔录,作为律师就可能无法了解见证委托人的真实意思表示及合同的来龙去脉。

(2)如果不做笔录,作为律师就可能无法了解见证委托人的权利能力和行为能力。例如,委托人年纪可能符合完全民事行为能力的法律要求,但其语言表达上可能存在问题,从而推测其可能精神上有问题,此时,律师有必要考虑其在民事行为能力上是否属于限制行为能力或无行为能力一类。

4. 由于律师见证的心态是见证签名的真实性,所以往往忽视要求委托人提供除身份证明之外的相关材料。如果没有附属相关资料,律师便无法审核见证合同的合法性。

再回到上述案例中。如果要见证多方签署股权激励方案,律师最起码应当要求委托人提供如下资料作为见证的附件:

(1)公司的营业执照,可以证明委托人主体的合法性和真实性;

(2)自然人的身份证,可以证明委托人主体的合法性和真实性;

(3)公司法定代表人身份证,可以证明签约人主体代表的合法性;

(4)公司的股东名册,可以证明股东会决议的有效性;

(5)股东会决议,可以证明股权激励方案的合法性。

三、律师如何做好一份合同见证?

看了以上的案例和风险分析,许多同行律师表示见证业务如履薄冰。但笔者认为律师见证业务前景还是很广的,只要做好风险防范,便可以降低风险。如何才能做好?笔者认为,广东省司法厅 2003 年 5 月 30 日发布的《关于规范我省律师从事合同见证业务的通知》(粤司〔2003〕159 号),其条文可作为律师见证的指引。

1. 律师事务所在从事见证业务时,必须严格依照《律师法》第23条的有关规定,与见证委托人签订书面委托合同,按照国家规定向委托人统一收取费用并如实入账。严禁律师私自接案、私自收费。

2. 律师承办合同见证业务时,必须得到合同双方的书面授权,并在受委托的权限内,维护委托人的合法权益。

3. 律师在承办合同见证业务时,应当遵循勤勉尽责的原则,认真审查见证委托双方的权利能力以及行为能力;审查见证委托人申请律师见证合同文本、签约事实以及有关文件是否真实、合法。

4. 律师事务所应当制定和完善收接案管理、重大案件集体讨论以及业务跟踪等一系列业务管理制度。对于重大工程项目、涉及集体性购销等合同的法律见证业务,必须经过律师事务所负责人的审核,律师事务所有责任对承办律师的见证行为进行质量跟踪。法律见证书应当由承办律师亲笔签署,并加盖律师事务所公章。

5. 律师办理合同见证业务,应以专业的态度谨慎审查判别见证行为或事实的合法性和真实性。禁止律师事务所和律师办理涉及带欺诈成分或非法集资性质的所谓建筑工程承包合同、代养(加工)回购合同、购(传)销合同以及认购权益卡、会员卡为名集资合同的法律见证业务。

6. 律师在承办合同见证业务时,应当遵循独立客观、诚实守信的原则,以书面形式就见证行为或事实的合法性、真实性作出认定,客观地告知委托人所委托的见证事项可能出现的法律风险,不得故意对可能出现的风险做不恰当的表达或做虚假承诺。

律师对见证委托人提交的材料,认为不完备或者有疑义的,应当通知当事人作必要补充或者向有关单位、个人进行调查。

7. 律师在承办合同见证业务时,应注重维护一般消费者和合同中弱势一方的利益,不得与一方见证委托人或第三人恶意串通,损害另一方委托人的权益。

结 语

律师见证虽然见险大,但还是可以有效预防的。作为律师必须首先审核合同是否违反法律的规定,只对合法有效的合同见证,否则就应坚决地拒绝。对接受见证的案件,应严格执行《律师法》和行政主管部门及律师协会的规定,认真审核合同内容和相关配套材料证据后,才出具见证书。

政府审计条款作为建设工程结算依据的相关争议探讨

朱　滔　庄竣凯

引　言

建设工程项目中，有关项目造价结算条款是涉及发包、承包双方核心利益，决定工程承包项目是否能够顺利运转的核心问题。当工程项目涉及政府财政投资时，因政府对财政投资成本的严格控制，发包人往往在建设工程施工合同中约定须以财政机关或审计机关审计结论作为支付工程款的前提及依据。然而，因工程实际建设中的各种不可控因素，工程竣工后久拖不审或久审不决的情形频发，导致建设工程施工合同约定政府审计结算条款形同虚设，令承包方徒增损失，并造成发包方与承包方之间诉讼纷争不断。基于此情形，通过研究相关政策法规、探讨审判机关公布的此类型指导案例，正确理解政府审计与工程结算的关系，对处理该类工程结算纠纷案件而言便显得尤为重要且必需。

一、政府审计的含义及性质

（一）政府审计的含义

审计是指由独立的专门机构或人员接受委托或根据授权，对国家行政、事业单位和企业单位及其他经济组织的会计报表和其他资料及其所反映的经济活动进行审查，并发表意见。《审计法实施条例》第 2 条规定："审计法所称审计，是指审计机关依法独立检查被审计单位的会计凭证、会计账簿、财务会计报告以及其他与财政收支、财务收支有关的资料和资产，监督财政收支、财务收支真实、合法和效益的行为。"审计依照主体之不同，划分为国家（政府）审计、独立（注册会计师、民间）审计和部门、单位内部审计。工程造价审计则是指由独立的审计机构接受委托或根据授权，依据国家有关规定对建设工程项目全部成本的真实性、合法性进行审查、评价的监督活动。工程造价审计包括事前、事中、事后审计。本文讨论的是事后审计，即对工程竣工决算的工程造价审计。由于政府审计有其特殊性，因此这里重点讨论政府的工程造价审计。《审计法》（2021年修正）第2条第3款规定：“国务院各部门和地方各级人民政府及其各部门的财政收支，国有的金融机构和企业事业组织的财务收支，以及其他依照本法规定应当接受审计的财政收支、财务收支，依照本法规定接受审计监督。”政府投资和以政府投资为主的建设项目应当接受审计监督，政府审计部门根据投资主体、项目规模情况实行分级审计制度。国家、地方重点建设项目一般属必审项目，而规模较小的项目，审计机关可视情况进行抽查复核。

（二）政府审计的性质

政府审计的主体是国家行政机关，《审计法》（2021年修正）第3条第1款规定：“审计机关依照法律规定的职权和程序，进行审计监督。”审计机关对建设工程造价结算审计本质上是一种行政监督行为。另根据《审计法》第41条、第47条、第48条①，审计机关作出的审计结论，一经送达即产生法律效力，非经行政复议和行政诉讼程序，任何单位和个人均不得撤销和变更，对被审计单位产生直接的法律后果，政府审计行为具有行政强制性。

（三）政府审计的范围

因政府审计行为带有国家监督意志，在政府重点投资项目以及涉及公共利益和民生的城市基础设施、保障性住房、学校、医院等工程项目的建设和管理情况是政府审计的重点。

《政府投资项目审计规定》第6条规定：“审计机关对政府投资项目重点审计内容包括：1. 履行基本建设程序情况；2. 投资控制和资金管理使用情况；3. 项目建设管理情况；4. 有关政策措施执行和规划实施情况；5. 工程质量情况；6. 设备、物资和材料采购情况；7. 土地利用和征地拆迁情况；8. 环境保护情况；9. 工程造价情况；10. 投资绩效情况；11. 其他需要重点审计的内容。

① 《审计法》第41条规定，审计机关按照审计署规定的程序对审计组的审计报告进行审议，并对被审计对象对审计组的审计报告提出的意见一并研究后，提出审计机关的审计报告；对违反国家规定的财政收支、财务收支行为，依法应当给予处理、处罚的，在法定职权范围内作出审计决定或者向有关主管机关提出处理、处罚的意见。审计机关应当将审计机关的审计报告和审计决定送达被审计单位和有关主管机关、单位。审计决定自送达之日起生效。第47条规定，审计机关在法定职权范围内作出的审计决定，被审计单位应当执行。审计机关依法责令被审计单位上缴应当上缴的款项，被审计单位拒不执行的，审计机关应当通报有主管部门，有关主管部门应当依照有关法律、行政法规的规定予以扣缴或者采取其他处理措施，并将结果书面通知审计机关。第48条规定，被审计单位对审计机关作出的有关财务收支的审计决定不服的，可以依法申请行政复议或者提起行政诉讼。被审计单位对审计机关作出的有关财政收支的审计决定不服的，可以提请审计机关的本级人民政府裁决，本级人民政府的裁决为最终决定。

"除重点审计上述内容外,还应当关注项目决策程序是否合规,有无因决策失误和重复建设造成重大损失浪费等问题;应当注重揭示和查处工程建设领域中的重大违法违规问题和经济犯罪线索,促进反腐倡廉建设;应当注重揭示投资管理体制、机制和制度方面的问题。"

二、建设工程施工合同引入政府审计条款的依据及发展

政府审计机关作为政府内部监督机关,与建设工程造价结算本无直接联系。在住建部所出 GF－1999－0201、GF－2013－0201、GF－2017－0201 三版《建设工程施工合同(示范文本)》中,均未出现"审计"相关条款和用语。

那为何与"审计"相关的工程造价结算条款会出现在建设工程施工合同中?首先,《审计法》(2006 年修正)第 22 条规定:"审计机关对政府投资和以政府投资为主的建设项目的预算执行情况和决算,进行审计监督。"[①]《审计法实施条例》第 20 条规定:"审计法第二十二条所称政府投资和以政府投资为主的建设项目……审计机关对前款规定的建设项目的总预算或者概算的执行情况、年度预算的执行情况和年度决算、单项工程结算、项目竣工决算,依法进行审计监督;对前款规定的建设项目进行审计时,可以对直接有关的设计、施工、供货等单位取得建设项目资金的真实性、合法性进行调查。"以上法律规定为审计机关对涉及政府投资工程项目进行造价和结算审计监督提供了法律依据。其次,在《财政违法行为处罚处分条例》第 9 条中规定,在国家有关投资建设项目中,国家机关及其工作人员"违反规定超概算投资"被列为处分行为之一。建设工程的概算投资数额在工程项目立项前一般由政府发改、财政部门对工程总体建设费用进行测算,在概算投资数额确定后,判断工程项目是否超概算的重要依据即是政府审计结果。

因此,地方各级政府为了防范在工程建设中出现超概算行为,降低违反相关财政规定的风险,保障政府财政支出的廉洁与程序规范,接连出台地方性的审计条例,以加强政府审计在涉及政府投资建设项目中的重要性。例如,2012 年出台的《北京市审计条例》第 23 条规定[②]:"政府投资和以政府投资为主的建设项目,建设单位应当与承接项目的单位或者个人在合同中约定,建设项目纳入审计项目计划的,双方应当配合、接受审计,审计结论作为双方工程结算的依据;依法进行

---

① 因为本章节是说明引入审计条款的依据和发展,而根据《审计法》(2021 年修正)版中的规定是发展后的结果,不利于体现制度法律发展过程,因此笔者用《审计法》(2006 年修正)作区分。

② 《北京市审计条例》于 2017 年 9 月 22 日被修订,第 23 条修改为:"政府投资和以政府投资为主的建设项目纳入审计项目计划的,建设单位可以与承接项目的单位或者个人在合同中约定,双方配合接受审计,审计结论作为双方工程结算的依据;依法进行招标的,招标人可以在招标文件中载明上述内容。"

招标的,招标人可以在招标文件中载明上述内容。”此外,类似地方条例还包括2013 年实施的《上海市审计条例》第 14 条①、2015 年《浙江省审计条例》第 27 条②等。

诚然,中央及地方政府制定审计条例的初心旨在规范政府财政支出,但在实际操作过程中,政府审计却出现“阻碍”工程结算的情况。鉴于此,全国人大常委会法工委于 2017 年作出法工备函〔2017〕22 号复函明确:“地方性法规中直接以审计结果作为竣工结算依据和应当在招标文件中载明或者在合同中约定以审计结果作为竣工结算依据的规定,限制了民事权利,超越了地方立法权限,应当予以纠正。”复函同时要求地方人大常委会对地方性法规中相关规定进行自行清理和纠正,并得到了地方人大常委会及政府的积极响应。

2020 年新冠肺炎疫情暴发后,为减轻中小企业生存负担、保障企业顺利开工,住建部办公厅发布《关于加强新冠肺炎疫情防控有序推动企业开复工工作的通知》(建办市〔2020〕5 号),其中第 2 条第 7 项规定:“……规范工程价款结算,政府和国有投资工程不得以审计机关的审计结论作为工程结算依据,建设单位不得以未完成决算审计为由,拒绝或拖延办理工程结算和工程款支付。”同年 7 月,国务院颁布《保障中小企业款项支付条例》,其中第 11 条规定:“机关、事业单位和国有大型企业不得强制要求以审计机关的审计结果作为结算依据,但合同另有约定或者法律、行政法规另有规定的除外。”上述规定体现了政府面对新形势对政府审计条款的态度以及对建设工程结算中政府审计条款相关制度的新导向。

简政放权、转变政府职能是政府改革的重点之一,政府审计条款在建设工程结算中地位的变化反映了政府职能的转型。政府审计作为一种行政监督行为,地方人大与政府通过制定地方规范性文件将本属于政府的监督程序强制引入民事合同之中,违背了民事主体之间平等自愿的原则,干涉了当事人意思自治。在政

① 《上海市审计条例》(2012 年)第 14 条第 3 款规定:“政府投资和以政府投资为主的建设项目,按照国家和本市规定应当经审计机关审计的,建设单位或者代建单位应当在招标文件以及与施工单位签订的合同中明确以审计结果作为工程竣工结算的依据。审计机关的审计涉及工程价款的,以招标投标文件和合同关于工程价款及调整的约定作为审计的基础。”经 2017 年修改后,第 14 条第 3 款为,“政府投资和以政府投资为主的建设项目,按照国家和本市规定应当经审计机关审计的,建设单位或者代建单位可以在招标文件以及与施工单位签订的合同中明确以审计结果作为工程竣工结算的依据。审计机关的审计涉及工程价款的,以招标投标文件和合同关于工程价款及调整的约定作为审计的基础”。

② 2015 年《浙江省审计条例》第 27 条第 2 款规定:“政府投资项目列入年度审计项目计划的,审计机关应当自计划确定之日起七日内告知建设单位。建设单位应当在招标文件中载明并与承接项目的单位在合同中约定审计结果作为工程结算的依据,并定期向审计机关报送项目建设情况。”浙江省人大常委会于 2017 年将《浙江省审计条例》第 27 条第 2 款中的“应当”修改为“可以”。

府审计制度显现出不合理之处时，全国人大常委会响应社会及行业诉求，及时作出纠正行为，更是体现出立法机关在立法程序中良性的纠错能力。

不过，值得注意的是，现有的审计条例以及《保障中小企业款项支付条例》相关规定仅是将政府审计条款定位在工程结算可选性条款，其并不禁止政府审计结算条款纳入合同，政府审计作为规范财政方面的手段，引入建工合同结算条款中本身具备必要性和合理性，故政府投资项目的建设方作为发包单位，将政府审计条款纳入招标文件和建工合同中的现象仍普遍存在。

三、政府审计条款在建设工程施工合同纠纷中的适用性探讨

建设工程纠纷因为涵盖面广、案情复杂、实务审理难度大，审判机关尤其是最高人民法院汲取实务审判的成果与经验，作出的司法解释、批复及指导案例，对正确认识涉及政府审计的工程结算条款纠纷如何处理有较强的参考意义。

（一）当事人在建工合同中明确约定以政府审计结果作为结算及付款依据的情形

最高人民法院《关于审理建设工程施工合同纠纷案件适用法律问题的解释（一）》（法释〔2020〕25 号）第 19 条明确表明了在工程价款结算领域对当事人意思自治的认可，该条第 1 款规定："当事人对建设工程的计价标准或者计价方法有约定的，按照约定结算工程价款。"此外，各地高级人民法院在此基础上出台的相关判例指南、指导意见等文件中表达了认可的态度。在广东省高级人民法院《关于审理建设工程合同纠纷案件疑难问题的解答》（粤高法〔2017〕151 号）中第 11 条规定："当事人约定以财政、审计部门的审核、审计结果作为工程款结算依据的，按照约定处理。"该文件虽已于 2021 年失效，但仍能反映法院对此类问题的态度。因此，如政府审计条款作为建工合同结算条款无效力瑕疵，法院处理相关纠纷时应予以认可。

【实务判例】兰州某发展投资有限公司与北京某建设工程有限公司建设工程施工合同纠纷案

最高人民法院在此案中认为，审计结果作为工程款结算依据，必须明确具体约定，即在合同中约定"以审计部门的审计结论作为竣工结算价款支付依据"。如审计部门是确定的，还应写明审计部门的全称。结合本案，双方在合同中并没有明确约定，将审计结果作为案涉工程款结算依据，合同中有关审计的约定不明确、不具体。因该项目属国有资金投资的重点建设项目，审计机关对工程建设项目进行审计是一种监督行为。因此，对该约定的解释，应为工程最终结算价需通过专业的审计途径或方式确定结算工程的真实合理性，而不应理解为须在业主接受国家审计机关审计后,依据审计结果进行结算。因此,兰州某发展投资有限公司所持合同约定以审计机关的审计结论作为结算依据的主张,缺乏事实和法律依据,不予采信。

（二）当事人在建工合同中约定以审计结果作为结算依据,但未明确约定"政府审计"的情形

实践当中,在建工合同中约定以审计作为结算依据时通常会有下列数种表达方式:"以发包人审计结果作为结算依据""以业主审计结果作为结算依据""以政府审计机关的审计结果作为结算依据"。当合同表述方式为前两种时,"发包人审计"和"业主审计"应指发包人或业主内部审计部门或由其委托的第三方中介机构对工程项目进行的造价审计活动,一般不能直接解释或推定为国家审计机关的审计。在约定不明的情况下,不能通过推定的方式,将国家行政机关的行政行为强行介入到民事法律关系中,进而违反当事人双方意思自治的原则。

【实务判例】某铁路集团有限公司与重庆某建设工程集团股份有限公司建设工程合同纠纷案

最高人民法院在此案中认为,根据审计法的规定及其立法宗旨,法律规定审计机关对政府投资和以政府投资为主的建设项目的预算执行情况和决算进行审计监督,目的在于维护国家财政经济秩序,提高财政资金使用效益,防止建设项目中出现违规行为。重庆某建设工程集团股份有限公司与某铁路集团有限公司之间关于案涉工程款的结算,属于平等民事主体之间的民事法律关系。因此,本案诉争工程款的结算,与法律规定的国家审计的主体、范围、效力等,属于不同性质的法律关系问题,即无论案涉工程是否依法须经国家审计机关审计,均不能认为国家审计机关的审计结论,可以成为确定本案双方当事人之间结算的当然依据,故对重庆某建设工程集团股份有限公司的上述主张不予采信,对案涉工程的结算依据问题,应当按照双方当事人的约定与履行等情况确定。

（三）合同双方约定以政府审计结果作为结算及付款依据,但审计机关长期未出具审计结论,导致无法支付工程款的情形

当建工合同已经约定以政府审计结果作为结算依据并且该条款是双方真实意思表示,合法有效。此时,一方面,承包人的债权实现极大取决于发包人是否积极地促成政府审计部门进行审计;另一方面,如政府机关无正当理由无法进行审计或无正当理由长期未出具审计结论,此时以政府审计作为结算条款的前提条件剥夺了承包人按照合同约定合法主张工程款的权利。在广东省高级人民法院《关于审理建设工程合同纠纷案件疑难问题的解答》(粤高法〔2017〕151 号)中第 11

条规定:“当事人约定以财政、审计部门的审核、审计结果作为工程款结算依据的,按照约定处理。如果财政、审计等部门明确表示无法进行审核、审计或者无正当理由长期未出具审核、审计结论,经当事人申请,且符合具备进行司法鉴定条件的,人民法院可以通过司法鉴定方式确定工程价款。”政府机关长期无正当理由未出具审计报告时,人民法院以公平合理原则处理此类纠纷,或可能认定此种以政府审计为前提的结算条款无效,或认可以当事人申请的司法鉴定结果作为工程结算依据。

【实务判例】唐山湾某旅游区旅游开发建设有限公司与北京某港口工程有限公司建设工程施工合同纠纷案

最高人民法院在此案中认为,双方一致认可涉案工程于 2014 年 11 月已经交工使用。无论双方所签合同性质是建设工程施工合同,还是 BT 项目合同,对唐山湾某旅游区旅游开发建设有限公司而言,取得了由北京某港口工程有限公司投资建设的项目并实际投入使用,其合同目的都早已经得以实现。而北京某港口工程有限公司作为合同另一方当事人,投入了超出预期的巨额资金进行建设,在项目建成交付后相当长的时间内,却因审计机构无法形成审计结论而迟迟不能收回投资,无法实现合同目的。因工程施工资料不全等原因,涉案工程的审计工作进展缓慢,自 2016 年 5 月北京某港口工程有限公司将结算资料交付唐山湾某旅游区旅游开发建设有限公司开始,截至本案诉讼发生时,已历经两年多的时间审计结论一直无法形成。一审法院虽未对造成无法正常审计问题在双方当事人之间作出明确的责任认定,但如果采信唐山湾某旅游区旅游开发建设有限公司关于支付款项必须严格依照合同约定以审计结论形成后才能确定时间节点的抗辩主张,在本案审计结论长期无法形成的特殊情况下,对北京某港口工程有限公司明显有失公允。鉴于唐山湾某旅游区旅游开发建设有限公司自 2014 年 11 月接收项目投入使用起,已经长达数年,一审法院判令其一次性全部支付剩余尚欠工程款,并无不妥。

(四)当事人在建工合同约定“以政府审计机关的审计结果作为结算依据”,但已通过结算协议确认工程结算价款的情形

现实中,合同双方虽当事人已约定以政府审计结果作为工程款结算依据,但在工程完工结算时,在经过政府审计之前,双方就工程结算已经通过并签署结算协议的情况也时有发生。笔者认为,因为建设工程合同双方实质属于民事法律关系,在结算中认可并签署了结算协议,本质上是双方协商一致,对建工合同中原约定结算条款的变更,签署的结算协议应对双方具有法律约束力,如发生纠纷,应以

双方结算协议中确定的工程价款为准，审计结果不能当然成为结算依据。

【实务判例】肖某与某县人民政府建设工程施工合同纠纷再审案

最高人民法院认为，依据最高人民法院《关于审理建设工程施工合同纠纷案件适用法律问题的解释》①第2条的规定，建设工程施工合同无效，但建设工程经竣工验收合格，承包人可以请求参照约定支付工程价款。在涉案工程竣工后，审计局的审计是其对工程建设单位的一种行政监督行为，与涉案工程款的结算属于不同性质的法律关系范畴，审计结论不能当然成为当事人之间结算的依据，案涉工程款的确定应按照双方当事人之间的约定和履行情况加以确定。

（五）当事人约定以政府审计结果作为结算依据，但审计机关的审计结果具有不真实、不客观之处的情形

在工程结算时，审计机关除可能出现无正当理由长期未出具审计报告的情况，还可能出现审计结果不真实、不客观的情形。针对此类情况，在2015年度《全国民事审判工作会议纪要》第49条中提及"……合同约定以审计机关出具的审计意见作为工程价款结算依据的，应当遵循当事人缔约本意，将合同约定的工程价款结算依据确定为真实有效的审计结论。承包人提供证据证明审计机关的审计意见具有不真实、不客观情形，人民法院可以准许当事人补充鉴定、重新质证或者补充质证等方法纠正审计意见存在的缺陷。上述方法不能解决的，应当准许当事人申请对工程造价进行鉴定"。基于此，人民法院在审理涉及此类工程纠纷中，对政府审计意见有审查其合法性与合理性的权力与义务，不能仅因为建工合同约定以政府审计作为工程结算依据就单纯认定其具有作为结算依据效力，对存在不真实、不合理的政府审计意见不应作为结算依据。

结　语

从法律实务角度来看，当合同当事人在建工合同中明确约定将政府审计作为双方结算条款，且约定合法有效时，法院在处理此类争议纠纷时，应对该类条款予以认可。当建工合同中未明确约定政府作为审计主体时，不能单纯推定适用政府审计。如果审计机关明确表示无法进行审计或无正当理由长期未出具审计结论时，人民法院基于公平合理的原则，应认可当事人以司法鉴定结果作为工程结算依据。审计机关的审计意见具有不真实、不客观情形的，人民法院可以准许当事人补充鉴定、重新质证或者补充质证等方法纠正审计意见存在的缺陷。上述方法不能解决的，应当准许当事人申请对工程造价进行鉴定。

---

① 该司法解释已于2021年1月1日被最高人民法院《关于废止部分司法解释及相关规范性文件的决定》废止。

疫情视角下情势变更制度的适用

——以不动产租赁合同为例

朱　滔　罗海滔

引　言

自2020年新冠肺炎疫情发生至今已超两年,在党中央的领导下,我国集全国之力打响了"疫情防控攻坚战"。为了疫情防控工作能够顺利开展,国家出台的部分防疫措施难免会对合同履行产生一定影响。适逢《民法典》的颁布,情势变更原则得到立法的认可,其制度特性决定了其将会在疫情防控期间对于应对大量合同履行问题起到重要作用。如何正确适用情势变更制度,使其在维护市场主体合法权益的同时不至于对我国合同拘束力体系造成破坏,值得我们思考。

一、"情势变更"制度在我国的发展

"情势变更"制度最早见于最高人民法院1986年4月14日发布的《关于审理农村承包合同纠纷案件若干问题的指导意见》和1993年5月6日发布的《全国经济审判工作座谈会纪要》中。其后在1999年全国人大常委会将情势变更制度写入《合同法(草案)》,但在最终公布的文本中却将其删除,究其原因,情势变更制度可能破坏原本稳定的合同拘束力体系。① 之后在2003年最高人民法院《关于在防止传染性非典型肺炎期间依法做好人民法院相关审判、执行工作通知》中均有过关于情势变更原则的规定。自此以后,无论是学术界还是实务界都加强了对这一制度的研究和关注。

在2003年非典疫情后,合同违约情况激增,学界开始重点研究不可抗力与情势变更的关系,明确了不可抗力仅适用合同目的无法实现的履行不能情形,而情势变更适用范围更加广泛,只要导致合同目的落空或者履行困难均可请求法院变

---

① 参见梁慧星:《统一合同法:成功与不足》,载《中国法学》1999年第3期。

更或者解除合同。2004年的建材价格上涨导致的建设工程合同违约潮，学界重点研究情势变更与商业风险的区分。2008年金融危机加上汶川地震的灾后重建，大量合同纠纷的涌现导致单独的不可抗力规则难以完全应对。以此为契机，最高人民法院出台了《关于适用〈中华人民共和国合同法〉若干问题的解释（二）》（以下简称《合同法解释（二）》）。《合同法解释（二）》首次为情势变更原则的适用提供依据。但最高人民法院在对合同拘束力与情势变更之间的权衡过程中仍对情势变更制度持谨慎的态度。2010年因房地产产业的宏观调控政策导致出现房屋买卖合同违约情形，使得情势变更制度在纠纷解决中得到运用，理论界开始针对房地产市场波动以及在信用贷款、房地产限购、税收调整的政策影响下，研究情势变更原则如何适用的问题。至此完成了情势变更研究从理论研究到与实务相结合的跨越。

二、从法律文件中认识情势变更

（一）从立法轨迹探寻情势变更规定的发展

《民法典》其中一大亮点便是将情势变更制度写入其中。相较于《合同法解释（二）》第26条，《民法典》第533条主要作出了5处改动，逐一分析这5处改动：（1）规定了"合同基础条件"发生了订立合同时无法预估的变化；（2）删除了"不属于不可抗力"，打破了原来法律体系中情势变更与不可抗力两个制度间泾渭分明的情况，回应了司法实践对制度需求的强烈呼声；（3）删除了"不能实现合同目的"，放宽了情势变更制度的适用条件，增强了情势变更原则在实践中的适用性；（4）增加了当事人再协商义务的规定，欲图通过增加当事人协商的程序从而尊重当事人的意思自治，优化纠纷解决；（5）赋予了仲裁机构适用情势变更原则变更或解除合同的权利，扩大了情势变更制度的适用范围，增强了情势变更的适用性。

总而言之，《民法典》对于情势变更制度的规定相较于《合同法解释（二）》最大的特点，就是从各方面增强了情势变更制度在司法实践过程中的可适用性，改变过去情势变更制度极少被法官采用的情况。从中可以看出，立法者认可了在社会高速发展的过程中，情势变更制度的必要性。

（二）从司法文件中探寻情势变更制度的演变

2003年我国暴发了非典疫情，其与2020年暴发的新冠肺炎疫情同属突发性公共卫生事件，情况也存在一定的相似性。本部分希望通过对这两个疫情期间我国司法机关发布的相关文件进行比较，从而探究在司法文件中适用情势变更制度的变化。

1. 出台文件数量和规定条文的数量对比

针对2003年发生的非典型性肺炎，最高人民法院仅出台了一部《关于防止传染性非典型肺炎期间依法做好人民法院相关审判、执行的通知》，在该通知中仅在第3条以3款内容规定了依法妥善审理民事案件的相关规定；并仅在第5条中以3款内容对执行进行了相关规定；在第6条中对民事诉讼时效进行了相关规定。相比之下，新冠肺炎疫情发生后，最高人民法院就关于依法审理涉新冠肺炎疫情民事案件若干问题下发了三个指导意见。其中最高人民法院《关于依法妥善审理涉新冠肺炎疫情民事案件若干问题的指导意见（一）》［以下简称指导意见（一）］可以视为三个文件的“总则”，对于相关问题的精神作出了总领性规定，以及对社会最关心的问题作出了回应；最高人民法院《关于依法妥善审理涉新冠肺炎疫情民事案件若干问题的指导意见（二）》［以下简称指导意见（二）］对合同案件审理、金融案件审理、破产案件审理三方面作出了具体细化的规定；最高人民法院《关于依法妥善审理涉新冠肺炎疫情民事案件若干问题的指导意见（三）》对类似的诉讼当事人、诉讼证据、诉讼时效、期间及适用法律和诉讼绿色通道等程序性事项作出了具体规定，对于涉外案件、海事海商案件、运输合同案件的审理进行了补充性规定。同时最高人民法院还与司法部、文化和旅游部就相关旅游合同审理问题共同下发了《关于依法妥善处理涉疫情旅游合同纠纷有关问题的通知》，对于处理问题的基本要求以及建立多元化问题解决机制和如何依法妥善处理旅游合同纠纷作出了相关规定。除此之外，最高人民法院还与人力资源和社会保障部共同发布了4类、15个劳动人事争议典型案例，就疫情期间最常发生的涉疫情类劳动人事案件以及劳动报酬类案件、劳动合同类案件以及其他类劳动案件的相关疑难、热点问题进行回应，对劳动争议仲裁委员会与法院在疫情期间处理相关问题起到了指导作用。从文件和条款数量上的巨大差别体现出了最高人民法院对于应对公共卫生事件所带来的影响有了更加明确的解决方向。

2. 规定范围的全面性与规定的细致程度对比

情势变更的适用方面，最高人民法院就2020年疫情期间的权衡范围较于2003年非典期间有所拓宽，对于具体因素的把握也更加精确和细致。指导意见（一）要求结合疫情对不同地区不同行业的具体影响来具体处理问题，指导意见（二）针对疫情给不同行业带来的不同影响，要求法院的处理方式也有所不同。从以上变化可以看出，经过17年实践经验的积累，最高人民法院对于案件的处理也更加精确化、细致化。

通过对疫情期间发布的相关文件进行比较可以看出，相较于不可抗力，最高人民法院更倾向于使用情势变更作为疫情期间纠纷解决的方式。我国对于不可抗力的适用大致呈现出弱化的趋势。2020 年 2 月 10 日,全国人大法工委代表在答记者问时将因新冠肺炎疫情及相关防控措施造成合同履行问题定性为不可抗力,应适用不可抗力规则。在同年 4 月 15 日发布的指导意见(一)中,最高人民法院仍然在第 2 条以及第 3 条第 1 款中规定要准确适用不可抗力规则,主张不可抗力的一方需要承担相应的举证和通知义务;并在第 3 条第 2 款中规定了情势变更的处理方式。[①] 最后在同年 5 月 15 日发布的指导意见(二)中通篇没有再使用"不可抗力"字眼,取而代之的是大量采用变更合同的情势变更的规则模式。[②] 究其原因,笔者认为不可抗力可以引发解除合同的法律后果且作为法定免责事由,其对于合同拘束力的破坏过大。如果将因为疫情原因从而引发的合同履行问题统一定性为不可抗力,则可能会导致不可抗力的大量适用,对疫情过后经济恢复工作较为不利。相反,情势变更相较于不可抗力而言是更为灵活地处理纠纷方式,其变更合同的方式相较于因不可抗力解除合同而言对合同的变动较小,更有利于保障合同拘束力,而且在合同目的无法实现时也能够解除合同保障当事人的合法权益。

三、审判实务中对于情势变更制度的认定——针对不动产租赁合同纠纷案

受疫情防控政策影响,人流量减少,绝大部分商户在疫情刚暴发时都收入甚微。因经营者需负担租金和人工等经营费用,所以部分经营者试图通过情势变更规定作为逃避法律责任的抗辩理由。那么在类似案件中,法官在作出判决过程中会考虑何种因素?作出判决的理论依据会在何处呢?下文予以逐一进行分析。

(一)适用情势变更

疫情初始官方对于疫情定性为"不可抗力",同时也允许在司法实务中适用情势变更规则来解决问题,因这两个制度与商业风险有一定的相似性,在实践中造成了大量当事人会利用这两个制度来实现对商业风险的逃逸。因此适用情势变更的情形必须与适用商业风险的情形作出明确的区分。商业风险是指作为一个

---

① 最高人民法院《关于依法妥善审理涉新冠肺炎疫情民事案件若干问题的指导意见(一)》第 3 条第 2 款规定:"疫情或者疫情防控措施仅导致合同履行困难的,当事人可以重新协商;能够继续履行的,人民法院应当切实加强调解工作,积极引导当事人继续履行。当事人以合同履行困难为由请求解除合同的,人民法院不予支持。继续履行合同对于一方当事人明显不公平,其请求变更合同履行期限、履行方式、价款数额等的,人民法院应当结合案件实际情况决定是否予以支持。合同依法变更后,当事人仍然主张部分或者全部免除责任的,人民法院不予支持。因疫情或者疫情防控措施导致合同目的不能实现,当事人请求解除合同的,人民法院应予支持。"

② 虽然相关规定中仍然存在解除合同的规定,但鉴于情势变更规则中也包含着解除合同的法律后果,因此仍可认为其属于情势变更的范畴。

理性的商人,在从事商事活动中应当意识到并自愿承担的固有风险,其最典型的表现是价格的涨落以及供求关系变化导致的财产损失。其与情势变更的区分主要包括是否具有可预见性、风险与收益是否具有同步性、影响是否具有广泛性、对于交易影响是否源于交易内部、该风险的防范难度是否能够由单个当事人防范五个标准。在原告广东某大学与被告徐闻县某客运有限公司、余某辉合同纠纷案中,[①]被告以原告校内电动车不断增加致使其校车运营生意受到影响属于情势变更,认为原告明显违约。在该案判决中法院认为,被告在招投标时对于原告进行了仔细的调研,了解原告校园内存在学生电动车的情况,且学生使用电动车增加的情况被告也应当预知。因此原告校内使用电动车增加不属于情势变更,而属于商业风险。从此案看出,在适用情势变更之前需准确判断特定事由是否属于商业风险。

(二)解除合同

法官判断是否需要解除合同的关键在于能否实现合同目的。如果合同只是出现了履行困难,则法官往往希望通过变更合同来平衡当事人双方的权利义务,只有合同目的无法实现,法官才会倾向于解除合同。对于合同目的如何,法官会根据合同的性质做出具体的考量。对于不动产租赁合同纠纷而言,首先应当精准把握不动产租赁合同的目的。不动产租赁合同的目的应当落脚到占有使用租赁物,是否能通过租赁不动产盈利涉及许多非法律因素,应当被评价为一个商业行为,不能认为无法通过租赁物盈利就不能实现合同目的。租赁不动产从事经营业务本身就存在很高的商业风险,如果承租人没有通过租赁取得收益则就认定为情势变更,则使得情势变更与商业风险混同,是不可取的。另外一个较为重要的问题是合同期限的长短,短期合同所面临的环境或者客观情况相对较为稳定,因此其对变动的可预见性相对较低,对于情势变更制度要求的客观情况变动的不可预见不可避免相对于长期合同要求较低。相反在长期合同签订前,双方当事人理应预见在一个漫长的过程中,合同履行所面临的环境与客观情况的稳定程度会明显低于短期合同,因此对于情势变更制度要求的客观情况发生变动的不可预见性的标准也会相对高于短期合同。在谭某婷与梁某贞房屋租赁纠纷案中,[②]谭某婷主张因疫情原因,自己的民宿经营受到严重影响,法院应适用情势变更或者不可抗力解除合同。在二审判决中,佛山市中级人民法院在判决理由部分提到谭某婷虽然提交证据证明新冠肺炎疫情在 2020 年 2 月前后对民宿经营造成了一定影响,

① 广东省湛江市麻章区人民法院民事判决书,(2020)粤 0811 民初 28 号。

② 广东省佛山市中级人民法院民事判决书,(2020)粤 06 民终 7898 号。

但考虑到租赁合同作为继续性合同,且该租赁合同的租期长达五年,主张方提交的证据不足以证明当时尚处动态发展中的新冠肺炎疫情必然导致合同目的完全不能实现,从而驳回了谭某婷的上诉请求。从此案可以看出合同的期限也是法官判令是否解除合同时会重点考虑的因素。

(三)变更合同

最后,在审判实务中,变更合同是法官在处理不动产租赁合同纠纷时最常用的处理方式。绝大多数不动产租赁合同纠纷都是通过这一方式最大限度地平衡各方利益,是解决纠纷的有效手段。在变更合同时法官一般会将如下因素纳入自身的考虑范围:

1. 疫情对地区的影响程度

疫情对广东省的影响程度有三个时间点值得我们关注:2020 年 1 月 23 日,广东省启动重大突发公共卫生事件一级响应;2020 年 2 月 25 日,广东省新冠肺炎疫情防控应急响应级别由重大突发公共卫生事件一级响应调整为二级响应;2020 年 5 月 9 日,广东省新冠肺炎疫情防控应急响应级别调整为三级响应。在刘某娟与增城某房地产有限公司房屋租赁合同纠纷案中,①广州市增城区人民法院在审理该案时就以上三个节点为基础,判决 2 月房屋租金减免 50%,3 月、4 月租金减免 40%,5 月租金减免 30%。最终一审判决结果也得到了二审法院的肯定。这种做法相较于统一规定一个比例的做法而言更加精确,也更加科学,值得在实务过程中推广。

2. 疫情对个体影响大小

在上文提到的广东某大学与徐闻县某客运有限公司、余某辉合同纠纷案中对于客运汽车有限公司受新冠肺炎疫情影响,广东某大学从 2019 年下半年学期放假后到案件审判时尚未开学,某客运汽车有限公司在这段期间内没有实际经营环校车业务,其合同目的无法实现,按照公平原则,广东某大学应当给被告减免半年市场占用费。本案与上述房屋租赁案件最大的不同之处在于对于租金的减免程度,本案之所以能够对半年占用费全部减免是因为合同的性质不同。房屋租赁合同的目的在于占有使用房屋,因为当事人能够占有使用房屋,只是无法顺利经营,合同目的并非无法实现。对于这种情况法院采取了分担风险的做法。但本案中运营权采购合同的目的应当落脚到运营交通车,广东某大学因疫情的客观原因一直没有开学,因此对于客运有限公司运营校内交通车的目的自然无法实现,所以

---

① 广东省广州市中级人民法院民事判决书,(2020)粤 0118 民初 3811 号。

法院作出了免除半年市场占有费的判决。

3. 当事人受优惠政策照顾程度

在疫情期间政府对于各行各业的企业和个人提供了减免税费等一系列优惠政策，为了响应政府号召，各大国有企业、事业单位都对相关的国有资产的不动产租赁采取了减租降息的做法，表明了国家和政府在疫情期间保障民生的民本思想和鼓励人民群众共担风险、共克时艰的态度。这一系列优惠政策对于疫情造成的不利影响起到了一定的缓冲作用，所以法官在决定变更合同的幅度时必然会将相应的优惠政策对当事人带来的帮助程度作为决定变更合同幅度大小的依据之一，即如果疫情带来的影响能够在优惠政策的帮助下得到较大的缓冲，双方权利义务在优惠政策的加持下基本对等，法官在裁判时可以考虑依据原合同履行，或者对原合同进行细微的变更。如果当事人没有受到优惠政策的照顾或在受到优惠政策照顾的前提下当事人双方的权利义务仍不对等，则法官可以考虑行使自由裁量权通过变更合同的方式从而平衡当事人双方的利益。

结　语

在疫情防控工作呈现常态化趋势的当下，各行各业均遭受不同程度的影响。此时，在处理情势变更适用的问题上更需要向维护合同拘束力倾斜，因为这种价值取向更加符合“六稳六保”的方针政策要求，有利于维护市场交易秩序的稳定，并且保障我国经济能够在疫情背景下继续稳步增长。与此同时，在个案裁判中应当注意，在合同目的能够实现的情况下尽量不要解除合同，可考虑尽可能适用情势变更，在此过程中通过变更合同的方式平衡双方当事人的风险与收益，保障合同的存续。

最高人民法院《关于适用〈中华人民共和国公司法〉若干问题的规定（二）》第18条第2款适用问题探讨

孙君元

一、引起问题的案例简述

问题的提出系因本人与同事代理的一桩上诉案件引起，该案件主要事实与一审法院判决内容可概括如下（当事人名称、事件发生时间及股权比例有所改动）。

A公司、王某、张某共同出资设立了B公司，其中A公司占股13%，王某、张某合计占股87%。

在经营过程中，A公司向B公司出借资金2000万元人民币，后因B公司未按时返还，A公司向法院起诉B公司，经过审理A公司胜诉，A公司继而向法院申请强制执行。经强制执行，发现B公司无财产可供执行，A公司遂于2008年向中级人民法院申请破产清算B公司。

2013年，因B公司逾期未年检，被工商局吊销营业执照，但公司股东未按照《公司法》的相关规定，在吊销之内15日成立清算组开始清算。

2015年，中级人民法院出具《受理破产申请公告》，裁定受理破产申请，并指定了破产管理人。A公司向破产管理人申报了2000万元债权，后该笔债权为中级人民法院确认。

破产清算期间，破产管理人向A公司发出询问函，称到企业登记住所发现，B公司未在登记住所办公，破产管理人未接管B公司财产、印章、账簿，未能接管企业，基于A公司股东身份，向其询问有无控制B公司财产、印章、账簿等文件资料，有无担任B公司的董监高等职务，A公司函复称没有。

最终，中级人民法院作出裁定，因破产管理人无法联系到B公司负责人、未接受该公司的财务账册和财产，B公司财产不足以清偿破产费用，宣告B公司破产。

随即，A 公司向法院提起诉讼，诉称王某、张某作为公司的实际经营者，在破产清算期间，怠于履行义务，导致 B 公司主要账册、重要文件灭失，无法进行清算，基于最高人民法院《关于适用〈中华人民共和国公司法〉若干问题的规定（二）》（以下简称《公司法司法解释二》）第 18 条第 2 款规定，要求王某、张某对 2000 万元债权承担连带责任。

一审法院审理后认为，作为公司股东，A 公司、王某、张某均系清算义务人，现 B 公司财产、账册、重要文件灭失，无法进行清算，A 公司、王某、张某均存在过错，根据《公司法司法解释二》第 18 条第 2 款的相关规定，并基于股权比例，认定 A 公司承担 13% 责任，判决王某、张某就 2000 万元债务的 87% 承担连带清偿责任。

基于上述案例，本文拟讨论关于《公司法司法解释二》第 18 条第 2 款适用的 3 个问题：

（1）适用的诉讼时效；

（2）适用的前提是否包括债务人公司存在财产；

（3）当有限责任公司股东身份与公司债权人身份重合时，该法条是否对债权人股东同样适用。

二、分析与讨论

（一）诉讼时效何时起算

原《民法通则》第 137 条规定“诉讼时效期间从知道或者应当知道权利被侵害时起计算”，因此应讨论“债权人从何时开始知道或者应当知道权利被侵害”。

具体到本案，应该讨论 A 公司何时知道或者应当知道权利被侵害。根据《公司法》的相关规定，B 公司于 2013 年被工商局吊销营业执照，应该在被吊销营业执照后 15 日内开始进行清算。

如果 A 公司在 B 公司应当清算之日起，即知道或者应当知道权利被侵害，则诉讼时效应自 2013 年起算，则在 2017 年 A 公司起诉时，诉讼时效已过。

若 A 公司自 B 公司因破产管理人无法联系到股东、无法接受财务账册或财产，财产不足以清偿破产费用而被裁定破产之日时（2016 年）知道或者应当知道权利被侵害，则在 2017 年 A 公司起诉时，诉讼时效未过。

1. 支持解散事由出现之后 15 日即“知道或应当知道”的判决

持该观点的包括上海市第一中级人民法院，在（2014）沪一中民四（商）终字第 X 号判决书中，该院认为：“C 公司在 2006 年已明知其债权未得到全部清偿，从此时起，C 公司对 D 公司的经营状况、偿债能力等负有合理关注义务。D 公司在 2009 年 4 月 3 日被吊销营业执照以及未及时清算的事实均属于 C 公司应当知道的事实，但C公司在知道其权利受到或可能受到侵害时，并未及时提起诉讼，直至2014年4月才提起本案诉讼，显然已经超过诉讼时效。”

根据该法院的观点，当债务人无法清偿债务时，债权人应对债务人的经营状况给予合理注意，而是否被吊销营业执照、是否应当进行清算，属于可以查询到的内容，因此，债权人自债务人吊销营业执照之日起知道或应当知道权利受到侵害，诉讼时效开始计算。

2. 支持法院作出无法清算的裁定后“知道或应当知道”的判决

支持该观点的包括广东省高级人民法院，在某裁定书中，该院认为：“至2015年12月21日（2015）深中法破字第X号民事裁定书作出终结E公司强制清算裁定时，F厂才知悉E公司无法清算的事实。原审据此认定F厂的请求权属于债权请求权，适用2年的普通诉讼时效期间，F厂的诉讼时效从F厂收到（2015）深中法破字第X号民事裁定书之日起计算，即自2015年12月21日起开始计算，F厂于2015年提起本案诉讼，未超过二年诉讼时效并无不当。”

在某裁定书中，该院认为：“（2011）云法民清（预）字第2号民事裁定认定广州G公司无法进行强制清算，该裁定于2011年12月20日生效，故一、二审法院认定H公司从该日起才知道或应当知道因G集团的原因导致广州G公司无法清算至其债权受到损害，并无不当。”

可见，广东省高级人民法院的观点是，自人民法院作出关于债务人公司无法进行破产清算的裁定后，债权人才知道或应当知道其权利受损的事实，在此时诉讼时效开始计算。

3. 小结

事实上，该争议由来已久，最高人民法院还专门针对该问题作出过答复。

《关于债权人主张公司股东承担清算赔偿责任诉讼时效问题请示的答复》[（2014）民二他字第16号]规定：“依据《民法通则》第137条的规定，该赔偿请求权的诉讼时效期间应从债权人知道或者应当知道因公司股东不履行清算义务而致其债权受到损害之日起计算。”

虽然最高人民法院没有对何时为“知道或应当知道”作出“一刀切”的定论，但是笔者认为，在一般情况下，作为外部债权人，很难了解债务人公司的内部经营情况，上海市第一人民法院认为的“债权人应对债务人公司情况给予合理注意，该合理注意内容应包括债务人公司的登记情况”的观点，加重了债权人的注意义务，存在不合理性；另外，债务人公司未及时进行清算，不必然导致公司无法进行清算，法律规定的请求权事实基础尚未成立，诉讼时效当然不开始计算。在这一层面来讲，上海市第一人民法院的观点也存在不合理性。

因此在一般情况下，笔者认为，“法院作出无法清算的裁定”为“债权人知道或者应当知道因公司股东不履行清算义务而致其债权受到损害之日”，从该日开始计算诉讼时效。

（二）适用的大前提是否为公司存在可分配财产

本条背后的法理基础应为：公司为股东所控制，若股东怠于履行义务导致公司无法清算，则推定股东侵占了公司资产，因此股东需要对公司债务承担清偿责任。

适用该法条案件的案由通常为“股东损害公司债权人利益责任纠纷”，即本案属于侵权类型案件。但是该法条逻辑中的因果关系与一般的侵权案件中因果关系不同。该法条的逻辑为，只要公司“无法进行清算”，就认定债权人的损失是由债务人股东怠于履行义务导致公司未正常清算造成的（前文所述“推定原则”），而债务人的实际财产状况并不在考虑范围之内。

举一个极端的例子，如果债务人公司股东确实不存在恶意侵占公司资产的情况，公司确实早已没有了财产，而又发生了未及时清算，并且最终无法清算的情况，如果法院判决债务人股东对公司负债承担连带责任，则股东多少有些“冤枉”，因为债权人最终的损失，并不是由于债务人公司未及时进行清算造成的，而是因为公司原本就没有财产，因此无法对债务进行清偿造成的。

但是在该条的字面表述中，没有将债务人的实际财产情况列为考虑因素，也即，如果严格依据该法条的字面表述，根本无须考虑债务人公司财产情况。

但是部分法院似乎也将债务人的财产情况因素纳入考量标准，如在山东省高级人民法院民二庭 2018 年 7 月 17 日发布的《关于审理公司纠纷案件若干问题的解答》中，山东省高院发表了如下观点：“从平衡双方当事人利益的角度考虑，可以先由债权人提供初步证据，例如公司被吊销营业执照多年且无人管理，人民法院已作出公司无财产可供执行的民事裁定书等，再由公司股东举证进行抗辩，例如提供公司账册，或者有证据证明公司无财产可供执行的现状并非怠于清算所致，而是在公司吊销之前已无财产等。如果公司股东无法举证公司在事实上可以进行清算，则应对公司债务承担连带清偿责任。”

从上文的表述来看，山东省高级人民法院似乎增加了一个新的概念——“事实上是否可以进行清算”，如果公司在吊销前已经无财产，似乎属于“事实上不可以进行清算”的情况，而债务人股东不需要承担责任（但是未查询到相关案例支持）。

但即使加入该考量因素，相应的举证责任应由债务人股东承担，而证明“无财产”这一完全消极的事实是非常困难的［执行中未找寻到债务人的财产而终止执行，不构成充分的证明，该观点在上海市第二中级人民法院的（2013）沪二中民四（商）终字第X号案、北京市第二中级人民法院的（2018）京02民终X号案中已经表述得较为清楚，应不存在大的争议］。可以想到的能够证明债务人公司已无财产的证据材料包括债权人自认或公司的报表、账册，但是在该类案件中，债权人基本上不会自认，而公司账册、报表已经丢失，所以相关书面材料也几乎无法提供。

（三）股东身份与债权人身份重合，是否影响本条适用

1. 本条立法的初衷所保护的对象，应不包括同时为股东的债权人

本案与同类型案件最大的不同之处在于，本案的债权人A公司同时也是债务人B公司的股东。

如上文所述，本条的法理为，公司为股东所控制，作为债权人无法知晓公司的财产使用情况，一旦出现公司不能清算的情况，推定股东侵占了公司财产。债权人对公司的“不知情”与“无法控制”是本条重要的基础。

而一旦债权人同时具有公司的股东身份，上述基础就不复存在了。公司股东，尤其是有限责任公司的股东，应当被推定为知晓公司的财产状况，并且可以控制公司的财产使用。如果股东的知情权被侵犯或者其他权利被其他股东侵犯，应该通过最高人民法院《关于适用〈中华人民共和国公司法〉若干问题的规定（四）》中规定的知情权诉讼或者《公司法》第20条第2款的规定寻求救济，而不是通过《公司法司法解释二》第18条第2款进行救济。

退一步讲，即使本条对债权人股东同样适用，债权人股东也应当先承担举证责任，证明其原本就对公司财产使用情况不知情并且无法控制公司，否则不能直接认定可以适用本条。

2. 债权人同时也是清算义务人，对于公司无法清算同样存在过错，不应因为自己的过错而获利

《公司法司法解释二》第18条第2款第1句已经把侵权主体说得非常清楚了，并且对有限责任公司与股份有限公司的不同情况做出了区分“有限责任公司的股东、股份有限公司的董事和控股股东因怠于履行义务”。

也就是说，有限责任公司的股东，均负有清算义务（最高人民法院2012年9月发布的指导性案例9号上海存亮贸易有限公司诉蒋某龙、王某明案中亦表明了此观点）。A公司作为B公司股东，同样属于清算义务人，对于最终无法清算的情况，同样存在过错。

而同时A公司又拥有债权人身份，在本案中，A公司要求其他两位股东承担连带责任的诉讼请求，基于其股东身份的过错，被法院支持。也就是说，A公司因为自己的过错，在某种程度上取得了获利（若A公司履行股东的清算义务，则其他股东不需要承担连带责任，而现在其他股东需要承担连带责任），与“一个人不能因为自己的过错而获利”的法谚相悖。

一审法院在最终判决承担责任的时候，亦考虑到了该情况，其认为“A公司、王某、张某均系清算义务人，现B公司财产、账册等重要文件灭失，无法进行清算，A公司、王某、张某均存在过错，基于股权比例，认定A公司承担13%责任”。

但是如果A公司履行了清算义务，87%的债务应该是不需要张某、王某承担的，在某种程度上，A公司用自己承担13%的成本，换来了其他股东承担87%的收益。

当然不能否认的是，张某、王某作为公司股东，当然也存在过错，应当承担相应责任，但其承担责任的方法是“按照持股比例”对“全部未情况债务”则有待商榷。

根据我国法律规定，有限责任公司股东负有清算义务，但司法实践中经常出现有限公司股东对清算程序不够重视的情况，这增加了有限公司股东的风险，建议应对公司清算程序予以重视。

医疗侵权案中民事行为能力受限当事人的权利保护

李　立　许文滔

一、问题提出：非完全民事行为能力当事人的司法保护问题凸显

随着医疗水平不断提高，民众法律意识不断提升，医疗纠纷案件处置日益复杂，维权难度也日益增大。这当中，民事行为能力受限当事人的司法保护，成为一个突出的新问题。如间歇性精神病患者起诉认为医院对其诊疗活动存在过错如何认定主体资格、对昏迷植物人的患者何时开始启动权利维护等。尤其在法律依据不明情况下，面对案件的审查，法官自由裁量权过大，程序运用差异大、处置周期长等问题更不断显现。针对此问题，笔者从律师代理案件角度进行分析，以期探讨有效的解决途径。

二、诉讼障碍：非完全民事行为能力当事人诉讼难面面观

（一）立案障碍：民事行为能力状况成启动诉讼的首要难题

民事诉讼权利能力，是指能够作为民事诉讼当事人的资格和能力。民事诉讼行为能力，是指能够以自己的行为亲自参加诉讼，实现民事诉讼权利、履行民事诉讼义务的能力。有民事行为能力即有民事诉讼行为能力，无民事行为能力人和限制民事行为能力人，应仅认为具备民事诉讼权利能力，但民事诉讼行为能力或者无，或者受限。

当事人是否适格，成为法院判断是否有权提起诉讼的首要环节，但该环节在实务认定中存在诸多问题。以笔者代理患者陈某诉××大学附属××医院医疗损害纠纷案为例，从维权开始，便困难重重。

1. 委托手续存在阻碍

因患者已经陷入昏迷状态，无法履行相应委托手续，律师与近亲属进行充分沟通后，以患者本人名义起诉，由近亲属在起诉材料上代签名，并明确记载近亲属

为代签名。

2. 立案办理存在阻碍

后向越秀区法院起诉,其立案庭以非本人签名为由拒绝受理;经详细沟通及告知患者目前病情状况,并提供病历材料证明后,仍被告知需要先进行特别程序确定民事行为能力,否则不能立案。面对此情况,代理律师多方陈述,说明普通程序的立案与特别程序之间并不冲突,立案也仅为形式审查,若后续经办法官仍认为需要进行特别程序认定的,那本案可暂时中止审理,但不能剥夺我方起诉的权利。几番沟通后终于成功立案。

3. 主体资格认定难

这在医疗侵权案件当中尤为明显,通过立案并不意味后续就顺利了。首先,经办法官仍要求先进行特别程序的认定,虽我方反复主张患者已有病历材料足以证明现处于昏迷状态的病情,民事行为能力已明显受限,可启动监护人制度从而保障患者的权利,但不被支持;再主张患者不需要通过特别程序来确定监护人,可采取意定监护的形式由全体家属协商确定,而在具体案件中直接认可并不会侵犯被监护人的权益,若被监护人行为能力恢复,固然可以自行行使权利,或选择案件继续进行,也可申请撤诉;即便监护人在代理过程中存有侵害权益的行为,被监护人也完全可以向侵权人主张损失,二者之间并不冲突,但仍不被支持。

其次,即使按照法官的要求启动特别程序,也面临种种阻碍。代理律师结合患者的实际昏迷的病情以及节约时间和金钱等成本考虑,继续向主审法官沟通,认为已经不需要再通过司法鉴定进行认定,现有病历材料足以证明,《民事诉讼法》中也认为必要时才应当再进行鉴定。但特别程序的审理法官全然不顾我方提出的实质异议,仍要求鉴定,在法庭审理时还明确告知若不进行鉴定,将驳回我方的申请,且并未对“必要时”再作鉴定的行径进行任何法理层面的阐述。

4. 鉴定流于形式

迫于无奈,律师和患者近亲属沟通后还是选择按照法院的要求进行司法鉴定,而滑稽的是,即使安排了鉴定专家到医院重症加强护理病房为患者进行行为能力的认定,但实质上却没有做什么工作,连临床数据和体格检查都直接沿用病历资料的记载,那为何非要经过所谓的鉴定过程呢?即便法官没有医学常识可以作出判定,那是否考虑采取询问函等其他方式辅佐呢?

(二)举证障碍:无民事行为能力人的举证责任过重

首先,存在的阻碍包括但不限于当事人的可能不配合情况:若患者存在有精神疾病障碍,极有可能对鉴定过程等造成影响,并阻碍程序的推进,如实践中出现的扰乱听证会秩序导致的鉴定机构退回鉴定的情形;若患者陷入昏迷或“植物人”状态,其治疗还在涉案医院或他家医院的重症监护室接受治疗,而鉴定机构人员有可能需要现场评估患者目前病情,但因治疗需要或其他原因,医院不允许鉴定机构的人员进入重症监护室,导致鉴定程序的无法推进。

其次,鉴定受现有条件的限制:若患者存在有精神疾病障碍,而现有精神疾病的诊断无明确的客观依据,更多是依靠医师的主观判断结合一些客观证据;此外,进行鉴定还需要机构具有相应的资质条件;再者,鉴定机构存在有设备及人员的问题,因而实践中通常还需要提供医院的病历资料。若患者属于“植物人”状态,以上所说的问题仍可能存在,最终鉴定的结果与患者实际的精神疾病的障碍程度可能不一致。

(三)依据障碍:特别程序存在规定及适用的瑕疵

法定代理人、监护人制度,旨在保护无民事行为能力人和限制民事行为能力人。《民事诉讼法》(2017 年修正)第 194 条规定:“申请认定公民无民事行为能力或者限制民事行为能力,由利害关系人或者有关组织向该公民住所地基层人民法院提出。申请书应当写明该公民无民事行为能力或者限制民事行为能力的事实和根据。”第 195 条规定:“人民法院受理申请后,必要时应当对被请求认定为无民事行为能力或者限制民事行为能力的公民进行鉴定。申请人已提供鉴定意见的,应当对鉴定意见进行审查。”但笔者在代理案件中却发现,法律规定上的缺陷让司法实践与该目的相违背,实质上成为一个限制其亲属代为行使权利的障碍,也为追究侵权人的责任设置了限制。

比如,根据上述规定,鉴定是认为“必要时”才需要,但何时属于“必要时”却未被规定。由于法律缺少具体的指引,以至于司法实践中普遍存在非经鉴定不能确认的情形。

这实质上属于适用法律的错误,在现有证据足以证明无民事行为能力人的状态下,还要加入鉴定程序未免有些冗杂,不仅在程序上增加了当事人的负担,还在成本上造成了当事人的负累。

(四)鉴定障碍:司法实践中过度依赖鉴定意见书

司法实践中通常要求先经过司法鉴定并经特别程序才能对无民事行为能力主体进行认定,此系关于诉讼行为能力认定的程序障碍。

上述案例也间接反映了司法实践中“以鉴代判”的现状,更反映出司法实践中对鉴定意见的认识偏差。鉴定意见书作为法定证据的一种,并不具有当然的效力,自然也不具有大于一切的效力,其存在的人为主观偏差是难以避免的,因而结果也不必然准确。但我国目前司法现状及检索到的案例普遍显示,法院过度依赖鉴定机构的意见,甚至认为鉴定意见是唯一标准。

但要提出的是,在医疗侵权纠纷当中,患者存有精神障碍疾病,或者陷入昏迷或“植物人”状态的情形相比较于其他侵权纠纷会更为常见且具有特殊性,其特殊性在于具有充分的病历资料可证明患者现时的状态,若要求提起诉讼需先进行无民事行为能力人的认定,实际上给患者权利主张设置了障碍,该条规则对患者而言格外严苛,这就是在某种程度上限制了其进行权利主张,即诉讼行为能力认定的程序障碍。

(五)专业障碍:法律工作者存在专业失位与错位问题

笔者希望通过一个案例对这个观点予以说明,即陶某甲与重庆万州区某有限公司医疗损害责任纠纷案,其中二审法院认为,关于一审法院是否遗漏了对陶某甲启动宣告为限制民事行为能力或者无民事行为能力的特别程序的问题,根据最高人民法院《关于适用〈中华人民共和国民事诉讼法〉的解释》(法释〔2015〕5 号)第 349 条之规定:“在诉讼中,当事人的利害关系人提出该当事人患有精神病,要求宣告该当事人无民事行为能力或者限制民事行为能力的,应由利害关系人向人民法院提出申请,由受诉人民法院按照特别程序立案审理,原诉讼中止。”第 83 条之规定:“在诉讼中,无民事行为能力人、限制民事行为能力人的监护人是他的法定代理人。”本案中,陶某甲系精神病患者,为限制民事行为能力人,其父亲陶某乙是其法定监护人,是在诉讼发生前均公认的一个事实,且在一审诉讼中,并未有其他利害关系人向人民法院提出申请为其监护人。故一审法院没有启动特别程序宣告陶某甲是限制民事行为能力人,指定其父亲陶某乙是其法定监护人,并无不当。

事实上,该案例中并未对无民事行为能力人或限制民事行为能力人的认定启动特别程序,可见依据现有法律规定可对无民事行为能力人的权利主张提供保障。但由于实践中法律工作者的失位与错位,如律师未能利用现有法律规定保护当事人的利益,又如法院未能秉承中立审判的角色且执着于司法鉴定确认,这实际上是法官过度依赖鉴定及放弃其自由裁量权的结果,从而导致了无民事行为能力人权利主张的障碍。法官应在合理采集现有证据下的综合认定并判断是否需要经过特别程序确定、如何进行特别程序,以及是否需要鉴定等问题。

(六)裁量障碍:资格认定事宜法官自由裁量权随意性较大

笔者除代理患者陈某诉××大学附属××医院医疗损害纠纷案外,也代理过如下案件。

案例1：在高某诉××大学附属××医院案件中，笔者作为医院方代理人参与到法庭审理当中。患方认为医院对其进行手术前的病情告知与说明不充分，因为其当时存在心理疾病障碍的影响（仅有外院抑郁症的治疗史），不能正确认知手术的风险及必要性，而医院未告知其家属相关情况；我方反驳：患者系自行前往医院就医，病情沟通等都反映出其具备正常人的行为能力，无法认定其属于行为能力受限的情形，也没有义务对其进行认定。但法院认为我方作为医疗机构有充分的能力对患者精神状况进行认定，且病历有记载抑郁症病史（抑郁症不必然会影响认知能力），因而要求我方举证证明或申请民事行为能力鉴定，反复沟通仍无果，我方顺势向法院提出"若患者认为就诊时需要针对其民事行为能力进行鉴定，那其诉讼行为能力也应存疑，可进行相应鉴定"，但法院却以患者母亲作为代理人参与庭审过程，及患者能有效对法庭询问的若干问题作答为由否定了我方的意见。

案例2：在代理某医院参加应诉的过程中，因发现患者行为状态有异常（反复报警上百次、投诉医院几十次），且性情激惹，书写的诉状也反映出其可能存在有一定程度的精神障碍（偏执型精神病），故我方向法院申请对其进行司法鉴定以明确其精神状态和民事行为能力，但法院却同样在当庭询问若干问题后就认定不存在有需要进行鉴定的情形，驳回我方的申请。

对比上述两个案例，在面对当事人民事行为能力受限情况下，笔者经过案件办理产生如下认知：一是法官自由裁量权过大，特别是法律规定不明确时，判案无具体标准；二是鉴于医疗专业知识的不足，精神状况的认定问题需要进行专业的司法鉴定，而对"植物人"的行为能力受限认定可依靠病历而无再鉴定之必要，但实际情况却似乎刚好相反；三是在普通程序、特别程序、司法鉴定程序推进过程中，就法定代理人、监护人等的选择和判断存在诸多矛盾，其最终结果则为法定代理人、监护人制度的优选性难以在病患当事人权益保护上体现。司法实践上的某些操作，有违法定代理人、监护人制度的初衷。

（七）成本障碍：依法行使司法救济维权的成本太大

1. 费用成本大

由于涉及诉讼资格问题，法律规定确认无民事行为能力人一方需通过特别程序予以认定，而司法实践通常要求进行司法鉴定以明确其主张，故还需支出司法鉴定费用，所有这些费用（医疗纠纷案件中通常还需要患方承担两个鉴定所需要的费用，即伤残能力鉴定或死因鉴定以及医疗损害过错鉴定）的支出，还可能包括律师费或误工损失等，造成患方主张权利的成本过高，从而极大限制或阻碍了患方通过司法途径寻求救济。

2. 时间成本高

特别程序通常需要几个月时间,还需要加上患方提起程序所耗费的时间,而鉴定程序却不计入法院的审限当中,这意味着若需经过司法鉴定,耗时将进一步增长(在上述的另外两个鉴定所耗费的时间外,尤其是医疗损害过错鉴定耗费的时间),包括但不限于联系鉴定机构的时间、与法院进行函件来往所耗费的时间、鉴定耗费的时间、患方给鉴定机构提供材料的时间,导致患方主张权利的时间成本过高,从而成为压垮骆驼的最后一根稻草,阻断了患方获得司法救济的途径。

3. 等待代价太大

笔者代理患者陈某诉××大学附属××医院医疗损害纠纷案之后,就已花费了极高的时间及金钱成本,且遗憾的是患者在鉴定意见书出具后不久离世,这时自接受案件委托已过去将近一年,但还未等到案件正式进入庭审。

三、解决途径:围绕立法、司法和法律适用的三个层面,消除障碍推进权益保护

(一)立法层面:分清无(限制)民事行为能力人的认定及权利保护问题

民事行为能力的认定问题与权利救济问题应当进行区别。民事行为能力人的认定是对行为人状态的判定,而权利救济问题的判断应是基于现有证据对是否存在侵权以及是否存在过错及因果关系进行判断,二者不应等同起来。

笔者认为,不能因为无民事行为能力人需要通过特别程序确定,就要求已有证据证明存在损害的患方做更进一步的判断才赋予其起诉的权利,尤其在患者存在精神障碍、处于严重昏迷或"植物人"状态的情况下。

无民事行为能力人的认定应是确定监护人的制度,用以保护被监护人的财产及人身权利,或者保护利害关系人的合法利益;而涉及无民事行为能力人的侵权问题,应是通过赋予其监护人提起司法救济和追究侵权人责任的权利从而保护无民事行为能力人,但实践中却将二者混淆了。如上所述,被侵权人的权利主张遇到诸多障碍,且这些障碍本不必要或不应当存在。因此,建议立法部门制定相关的配套法律解决适用层面的问题,积极保护被侵权人的利益,鼓励被侵权人或其家属及时采取措施避免更大的损失。

(二)司法层面:以保护当事人提起诉讼权利为出发点进行审查

首先,问题的解决有赖于法院正确适用法律。法律要求在必要的情况下应当对该无民事行为能力进行鉴定,那么可见,鉴定程序并非必须进行的,在已有充分证据证明的情况下应当采信一方的主张而认定其为无民事行为能力人,并由其法定代表人代为起诉。以医疗侵权纠纷为例,在现有病历可充分认定患者陷入昏迷或“植物人”状态，或者存在有精神疾病障碍时，若无相反证据证明的情况下，应支持患方的代为起诉。

其次，法院应当正确分配举证责任。在医疗侵权纠纷案件当中，由于医疗机构保管了病历等材料，且掌握专业的医学知识，对于法院支持患方起诉资格的主张完全可以提供充分证据驳斥，并可要求进行无民事行为能力鉴定。至于是否启用司法鉴定程序应当由法院依职权认定，合理分配两者间的举证责任，根据案情判断由哪一方承担鉴定费用，正确适用“谁主张，谁举证”的原则。

最后，程序的展开应当在法院的主持下进行。对于医疗侵权纠纷，法院完全可以先行受理医疗损害责任纠纷，并依照法律规定推进程序的开展。

若患方主张患者为精神疾病障碍群体，那么根据最高人民法院《关于适用〈中华人民共和国民事诉讼法〉的解释》（法释〔2015〕5 号）第 349 条规定，“由利害关系人向法院提出申请，由受诉人民法院按照特别程序立案审理，原诉讼中止”。此时，由于医疗过错的举证责任在患方，患方可要求法院继续推进鉴定程序的进行，而事实上，无民事行为能力的认定与医疗损害过错的认定并不矛盾，完全可以同时进行。一方面，二者的判断互不干扰，医疗损害鉴定是判断诊疗行为是否存在有过错，系基于此前的行为，而无民事行为能力人的认定则是判断行为人当时的状态；另一方面，二者的结果互不影响，当事人是否具有诉讼资格并不影响医疗损害鉴定判断的医疗机构是否存在过错，二者的结果均是独立的。

而且，若经特别程序认定患者为无民事行为能力人，其法定代表人或监护人当然具有相应资格提起诉讼，如起诉时是由多名近亲属共同提起诉讼的，也可依法变更为由法定监护人提起诉讼；若经特别程序认定患者具有民事行为能力人，患者自然有权决定是否提起诉讼，实际上也不会对其权利的主张产生任何影响；或者虽经特别程序认定为无民事行为能力人后又恢复的，也可申请特别程序重新认定后决定是否继续进行医疗侵权纠纷。

而对于陷入昏迷或者是“植物人”状态的患者，应当可以同样适用上述精神疾病障碍患者的程序开展。

（三）法律适用层面：减少无价值鉴定和简化诉讼程序

首先，在诉讼双方对无民事行为能力人的状态不存在异议的情况下，法律工作者应当积极主张简化诉讼程序，减少不必要的费用，节约诉讼资源；对于现有证据已可充分认定无民事行为能力人的状态时，不应再行鉴定，增加当事人的负担。

其次，由于医疗侵权纠纷的特殊性，对于患者的状态已有充分的病历材料可供证明，且诉讼双方对患者的状态没有任何异议，关于确定无民事行为能力人的鉴定自然没有价值,也应当减少。

最后,律师、学者等法律工作者,应当积极发声倡导简化诉讼程序,减少无价值的鉴定过程,保护无民事行为能力人的诉权,维护其合法利益,减少诉讼资源的浪费。

四、结语:不要让病情折磨之后,再受不正义之苦

《民法典》经十三届全国人大三次会议审议通过并颁布实施,作为新中国成立以来第一部以"法典"命名的法律,是新时代我国特色社会主义法治建设的成果,具有里程碑意义。

关于无(限制)民事行为能力人的权益问题,《民法典》有了不少规定:第21条明确了不能辨认自己行为的成年人为无民事行为能力人;第24条关于无民事行为能力或限制行为能力的认定与恢复的规定中明确其利害关系人或者有关组织,可以向人民法院申请认定该成年人为无民事行为能力或者限制民事行为能力人;第32条规定没有依法具有监护资格的人的,监护人由民政部门担任,也可以由具备履行监护职责条件的被监护人住所地的居民委员会、村民委员会担任;第33条规定具有完全民事行为能力的成年人,可以与其近亲属、其他愿意担任监护人的个人或者组织事先协商,以书面形式确定自己的监护人,在自己丧失或者部分丧失民事行为能力时,由该监护人履行监护职责。

但《民法典》对于非完全民事行为能力人的诉讼权益事宜的规定仍显不足,尤其是在司法实践过度倾向并依赖鉴定意见的大背景下,《民事诉讼法》第195条规定:"人民法院受理申请后,必要时应当对被请求认定为无民事行为能力或者限制民事行为能力的公民进行鉴定。申请人已提供鉴定意见的,应当对鉴定意见进行审查。"其中何为"必要时"的判断仍缺乏进一步指引,非完全民事行为能力人的诉讼权益保护仍然是一大难题。

不过,2020年实施的最高人民法院《关于人民法院民事诉讼中委托鉴定审查工作若干问题的规定》似乎对于解决上述问题有一定的指导意义,其第1条关于鉴定事项的审查有明确规定:"严格审查拟鉴定事项是否属于查明案件事实的专门性问题,有下列情形之一的,人民法院不予委托鉴定:(1)通过生活常识、经验法则可以推定的事实;(2)与待证事实无关联的问题;(3)对证明待证事实无意义的问题;(4)应当由当事人举证的非专门性问题;(5)通过法庭调查、勘验等方法可以查明的事实;(6)对当事人责任划分的认定;(7)法律适用问题;(8)测谎;(9)其他不适宜委托鉴定的情形。"但对于什么情况下的民事行为能力认定属于专门性问题,以及什么情况下属于法官可以自由裁量的范围均没有具体的规定,依赖鉴定的现况或许仍然得不到解决。

在此新规下,本文论述仍具有现实意义,期待未来在对非完全民事权利行为人的法律救济问题,法律法规或司法解释能更深入、更细化,更好保护民事行为能力受限当事人的合法权益。

公司股权设立家族信托的法律研究

李红梅

引　言

在新时代的背景下，我国经济飞速发展。国内高净值群体快速扩大，引起了对家族财富传承问题的重视，而家族信托正是研究这一问题的重心所在。与国外相比，我国的家族信托起步较晚，正处在试验阶段。因此种种法律问题便呈现出来。本文通过研读大量家族信托研究文章，总结其中面临的问题，并针对问题提出相应对策，以期对股权家族信托的发展起到推动作用。

一、文献综述

纵观家族信托发展的整个阶段，我国家族信托尚处于发展中的初级阶段，无论是对于信托法律制度还是信托理论等方面的研究均停留在起步阶段。而对于股权家族信托的研究现状的文献主要以报纸、期刊、硕士学位论文居多。

（一）就股权家族信托对于家族企业意义问题

魏栓成、宋瑞敏在《家族企业传承类家族信托模式研究及其产品设计》一文中认为，家族信托通过将企业股权锁定在信托计划中，能够通过集中股权，掌握家族企业的控制权，减少因财产继承和分割而引发的纠纷。① 张恒在《家族信托在中国民营企业股权治理中的应用研究》一文中认为，家族企业的股权集中在家族之内，家族成员之间兼具家庭成员角色关系和公司上下属同事关系，这种关系使得家族成员在处理公司事务的时候颇具两面性，②孙萍在《公司股权设立家族信托的法律研究》一文中认为，将股权设立家族信托能够有效地避免了因家族成员的内部矛

① 参见魏拴成、宋瑞敏：《家族企业传承类家族信托模式及其产品设计》，载《财会月刊》2016 年第 14 期。

② 参见张恒：《家族信托在中国民营企业股权治理中的应用研究》，上海交通大学 2013 年硕士学位论文，第 8 页。

盾而“造成企业股权的分散,导致家族对企业控制权的削弱”①。

(二)就股权家族信托中的所有权归属问题

信托财产中的所有权是否发生转移问题一直是信托制度研究领域争议不休的问题,股权家族信托作为信托的一种,同样无法规避股权是否转移所有权问题。孙萍在《公司股权设立家族信托的法律研究》一文中认为,在信托关系成立后,信托财产的所有权由委托人转移给受托人,由受托人根据委托人受益人的需求而管理处分信托财产,②进而根据不同公司形式——有限责任公司或股份有限公司,在设立股权家族信托时履行与之相对应的股权转让手续。

(三)就股权家族信托中的征税问题

由于我国信托制度发展起步较晚,以至于许多配套制度在设计之时并未考虑到信托制度,徐凌川在《论我国民营企业股权家族信托法律制度的完善》一文中指出在我国现行的信托税收制度下,所有家族信托都享受不到对应的税收优惠,③相反,由于股权家族信托纳税主体不明确、现有纳税制度引发重复征税等问题阻碍着境内家族信托的实践和创新。糜广杰在《重复征税成为国内股权家族信托的掣肘》一文中表示,在信托设立、信托存续、信托分配或清算等各个环节中,可能面临该信托行为被视为股权转让进而在各个环节被征收个人所得税的风险。④

二、股权家族信托之概述

(一)股权家族信托的定义

根据相关文章,股权家族信托是指以股权作为信托财产设立的家族信托,由家族企业的股东作为委托人,将其所拥有的股权直接或间接委托或转移给受托人,由受托人根据信托合同中的委托人的意愿,以自己的名义,为受益人的利益进行管理或处分的行为。⑤ 之所以将股权进行家族信托,是因为这种财富管理方式能达到财富保护以及财富传承的作用,更有利于家族财产的稳定与合理运用。

但信托中还有一种“股权信托”,这与股权家族信托需要进行区分。狭义的股权信托是指以股权为标的的信托;广义的股权信托是指以股权作为信托财产的投

① 孙萍:《公司股权设立家族信托的法律研究》,华东政法大学2018年硕士学位论文,第18页。

② 参见孙萍:《公司股权设立家族信托的法律研究》,华东政法大学2018年硕士学位论文,第22页。

③ 参见徐凌川:《论我国民营企业股权家族信托法律制度的完善》,浙江大学2017年硕士学位论文,第31页。

④ 参见糜广杰:《重复征税成为国内股权家族信托的掣肘》,载《清华金融评论》2015年第5期。

⑤ 参见刘跃:《股权家族信托法律问题的规制与研究》,载《法制博览》2017年第13期。

资标的,其设立信托时并不是以股权而是以资金或其他财产作为信托财产。[①] 股权家族信托与股权信托之间存在不同点。

1. 目的不同

股权家族信托的目的非常明显,委托人出于财富保护与财富传承的目的对股权进行信托管理。而股权信托的目的则不同,更多侧重于经济目的——利用股权信托灵活而富于创造力的股权管理功能,为企业建立有效的股权激励机制提供良好的运作平台;抑或者基于股权信托的投融资功能和屏蔽效应帮助企业开展股权投资、股权收购或股权融资行为。

2. 受益人不同

此外,两者在受益人方面也并不完全相同。由于股权家族信托是在家族信托这一大的背景下进行的,因此股权家族信托的受益人一般都是家族成员。这也是两者之间最大的一点不同。

(二)股权家族信托的特征

根据学者辛九渊的《民营企业股权家族信托法律问题研究》一文,股权家族信托主要有以下特点。

1. 股权家族信托可以间接实现公司财产设立信托的目的

股权是公司资产承载的主要形式。根据我国《公司法》,公司拥有独立的法人人格,具有一定独立的财产权。股东在公司依法注册成立并按照约定的期限缴纳一定的资金后,即完成了这笔了资产所有权的转移,即股东通过缴纳出资获得股权,公司法人通过出让股权获得资金,并且这笔资金为法人独立所有,与股东的财产实现分离。虽然分离后股东不能直接控制企业财产,但是股东可以通过公司行使手中的股权来间接控制公司的财产。因此设立股权信托从而间接为公司财产设立信托的目的就达成了。而在现实中,存在部分财产难以直接设立家族信托的问题。比如艺术品、珍藏品等特殊的动产的家族信托,常常因为信托公司不具备相关高度专业知识的人才而无法开展业务或者因为风险过大而拒绝开展信托业务。股权家族信托为这类特殊动产家族信托提供了借鉴启示——先成立专门的家族公司负责管理这些艺术品,再将公司股权成立家族信托。这不仅可以避免信托公司直接持有和管理艺术品的麻烦,做到了对自己财产的合理规划,而且一定程度上还促进了信托产业的发展。

---

① 参见辛九渊:《民营企业股权家族信托法律问题研究》,华东政法大学 2016 年硕士学位论文,第 7 页。

2. 信托股权所代表的公司控制权具有灵活性

我国《信托法》第2条规定："本法所称信托，是指委托人基于对受托人的信任，将其财产权委托给受托人，由受托人按委托人的意愿以自己的名义，为受益人的利益或者特定目的，进行管理或者处分的行为。"而第14条第1款规定："受托人因承诺信托而取得的财产是信托财产。"由于第2条使用的是"委托给"而不是"转移给"，因此无法确定信托财产是否归受托人所有。而从第14条规定来看，受托人又似乎"取得"了该信托财产。这与第2条的规定有内在冲突之嫌。总结这两条规定，在明确的司法解释出台之前，信托财产的所有权是否转移在我国《信托法》中并无定论。正是这种法律规定的模糊性给当事人按照自己的意愿设计信托结构提供了可能。

家族信托属于意定信托，它根据委托人的意思表示而设立，许多具体的事项可通过信托文件做出约定，这就为委托人在股权家族信托中保留了很大的空间，能充分发挥自主能动性。比如，委托人可以和信托公司约定不转移股权的所有权，而只是将股权"委托给"信托公司，从而使得股权与委托人的其他财产相分离。信托公司仅持有公司股权而不参与企业经营管理，公司控制权仍由家族企业成员把持。委托人也可以授权信托公司作为名义上的股东参与企业的经营管理，代理委托人出任公司董事，参与公司重大事项的决策，参与公司管理。又或者委托人可以约定在家族成员不能胜任或有重大失误的情况下，由信托公司代为选取合适的职业经理人或由信托公司委派具有相应管理经验的代表参与家族企业的经营管理。①

（三）股权家族信托的优势

1. 设立股权家族信托可以传承和有效管理家族企业

股权家族信托可以满足高净值人士完成财富传承的目的。但并非所有高净值人士的后代都对自己的家族企业感兴趣，或者擅长管理家族企业。对于这种困扰，设立股权家族信托可以解决这一问题。家族企业可以根据自身需要，安排家族成员、聘用职业经理人或委托第三方对家族股权进行经营管理。在家族接班人能力不足时，可以选择由家族现有掌权人作为信托的委托人，委托家族信托公司来对其财产进行分配与开支，家庭成员只是作为家族企业的股东，公司内部的具体管理事项则由精明能干的职业经理人担任，避免家族财富受损甚至家族企业破产，实现家族企业的综合治理。

① 参见辛九渊：《民营企业股权家族信托法律问题研究》，华东政法大学2016年硕士学位论文，第9页。

2. 设立股权家族信托可以对股权进行有效管理

实践中很多家族的股权由不同的家庭内部成员持有，呈现分散的态势。若人际关系发生冲突，将导致家族分散，从而损害家族的凝聚力和影响力。但若设立股权家族信托，将各家族成员的企业股权置入家族信托中，由信托公司统一持有、管理、分配，将会大大降低人际冲突矛盾对家族企业业务的影响。

3. 设立股权家族信托可以隔离个人资产

风险隔离是企业家们看重家族信托的另一个关键原因。隔离这一优势由信托财产的"独立性"决定——"信托财产"独立于"委托人"的其他财产。当委托人将资产的所有权转移至家族信托后，即使委托人离异、破产或面临债务危机，信托资产基本不会受牵连。一个典型案例就是2012年某地产吴某某离婚案。吴某某夫妇二人由于在某地产上市前就已经将各自的股权置入自己的家族信托。因此，虽然随后二人离婚，但并没有就公司股权分割而出现争执，防止了离婚对企业的运营和股价造成影响的情况出现。

4. 设立股权家族信托可以实现财富的"开源节流"

家族股权在持有、管理、处分的过程中，均会涉及税收问题。而家族信托除了能提高对企业的掌控能力，还能帮助企业家们进行更为全面的资产配置和税务管理。国外的罗斯柴尔德家族、戴安娜王妃等，都交由专业的财富管理机构对家族信托中的资产进行科学配置达到长期稳健增值的目的。而面对我国的高价遗产税金额，家族股权信托的优势则更明显。家族股权信托可以通过持有架构的灵活安排，提前进行财税规划。这不仅可以运用跨区域的税收优惠政策等，进行税务结构的优化，达到节税目标，还可以有效实现传承，是传承财富更为科学有效的方式。

三、股权家族信托面临的困境及法律问题

根据以上对股权家族信托特点和作用的分析，我们可以了解到股权家族信托正处于积极的发展态势之中，在市场具有很大的潜力。但是综观国内的股权家族信托产品并不如国外的品种繁多，发展速度也呈现缓慢趋势。究其原因，主要是股权家族信托在实践操作上存在一定的障碍，以及信托法律制度的不完善导致诸多限制。以下就目前股权家族信托存在的一些问题进行分析。

（一）股权家族信托所有权的归属

在股权家族信托所有权的归属的问题上，英美法系与大陆法系采用了不同的制度设计。英美信托法的双重所有权制度和大陆法系国家的一物一权制度使我国在《信托法》立法过程中对所有权的归属问题有所回避。我国《信托法》第2条规定:“本法所称信托,是指委托人基于对受托人的信任,将其财产权委托给受托人,由受托人按照委托人的意愿以自己的名义,为受益人的利益或者特定目的,进行管理或者处分的行为。”从该规定中可以看出,立法者使用的“委托给”一词,并没有采用英美法系国家立法所采用的“转移”概念,也未明确将信托财产“所有权”“所有”等相关内容体现在立法当中。因此可知,我国《信托法》立法中尚未明确信托财产的所有权归属。而这一问题的模糊性则导致了实践中出现对股权家族信托所有权的争论的纠纷。

(二)股权信托登记制度缺失

我国《信托法》第 10 条规定:“设立信托,对于信托财产,有关法律、行政法规规定应当办理登记手续的,应当依法办理信托登记。未依照前款规定办理信托登记的,应当补办登记手续;不补办的,该信托不产生效力。”实施信托登记,有利于明确财产设立登记公示,便于第三人了解财产交易属性。但是,我国法律、行政法规对于股权信托登记制度的规定并不明确,主要表现在以下三点。

第一,并未对登记部门作出相关规定。第二,公示的内容不明确。我国《信托法》并没有区分信托财产的公示和信托法律关系的公示。信托法律关系兼具债权和物权的特性,若进行公示,需要明确公示的对象是信托财产还是信托关系。而我国《信托法》第 10 条仅仅规定了信托财产的公示。因此在实践中,第三人其实无法得知信托财产法律状态的全部。第三,未进行登记的后果不清。我国就信托财产公示采取登记生效主义,但是法律中并没有说明不登记的后果。《信托法》第 10 条第 2 款规定,应当办理信托登记而没有办理的,可以补充登记,但是对补充登记的时间期限和程序仍没有进行明确规定。由于对股权信托登记制度的不明确,我国股权信托登记制度名存实亡。

(三)信托税收制度存在缺陷

我国《税法》没有对信托税收制度的置入、存续、分配、终止等进行专门规定,导致税务部门在实际操作过程中,倾向于将置入、分配、终止等视为股权转让,按股权转让课税。[①] 纳税环节的不规范成为股权信托制度运行中的一个难题,成为阻碍境内股权家族信托普遍展开的最大困难之一。

(四)缺乏专业信托股权管理机构

股权家族信托的受托人是指按照委托人的信托意愿,管理被授予的信托财产及家族事务并承担受托义务的当事人。《信托法》第 24 条规定:“受托人应当是具

---

① 参见汪密:《论我国现有法律框架下的境内股权家族信托及法律设计》,载《法制博览》2018 年第 29 期。

有完全民事行为能力的自然人、法人。法律、行政法规对受托人的条件另有规定的,从其规定。”因此根据其规定,受托人既可以是营业信托机构,也可以是其他自然人和法人。然而根据《信托公司管理办法》第 7 条的规定:“设立信托公司,应当经中国银行业监督管理委员会批准,并领取金融许可证。未经中国银行业监督管理委员会批准,任何单位和个人不得经营信托业务,任何经营单位不得在其名称中使用‘信托公司’字样。法律法规另有规定的除外。”这样就将我国的受托人限定在信托公司这唯一的主体上,而目前外国比较流行的家族公司,因为没有牌照,在我国开展信托业务并不符合法律规定,不具有接受家族信托业务的资格。因此,目前在我国通过公开资料能够查询到的股权信托业务的受托人,均为取得信托业务牌照的信托公司。也正因为这种限制,导致股权家族信托无法大范围开展。

综上所述,在信托关系中由于信托财产的所有权归属问题仍处于立法模糊地带,可能引发委托人与受托人之间确权纠纷,使彼此处于不信任状态。加之与信托制度相关的登记制度、税收制度在设立之初并未考虑到信托关系的特殊性,因此在适用上存在诸多的困难。我国股权家族信托机构的数量、专业化均处于缺乏状态,无法应对市场需求。以上的种种问题均成为股权家族信托发展中亟须克服的障碍。

四、股权家族信托的完善路径

(一)明确股权家族信托所有权归属

就股权家族信托而言,明确信托财产所有权归属问题才能有力地推动股权家族信托制度在我国的稳定发展。由于我国《信托法》对信托财产的权属规定尚不明确,因此,立法者可以适当参考英美法系或大陆法系对信托财产所有权归属的制度建构,对这一问题进行详细规定,明确归属主体。

(二)构建健全的股权家族信托登记制度

我国《信托法》中,只有第 10 条的规定与登记体制相关,再也没有别的关于信托登记的补充以及细化的规定。信托登记活动由于信托登记制度的规定不甚明确而变得难以操作。因此,我国的信托法律效力受到很大的影响,这就严重阻碍了家族信托业务的正常发展。因此,需要针对家族信托登记体制来完善法律法规建设,确定家庭信托制度中受托人和受益人的义务,使双方的利益受到法律的保护。

构建健全的股权家族信托登记制度,是促进家族信托发展的关键措施。在股权家族信托财产登记环节方面,股权家族信托全过程发生的所有环节,包括设立、变更、管理和终止都应得到重视。具体应包括以下环节:第一,信托成立时应进行信托财产的设立登记;第二,信托成立后,委托人增加或减少信托财产的,应进行变更登记;第三,信托存续期间受托人将信托财产与他人进行交易,买入或卖出股权信托财产的,应进行变更登记;第四,信托终止时,股权信托财产应当依信托文件或信托法的规定转移给权利归属人,办理相应的变更登记和终止登记。在登记内容方面,需要重视以下内容:第一,信托当事人情况,包括委托人、受托人、受益人姓名(名称)及住所、法定代表人和代理人的姓名、住所、联系方式等;第二,股权信托财产的状况,包括名称、数量、权利顺序等;第三,信托期限;第四,信托权限。①

(三)完善税收制度

目前,我国家族信托产品和家族信托业务没有一套完整的税收体制,对家族信托采用的是和其他经济行业一样的税收制度,导致股权家族信托在税收方面容易引发系列问题,如重复征税。许多高净值人群由于较高的税收,便取消了家族信托的计划。另外,我国目前对于遗产税征收的情况还不明了,家族信托由于遗产税尚未实施,优势难以发挥。反观国外,家族信托的产生在帮助委托人减轻较高的遗产税的负担方面发挥了很大的作用。但是我国税收制度还不够完善,没能帮助家族信托较好实现税务筹划的功能,这同样阻碍了家族信托在国内的发展。

所以,我国应当首先协调当前税制,避免双重征税,解决高纳税的问题。中国信托税制建设应从国情出发,根据中国信托业务和创新水平的实际情况设计信托税制,与当前其他的经济行业的税制进行良好协调。通过规范性文件发布相关政策,积累经验,不断完善政策水平。待政策运转平稳、效果良好时,再考虑写入相关税收法律。做到防止重复征税的情况,避免高净值人群由于较高税收而对股权家族信托失去信心,让家族信托在国内得到更好的发展。其次,完善家族信托的财税规划功能,为委托人减轻遗产税的负担。②

(四)股权家族信托中对于受托人权利义务问题

1.股权家族信托中受托人负有较高的善良管理人义务

受托人的善良管理人义务就是指受托人应谨慎从事信托资产的投资,尽到合理的注意义务。在股权家族信托中,公司股权由委托人交付于受托人手中,以受托人的名义管理家族股权,因此受托人必须遵从委托人的意愿,实施积极的管理与运营,对于受托人的要求就相对较高。在司法实践中,1980 年的 Bartlett v. Bar-

① 徐凌川:《论我国民营企业股权家族信托法律制度的完善》,浙江大学 2017 年硕士学位论文,第 42 页。

② 徐凌川:《论我国民营企业股权家族信托法律制度的完善》,浙江大学 2017 年硕士学位论文,第 99 页。

clays Bank Trust Co Ltd. 案的股权信托纠纷值得我们深思。本案的被告为受托人,其在公司年会上谈论更改公司投资事宜时,未做全面调查便欣然同意,使得公司从事了极具风险的开发项目,后来受托人也没有定期检查此项目的进展情况,导致其中一项工程失败,给公司造成了巨大损失,违反了受托人义务。本案法官认为,从事此类信托管理任务的受托人应该具有更高的谨慎义务。在外界看来,受托人能够为委托人提供专业的知识技术,而其他普通公司并不能做到,这就使得受托人违反了家族信托合同的相关规定。因此,法官最终判决专业型的公司受托人由于疏于管理和运用特别技术导致财产受损,应承担违反信托的责任,赔偿公司的损失。

2. 股权家族信托受托人义务的履行与控制

为保障受托人职责的履行,通常信托合同赋予受托人较大职权,特别在股权家族信托中,受托人与股东身份重合,这就使受托人义务的履行与控制变得极为重要。正因如此,受托人通常面临诸多困境,比如委托人并不愿意让受托人真正介入家族企业的管理,还有受托人一旦决策失败,面临责任的承担与赔偿问题等。因此,股权家族信托业务发展举步维艰。为解决上述问题,许多国家将"受托人中心主义"改为"董事会中心主义",在具体的股权家族信托中需要根据当地信托法对委托人权利保留、受托人义务以及受益人知情权进行规定,这样既可以让受托人充分履行职责也可以对受托人进行权利的制衡。

典型案例就是英属维尔京群岛的《英属维尔京群岛特别信托法案》,该法案规定了,首先,受托人虽然持有股权,但并不直接管理该公司,此举也就豁免了受托人在信托中的善良管理人义务;其次,股权家族信托的控制权归属于董事会;最后,设立股权家族的信托保护人,从一定程度上分化了受托人的权利,而且还有效保护了受益人的利益。①

(五)加强家族信托的队伍发展

由于我国对受托人资格的严格界定,我国的股权信托业务的受托人,均为取得信托业务牌照的信托公司。而我国的家族信托公司正处于发展的初级阶段,其资产配置能力和专项服务能力仍然有所欠缺。在这一范畴内的专业家族信托机构寥寥无几。这对高净值群体选择受托人进行股权家族信托附加了无形的限制,也不利于促进家族信托队伍的发展。

因此,对于信托公司的管理团队而言,应当针对内部员工不断加强培训,学习

① 参见刘跃:《股权家族信托法律问题的规制与研究》,载《法制博览》2017 年第 13 期。

积累专业知识,构建专业化程度较高的人才队伍,并努力培养复合型人才,满足日益增长的客户需求。

结　语

总体来说,随着我国社会经济的发展,我国高净值人士的比例上升是必然趋势。而随着股权家族信托优点的逐渐被熟知,这种财富管理方式将会成为家族财富传承的首选。然而,其自身存在的法律问题不容忽视。因此,完善股权家族信托法律体制,使股权家族信托更具现实可操作性,促进投资专业水平的提升,将会给家族信托的未来发展提供强有力的保障。

股东损害公司利益纠纷的法律适用问题

杨超男　黄子睿　何嘉欣

引　言

实践中，股东损害公司利益纠纷十分常见。从结果上看，都表现为对公司的合法利益构成一定程度的损害；但从过程上看，股东损害行为呈现多种形式，使法律适用也呈复杂和多样。除《公司法》外还可能会涉及《民法典》《反不正当竞争法》等。那么，遇到此类纠纷，我们该如何准确适用法律来有效解决股东损害公司利益纠纷？《公司法》有关股东损害赔偿责任及公司救济权的规定，在实践中呈现出怎样的适用规律？在法律竞合的场合，是否存在适用法律的最优方案？在本文中，通过对股东损害公司利益纠纷案件的案由和法律适用进行实证考察，尝试对以上问题作出回答，并从律师角度提出处理此类纠纷案件的诉讼策略和建议。

广义上的股东损害公司利益纠纷十分庞杂，损害公司管理运营的有效性、与公司开展人才争夺、不当竞争等非传统意义上的损害行为均可纳入此范畴。为便于研究，本文将股东损害公司利益纠纷案件限定为"公司或公司的有权代表基于股东损害行为而追究股东损害赔偿责任的诉讼案件"，下文将这类案件统称为"股东侵害公司利益责任纠纷"，核心法律规范文本是《公司法》，研究样本选择和规则解析将在此前提下依次展开。

一、案由类别与常用法条

（一）关于样本筛选的说明

本文案例样本选取的方法是，先以"股东""损害公司利益"等关键词在无讼网中对 2019 年的民事判决进行检索（得到 1764 个初始结果，案由分布见图 1）。

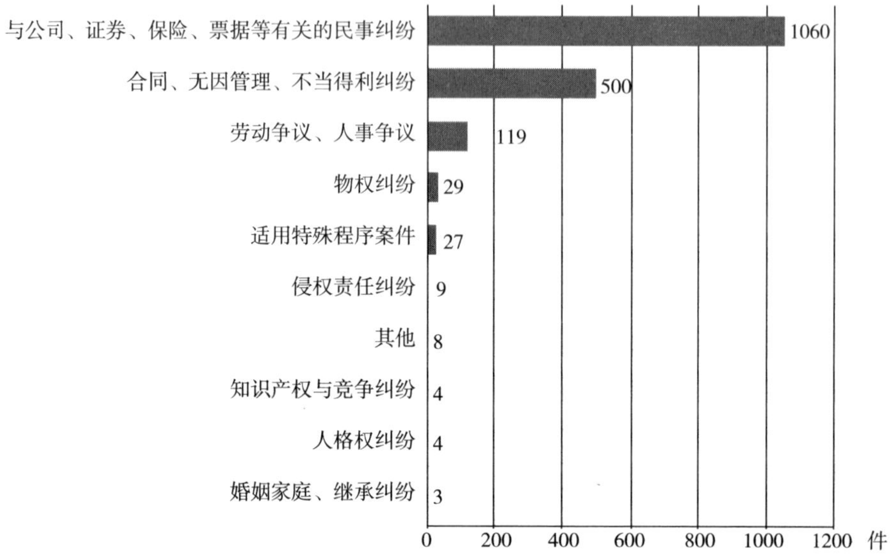

图1　案由分布

再在初始结果的基础上对每个案由对应的案件进行抽样,结合最高人民法院发布的《民事案件案由规定》进行分析判断,筛查出股东侵害公司利益责任纠纷可能会涉及的案由,最后从所筛选出来的相关案由的案件中考察研究其法律适用情况及裁判思路。

(二)股东侵害公司利益责任纠纷适用的案由

根据最高人民法院《民事案件案由规定》,与股东侵害公司利益责任纠纷联系最为密切的案由是"损害公司利益责任纠纷"和"公司关联交易损害责任纠纷"。

"损害公司利益责任纠纷"是指公司股东滥用股东权利或者董事、监事、高级管理人员违反法定义务,损害公司利益而引发的纠纷。"公司关联交易损害责任纠纷"是指公司的控股股东、实际控制人、董事、监事、高级管理人员等关联方利用其关联关系损害公司利益的纠纷。如果该等关联方损害了公司利益,但并非利用关联交易的形式,则不属于此案由。①

通过检索 2019 年的案件,我们统计到该年度股东侵害公司利益责任纠纷案件共有 194 件。这些案例样本来自前文初选的 1764 个案例,并且满足两个条件:一是具备适用《公司法》条文的形式要件;二是具备公司或公司的有权代表直接追究股东损害赔偿责任的实体要件。在这 194 个案例中,适用"损害公司利益责任

① 最高人民法院民事案件案由规定课题组编著:《最高人民法院民事案件案由规定理解与适用》(2011 年修订版),人民法院出版社 2011 年版,第 395 - 396 页。

纠纷”案由的有 158 件,而适用“公司关联交易损害责任纠纷”案由的案件仅有 7 件。此外,与股东侵害公司利益责任纠纷相关的案件所适用的案由,除了上述两种以外,还有“公司盈余分配纠纷”“股东出资纠纷”“财产损害赔偿纠纷”“侵权责任纠纷”“对外追收债权纠纷”等。

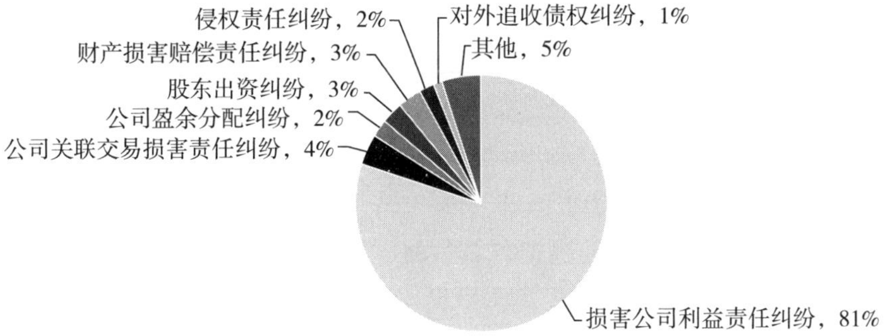

图 2　案由适用情况

从图 2 可以看出,“损害公司利益责任纠纷”案由的适用比例最高。其他情况有 5% 的比例,主要是指没有明确的二级案由的案件,如成都 A 贸易有限公司与江西省 B 投资有限公司、管某某与公司有关的纠纷案。

(三)对法院裁判法条适用情况的归纳

在法律适用方面,《最高人民法院民事案件案由规定理解与适用》[①]将处理“损害公司利益责任纠纷”以及“公司关联交易损害责任纠纷”的法律依据主要归纳为《公司法》第 20 条第 1 款、第 2 款,第 21 条,第 147 – 149 条,第 151 条以及第 216 条第 4 项。

具体而言,《公司法》第 20 条第 1 款、第 2 款规定了禁止股东滥用权利原则以及赔偿责任;第 21 条规定了公司控股股东、实际控制人及董监高人员禁止利用关联关系损害公司利益原则以及赔偿责任;第 147 – 149 条规定了董监高的忠实勤勉义务、公司的归入权以及董监高的赔偿责任;第 151 条规定了董监高损害公司利益时,提起损害赔偿诉讼的主体。

通过对 2019 年的案件进行归纳可以发现,现实中法院审理股东侵害公司利益责任纠纷案件主要还会涉及的《公司法》条文有第 3 条、第 5 条、第 22 条、第 28 条、第 35 条、第 166 条等。但在涉及案件的实体责任判断问题时主要适用的还是

---

① 最高人民法院民事案件案由规定课题组编著:《最高人民法院民事案件案由规定理解与适用》(2011 年修订版),人民法院出版社 2011 年版,第 395 – 396 页。

《公司法》第20条和第21条。

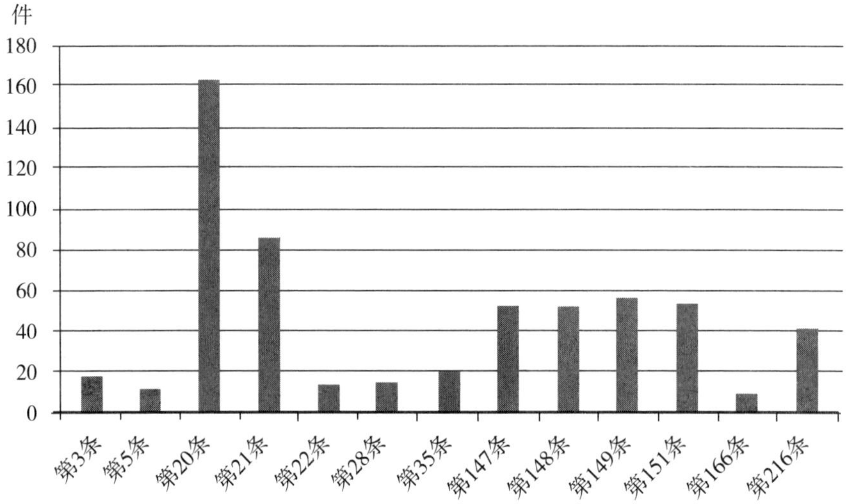

图3 法条适用情况

从图3可以看出,除了第20条、第21条,第147－149条的适用也占了很大比例。这是因为,一方面实践中很多股东侵害公司利益责任纠纷案件都存在股东与董监高身份重合的情形;另一方面适用第148条来追究股东的法律责任,可以大大降低举证难度以及诉讼成本,否则在股东没有兼任董事、高级管理人员的情况下,往往需要用更加复杂的诉讼路径去救济公司的利益。

二、损害行为类型与法条适用

如上所述,"损害公司利益责任纠纷"与"公司关联交易损害责任纠纷"是股东侵害公司利益责任纠纷中最为常见的两类。我们结合现实案例中常见的损害行为表现形式,根据上述划分标准分析损害行为类型与法条适用的规律,如表1所示。

表1 损害行为类型及法条适用一览

损害公司利益的行为			法条适用	
案件类型	损害行为	具体表现形式	兼任董监高、控股股东	未兼任董监高、非控股股东
股东侵害公司利益	抽逃出资	出资款转入公司账户后转出	《公司法》第20条、第21条、第28条、第35条;《公司法司法解释三》第14条	《公司法》第20条、第28条、第35条;《公司法司法解释三》第14条
		通过虚构债权债务关系将其出资转出	《公司法》第20条、第21条、第28条、第35条;《公司法司法解释三》第14条	《公司法》第20条、第28条、第35条;《公司法司法解释三》第14条
		制作虚假财务会计报表虚增利润进行分配损害公司利益	《公司法》第20条、第21条、第28条、第35条;《公司法司法解释三》第14条	《公司法》第20条、第28条、第35条;《公司法司法解释三》第14条
	侵占公司资产	转移公司财物	《公司法》第3条、第5条、第20条、第21条、第148条、第149条	《公司法》第3条、第5条、第20条
		占用公司财产	《公司法》第3条、第5条、第20条、第21条、第147条、第148条、第149条	《公司法》第3条、第5条、第20条
	其他方式	无故减免第三方债务	《公司法》第20条、第21条、第148条、第149条	《公司法》第20条
		利用股东优势地位损害公司利益	《公司法》第20条、第21条、第148条、第149条	《公司法》第20条

续表

损害公司利益的行为			法条适用	
案件类型	损害行为	具体表现形式	兼任董监高、控股股东	未兼任董监高、非控股股东
股东利用关联关系侵害公司利益	抽逃出资	通过与关联方的资金往来抽逃出资	《公司法》第20条、第21条、第28条、第35条、第147条、第149条	《公司法》第20条、第28条、第35条
	关联交易	利用非公允性关联交易损害公司利益	《公司法》第20条、第21条、第148条、第149条;《合同法》第52条	《公司法》第20条;《合同法》第52条
		为关联方资金拆借及担保	《公司法》第20条、第21条、第148条、第149条;《合同法》第52条	《公司法》第20条;《合同法》第52条
	侵占公司资产	向关联方转移公司财物	《公司法》第3条、第5条、第20条、第21条、第148条、第149条	《公司法》第3条、第5条、第20条
		为关联方谋取公司的商业机会	《公司法》第20条、第21条、第148条、第149条	《公司法》第20条

根据表1所示,《公司法》第20条及第21条可谓是审理股东侵害公司利益责任纠纷的黄金法条。而《公司法》第147－149条则较多使用在股东同时兼任董监高的案件中。

三、处理股东损害公司利益纠纷案件的若干建议

(一)分辨侵犯的是公司利益还是股东利益,正确维权

虽然股东侵害公司利益的行为也可能间接使其他股东利益受损,但是其他股东不能基于这种间接的损失请求法院将赔偿利益归于股东自己。在实践中,涉及股东侵权的案件,经常会出现原告没有分辨清楚到底遭受损失的是股东还是公司,导致权利无法得到正确的救济。

(二)衡量各方面的利弊,选择最佳请求权基础

虽然股东侵害公司利益,公司有多种诉讼途径追究股东的赔偿责任,但是不同的请求权基础所适用的法律规定会存在差别,导致诉讼效果会有所不同。具体

而言，在选择请求权基础的时候可以重点考虑以下方面。

1. 适格原告

股东损害公司利益纠纷案件中的原告是公司，特殊情况下，如果依据《公司法》第151条提起股东代表诉讼，其身份必须是股东，且必须要符合前置程序，即"监事会、不设监事会的有限责任公司的监事，或者董事会、执行董事收到前款规定的股东书面请求后拒绝提起诉讼，或者自收到请求之日起三十日内未提起诉讼，或者情况紧急、不立即提起诉讼将会使公司利益受到难以弥补的损害的"。股东代表诉讼中，法院通常要求股东提供其已经向监事会或监事、董事会或执行董事提出书面请求的证据。

2. 时效与期间

根据《民法典》的规定，"向人民法院请求保护民事权利的诉讼时效期间为三年"，但是法律对一些实体权利的行使规定了除斥期间，如占有返还请求权的除斥期间为一年，在规定的期间内不行使权利的，该权利将被除斥。在淄博锦川洪峰化工有限公司、张某返还原物纠纷案①中，某化工公司以股东张某长期侵占公司土地及地上建筑物为由向法院提起返还原物之诉，但法院认为公司对涉案土地及地上建筑物并没有取得所有权，只是占有者，而根据原《物权法》规定"占有人返还原物的请求权，自侵占发生之日起一年内未行使的，该请求权消灭"，公司的诉讼请求最终被驳回。如果该案原告以股东损害公司利益为由提起诉讼，则可适用三年的诉讼时效，公司要求侵权股东赔偿损失的权利就不会受到除斥期间的限制。

3. 管辖权

请求权基础不同也有可能会导致案件管辖法院的不同。根据《民事诉讼法》的规定，"因侵权行为提起的诉讼，由侵权行为地或者被告住所地人民法院管辖"，而与公司有关的纠纷则适用不同的管辖规则。在恒富创业投资企业、利迅投资（香港）有限公司损害公司利益责任纠纷案②中，最高人民法院更是明确指出，有关损害公司利益责任纠纷的地域管辖，不适用民事诉讼法及其司法解释关于侵权责任纠纷的规定。最后裁定，案件适用公司住所地人民法院管辖。

（三）如果公司行使归入权无法完全弥补公司损失，可继续追究股东损害赔偿责任

在股东兼任董监高的损害公司利益纠纷中，基于特殊优于一般的原则，以及

---

① 参见山东省淄博市中级人民法院民事判决书，(2019)鲁03民终183号。

② 参见最高人民法院民事裁定书，(2017)最高法民辖终391号。

举证成本的考量,适用《公司法》第148条行使公司归入权在诉讼策略上明显更优,但是这并不妨碍继续适用《公司法》第20条追究侵权者的赔偿责任,直至可以弥补公司所受的损失。

在成都仁爱宝商贸有限公司与王某损害公司利益责任纠纷案①中,王某是某公司的股东并担任经理职务,原告以王某收取公司客户的货款后归为已有为由提起诉讼,在行使归入权的同时要求其赔偿因此给公司造成的损失(主要是利息损失),最后法院支持了原告的诉讼请求。

(四)损害公司利益的赔偿责任人不仅限于行为实际实施者

根据侵权责任规则,侵权责任人不仅包括行为人也包括教唆人、帮助人,这一规则在股东侵害公司利益责任纠纷中同样适用。

在C公司、郭某某与陈某某财产损害赔偿案②中,陈某某虽然没有直接实施或指示他人实施强行扣押、搬运行为,亦未粘贴涉案封条,事发后也没有控制、保管涉案货物,但其作为股东随同郭某某及所带人员一起到现场在郭某某等人实施侵权行为时亦未阻止,事后又随郭某某一同离去,其行为表明其并非被动参与郭某某的侵权行为,客观上也起到了帮助的作用。最后法院依据原最高人民法院《关于贯彻执行〈中华人民共和国民法通则〉若干问题的意见(试行)》第148条第1款"教唆、帮助他人实施侵权行为的人,为共同侵权人,应当承担连带民事责任"的规定,判决其与郭某某承担连带民事责任。

(五)诉请合同无效是针对不正当关联交易的最佳救济手段

若股东通过不正当的关联交易损害公司利益,公司一般可通过三种方式取得救济:一是向法院提起相关董事会、股东会决议无效之诉;二是向法院提起该关联交易的合同无效之诉;三是向行为股东提起损害公司利益纠纷之诉。从救济的力度来看,向法院提起合同无效之诉是最为直接且有效的方式。

(六)股东损害公司利益纠纷的赔偿范围仅限于公司实际损失

由于股东在未兼任董高的情况下无须承担竞业禁止的义务,在实践中,股东损害公司利益责任纠纷大多是侵害公司财产利益的案件,鲜有涉及侵害公司预期利益的案件,即使有涉及,也往往会因为无法提供证据证明确切的损失而被法院驳回。

① 参见四川省成都市金牛区人民法院民事判决书,(2019)川0106民初423号。

② 参见深圳市中级人民法院民事判决书,(2012)深中法民终字第2425号。

民事案件请求权基础分析法概说

杨超男　梁文琳

引　言

在民事审判实践领域，请求权基础理论正在被越来越多的法官应用。2019年，判决中涉及请求权基础的案件已突破一万件。对于律师而言，培养请求权基础思维用处何在？一个完整的请求权基础分析过程是怎样的？本文将从请求权基础的理论内涵、理论演绎和应用价值三个维度介绍请求权基础及其分析法，并通过原告、被告、法官和法学教育四个角度探讨请求权基础思维的作用。

一、请求权基础分析法的理论内涵

德国民法学界认为，请求权的产生以特定权利存在实体法依据为前提。因此，这种明确支持一方当事人向他方当事人有所主张的法律规范，[①]即为请求权基础。

自2003年起，我国法院的民事判决中就有了请求权基础的身影。但即便近年来，请求权基础在诉讼活动中扮演着越来越重要的角色，我国法学界和司法实践对请求权基础的内涵仍未形成统一的观点。以王泽鉴先生为代表的一批学者认为请求权基础等同于法律依据，[②]也有部分学者认为，请求权基础应为“使请求权得以发生或成立的法律规范（请求权规范）以及法律行为”。[③] 王利明教授则认为请求权基础既可以是法律规范，也可以是具有法律效力的其他法律依据。[④] 在司法实践中，我国地方法院将请求权基础理解为案由、诉讼类型、诉讼主张或法律

① 参见王泽鉴：《民法思维：请求权基础理论体系》，北京大学出版社2009年版，第41页。

② 参见王泽鉴：《民法思维：请求权基础理论体系》，北京大学出版社2009年版，第41页。

③ 陈卫佐：《德国民法总论》，法律出版社2007年版，第61页。

④ 参见王利明：《民法案例分析的基本方法探讨》，载《政法论坛》2004年第2期。

关系等；[1]最高人民法院则倾向于认为请求权基础约等于法律规范，[2]将请求权基础的内涵由德国法的法律规范扩展为权利依据，如在裁判中肯定合同作为请求权基础。[3]

二、请求权基础分析法的理论演绎

由请求权基础理论衍生出的请求权基础分析法同样扎根于德国的法律体系。其核心的应用思路是在给定小前提（案件事实）的基础上通过对请求权基础的检索和分析锁定大前提（法律规范），从而运用司法三段论推导出合理的结论。[4]

由于我国现行的法律体系具有典型的大陆法特色，在继受德国的请求权基础分析法的过程中，我国的法学家和法官在德国请求权基础分析的实操经验的基础上进行了不同程度的调整甚至延伸，使其更符合我国法律实践的实际需要。

（一）德国的分析模式

在德国模式中，请求权基础分析是一个验证假设的过程。具体流程如图 1 所示。[5]

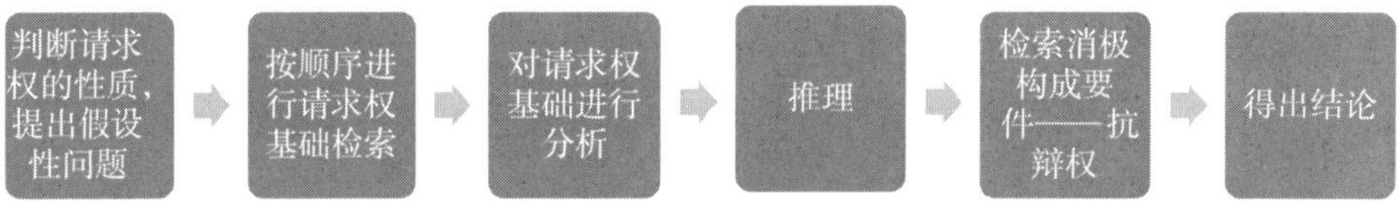

图 1　德国法中请求权基础分析流程

在此体系下，面对一个案例，我们首先要提出"谁得以向谁基于何种请求权基础提起什么请求权"的问题，并依此假设请求权主体可以向相对人基于某请求权基础而享受某请求权。在检索请求权基础时要注意全面性，避免先入为主地认定一个请求权条款。确定请求权基础后方可进行请求权基础分析，寻找该请求权具体适用的法律条款并进行法律解释，对照案件事实与法律规范要件，推理出相应的法律后果并及时检索该请求权的消极构成要件。完成上述检索、分析、推理和归入的过程，才能证明最初提出的"请求权主体可以向相对人基于某请求权基础而享受某请求权"这一假设的成立与否。

---

① 参见金晶：《请求权基础思维：案例研习的法教义学"引擎"》，载《政治与法律》2021 年第 3 期。

② 参见最高人民法院民事裁定书，(2019)最高法民申 254 号。

③ 参见最高人民法院民事判决书，(2019)最高法民申 2946 号。

④ 参见吴香香：《请求权基础思维及其对手》，载《南京大学学报（哲人·人文学科·社会科学）》2020 年第 2 期。

⑤ 参见刘亚娜、高尚：《德国请求权基础分析法论析——兼论对我国法学教育及司法考试改革的启示》，载陈宝钊、谢晖主编：《法律方法》第 12 卷，山东人民出版社 2012 年版。

由此可见,请求权基础分析法本质上是一个“找法”的过程,围绕法律规范中的构成要件层层剖析、逐个检验,使我们得以顺畅地穿梭于法律规范与案件事实中。

(二)我国的具体应用

在我国,关于请求权基础分析法的具体应用程式有许多不同观点。本文将着重介绍具有代表性的三种应用方法,包括王利明教授提出的请求权基础分析“八步骤法”、杨立新教授的“五步法”和邹碧华法官的“要件审判九步法”,并以一个简单的案例分析对请求权基础分析法之实操作具体的演示,以供参考。

1. 王利明“八步骤法”

王利明教授在德国的请求权分析思维的基础上总结出以下八个步骤。

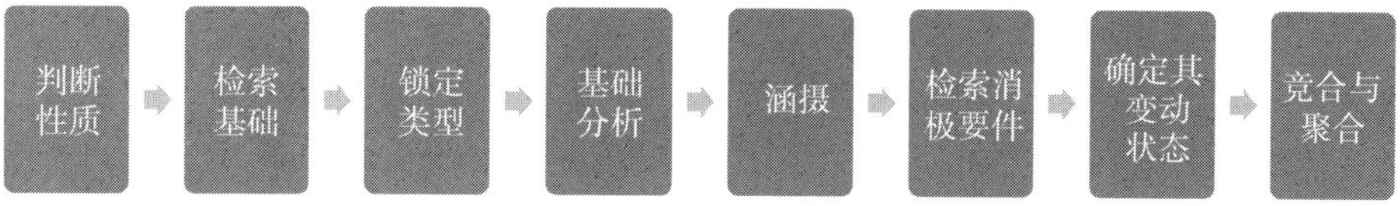

图 2 王利明教授总结的请求权基础分析“八步骤法”

首先,应根据民事法律关系的类型进行案例分析方法论上的案件分流。若该案件为给付之诉,即可使用请求权分析法。请求权分析法最核心的步骤就是全面地检索请求权基础,先列举出特定案件可能涉及的请求权,再根据请求权的基础关系对可能适用的请求权依次进行进一步的检索,锁定请求权类型。通过上一步的检索和考察,筛选出与案件事实最密切相关、对权利恢复最切实有效的一个请求权,进行请求权基础的分析。其次,将所涉法律规范构成要件进行具体的分解,恰当地进行法律解释。再基于上述对案件事实和法律的归纳整理进行涵摄,提取法律上的事实并将其归入法律规范的构成要件中,确认争议事实能否一一对应地符合构成要件,并相应地检索消极规范构成要件。除此之外,还要及时考察请求权的变动状态,并观察是否有请求权竞合与聚合的情形:若请求权所涉基础关系发生变动,则对于已成立的请求权也要进行重新观察;若在请求权检索中发现案件涉及多项请求权,就还需由当事人确定采取责任竞合还是责任聚合的方法。

相较于德国传统的实操“六步骤”,王利明教授提出的“八步骤法”更具备发展性和全局观。在对请求权基础检索、定性、分析、推理、涵摄之余还增加了对于请求权本身发生变化情况的考量,从而对案件的发展有动态的掌握。

2. 杨立新“五步法”

在民事案件审判中,抽象的法律规范与复杂的案件事实对法官的审判技术提出了很高的要求。要正确地适用法律,就要求审判者掌握一定的法律适用方法。杨立新教授推出了一套“五步法”。

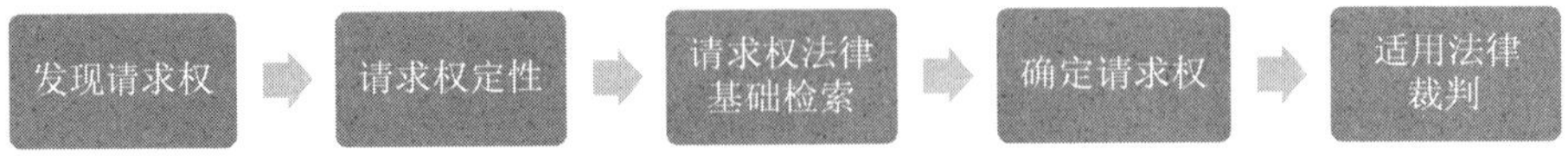

图3 杨立新“五步法”

由图3可见,“五步法”非常简明易懂。首先,法官要了解原告是否有一个能够起诉的请求权。其次,通过法律关系的逐级类型化对所涉法律关系进行具体化认定,对请求权定性。根据请求权的性质检索请求权基础,确定特定的请求权:(1)确定应当适用的法律规范,检验原告的请求权是否满足构成要件;(2)确定对方当事人的抗辩和抗辩权;(3)进行案件事实认定。最后,法官基于上述步骤确定请求权成立与否,依照相关的法律规范做出裁判。

“五步法”是我国民事裁判方法规范化探索的重要一步,抓住了德国模式的精髓,并将其贯穿于从审查起诉到作出判决的民事案件审理全过程。

3. 邹碧华“要件审判九步法”

不同于简单明了的“要件审判五步法”,邹碧华法官总结的民事案件“要件审判九步法”在请求权基础分析法的基础上涵盖了确定请求权基础的方法,还对民事案件审判过程进行了更为全面、具体的梳理,突出了诉中的关键节点。具体流程如图4所示。

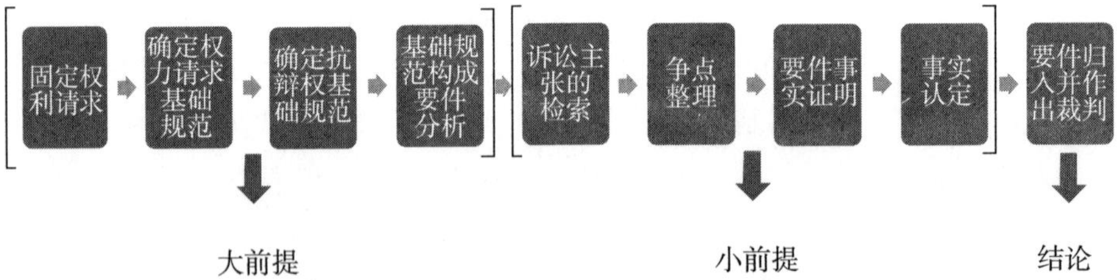

图4 邹碧华“要件审判九步法”

当事人的诉讼请求是民事审判的起点,法官首先需要固定当事人的诉讼请求,“弄清当事人诉讼请求中的模糊含义、剔除矛盾之处”[①]。在此基础上,基于原告提供的事实和理由确定权利请求基础规范,审查并确定原告主张的法律关系。相应地,也要对被告的答辩进行审查,确定抗辩权基础规范。由此,原告之权利请

① 邹碧华:《要件审判九步法》,法律出版社2010年版,第27页。

求基础规范和被告之抗辩权基础规范确定完毕,法官可以据此判断对该案件的审判是否能够继续推进。若仍能推进,则进行基础规范构成要件分析——提取所有相关法律条文所包含的构成要件,将案件事实与法律规范要件一一对照。随后,则应检索诉讼主张,用上一步所形成的基础规范要件分析结果对比当事人的诉讼主张,视情况要求原告补充、修正或进一步阐明。法官将以原被告的诉辩主张及请求权基础规范归纳的案件争点为指引,引导原被告证明要件事实,完成举证和质证。上述所有步骤都完成后,就可以确定法律事实,将查明的案件事实与原被告主张所对应的法律规范构成要件逐一进行分析对比,完成归入,作出裁判。①

通过九个步骤,"在实体法与程序法之间建立连结点,在事实与法律规范构成要件之间建立连结点"②,法官可以坚持以中立的视角,全面而细致地梳理法律关系,准确地认定案件事实,合理地作出裁判。

4. 演绎方法总结

根据"要件审判九步法"的审判思路,结合德国模式和学者提出的演绎推导方法,律师在案例分析中确定请求权基础可以遵循如下思路(见图5)。③

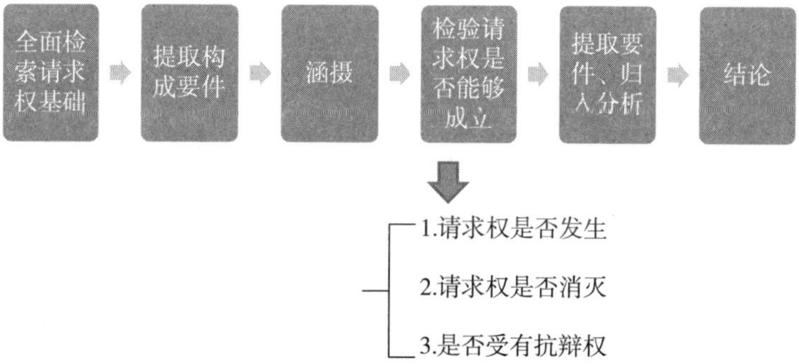

图5　律师的请求权分析思路

这一思路将请求权基础的检索分析分成两个阶段,从全面检索到逐个检验,通过两轮的法律要件提取与涵摄,将请求权基础的范围由最初全盘筛查后的结果缩窄到具体的一个或几个最具相关性且请求权仍然存续的请求权基础。此外,在检验的过程里集中解决请求权发生、消灭和是否受有抗辩权这三个问题能够精准排除无效请求权,提高效率。通过这六个步骤的梳理,案件所涉法律规范和事实

---

① 参见邹碧华:《要件审判九步法》,法律出版社2010年版,第150页。

② 邹碧华:《要件审判九步法》,法律出版社2010年版,第27页。

③ 参见葛云松、金可可等:《法治访谈录:请求权基础的案例教学法》,载《法律适用》2017年第14期。

将清晰地呈现于分析者眼前,准确的结论也就随之而来了。

5.实例演示

基本事实:2011年12月7日,自然人甲与乙公司签订《商铺租赁合同》,约定乙公司将其投资开发的某商铺出租给甲,租期20年,租金32万元一次性付清,交铺时间为2012年10月31日前。《商铺租赁合同》同时约定商铺交付后交由乙公司或其关联方管理,支付租金给甲方。同日,乙公司关联公司丙与甲签订了《商铺委托经营管理合同》,约定丙公司受托管理商铺,期限为6年,每年12月按照2.6万元/年标准向甲支付固定租金。后乙公司一直未能向甲交付商铺,甲欲诉至法院。

本案中,如何能让甲的利益最大化?乙公司违约,应当承担违约责任,除要求乙按照合同约定支付违约金外,甲能否主张其他损失?通过检索请求权基础,可以得知甲在本案中的请求权基础为《民法典》第577条和第580条,再抽取其中构成要件,对案件事实进行涵摄。《民法典》第577条规定:"当事人一方不履行合同义务或者履行合同义务不符合约定的,应当承担继续履行、采取补救措施或者赔偿损失等违约责任。"本案中,由于乙未履行交铺义务,甲有权要求乙按照合同的要求交铺和支付违约金。除此之外,根据《民法典》第584条规定,"当事人一方不履行合同义务或者履行合同义务不符合约定,造成对方损失的,损失赔偿额应当相当于因违约所造成的损失,包括合同履行后可以获得的利益",甲除要求乙支付违约金外,还可以要求乙赔偿其可得利益损失,即6年的固定租金收益。

三、请求权基础分析方法的应用价值

(一)原告方之起诉

于原告而言,请求权基础分析是起诉的思路指引。

当民事主体的合法权益受到侵害并寻求法律保护时,可以依上述的几种方法确定涉案请求权是否仍受法律保护、如何确定最优请求权、是否会出现以及出现什么样的抗辩等,制定有针对性的诉讼方案;明确其所主张的请求权类型,依法律规范要件逻辑构建证据体系,形成清晰完整的证明逻辑;根据完整的请求权基础分析步骤进行演绎,预判裁判情况。

(二)被告方之防御

于被告而言,请求权基础分析是进行防御的前提。立足于原告起诉状中阐明的请求权基础,被告可以基于权利妨碍抗辩和权利消灭抗辩采取下列方法进行防御:(1)在基础事实和基础关系层面,否定原告的请求权,原告必须举证证明其请求权产生并存续;(2)原告请求权所依赖之事实存在,但基于该事实所产生的法律效果已经全部或部分消灭,如价金给付请求中存在抵销、撤销权已过除斥期间等;(3)承认原告提出的请求权具有实际的法律效果,但对构成要件提出抗辩事由,如不可抗力、正当防卫或紧急救助行为等,主张原告请求权消灭;(4)承认原告请求权存在,但主张拒绝履行,提出相应的事实理由,如诉讼时效已过,永久地阻却原告权利的实现,从而达到防御的效果。①

在诉讼实务中,上述第二、三、四步抗辩若能成立,则可能起到釜底抽薪之效,使原告的请求权彻底被推翻。

(三)审判者之分析与裁判

于审判者而言,请求权基础分析是掌握全局、准确裁判的重要方法。

审判的主要任务是查明事实、适用法律。通过请求权基础分析,法官可以形成清晰且有层次的审判思路。程序上,有利于法院正确审查程序事项;实体上,请求权基础分析将增强判决说理性,提高法院判决的公信力和权威;效率上,通过首先审查原告的请求权基础及被告提出的抗辩,将部分涉及缺乏请求权基础或已被抗辩权永久妨碍行使权利的案件在诉讼前期就移出诉讼程序,尽早明确审判方向和审理重点。

(四)法学教育之改革

长期以来,我国法学教育普遍重理论、轻实务。然而,法学绝不应止步于单纯的理论研究,法治建设也离不开实务人才的培养。请求权基础分析在我国的日渐火热的态势必然助推法学教育方法之改革。在未来,法学教学目标应逐渐由理论记忆转变为培养法学生的思维能力与法律解释和适用的能力;法学课堂将采用多样化、实用化的教学方法提高学生发现、分析并解决问题的能力;除了理论水平高的学者,律师、公检法办案人员将越来越多地参与到法学教育当中,帮助学生们充分了解法律实务,使法学学习更“接地气”。

① 参见徐海勇:《请求权基础功能的三重性》,载《人民司法》2015 年第 11 期。

从不动产登记实务出发，探讨《民法典》物权编的新问题[*]

吴业辉　曾小丽[**]

引　言

2021年1月1日《民法典》正式全面实施。《民法典》物权编在原《物权法》的基础上新增了一些物权规则。修改和新增的物权规则在不动产登记制度中如何完善和实施，将对不动产登记的实务操作产生重要、深远的影响。本文旨在以更加贴近于民生的有关房屋不动产登记实务操作为基准点，探讨不动产登记从《物权法》到《民法典》物权编的变化和亮点，并提出关于实务操作的建议。

一、不动产登记制度的研究背景

（一）不动产登记制度的重要意义

随着社会经济的发展，不动产已经成为人们的重要财产权益。不动产登记制度的完善和发展有利于进一步确保物权的安全可靠。不动产登记制度作为一项物权保障制度，既在我国市场经济中起着重大作用，同时亦可以避免不动产权衍生权利所有者的正当利益遭到攻击，如商品房预告登记可避免因开发商强势地位侵害小业主权益，抵押登记可保护债权人的请求权，异议登记保护对房屋权属处于争议阶段的权利等。因此，保证不动产登记制度发挥正向作用是推动我国实体经济高速发展以及保护不动产所有权人利益的基石。

（二）我国不动产登记制度的发展

自新中国成立以来，我国的不动产登记制度从分散逐渐走向统一。

---

* 该文已发表于《仲裁研究》2020年第4期。

** 吴业辉，本科学士学位，三级律师职称，广东广信君达律师事务所专职律师；曾小丽，本科，广东国智律师事务所专职律师。

1. 起步初期

1949 年至 1978 年,新中国刚成立处于社会主义社会初级阶段,我国的不动产登记制度一直处于起步阶段,甚至在很长一段时间里一直处于停滞不前的状态。

2. 从分散到逐步统一

1978 年改革开放后,我国逐渐从计划经济向市场经济转变,土地登记和房屋登记开始逐渐恢复。但在该段时期,并无不动产登记的统一法律规定,仅由各类不动产主管部门进行分散登记。但分散登记制度一定程度上造成制度的不统一,出现重登、漏登、错登等各种问题,直至 2007 年《物权法》的颁布实施后,才明确规定"国家对不动产施行统一登记制度,统一登记的范围、登记机构和登记办法,由法律、行政法规规定"。

3. 正式开始建立和实施不动产统一登记制度

2014 年,以《物权法》为依据国务院颁布《不动产登记暂行条例》的行政法规,全面推动不动产登记机构、不动产登记簿、登记依据和信息平台"四统一"的实现,为登记行为的有效性、规范性提供法律指引,同时更增强了不动产登记的权威性和严肃性。

4. 不动产登记制度继续完善和发展

2017 年至今,随着各类有关不动产登记的实施细则、操作规范等法律法规的不断颁布和实施,我国已逐渐建立符合中国特色的不动产登记体系。2020 年 5 月 28 日,十三届全国人大三次会议审议通过了《民法典》,并于 2021 年 1 月 1 日起实施,《物权法》同时废止。在《民法典》物权编中,就不动产登记物权进行了多方面的补充、修改和完善。在《民法典》物权编时代,不动产实务操作将进一步探索、推动不动产登记制度的不断完善和发展。

5. 不动产登记机构的现状

不动产登记机构属于自然资源行政管理工作部门,其工作机制也随着我国法治的不断完善而逐步创新。以广州市为例,以《不动产登记暂行条例》为基础,不动产登记中心依法承担不动产登记行政职能。不动产登记申请人从原来只能向不动产所在辖区的不动产登记中心或市登记中心申请不动产登记,到现在广州市中心六区可跨区办理。同时,进一步统筹推进不动产统一登记业务流程梳理、登记资料移交、数据信息对接、登记系统融合、信息平台建设统一、颁发统一证书等一系列便民、优化营商环境的实质性工作。

二、《物权法》下的不动产登记制度

（一）《物权法》下的不动产登记

《民法典》施行后，《物权法》虽已失效，但《物权法》无疑是我国在通往法典道路上的里程碑。自其2007年颁布实施，从法理依据出发确立了以登记生效主义为原则、对抗主义为例外的效力模式——由公示原则、推定力、公信原则、异议登记、预登记等具体规定组成。[①]《物权法》第二章第一节以法律的形式就不动产登记进行专门规定，确立了不动产登记制度的基本框架；此外，第106条关于不动产善意取得的制度更是与不动产登记的公示公信力遥相呼应。因此，《物权法》下已确定物权变动依登记的基本原则，而不动产登记制度是物权公示公信原则得以实现的重要制度保障。

2015年3月1日国务院颁布的《不动产登记暂行条例》实施，自此我国从形式上开始建立统一的不动产物权登记制度。以笔者所在的广州市为例，自2015年12月1日起实施不动产统一登记。此后，原国土资源部颁布的《不动产登记暂行条例实施细则》《不动产登记操作规范（试行）》等进一步规范了不动产登记行为，为不动产实务操作提供了强有力的依据和保障。

（二）《物权法》下实务操作中的不动产登记

不动产登记为《物权法》中公法和私法交界处的典型问题，其既涉及平等民事法律关系上的主体，亦涉及不动产登记的行政主管部门。私法上，因不动产登记而在平等民事主体之间产生的纠纷属于民事法律纠纷，受《物权法》等私法的保护。通过裁判文书网查询，仅2020年因不动产登记而引起的民事案件1500多件，主要集中在不动产所在地的基层人民法院审核受理。公法上，我国目前的不动产登记机构属于行政机关，采取的是行政登记的形式，是政府组成部门的一项职权，因不动产登记而产生的行为属于具体行政行为，受《行政诉讼法》的调整。

以关于房屋的不动产登记制度所产生的登记种类为例，目前不动产登记实务中主要涉及的不动产登记种类包括：预告登记、一手商品房转移登记（包括未办理预告登记与已办理预告登记）、二手商品房转移登记、继承登记、赠与登记、析产登记、变更登记（具体包括门牌地址变更、房屋结构/用途/面积变更、权属人身份信息变更、合并、分割等）、更正登记、抵押权登记、抵押权变更登记、抵押权注销登记、补正登记、异议登记等。

三、《民法典》关于不动产登记制度的承袭和变化

《民法典》在承袭《物权法》的基础上对其内容进行了适当的删减、修改和增

---

① 参见邓张伟：《论我国〈物权法〉中不动产登记行为的性质》，载《商业时代》2014年第4期。

订。从立法上看,《民法典》从严谨性的技术要求出发对《物权法》中表述不清晰、不准确的规定进行了表述上的非实际性修订;从体系上看,《民法典》从科学要求出发对《物权法》中具争议的规定、不合时宜的权属性规定、重复或烦琐的内容进行删减;从时代要求上看,《民法典》从与时俱进的角度出发对《物权法》部分内容进行修改,并确立了新的物权规章以及与之相对应的框架制度。

(一)《民法典》物权编中不动产登记对《物权法》的承袭

《民法典》物权编的体例结构与《物权法》的结构大体一致。《民法典》物权编第209条"不动产物权的设立、变更、转让和消灭,经依法登记,发生效力;未经登记,不发生效力,但是法律另有规定的除外",第215条"当事人之间订立有关设立、变更、转让和消灭不动产物权的合同,除法律另有规定或者当事人另有约定外,自合同成立时生效;未办理物权登记的,不影响合同效力",均沿用了《物权法》第9条、第15条的内容。显然,《民法典》仍然坚持以物债分离为基本原则,以物权行为变动为依据。

(二)《民法典》物权编的不动产登记相较于《物权法》的变化和亮点

1. 新增平等保护物权的基本原则

《民法典》物权编第207条与《物权法》第4条相比,在"国家、集体、私人的物权和其他权利人的物权受法律平等保护,任何组织或者个人不得侵犯"加入"平等"二字,自此在法典时代确定了"平等保护物权"的基本原则。随着法治建设的全面推进,结合《物权法》的实施过程所得经验,以及保护公民的私有财产理念进一步加深,保护公民私有财产已存在于普罗大众的基本观念中。因此,《民法典》首次确立了对私人物权与国家、集体利益给予平等保护的理念。

2. 完善不动产登记制度

在《物权法》中,我国第一次从法律上确立了不动产统一登记制度。《民法典》物权编则进一步完善了《物权法》中的不动产登记制度:如统一登记机构,在立法上确定不动产登记的行政主体为登记机构;新增利害关系人在不动产登记资料查询复制中的义务,为保护权利人的隐私,防止不动产登记资料被不当利用提供法理依据等。

3. 新增以登记为生效要件的居住权作为用益物权

《民法典》物权编从第366条至第371条对居住权的含义、设立、效力、终止等内容进行规定,通过居住权的设立,权利人对所居住的房屋可以得到更长久、更稳定的使用权利,从法律层面上进一步保障人民群众的"安居"需求。

4. 关于抵押财产转让规则的重大修改

《民法典》物权编第406条对《物权法》第191条进行了重大修改。《物权法》更偏重于保护抵押权人和买受人的合法权益,在未经抵押权人同意的情况下所有权人不等擅自转移物权。但随着我国不动产统一登记制度的建立和完善,《民法典》物权编第406条在进一步适应当前形势发展需要的情况下,采用从宽原则,对抵押期限抵押人转让抵押财产不加以禁止,可进行"自由转让",在没有另行约定的情况下,仅需在转让时通知抵押权人。

四、实务操作的思考和分析

《民法典》于2021年1月1日起施行,笔者就《民法典》已出台但尚未有相关细则出台的情况下,就部分新增规则、变化规定与实务操作进行以下简要思考和分析。

(一)住宅性质的建设用地使用权续期问题

目前,在不动产登记实务中对于已依法缴纳土地出让金的住宅性质或居住用地性质的建设用地使用权期限在不动产登记中的注记为"已征收国有土地使用权出让金,使用年限为70年,从××年××月××日起"。上述注记存在两项前提条件,一是已依法缴纳,二是居住用地。

《民法典》第359条第1款规定:"住宅建设用地使用权期限届满的,自动续期。续期费用的缴纳或者减免,依照法律、行政法规的规定办理。"但并没有明确的指引,包括续期期限多久、是否需要续期费用、费用的标准等。在《民法典》实施后实务操作亦需随之调整变动,不仅包括住宅性质建设用地使用年限应如何备注,还包括未办理土地有偿使用手续的住宅性质备注问题等。使用年限续期应如何在不动产权证上注记,使用年限到期的不动产权证是依申请进行变更登记还是统一备注等实务问题需待法律、行政法规以及规操作细则进一步明确。

(二)新增的居住权规则

居住权作为特殊的用益物权,《民法典》第368条、第370条规定设立居住权的应当向登记机关申请居住权登记,居住权自登记时设立,未登记的居住权不发生物权效力,居住权灭失的应该办理注销登记。因此,居住权作为新增规定的设立必定对实务操作产生深远的影响,对此笔者提出几点设想。

1. 是否颁发居住权的权属证书

在我国的不动产登记中未就用益物权单独颁发权属证明书,但居住权作为以登记为生效要件的特殊用益物权,在实务中应如何操作,目前尚未有明确指引。对此,笔者认为可参照现行抵押权登记的模式,向居住权人发放有关居住权的权属证明书并在不动产登记簿上予以注明。有关居住权权属证明书以及不动产登记簿上注记的内容参考按照《民法典》第 367 条的规定，包括居住权人的姓名、身份信息、享有居住权的住宅部位、居住期限等。更值得关注的是，即使已按照法律规定办理居住权登记，但权利人并未实际享有该权利的，那么居住权登记仅为实现权利的形式要件，而非权利实现的实际性要件。因此，居住权是否能切实落到实处，居住人能否真实地享有该权利仍有待考究。

2. 居住权信息应作为重要信息向利害关系人予以公开

居住权作为以登记为生效要件的用益物权，其立法的根本目的是具有公示公信力。特别在二手房交易买卖中，房屋是否存在居住权将直接影响房屋的交易价值以及成交率。故买受人在购房时不仅需要查询房屋的权属、查封、抵押等情况，还需查询房屋是否存在登记的居住权。因此，房屋的居住权信息应与房屋权属、查封、抵押等基本情况共同向利害关系人公开。

3. 因居住权可能衍生的系列纠纷

从《民法典》物权编关于居住权的规定来看其可能覆盖的范围较广，如婚姻财产约定、公租房、以房养老、子女继承纠纷、离婚后居无定所、以遗赠方式给没有亲属关系的人设立居住权等情形。《民法典》第 370 条仅规定了居住权灭失的两种情形，分别为居住权期限届满或者居住权人死亡的，即除上述两种情况外并无其他法定可撤销的情形。但该规定显然不足以覆盖现实生活中的实务操作情形，例如，居住权人以其明示的方式抛弃居住权，但是并不配合办理居住权撤销登记的，所有权人应如何维护自身权益，可否单方办理相关的撤销手续；所有权人变更，包括发生继承、赠与、房屋买卖等事实行为的，居住权是否随之转移，是否对新的所有权人发生效力；居住权人或其亲属存在故意侵害房屋所有权人人身或财产权利且造成重大损失的，所有权人是否可以行使居住权的撤销；居住权人的行为危及房屋安全，或有其他严重影响所有权人、第三人合法权益行为的，所有权人是否可以单方撤销居住权；使居住权的撤销权是否为除斥期间，是否需要在法定时间内行使；房屋被征收、征用、灭失的，居住权是否自动灭失，居住权人是否享有相关的征用补偿费等。①

上述情况如在法律中均无明确指引，势必导致不动产实务操作中在如何正确把握居住权登记（包括撤销登记）的问题上“无法可依”，故亟待相应规定的完善和补充。

---

① 参见杨立新主编：《中华人民共和国民法典释义与案例评注 2 物权编》，中国法制出版社 2020 年版，第 567、594－615、725－727 页。

(三)抵押权规则的变动

根据物权公示公信原则,在所有权人转让财产时,不动产登记机关会根据《物权法》第191条的规定要求抵押权人到场,在抵押权人明确表示同意转让的情况下才协助办理相关的转移登记手续。《民法典》物权编对上述规定作出了重大修改,在实务操作中也将产生重大变化,对此笔者简单作出如下思考。

1. 关于《民法典》第406条第1款的内容

(1)第1款中关于"抵押期间,抵押人可以转让抵押财产"的规定,可理解为对于存在抵押权人的不动产转移登记手续无须再提交由抵押权人出具同意转让的证明文件。上述条款中"当事人另有约定的,按照其约定"的规定实际上增加了不动产登记机构的审查义务,即在抵押财产转让时,不动产登记机构审查抵押登记时当事人之间的抵押合同,其中对于当事人是否有约定转让抵押财产可以不通知,是否有约定抵押财产不得转让等内容将是重点的审查范围。同时,为降低行政风险,也应当就转让财产是否需要通知抵押权人、抵押期间能否单方转让抵押财产,详细询问申请人并制作询问笔录等。

(2)在实务中如何履行关于"抵押财产转让的,抵押权不受影响"的规定?根据合同相对性的原则,原抵押合同仅约束合同当事人,那么在所有权已经发生转移但原抵押权继续有效的情况下,原抵押合同是否对新产权人有约束力,新产权人是否既定承受该合同的权利和义务,是否存在与合同相对性的基本原则相矛盾的情形。就笔者提出的问题如何解决以及是否存在与基本原则相矛盾的情形,有待在日后的司法实践中进一步予以明确,因此笔者仅是对尚未有明确规定的当下提出的思考。

2. 关于《民法典》第406条第2款的内容

由于抵押权人并不占有、控制抵押财产,因此对于抵押财产的状态和权属状况不可能随时知悉。《民法典》第406条第2款规定了抵押人在转让抵押财产时及时通知抵押权人的义务,但实务操作中应如何履行通知义务并无规定。笔者认为,为保障抵押权人的抵押权且根据平衡利益的原则,可参照优先购买权的规定,要求抵押人在合理时间内通知抵押权人。该合理时间应为抵押权人可充分了解即将受让财产的买受人的基本情况,包括偿还能力、负债情况等,以确保抵押权人可全面作出是否"请求抵押人将转让所得的价款向抵押权人提前清偿债务或者提存"的决定。同时,有待司法解释进一步作出规定如抵押人在转让抵押财产时未及时通知抵押权人,因未及时通知造成抵押权人损害的,应当承担赔偿责任的具体依据等。

《民法典》第406条的修改无疑有利于物权的流通,有利于物权所有权人实现物的价值。但对于抵押权人而言,由于其同样享有债权,其债权亦应受到保护。关于抵押权的新规定,势必对已登记抵押权(尤其是抵押权人)带来冲击。因此,在后续市场经济运行过程中如何进一步权衡抵押人和抵押权人之间的利益,同样需要在操作实践中进一步明确。

结　语

《民法典》是社会主义法治建设的重要成果,是我国立法史上的里程碑,是人民生活的"百科全书"。自《物权法》时代以来,不动产登记就是立法中的难点、重点问题,在即将进入的法典时代更是物权编的重要组成部分。笔者仅就本文的有限篇幅,结合实务操作整理对《民法典》有关不动产登记制度以及对目前尚未明确问题提出自身的理解、思考和分析。期待在《民法典》的框架下,进一步完善相关的法律法规以及司法解释,达到切实保障公民财产的根本目的,确保不动产统一登记制度全方位落实,使人民群众在中国特色社会主义法治道路上获得更大的幸福感。

《民法典》时代的不动产非公证继承登记*

吴业辉　曾小丽

引　言

广义上，继承是指对死者生前权利义务的承受，既包括财产继承也包括身份继承；狭义上，继承是指财产继承，即对死者生前财产的权利义务的承受。《民法典》继承编中对狭义上因继承所产生的民事法律上财产的权利和义务进行明确规定。同时，《民法典》第 209 条第 1 款规定："不动产物权的设立、变更、转让和消灭，经依法登记，发生效力；未经登记，不发生效力，但是法律另有规定的除外。"也就是说，即使因继承事实发生所有权变动，仍需办理不动产登记，只有在不动产转移登记至继承人名下的，才发生物权效力。

不动产继承登记属于转移登记的一项子业务，在实务中，因需区分涉税业务且继承登记业务数量较多，故单列为一种登记种类，其本质上是属于单方提出的不动产转移登记申请情形，存在复杂多样的外在表现形式。笔者旨在从不动产登记实务出发，结合现行有效的法律规定，探讨在处理非公证继承登记业务中所产生的问题。

一、非公证继承登记的背景

(一)非公证继承登记的概念

过去一段时期，不动产登记申请人办理继承登记的，需要先到公证机构办理继承公证，或者通过司法程序取得生效法律文书，登记机构依据公证文书或者裁判文书为申请人办理继承登记。如今，则无须强制先行办理继承公证，由不动产登记申请人自由选择，可以直接向登记机构提出申请并就继承人范围做出承诺，由登记机构对承诺的范围利用大数据平台核对，符合条件可直接办理继承登记。实务中我们称这类型的登记业务种类为非公证继承登记。

---

* 本文发表于《中国不动产》2021 年第 9 期。

（二）非公证继承登记的本质和要求

非公证继承登记本质上是聚焦国家“放管服”的改革要求，突破“办证难、办证慢”问题，进一步推动不动产登记工作形成便民、利民、为民的服务新体系的改革措施之一。于市民群众而言，在非公证继承的制度下虽享有自愿选择的权利，但要求必须提供符合受理申请的法定材料且被继承的不动产需在没有限制性资产转移的情形下才可申请非公证继承登记。于登记机构而言，要求在没有司法机关生效文书、公证书作为依据的情况下，对继承事实的发生、生效以及继承人的继承权问题进行主动审查。这不仅对登记机构的工作要求全面提升，还对工作人员的业务知识储备和分析能力提出更高的要求。

（三）非公证继承登记的发展沿革

首先是20世纪80年代的模糊阶段。众所周知，“八二宪法”是我国当前的现行宪法。改革开放后，“国家依照法律规定保护公民的私有财产的继承权”被写进了1982年《宪法》第13条第2款。直到1985年《继承法》颁布实施后，就不动产继承登记是否需要办理继承公证这一问题一直处于模糊阶段。其次是20世纪90年代开始的强制公证阶段。1991年8月31日司法部、建设部《关于房产登记管理中加强公证的联合通知》规定明确继承房产的应持公证机关出具的继承权公证书等材料向房地产管理机关申请办理房产所有权转移登记手续。此后，我国不动产继承登记进入长达25年的强制公证阶段，办理公证继承手续成为申请不动产继承登记的必要前置程序。最后是自由选择阶段。2016年1月1日《不动产登记暂行条例实施细则》正式实施，其中第14条规定，“因继承、受遗赠取得不动产，当事人申请登记的，应当提交死亡证明材料、遗嘱或者全部法定继承人关于不动产分配的协议以及与被继承人的亲属关系材料等，也可以提交经公证的材料或者生效的法律文书”。同年5月30日，《不动产登记操作规范（试行）》第1.8.6条对申请非公证继承登记所需的材料、受理要件、审核要点等问题作进一步细化规定；7月5日，司法部发布《关于废止〈司法部　建设部关于房产登记管理中加强公证的联合通知〉的通知》，明确房屋继承必须经过公证的规定不再执行。自此，不动产继承登记进入自主选择时期。不动产登记申请人可自由选择办理的具体申请方式，可为经公证的继承登记，也可通过司法程序确认继承事实，同时也可以非公证的形式申请继承登记。

二、《民法典》下常见的非公证继承登记种类

《民法典》第1123条规定：“继承开始后，按照法定继承办理；有遗嘱的，按照遗嘱继承或者遗赠办理；有遗赠扶养协议的，按照协议办理。”因此，不动产继承登记常见的种类包括因法定继承、遗嘱继承、遗赠、遗赠扶养协议而引起的不动产继承登记,而非公证继承登记的情形则存在于上述常见的继承登记种类之中。

一是因法定继承而引起的非公证继承登记。法定继承虽然是继承登记中常见的登记种类之一,但相较于经公证机构、司法确认的继承登记,因法定继承而申请的非公证继承登记的受理要件更为复杂。一方面,从实体法律关系上看其涉及是否为本位继承或存在转继承、代位继承、法定继承人放弃继承等复杂的民事法律情形;另一方面,从外在表现形式上看存在法定继承人身份情况、继承材料真实性以及因历史遗留问题无法提供死亡证明材料等复杂多变的情形。因此,登记机构在此类登记中需要准确判断和认定继承事实的发生、法定继承的主体、是否发生转继承、代位继承的情形以及所提交申请的材料是否真实、合法、有效等。

二是因遗嘱继承而引起的非公证继承登记。在生活水平和法律意识不断提高的今天,遗嘱已被社会公众所普遍接受和认可,大家一般不再对遗嘱的含义产生分歧和误解。《民法典》设定了遗嘱的各种类型,包括自书遗嘱、代书遗嘱、打印遗嘱、录音录像遗嘱、口头遗嘱、公证遗嘱,其中新增加了打印遗嘱这一形式,同时废除了公证遗嘱具有优先效力的规定。因此,市民可根据自身实际需求订立不同形式的遗嘱。《民法典》第 1142 条第 3 款亦同时规定"立有数份遗嘱,内容相抵触的,以最后的遗嘱为准"。也就是说在内容不抵触的情况下,可存在一份或多份遗嘱。更值得说明的是法定继承和遗嘱继承并不相互排斥,二者可以并存,即在继承开始后对于立有合法遗嘱的该部分财产按照遗嘱处理,遗嘱未涉及的部分则按照法定继承处理。

所以,登记机构在受理因遗嘱而申请的继承登记时,不仅要对申请登记的形式要件进行审查,还要对是否存在法定继承和遗嘱继承并存、是否存在遗嘱内容相抵触、遗嘱的合法有效性以及遗嘱继承人的继承资格等实体内容进行判断。进一步而言,在受理因非公证遗嘱而申请非公证继承登记的,较之因法定继承而申请非公证继承登记更具审核难度。

三是因遗赠而引起的非公证继承登记。遗赠是指自然人在生前订立遗嘱,将其个人财产赠予国家、集体或法定继承人以外的自然人,在其死亡后发生法律效力的单方民事法律行为。遗赠与遗嘱继承,虽然最终都是基于被继承人以遗嘱的方式处分个人财产而产生的法律效果,但其二者之间存在本质上的区别。首先,受遗赠人与遗嘱继承人的范围不同。受遗赠人可以是法定继承人以外的任何自然人,也可以是国家、集体,但不包括法定继承人。遗嘱继承人只能是法定继承人范围内的人。其次,受遗赠权和遗嘱继承权客体范围不同。受遗赠的客体只是遗产中的财产权利，不包括财产义务，如遗赠人生前有债务的，受遗赠人只能接受清偿债务后的财产。遗嘱继承权的客体是遗产，该继承是概括继承，在承受遗产时负有清偿被继承人债务的义务。最后，受遗赠权与遗嘱继承权的行使方式不同。受遗赠是一种形成权，受60日的除斥期间限制，从知道或者应当知道受遗赠后60日内作出接受遗赠的意思表示，否则视为放弃受遗赠。而遗嘱继承人自继承开始至遗产分割前未明确表示放弃继承的，即视为接受继承，放弃遗嘱继承权须在该期间内作出明确的意思表示。但从《不动产登记操作规范（试行）》上看，因遗嘱继承、遗赠而提出的非公证继承登记申请的材料基本一致，但从法律本质和法律效果上说该两种类型的非公证继承登记应作出区分处理更为适宜。

四是因遗赠扶养协议而引起的非公证继承登记。《民法典》第1158条规定："自然人可以与继承人以外的组织或者个人签订遗赠扶养协议。按照协议，该组织或者个人承担该自然人生养死葬的义务，享有受遗赠的权利。"可见，遗赠扶养协议的对象是继承人以外的个人或组织，其实际上是我国继承领域的一项创造，属于是独立的继承制度，契合"规范人事，服务人世"的立法主旨。遗赠扶养协议具有效力优先性，在自然人死亡后如遗赠扶养协议与遗嘱继承、遗赠并存的，则应当优先执行遗赠扶养协议，该协议在发生继承时具有最优先的效力。虽然，根据《民法典》的规定遗赠扶养协议效力上具有最优先性，但在非公证继承登记的受理要件中却把该类情形直接列入遗嘱继承、遗赠的范围内，并无独立规定。

事实上，法定继承、遗嘱继承、遗赠以及遗赠扶养协议的关系错综复杂，在死亡事实发生后上述情形并非独立存在，甚至可能同时发生。可喜的是，最高人民法院《关于适用〈中华人民共和国民法典〉继承编的解释（一）》第3条规定："被继承人生前与他人订有遗赠扶养协议，同时又立有遗嘱的，继承开始后，如果遗赠扶养协议与遗嘱没有抵触，遗产分别按协议和遗嘱处理；如果有抵触，按协议处理，与协议抵触的遗嘱全部或者部分无效。"该司法解释很好地解决了遗赠扶养协议与遗嘱同时存在的处理路径。但是，对于登记机构在面对没有公证书和生效法律文书的非公证继承登记时，如何正确甄别与认定继承法律事实仍然存在难度和挑战。

三、《民法典》下非公证继承登记的叠加效应

《民法典》在原《继承法》的基础上进行了承袭和变更，亦不乏涉及非公证继承登记的内容，其是开展不动产登记工作的重要上位法依据之一。笔者以非公证继承登记的实务工作为立足点，结合《民法典》的法律规定，对其可能产生的叠加效应进行浅析。

（一）因居住权而申请非公证继承登记的思考和分析

《民法典》第366条至第371条对居住权的含义、设立、效力、终止等内容进行明确规定。涉及非公证继承登记的主要是《民法典》第368条以及第371条，即居住权可以遗嘱方式设立但应办理居住权的不动产登记手续。因此，在《民法典》视野下因遗嘱所设立的居住权登记可预见亦将是非公证继承登记的一种。

居住权作为在《民法典》施行后全新的不动产登记种类，相信必定会引起系列新问题。从非公证继承登记的角度分析亦隐藏以下问题。一是根据《民法典》第366条可知居住权人仅取得对他人住宅占有、使用的用益物权，而《不动产登记暂行条例实施细则》第14条免除公证前置手续的一个重要前提条件是“因继承、遗赠而取得不动产所有权”。显然，在用益物权不等同于不动产所有权的情况下，因遗嘱而设立的居住权登记是否同样可以免除公证前置程序，是否可以类推适用非公证继承登记的受理要件存在不确定性。二是按照《民法典》规定设立居住权的应当向登记机构申请登记，居住权自登记时设立，该申请登记的行为属于物权处分行为。那么，作为有权处分的不动产权人原则上应当与居住权人共同向登记机构申请办理居住权登记。但是因遗嘱而设立居住权的情况下所有权人已经死亡，此时是由新的不动产产权人与居住权人双方共同申请还是由居住权人单方申请即可，并无明确的法律规定

相信在全面开展居住权登记后，包括笔者思考的上述两个问题在内的其他各类新型问题势必会在实务工作中大量涌现，在尚未有细化规定的情况下亦将成为摆在登记机构面前的难题，故有关操作规程、实施办法亟待完善和补充。

（二）有待优化的因遗赠扶养协议而申请非公证继承登记的细化规定

无论是原《继承法》还是现行有效的《民法典》，均有明确规定遗赠并不等同于遗赠扶养协议，因此由此衍生的非公证继承登记的法律依据亦有所不同。然而在实务中，并无就因遗嘱以及遗赠扶养协议申请非公证继承登记作出区分处理。从《不动产登记暂行条例实施细则》《不动产登记操作规范（试行）》看，更没有因遗赠扶养协议而申请的非公证继承登记的细化规定，甚至类推适用因遗赠申请非公证继承登记的受理要件。例如，要求全部法定继承人到场、提供亲属关系材料、受遗赠人是否已同意接受遗赠、其他法定继承人对该遗赠事实是否已经知晓等。其实，在现行法律无明确规定的情况下，登记机构只能以与遗赠相同的非公证继承登记受理要件对遗赠抚养协议的登记进行受理和审核。但近年来因遗赠扶养协议而引起的行政案件不断攀升，可见由此隐藏的法律风险也不少。笔者通过裁判文书网，以“行政、遗赠扶养协议”为关键字进行检索，截至2021年7月21日所得的近5年来由此引发的行政诉讼案件300多宗，涉及非公证继承登记的100多宗，其中行政机关败诉的案件居多。

以笔者代理的某一案件为例,法院在审理查明后作出如下论述:首先,遗赠扶养协议是遗赠人与受赠人双方共同签订,协议内容已经包含了受遗赠人接受遗赠的意思表示,不需要受遗赠人在遗赠人去世后重新作出接受遗赠的意思表示;其次,遗赠扶养协议是遗赠人和受赠人双方的法律行为,在遗赠人和受遗赠人自愿协商一致的基础上签订,协议本身不违反国家法律规定、不损害公共利益、不违反公序良俗的即具有法律效力,法律法规并未要求签订遗赠扶养协议需要经过遗赠人的法定继承人知晓、同意或见证。在该案中申请人是否提交"全部法定继承人基本情况证明、全部法定继承人与被继承人的亲属关系证明"对于遗赠扶养协议的效力不产生任何影响,不构成申请不动产登记的程序性障碍。

因此,笔者认为在法律已明确规定遗赠不等于遗赠扶养协议的情况下,仍缺少因遗赠扶养协议而提出非公证继承登记的相关细化规定。如无法优化这一领域的规定,那么在上位法缺失的情况下,一方面加大了登记机构的工作难度和行政机关的法律风险系数;另一方面亦加重了申请人的义务,容易产生因程序性的障碍而导致实体权利无法实现的困境,同时也违背了非公证继承登记的立法初衷。

(三)非公证继承登记在实务工作中的其他难点

距离非公证继承登记正式实施以来已有 5 年之久,但非公证继承登记仍然是不动产登记业务中的难点、重点。一方面,是因为继承是民法中的一种法律制度,实务中因继承关系复杂而存在多变的外在表现形式;另一方面,因仍缺乏不动产登记领域中有关非公证继承登记不同情形的细化法律规定,而造成实务操作困难等情形。例如,在因遗赠申请继承登记的场合中,登记机构如何正确甄别申请人作出接受遗赠的意思表示是否在法定除斥期间内。又如,在法定继承的场合中,如何保留胎儿的继承份额以及分娩出时是死体的如何处理。再如,自书遗嘱、代书遗嘱的真实性如何辨别等。这些往往涉及复杂疑难问题的登记业务,都将伴随着因登记错误而引起的赔偿问题,如何正确界定和进一步降低登记机构的赔偿责任,也是立法工作中需要考虑的重要问题和因素。因此,在《民法典》《不动产登记暂行条例实施细则》《不动产登记操作规范(试行)》的基础上继续出台非公证继承登记领域更细化的规定和指引是解决非公证继承登记实务需求的重要保障。

四、广州市在非公证继承登记中的探索和实践

(一)细化非公证继承登记部分规定,为实务操作提供明确指引

以笔者所在的广州市为例,在继承登记进入自由选择阶段后,以既有的法律法规为依据,注重结合不动产登记实务操作与上位法的衔接,制定了《广州市不动产登记规程》。其中,第 98 条第 6 点对当事人因非公证继承而申请不动产登记的

受理条件进行了明确规定，同时就因法定继承、遗嘱/遗赠继承（包括遗赠扶养协议）进行区分规定。

（二）积极推动非公证继承告知承诺制的试点工作

2019年，广州市被选取为全国范围内“不动产非公证继承登记告知承诺制”试点城市之一。为此，广州市规划和自然资源局有针对性地制定了《广州市不动产继承登记（非公证）告知承诺制实施方案（试行）》，进一步明确在穷尽取证途径仍无法取得死亡证明、亲属关系证明的情况下可通过书面承诺代替的情形。同时通过采取细化审查要点、强化案件抽检、购买公证服务、构建失信联合惩戒机制等方式，以实践探索推动试点工作开展，进一步完善不动产继承登记的事前事中事后监管，切实防范和降低风险。

（三）以《民法典》为依托，出台广州市地方立法

2021年1月1日《民法典》正式出台后，在坚持上位法已有的规定不再重复的基础上，广州市人民政府以及市规划和自然资源局组织专家，结合本市此前不动产登记工作的实践经验，颁布实施《广州市不动产登记办法》（以下简称《办法》）。上述办法进一步体现广州标准、广州模式，以及对不动产登记工作中的现实性问题、新型性问题进行更清晰、更细致的规定。从《办法》对社会公布的征求意见稿显示，包括了《民法典》新增的居住权登记以及涉及非公证继承登记的告知承诺制。可惜，笔者在本文中提及的关于居住权、遗赠扶养协议而提出非公证继承登记的细化规定尚未明确。

结　语

本文仅以不动产登记实务工作中非公证继承登记的问题进行探讨，显然在现阶段非公证继承登记仍存在各种客观问题，由于篇幅所限笔者无法就非公证继承登记的难点逐一列举，仅能以实务中存在共性的突出问题稍作分析，希望借此引起广大同人的共鸣。但任一事物都是时代的产物，该事物的存在具有历史的必然性和重要性，在推动实践过程中也必然存在各种困难。因此，我们应进一步完善这一领域的法律法规，特别在《民法典》这一“百科全书”的时代下能进一步细化各项规定，以进一步实现非公证继承登记的规范化、合法化、合理化。

建筑行业务工人员劳动关系及工伤事故责任探究

何 浩

前 言

我国房地产的升值，带动了建筑行业的活力。在建设工程施工过程中，存在个别建设单位、总承包人、分包单位为节省人工成本、逃避税费，将工程层层转包或直接发包给不具有用工资格的组织或个人（“实际施工人”，也有人将其通俗称为“包工头”）。[①] 由于建筑工地的特殊性，务工人员工作时比较容易受伤，严重时有可能致残或死亡。此时建设单位、承包人、实际施工人互相推诿，各方对于其与劳动者之间是否存在劳动关系、无劳动关系是否应当承担工伤责任、责任如何承担等问题争论不休。

本文以建筑行业转包、违法分包或借用资质施工情形为视角，分析务工人员与各主体之间的法律关系、工伤认定问题及具备用工主体资格的发包人或承包人之权利救济，供读者参考。

一、务工人员与不具备用工主体资格的承包主体之间成立何种法律关系？

（一）不具备用工主体资格的承包主体

在建筑行业中，转包和违法分包是影响务工人员合法权益的主要原因，规定于《民法典》第791条规定，“承包人不得将其承包的全部建设工程转包给第三人或者将其承包的全部建设工程支解以后以分包的名义分别转包给第三人。禁止承包人将工程分包给不具备相应资质条件的单位。禁止分包单位将其承包的工程再分包”。《建筑工程施工发包与承包违法行为认定查处管理办法》《房屋建筑和市政基础设施工程施工分包管理办法》《建设工程质量管理条例》等规定进一步

① 参见何四为：《建设工程领域人身损害赔偿与工伤损害赔偿的请求权竞合》，载威科先行2020年5月27日，https://law.wkinfo.com.cn/professional-articles/detail/NjAwMDAwMjlwOTM%3D?9。

细化了其具体内涵。①

与转包和违法分包相对应的承包主体一般称为“实际施工人”。最高人民法院《关于审理建设工程施工合同纠纷案件适用法律问题的解释(一)》中的“实际施工人”应当是指无效建设工程施工合同的承包人,即违法的专业工程分包和劳务作业分包合同的承包人、转承包人、借用资质的施工人;建设工程经数次转包的,实际施工人应当是最终投入资金、材料和劳力进行工程施工的法人、非法人企业、个人合伙、“包工头”等民事主体。“包工头”下属的施工班组、建筑工人不属于“实际施工人”范围。

从上文可知,转包或违法分包中的“第三人”或借用资质的施工人,一部分是法人、个人合伙企业、个体工商户,另一部分是非法人企业、“包工头”(自然人)。前者具备用工主体资格,其聘用的务工人员在满足一定条件下,可以与之建立劳动关系;后者由于无用工主体资格,往往在务工人员发生工伤事故时推卸责任,引发法律纠纷。

(二)务工人员与不具备用工主体资格的承包主体之间不成立劳动关系

对实际施工人与劳动者之间的法律关系,司法实践中认为属于劳动关系。笔者认为,这种观点均有失偏颇,应当先辨别该实际施工人是否具备用工主体资格,再行判断存在劳动关系的可能性。

《劳动合同法》第2条规定:“中华人民共和国境内的企业、个体经济组织、民办非企业单位等组织(以下称用人单位)与劳动者建立劳动关系,订立、履行、变更、解除或者终止劳动合同,适用本法。国家机关、事业单位、社会团体和与其建立劳动关系的劳动者,订立、履行、变更、解除或者终止劳动合同,依照本法执行。”《劳动合同法实施条例》第3条规定:“依法成立的会计师事务所、律师事务所等合伙组织和基金会,属于劳动合同法规定的用人单位。”原劳动和社会保障部《关于确立劳动关系有关事项的通知》(劳社部发〔2005〕12号)第1条规定:“同时具备下列情形的,劳动关系成立:(一)用人单位和劳动者符合法律、法规规定的主体资格……”

从上述法律规定可知,只有以下主体具备用工主体资格:我国境内的企业,个体经济组织,民办非企业单位等组织,国家机关,事业单位,社会团体,会计师事务所、律师事务所等合伙组织和基金会。不具备用工主体资格的承包主体缺乏成立劳动关系的必要条件。务工人员与不具备用工主体资格的承包主体之间缺少成

① 参见张莹琳:《多层转包或违法分包中实际施工人的权利保护问题研究》,载威科先行2020年4月25日,https://law.wkinfo.com.cn/professional-articles/detail/NjAwMDAwNzM3ODQ%3D?9。

立劳动关系的基础条件。

(三)务工人员与不具备用工主体资格的承包主体的关系可参考雇佣关系

最高人民法院在《关于对最高人民法院〈全国民事审判工作会议纪要〉第59条作出进一步释明的答复》中认为,不具备用工主体资格的实际施工人与其招用的劳动者之间应认定为雇佣关系。务工人员经招工广告、乡镇人员介绍通过招聘进入施工现场劳动,不具备用工主体资格的承包主体往往会按照工程需要对其实施管理和指示工作,务工人员在指定的工作场所利用上述主体提供的生产资料参与建设工程活动,并领取相应的报酬,符合雇佣的特征。

二、务工人员与具备用工主体资格的发包人或承包人之间成立何种法律关系?

司法实践中,对于具备用工主体资格的发包人或承包人与务工人员之间的法律关系存在以下五个观点:一是认为构成劳动关系或事实劳动关系,发包人或承包人承担全部用人单位法律责任;二是确认构成劳动关系,但该劳动关系仅是劳动者申请工伤认定的前提,不能主张除工伤保险待遇以外的其他劳动关系相关待遇;三是在没有确定是否存在劳动关系的情况下,判令单位承担用工主体责任;四是认为不构成劳动关系,但需要承担工伤保险责任;五是认为不构成劳动关系,不承担任何责任。上述对具备用工主体资格的发包人或承包人之法律责任的观点呈现递减式变化。①

认为存在劳动关系的依据是原劳动和社会保障部《关于确立劳动关系有关事项的通知》(劳社部发〔2005〕12号)第4条规定:"建筑施工、矿山企业等用人单位将工程(业务)或经营权发包给不具备用工主体资格的组织或自然人,对该组织或自然人招用的劳动者,由具备用工主体资格的发包方承担用工主体责任。"上海市第一中级人民法院在张某某与江苏南通某集团有限公司工伤认定行政纠纷上诉案中认为,该劳社部发〔2005〕12号文第4条的规定旨在防止建筑施工、矿山企业等用人单位因将工程业务违法层层分包而造成劳动者利益保护不力的情形,从而直接设定了具备用工主体资格的发包方承担用工主体责任的义务,即承担用人单位的义务。② 若按上文第一种观点理解该公报案例,将导致具备用工主体资格的发包人或承包人除承担工伤保险责任外,还需要承担工资发放义务、劳动保护义务、解除劳动合同的经济赔偿金及补偿金、未签劳动合同的赔偿金、缴纳社会保险

---

① 参见行军安:《工程多层转包后发包单位的用工责任探讨》,载威科先行2015年4月28日,https://law.wkinfo.com.cn/professional-articles/detail/NjAwMDAwMTQzNTk%3D?9。

② 详见上海市第一中级人民法院行政判决书,(2009)沪一中行终字第301号。

等诸多责任，实属不合理。笔者赞同上文第四种观点，即双方之间不存在劳动合同关系，但具备用工主体资格的发包人或承包人仍需要承担务工人员的工伤保险责任，理由分析如下。

首先，《劳动合同法》第3条规定："订立劳动合同，应当遵循合法、公平、平等自愿、协商一致、诚实信用的原则。依法订立的劳动合同具有约束力，用人单位与劳动者应当履行劳动合同约定的义务。"具备用工主体资格的发包人或承包人与务工人员之间可能从未沟通和交流，甚至彼此都不知对方的存在，无法做到意思表示真实、协商一致地签订劳动合同，无法成立劳动合同关系。

其次，《关于确立劳动关系有关事项的通知》第1条规定，劳动关系具备三大特征：主体适格、双方存在管理与被管理的关系、提供的劳动系用人单位的业务范围。具备用工主体资格的发包人或承包人与务工人员之间不具备管理和被管理的人身依附关系，无劳动关系基本属性。

再次，2011年《全国民事审判工作纪要》第59条规定："建设单位将工程发包给承包人，承包人又非法转包或者违法分包给实际施工人，实际施工人招用的劳动者请求确认与具有用工主体资格的发包人之间存在劳动关系的，不予支持。"笔者认为，最高人民法院对于二者是否具有劳动关系是持否定态度的。

最后，将务工人员的责任尽数归由用工单位承担违反公平正义，不利建筑市场的稳定和健康发展。对用工单位只科以工伤保险责任，有利于保护务工人员的基本权益，实现法律效果和社会效果的有机统一，也督促具备用工主体资格的承包人减少违法分包、转包等情形的发生，净化建筑行业市场。

三、不存在劳动关系是否影响务工人员的工伤认定？

（一）劳动关系成立与否仍是当前劳动行政部门判定工伤的主要标尺

劳动行政部门一般将劳动关系作为认定工伤的前提条件，《工伤保险条例》第18条规定，提出工伤认定申请应当提交下列材料：工伤认定申请表；与用人单位存在劳动关系（包括事实劳动关系）的证明材料；医疗诊断证明或者职业病诊断证明书（或者职业病诊断鉴定书）。

2008年5月1日实施的《劳动争议调解仲裁法》第2条将确认劳动关系的争议规定为劳动争议。2013年4月25日实施的人力资源和社会保障部《关于执行工伤保险条例若干问题的意见》第5条规定，工伤认定过程中发现劳动关系存在争议且无法确认的，应当中止工伤认定，先对劳动关系进行仲裁、诉讼。2014年9月1日实施的最高人民法院《关于审理工伤保险行政案件若干问题的规定》中第2条规定，受理工伤认定行政案件以后发现已经就劳动关系提起仲裁、诉讼的，应当中止行政案件的审理。上述文件导致工伤认定实务中,劳动行政部门常以劳动关系是否成立作为判定前提。

（二）在其他工伤事实成立的前提下,劳动关系是否成立不应影响工伤责任的判定

2011 年 10 月 9 日最高人民法院通过的《全国民事审判工作会议纪要》第 59 条规定,“建设单位将工程发包给承包人,承包人又非法转包或者违法分包给实际施工人,实际施工人招用的劳动者请求确认与具有用工主体资格的发包人之间存在劳动关系的,不予支持”。人力资源和社会保障部《关于执行〈工伤保险条例〉若干问题的意见》第 7 条规定,“具备用工主体资格的承包单位违反法律、法规规定,将承包业务转包、分包给不具备用工主体资格的组织或者自然人,该组织或者自然人招用的劳动者从事承包业务时因工伤亡的,由该具备用工主体资格的承包单位承担用人单位依法应承担的工伤保险责任”。最高人民法院《关于审理工伤保险行政案件若干问题的规定》第 3 条第 4 项规定,“用工单位违反法律、法规规定将承包业务转包给不具备用工主体资格的组织或者自然人,该组织或者自然人聘用的职工从事承包业务时因工伤亡的,用工单位为承担工伤保险责任的单位”。从上述规定可知,转包、违法分包或挂靠资质情形下,具有用工主体资格的发包人与劳动者不构成劳动关系,但不构成工伤认定的障碍。

最高人民法院在一份行政判决书中重申了该观点:重庆 A 公司作为具备用工主体资格的承包单位,违法将其所承包的业务分包给自然人董某某,董某某聘用的工人蔺某在铺设琉璃瓦时因工受伤,重庆 A 公司依法应当承担蔺某所受事故伤害的工伤保险责任。兰州市人社局作出的 369 号工伤认定决定所认定的事实清楚,适用法律正确,符合法定程序。兰州铁路运输中级法院一审判决驳回重庆 A 公司的诉讼请求,并无不当。甘肃省高级人民法院二审以生效民事判决已确认重庆 A 公司与蔺某之间不存在劳动关系为由,判决撤销兰州铁路运输中级法院一审判决和 369 号工伤认定决定,不符合最高人民法院《关于审理工伤保险行政案件若干问题的规定》第 3 条等相关规定,属于适用法律错误,法院依法予以纠正。[①]

此外,依照最高人民法院行政审判庭《关于劳动行政部门在工伤认定程序中是否具有劳动关系确认权请示的答复》（〔2009〕行他字第 12 号）,劳动行政部门拥有认定是否存在劳动关系的职权。2015 年 10 月 22 日深圳市中级人民法院《关于审理劳动争议案件的裁判指引》认为劳动行政部门可基于事实存在的劳动关系

① 详见最高人民法院行政判决书,（2018）最高法行再 151 号。

或依据最高人民法院司法解释及相关法律的规定确定发包单位、被挂靠单位承担工伤保险责任。

四、具备用工主体资格的发包人或承包人承担了工伤责任后,如何救济?

(一)可向实际施工人追偿,追偿比例根据过错程度由法院酌定

由于《民法典》第791条第3款规定:"禁止承包人将工程分包给不具备相应资质条件的单位。禁止分包单位将其承包的工程再分包。建设工程主体结构的施工必须由承包人自行完成。"具备用工主体资格的发包人或承包人因选任不当存在一定过错,司法实践中,有法院按过错程度酌定双方责任。中山市第一人民法院在中山B有限公司与代某追偿权纠纷中认为:B公司明知代某没有相应资质或者安全生产条件而将部分工程分包给代某,双方均未就涉案工地提供安全保障措施,B公司与代某具有共同过错。因B公司与代某过错程度相当,故法院认定B公司、代某对工伤待遇赔款53,030元各自承担50%的责任,故代某应向B公司返还款项26,515元,对B公司主张超出的部分,法院不予支持。①

深圳市宝安区人民法院在深圳市C有限公司与喻某追偿权纠纷案中认为:原告将建设工程发包给不具有相应资质的被告个人承包,存在过错;被告承包后,再次与向某某个人签订劳务分包协议,并怠于对相关人员进行安全管理,对上述损失亦有过错;结合双方过错责任大小,法院酌定由原告自行承担损失的40%,被告承担损失的60%,即63,814.64元(106,357.74元×60%)。②

最高人民法院《关于审理工伤保险行政案件若干问题的规定》第3条规定,第4项、第5项明确的承担工伤保险责任的单位承担赔偿责任或者社会保险经办机构从工伤保险基金支付工伤保险待遇后,有权向相关组织、单位和个人追偿。司法实务中具备用工主体资格的发包人或承包人可向实际施工人等主体提起追偿权纠纷之诉。

(二)各方可按合同约定责任比例,但与法律法规相抵触的不受保护

广州市中级人民法院在石某阳、广州D有限公司追偿权纠纷案中认定:根据双方签订的协议书,双方就事故伤者赔偿责任承担的约定内容是双方真实意思表示,约定内容并无违反法律法规强制性规定,双方均应切实履行。D公司承担事故赔偿责任后,有权根据协议约定向石某阳追偿。石某阳作为工程的承包人及事故伤者的雇主理应履行相应的偿付义务。D公司现起诉要求石某阳偿付赔偿款的诉讼请求合理合法,原审法院对此予以支持,但款项金额应以363,075.14元为

① 详见广东省中山市第一人民法院民事判决书,(2019)粤2071民初13586号。

② 详见广东省深圳市宝安区人民法院民事判决书,(2017)粤0306民初321号。

限(工伤赔偿款338,075.14元+精神损害抚慰金25,000元)。[1]

中山市第一人民法院在中山B建筑装饰有限公司与代某追偿权纠纷案中认定:最高人民法院《关于审理建设工程施工合同纠纷案件适用法律问题的解释》第1条规定,承包人未取得建筑施工企业资质或者超越资质等级的,应当认定建设工程施工合同无效。根据上述规定,B公司与代某签订的《承包合同》无效,故B公司依据《承包合同》的约定主张其向代某光赔偿的全部工伤待遇款项由代某承担,法院不予支持。[2]

在实务中,对于工伤事故伤者赔偿责任的承担问题,具备用工主体资格的发包人或承包人往往会与实际施工人事先订立合同约定各自的责任比例。《民法典》第153条规定:"违反法律、行政法规的强制性规定的民事法律行为无效。但是,该强制性规定不导致该民事法律行为无效的除外。违背公序良俗的民事法律行为无效。"据此,具备用工主体资格的发包人或承包人与实际施工人事先订立合同约定责任比例,在不违反法律、行政法规的强制性规定和公序良俗的情况下,应属于有效。因此,具备用工主体资格的发包人或承包人与实际施工人各方可按合同约定比例承担责任。

---

① 详见广东省广州市中级人民法院民事判决书,(2018)粤01民终19482号。

② 详见广东省中山市第一人民法院民事判决书,(2019)粤2071民初13586号。

企业合规管理体系的建设性探索分析

张　蓉　熊江红

引　言

何为合规管理体系？合规，即合乎规范。根据ISO 19600《合规管理体系指南》中的定义，合规（compliance）是指履行组织的全部合规义务，包括合规要求（组织必须遵守的要求）和合规承诺（组织选择遵守的要求）。2018年，国务院国有资产监督管理委员会发布的《中央企业合规管理指引（试行）》当中对合规的定义是企业及其员工的经营管理行为符合法律法规、监管规定、行业准则和企业章程、规章制度以及国际条约、规则等要求。作为企业治理的一种方式，合规是企业在实现自身利益最大化，进行业务管理和财务管理的同时，所进行的一种风险防控机制。随着经济全球化的步伐以及我国经济的高速发展，我国行政监管部门对于企业合规越发重视，企业在适应市场变化的过程中，面临着不得不建立合规管理体系的现状。合规管理是指以有效防控合规风险为目的，以企业和员工经营管理行为为对象，开展包括制度制定、风险识别、合规审查、风险应对、责任追究、考核评价、合规培训等有组织、有计划的管理活动。搭建一个完整的合规管理体系就意味着需要同时建立合规管理制度体系、合规管理组织体系、合规风险管理机制与合规文化建设机制。

一、为何需要建立合规管理体系

（一）监管要求

我国政府对于企业合规管理体系的关注始于2005年，关注点聚焦在金融机构。2005年4月，巴塞尔银行监督管理委员会发布了《合规与银行内部合规部门》的文件，为会员方银行企业组建合规部门和建立合规体系确立了基本的原则和制度框架。2006年10月20日，中国银行业监督管理委员会根据《银行业监督管理法》和《商业银行法》，颁布实施了《商业银行合规风险管理指引》（银监发〔2006〕76号）。《商业银行合规风险管理指引》中确立了合规管理的三项基本原则：合规文化建设原则、共同责任原则、合规监管原则。同时，该指引从董事会、监事会和高级管理层的合规管理职责，合规管理部门职责，合规风险监管等方面进行了系统规定。为保障银行合规管理体系的有效运作，该指引还确立了合规绩效考核制度、合规问责制度、诚信举报制度三项保障性制度。2007 年 9 月 7 日，中国保险监督管理委员会根据《公司法》《保险公司管理规定》《关于规范保险公司治理结构的指导意见（试行）》，颁布实施了《保险公司合规管理指引》（保监发〔2007〕91 号）（已失效）。该指引从合规职责、合规管理、合规管理的外部监管等方面对保险公司、保险资产管理公司等加以规范。这两份规范性文件确立了我国金融业合规管理的基本制度框架。

党的十八大之后，国有企业合规管理工作被提高到新的高度。2015 年 12 月 8 日，国务院国有资产监督管理委员会印发《关于全面推进法治央企建设的意见》（国资发法规〔2015〕166 号），对中央企业合规体系建设提出了明确要求。2017 年 5 月 23 日，中央全面深化改革领导小组第三十五次会议审议通过并实施《关于规范企业海外经营行为的若干意见》，对加强企业海外行为自律和监管，提高企业海外行为合规性做出全面部署。2017 年 12 月 29 日，中国标准化管理委员会发布了 ISO 19600《合规管理体系指南》（GB/T 35770—2017），该标准于 2018 年 7 月 1 日起实施，成为包括国有企业在内的我国企业开展合规管理的重要文件。2018 年，为进一步推动中央企业合规管理，加快提升中央企业依法合规经营管理水平，着力打造法治央企，国务院国有资产监督管理委员会根据《公司法》和《企业国有资产法》，制定印发《中央企业合规管理指引（试行）》。该指引出台后全国各地进行了合规管理工作的深入推进，上海、重庆、江苏、广东等地还相继制定了各自的合规管理指引，要求管辖范围内的相关企业全面加强合规管理，有效防控合规风险，深入推进法治建设，保障企业持续健康发展。

我国政府监管部门主要通过行政主导机制来引导和推进企业合规管理体系建设，对于外向型企业，我国监管部门的态度更为坚决，力图推进外向型企业在合规管理方面与国际接轨。[①] 行政主导机制下，企业面临着被监管机构强制合规，不得不建立合规报告、合规评估与合规监管的现状，否则可能因此遭受行政处罚。这种行政压力下强制合规的推进对于我国企业建立合规管理体系、保障企业的可持续健康发展无疑是有利的。从国资委最初试点的招商局、中国石油、中国移动、东方电气和中国中铁五家央企到各地的国有企业、省属企业和市属企业，我国行

① 参见陈瑞华：《合规无罪抗辩第一案》，载《中国律师》2020 年第 5 期。

政监管部门推动企业合规管理体系建设的决心越发坚定，合规管理体系建设成为企业无法避免的一项任务和要求。

（二）企业发展需要

除了行政监管机关的要求，从长远来看，合规管理体系的建立也是企业可持续健康发展的需要，ISO 19600《合规管理体系指南》中明确指出：合规是组织可持续发展的基石。首先，建立有效的合规管理体系并不能直接杜绝违规的发生，但是能够降低违规发生的风险。对于企业来说，建立合规管理体系最直接的好处就是防控企业及其员工因不合规行为引发法律责任、受到相关处罚、造成经济或声誉损失以及其他负面影响等合规风险。目前我国绝大部分企业对于企业的业务风险和审计风险都进行了制度、岗位、流程上的较为全面且充分的控制，但是对于合规风险，很多企业都缺乏清晰的认识和足够的重视。实践中不乏企业在开展合规项目过程中抱怨合规严重降低了企业的工作效率，甚至影响了企业的经济收益，但不合规给企业带来的损失可能是毁灭性的打击。如曾经的“五大会计师事务所”之一的某会计师事务所，因不合规，企业一年之内从辉煌直接走向破产，甚至造成了当地经济的严重震荡。① 某公司也正是因为不合规被美国两次处罚，罚款金额高达29亿美元，最终某公司不得不对其合规管理体系进行全面完善。合规管理体系的建立能够在很大程度上避免企业整体利益的损失。其次，企业合规可以作为企业的无罪抗辩事由。在全球经济交流互通的今天，企业无论是“走出去”还是“引进来”，都面临着各项风险，但企业作为一个复杂的整体，在员工、供应商、合作方等出现问题时如何抗辩才能证明自己无辜？合规就是企业的自我抗辩事由。通过建立合规管理体系并有效实施，企业可以证明自己为防止合规风险出现所尽到其最大限度的努力和义务，发生的问题超出了企业可控范围。当今较多西方国家都已将合规作为企业减轻甚至免除处罚的重要依据。例如，美国司法部和证交会在衡量是否处罚以及如何处罚违反《反海外腐败法》（FCPA）的企业时，会将企业的合规机制作为重要考量因素；英国和加拿大也会将企业合规作为如何处理严重经济犯罪企业的重要依据。2017年我国兰州中院审理的某品牌案作为我国“刑事合规抗辩第一案”引发了学术界和实务界对我国企业合规抗辩的热烈讨论，2020年最高人民检察院牵头的“合规不起诉”制度试点工作的积极探索也彰显出我国企业刑事合规抗辩未来大有可为。最后，合规能够有效提升企业的市场竞争力。无论是国内市场还是国际市场，企业对于自身的形象和商誉都是十分

① 参见陈瑞华：《安然和安达信事件》，载《中国律师》2020年第4期。

重视的。越来越多的国家尤其是发达国家会设立严苛的法律规定和处罚措施来督促企业合规,目的就是确保市场竞争的公平性和市场经济的持久活力。不合规的企业不仅不能通过其不合规行为受益,反而会丧失竞争资格。合规的企业则会受到合作方以及监管机构的青睐,树立更良好的企业形象,收获更长久的商业信誉。① 由此来看,合规能够让企业收获长期的红利和卓越的竞争力。

二、如何建立合规管理体系

根据2018年国务院国资委下发的《中央企业合规管理指引(试行)》第4条的规定,中央企业应当按照全面覆盖、强化责任、协同联动、客观独立等原则加快建立健全合规管理体系。各地监管机构在推广企业合规管理工作时也遵照以上原则,要求企业全面构建合规管理体系。

(一)建立的方法和流程

对于如何构建合规管理组织体系,ISO 19600《合规管理体系指南》在引言部分就给出了明确的指引(见图1),未进行合规管理的企业可以参照该流程图确定、运行、评价和改进合规管理体系,已建立合规管理体系的组织可以参照该流程图进行改进和完善。

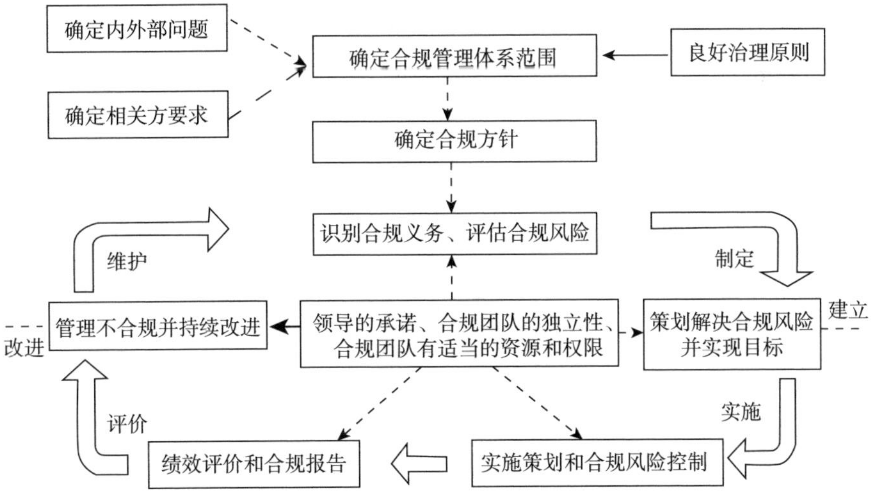

图1　合规管理体系流程

① 参见陈瑞华:《论企业合规的中国化问题》,载《法律科学》2020年第3期。

（二）应当包含的内容

1. 合规管理制度体系

合规管理制度体系是指公司建立的、由不同层次和不同形式的管理制度文件组成的企业合规管理活动制度性、规范化安排，其中应当包括合规管理基本制度和专项合规管理办法，并且应当对合规管理工作流程、合规管理工具以及合规工作方案进行明确。合规管理基本制度确立合规行为准则适用于企业及全体员工，专项合规管理办法则是针对企业特定管理行为及相关管理人员或业务单位及其员工制定的具体合规管理行为规范。公司应当结合所在国家或地区的法律规定、监管要求和当地的文化习惯，以及公司自身对于合规管理制度体系建设的要求，建立规范有效且切合公司实际的合规管理制度体系。除了建立，公司还应当根据具体的执行情况和内外部情况的变化进行不断调整和完善，确保合规管理制度体系的有效运转。

2. 合规管理组织体系

合规管理组织体系是公司从治理层、管理层到执行层关于开展合规管理工作的责任主体及职责安排。从治理层来说，除了明确董事会、监事会、经理层的相关合规管理职责，还应当考虑在董事会设立合规管理委员会，作为合规管理工作的治理机构。管理层是指合规委员会和合规管理负责人，由合规委员会承担合规管理的组织领导和统筹协调工作，定期召开会议，研究合规管理重大事项或提出意见建议，指导、监督和评价合规管理工作。执行层应当包括合规工作小组和日常合规管理与合规工作对接人员。合规工作小组由法律事务部（或相关职能部门）作为合规管理牵头部门组织成立，负责组织、协调和监督合规管理工作。各业务部门应当设置合规工作对接人员，负责与本公司合规工作机构和其他部门对接联系开展合规工作。

从当前合规管理组织的设置来看，主要分为单一化和复合型两种组织模式。单一化的组织模式是在总部层面组建单一、完全独立的合规管理部门，在分支机构、各业务条线上设置合规管理部门或者合规管理岗位。对于规模较大、业务条线较多或者是新设立的企业，有必要也有可能设立专门的合规机构。复合型的组织模式是指设立专门的合规部门，例如“法律合规部”，既承担日常法律事务的处理又承担合规风险的管理职责。此种模式适用于规模较小、业务单一的企业，如若企业设立专门机构的成本高、必要性不强，则可以采用复合型的方式。如果采用复合型的模式，应注意复合职能部门的选择，其承担的其他职责均不得与合规管理职责相冲突，降低因利益冲突而令合规管理形同虚设的风险。实际工作中，部分公司会采用“合规与稽核审计部”或是“合规与风险控制部”的复合模式。这两种模式同样有可取之处,但是采用“合规与稽核审计部”的模式应当注意将合规管理职能、内部稽核、审计职能分离,且合规管理职能的履行情况也应受到内部审计部门定期的独立评价。采用“合规与风险控制部”模式的公司应当要求合规管理部门与风险管理部门在合规管理方面建立协作机制,因为合规部门更侧重事前的、全面的合规风险管理,而风险控制部门主要职责则是在业务过程中进行事中的风险管理,合规管理部门与风险管理部门应为既相互独立又有效协作的关系。

3. 合规风险管理机制

合规风险管理机制分为合规风险识别和管控机制、合规咨询和合规审查机制、合规报告机制、合规检查和整改机制、合规举报监督机制、合规责任追究机制、合规管理绩效考核机制。

合规风险识别是公司为实现对合规风险全面、准确、有效的管理而对合规风险进行甄别、评估、聚焦的动态过程和机制,应当遵循全面覆盖、准确定位和重点突出的基本原则。公司建立合规风险评估制度,按照紧急程度和风险等级采取相应措施,以化解和缓释识别的合规风险。此外,公司合规工作机构应当主动及时进行合规风险提示和法规宣贯,防范合规风险发生。

合规咨询和合规审查机制的建立是为了保证公司及员工在日常经营管理和工作中发现合规问题,或对合规风险及其管理存在疑问时,能够及时向公司合规工作机构进行咨询。各部门在发现重大疑难合规事项后,应当及时进行合规咨询,必要时,可以根据相关制度规定提请合规审查。

合规报告分为定期合规工作报告和不定期合规风险事项报告。公司应制作年度合规工作报告,针对重大违规事项或因违反监管要求可能受到处罚或制裁、遭受重大资产损失或声誉损失的重大风险事项时,应当及时提交不定期报告。

合规检查和整改机制要求公司对经营管理活动是否符合法律法规、监管要求、企业规章制度和行业规范等进行合规检查。公司每年年初应当制订合规检查工作计划,并按照工作计划开展合规检查工作。当公司或同行业其他公司出现重大合规风险时,应当安排不定期合规检查。合规检查流程一般包括:制订合规检查工作计划,组建检查小组,收集和评价检查证据,形成检查结论,撰写、审批和下发检查报告,开展合规整改。在不定期合规检查中,根据需要还可能进行危机处理。对于合规检查中发现的问题,被检查部门应当制订合规整改方案,积极开展整改工作,并在整改期限内完成整改,提出合规管理优化建议,形成合规管理的闭环。

公司应当建立合规举报监督机制,保障员工和外部客户都能够正常行使举报、投诉违法违规行为的权利。合规举报监督机制应当包括以下几方面内容:(1)设立举报与投诉热线;(2)鼓励实名举报的同时,不排斥匿名举报;(3)保护投诉与举报人,严禁对投诉与举报人打击报复;(4)针对投诉与举报,应当进行调查,必要时,可以根据相关制度提请合规检查;(5)在调查过程中,对相关责任人进行询问;(6)对经调查证实存在合规问题的部门进行合规整改,违规人员进行责任追究等。各部门及其员工发现违法违规行为或合规风险隐患,能够主动、及时地向公司合规工作机构报告。

对于违规后果,公司应当建立合规责任追究机制,对从事违反法律、规则和准则或者不认真履行应尽的岗位职责等行为,致使单位受法律制裁、监管处罚、重大财务损失和声誉损失的风险的人员进行责任追究。合规问责的对象包括各级管理人员、各级合规工作人员及其他员工。

除了违规后的问责,公司还应建立合规管理绩效考核机制,将合规管理有效性纳入高级管理人员、各职能部门和员工的绩效考核范围。合规工作机构负责对各职能部门日常的合规管理能力和合规状况进行跟踪评价,协助公司相关职能部门对合规管理工作进行考核。

4. 合规文化建设机制

合规文化是组织成员普遍遵守的依法合规经营的思想观念、道德标准和价值取向,是企业诚信经营的意识和行为。良好的企业合规文化有助于弥补法规和制度漏洞,防范和减少合规风险,重构企业文化。合规文化建设对于企业避免遭受法律制裁、监管处罚、重大财务损失或声誉损失,实现可持续发展具有重要意义。其内涵主要包括"合规从高层做起、全员主动合规、合规创造价值"等合规理念,公司以此为基础开展各项合规文化建设工作。合规文化建设机制包括合规理念的宣导、合规文化的培育、合规培训与教育制度等。

合规理念宣导是通过多种方式宣传合规知识,提倡合规风气,对合规理念进行宣传和倡导,协助培育合规文化。合规理念的宣导方式应注意针对性、创新性和知识性,达到合规文化宣传效果。

合规文化的培育是指公司应当通过建立有效的合规管理组织体系、制度体系、合规风险管控机制和合规文化建设机制,围绕"合规从高层做起、全员主动合规、合规创造价值"的合规理念,鼓励合规的行为,倡导合规的风气,营造合规的氛围,培育公司的合规文化,形成合规管理软实力。

对于合规培训与教育,首先,公司应当注重合规培训的普及性,将合规培训纳入员工培训范围，每年制订合规培训计划，组织合规培训，通过培训让员工掌握基本合规知识和合规管理要求。其次，公司应当注重合规培训的专业性，持续关注法律、规则和准则的最新发展，密切结合公司的重点合规风险项目，及时为管理层提供合规建议。再次，公司应当注重合规培训的有效性，通过合规检查和考核检测合规培训教育的效果，对出现违规行为的单位和个人进行重点培训教育。最后，公司应当注重合规培训的规范性，有关合规培训的信息和事项应当记录在案，包括培训的时间地点和方式、培训人员和培训材料、受训人员的签到表和其他证明其参加培训的有关证明材料、培训考试的试卷和结果等。

结　语

虽然全国多地已经较大范围地推动企业合规管理体系建设工作，但我们国家对于合规管理体系的建设工作也仍是在不断探索，尚未形成统一的模式。因此，对于企业合规管理体系的建立，企业应当结合自身具体情况主动寻求外部专业机构或团队的协助，量身定制最有效可行的合规管理体系。

论仲裁的可拒绝问题

张　蓉　云梦梦

引　言

根据国内现有法律规定和一般认识，当事人之间发生争议且无法协商一致解决，只要当事人之间达成了法律上有效的仲裁协议，应当依法提交约定的仲裁机构仲裁解决。但在国内仲裁实践中存在下述情形：虽然当事人约定了有效仲裁条款，但是出于种种现实原因，或是基于成本考量或是因为矛盾极端尖锐，案件客观上不能推进并导致相关争议无法通过仲裁得以解决。

此时，是否允许仲裁机构或仲裁庭拒绝仲裁？拒绝仲裁的必要性以及理论和实践依据为何？如何通过立法和制定仲裁规则建立机制加以规范？本文将就以上问题展开讨论。

一、现状分析：仲裁可拒绝性的必要性

（一）仲裁员、仲裁机构与当事人关系对比法院与当事人关系

有观点认为，仲裁庭和当事人之间的关系构成合同关系，仲裁员在接受被任命为仲裁员时，与当事人（包括委任方与非委任方）之间产生了服务合约，即仲裁员裁决双方当事人之间存在的争议。① 笔者认为，仲裁员被当事人选定或者仲裁机构指定为仲裁庭成员后，仲裁员向当事人提供仲裁服务，和当事人之间成立的是仲裁服务合同关系；仲裁机构向当事人提供仲裁程序管理服务，仲裁机构也是作为仲裁服务的提供者，和当事人之间成立的也是仲裁服务合同关系。

而在民事诉讼中，当事人与法院之间的关系是一种审判法律关系。民事审判过程是法院行使司法权的过程，法官是依法行使国家审判权的审判人员，这与仲裁有着很大区别。

---

① 参见杨良宜、莫世杰、杨大明：《仲裁法：从 1996 年英国仲裁法到国际商务仲裁》，法律出版社 2006 年版，第 7 页。

（二）国内仲裁现实中出现的通常有必要拒绝仲裁的情形

1. 案件标的小，仲裁不经济，当事人不能承受仲裁成本

仲裁虽然具有公益性、非营利性、独立性、民间性的特征，但从费用基本构成看，仲裁与诉讼相比较费用较高。根据仲裁员、仲裁机构与当事人之间的服务合同关系，仲裁员、仲裁机构向当事人提供仲裁服务，当事人应向仲裁员支付报酬，向仲裁机构支付管理费。

虽然依据1995年国务院办公厅公布的《仲裁委员会仲裁收费办法》（国办发〔1995〕44号）规定，国内仲裁机构收取的国内案件仲裁费用均由案件受理费和案件处理费两部分组成，并非按照国际仲裁界分别按管理费、仲裁员报酬及实际开支来计收仲裁费用的方法，但仲裁费用实际上包含了管理费、仲裁员报酬及实际开支等，这些均由当事人自己承担。在法院的诉讼程序中，诉讼费用主要包括案件受理费以及调查取证活动等活动产生的其他费用等，而法官及书记员等其他人员的费用均由国家承担。因此，从基本费用构成看，仲裁费用一般是高于诉讼费用的。

对于争议标的小的案件，选择仲裁容易存在不经济性。这里，以某知名共享单车品牌用户退押金事件为例分析。

根据《某知名共享单车品牌用户服务协议》（2018年12月17日更新），用户与该品牌发生争议时只能在中国国际经济贸易仲裁委员会（以下简称贸仲委）进行仲裁，而根据贸仲委《仲裁规则》申请仲裁需要预缴6100元仲裁费。该品牌押金分为99元与199元两档，倘若用户选择通过仲裁要求该品牌退还押金，意味着其为了99元或199元的押金，需先预缴6100元的仲裁费。① 由于维权成本高昂，大部分普通用户望而却步。

也有用户曾希望通过诉讼途径维权，曾有用户因车辆及收费问题将该品牌的运营公司北京A科技有限公司（以下简称A公司）起诉至北京市海淀区人民法院，A公司提交了《某知名共享单车品牌用户服务协议》，提出管辖异议。海淀法院认为，双方通过用户注册协议已经约定了双方因使用该品牌服务所发生的争议由贸仲委仲裁，根据《仲裁法》相关规定，驳回了前述用户的起诉。该用户上诉后，二审法院北京市第一中级人民法院维持了一审法院的裁定。②

---

① 参见黄姝静：《1300万该品牌用户退押金陷维权困局：起诉恐驳回，仲裁费太高》，载微信公众号“财经杂志”2018年12月24日，https://mp.weixin.qq.com/s/fCUpb0MOX7n6LWa_vFOBVw。

② 参见汤民华：《用户起诉“ofo小黄车”法院为何管不了?》，载微信公众号“最高人民法院司法案例研究院”2018年6月27日，https://mp.weixin.qq.com/s/FWOS-i8ExKKT-H9-YQVCLQ。

该品牌押金争议事件的特殊性在于其争议金额较小、涉及多地区用户，通过仲裁维权则成本高昂，但由于用户与该品牌约定了仲裁协议，法院也无管辖权，用户的维权陷入两难境地。

由于仲裁机构的定位在于处理高标的、大型民商事纠纷，对于此类标的小、涉及范围广的案件采取合并审理或合并仲裁难度较大，且由于仲裁申请人人数众多，对于仲裁机构、企业、社会来说可能造成巨大的成本，收费过低也无法覆盖办案成本，存在不经济性，而法院对于这类案件的处理相对来说程序更加完善。由于让当事人一方主动放弃仲裁较为困难，可以尝试由仲裁庭或仲裁机构拒绝仲裁此类案件，从而使得法院获得管辖权，以解决当事人的维权难题。

2. 矛盾的极端尖锐性不适合民间性质的仲裁方式解决

仲裁具有灵活性和非正式性，很大程度上只适用于那些有着解决纠纷的共同目的的当事人之间。如果当事人双方的矛盾发展到极端尖锐时，当事人可能会利用各种手段和方法拖延仲裁程序，在仲裁程序中不予配合，甚至还可能出现骚扰仲裁员及威胁仲裁员人身安全等现象，导致按照仲裁规则多次选定仲裁员后，仲裁员均拒绝仲裁或退出仲裁的情形，仲裁庭无法组成，仲裁程序难以进行，仲裁裁决无法作出。

司法权的各项功能是人类政治文明发展过程中逐步积淀下来的，司法权自身的配置和运行方式有着合理科学的设计，具有在运行中保持着客观上不受干扰、主观上无倾向性的理性本质。从制度设计来看，民事审判具有终局性、强制（执行）性、保障性的特点，[①]民事审判程序严格，并有国家强制力保证，对于具有极端尖锐性的矛盾，通过民事审判程序解决更为合适。

二、理论思考：仲裁可拒绝性的根据和实践

（一）仲裁可拒绝性的理论根据

1. 法官不得拒绝裁判与仲裁的可拒绝性

西方有法谚“法官不得拒绝裁判”。亦有国外法学家说“任何法律秩序都不能容忍有责任的审判员拒绝审判，因为这种拒绝将使未解决的冲突变成公开的对抗”[②]。在国家治理系统中，司法权承担着保护市场主体、社会组织和公民合法权利最后一道防线的重要使命，所以法官不得拒绝裁判，否则当事人的冲突与纠纷将无法得到解决。

---

① 参见曹士兵、杨小利：《“审判中心论”鼎革与续造中国民事审判》，载《中国应用法学》2019 年第 1 期。

② ［美］H. W. 埃尔曼：《比较法律文化》，高鸿钧等译，清华大学出版社 2002 年版，第 139 页。

有学者认为,在纠纷解决体系建设中,各种纠纷解决机制以诉讼为中心,形成以诉讼为中心的纠纷解决体系。从当事人的角度来看,各种纠纷解决方式是平行关系,当事人可以做出选择,但是诉讼在整个纠纷解决机制中的定位是“最后一道防线”,其不仅承担着纠纷解决的职能,还发挥着对其他纠纷解决方式的引导和监督的职能。①

虽然仲裁和诉讼都是纠纷解决的途径和手段,但二者在性质和功能上具有本质区别。

仲裁具有民间性,对于程序更加灵活,不像法院要求严格。仲裁的民间性和属于社会化解决纠纷方式的性质不会因为有的仲裁机构是官办机构而改变,仲裁解决纠纷的结果虽然客观上和判决效果一样,但仲裁机构的地位仍与法院存在差别,不能直接适用“法官不得拒绝裁判”的原则来约束仲裁庭或仲裁机构。

2. 进一步分析

有人主张一旦当事人达成了有效的仲裁协议,仲裁机构不得加以拒绝。主要理由为以下三点:(1)持合同说观点的人认为,仲裁机构制定的仲裁规则是关于仲裁服务的要约,当事人选定仲裁机构和仲裁规则的有效协议构成有效承诺,当事人与仲裁机构间的仲裁服务合同成立,仲裁机构不得拒绝;(2)持社会责任说观点的人认为,仲裁机构有解决纠纷的社会责任,不得拒绝仲裁;(3)持纠纷无解说观点的人认为,如果纠纷不通过仲裁解决,法院又会因为当事人之间有仲裁条款而无管辖权,导致纠纷得不到解决等。综合比较上述观点,具体分析如下。

首先,当事人之间的仲裁协议属于涉他合同,当事人双方之间的约定对双方具有约束力,但是否对约定的仲裁机构或仲裁庭产生服务合同效力,还需得到仲裁机构或仲裁庭作出明确的意思表示同意受案才产生效力。从合同的角度来看,仲裁机构或仲裁庭有拒绝订立合同的权利。

其次,双方一旦选定某个仲裁机构并就仲裁规则的适用和仲裁机构达成一致意见,仲裁规则构成约束仲裁机构及双方当事人关于仲裁程序的合同内容,需要当事人双方的配合,如果当事人不配合反而极力抵制仲裁程序,故意拖延或破坏仲裁程序的,构成对仲裁规则的违反,即构成违约,因当事人的违约行为导致仲裁服务合同的目的不能实现,作为守约方的仲裁庭或仲裁机构享有解除权,可以拒绝仲裁。

再次,所有纠纷解决机制的目的就是解决当事人之间的纠纷,仲裁是多元化

① [美]H. W. 埃尔曼:《比较法律文化》,高鸿钧等译,清华大学出版社2002年版,第139页。

纠纷解决机制中的一种纠纷解决方式，如果仲裁案件客观上确实存在无法推进的障碍，纠纷无法得到解决，也应赋予仲裁机构或仲裁庭结束这种僵局的权利，不影响当事人通过其他解决方式化解纠纷。

最后，仲裁是纠纷解决“第一道防线”中的一种，但法院诉讼程序在整个纠纷解决机制中承担着的“最后一道防线”的职能。① 虽然目前《民事诉讼法》第124条第2项已经规定了“依照法律规定，双方当事人达成书面仲裁协议申请仲裁、不得向人民法院起诉的，告知原告向仲裁机构申请仲裁”，但此种情况应当理解为案件还未经仲裁机构或仲裁庭审查或拒绝，当事人即向法院提起诉讼，法院不予受理，这也是充分尊重当事人在法律允许的范围内首先选择非诉讼方式解决纠纷。如果由于仲裁案件客观上确实存在无法推进的障碍，纠纷无法得到解决，仲裁机构可以拒绝仲裁，此时由法院发挥“最后一道防线”的功能。

（二）仲裁可拒绝性的实践依据

如果不得拒绝，那么国内仲裁实践中，有的仲裁机构会通过提高收费设立门槛等的做法依据何在？国际仲裁实务中因当事人不能承担仲裁成本而中止程序的惯常做法根据何在？在国内仲裁中因当事人矛盾尖锐或高度不配合和抵制难以完成仲裁的情形又如何解决？

1. 仲裁收费的提高

由于没有仲裁拒绝机制，很多仲裁机构通过提高仲裁收费解决办案成本问题，也直接提高了仲裁的最低门槛。以北京仲裁委员会公布的2019年版《北京仲裁委员会仲裁规则》（2019年9月1日正式施行）对仲裁费用的修改为例，由于按照原有规则（以下简称2015年规则）的收费标准，一些小标的案件收取的仲裁费用难以覆盖办案成本，为了解决这一问题，新规则提高了最低收费标准，将2015年规则中的最低收费标准5100元（包括100元案件受理费和5000元案件处理费）提高至17,000元（包括12,000元仲裁员报酬和5000元机构费用）。②

对于标的较小而仲裁费用远高于标的额的案件，虽然当事人之间存在有效仲裁协议，但出于成本的考量，当事人无法承担仲裁费用，仲裁程序无法启动，纠纷得不到解决，未解决的纠纷逐渐积累可能产生更多负面影响。虽然仲裁一直主张尊重当事人的意思自治，但是也肩负帮助当事人解决纠纷的社会责任，如果可以

---

① 参见曹士兵、杨小利：《“审判中心论”鼎革与续造中国民事审判》，载《中国应用法学》2019年第1期。

② 参见《关于〈北京仲裁委员会仲裁规则〉及附录收费标准的修改说明》，载北京仲裁委员会官网2020年2月13日，http://www.bjac.org.cn。

将此类案件交与更适合处理此类型案件的法院解决，也有利于当事人之间纠纷的解决。

2. 国际仲裁中不支付仲裁成本的“中止”程序

在国际仲裁中，败诉方要补偿胜诉方合理的律师/仲裁费用，为了保证被申请人如果胜诉可以拿回自己合理的仲裁费用，被申请人可以要求申请人给予费用担保。而在仲裁费用高昂的情况下，出现很多仲裁庭作出费用担保的命令，申请人就不再推进，整个仲裁不了了之的情况。而为了应对这种情况，国际仲裁中的做法是申请人如果不在指定期限内履行，期限一到就会中止仲裁，申请人在中止后一段合理时间内仍不合作，就有可能“永久性的中止”，索赔随之告终。① 上述做法实际上也属于仲裁庭拒绝仲裁的实践。虽然我国目前并无费用担保的制度，但是国际仲裁实务中的惯常做法也为仲裁的可拒绝性提供了实践依据。

三、制度建议：仲裁拒绝机制的架构

（一）建立相关规则并明确相关衔接机制

建议相关立法机构开展调研工作，在《仲裁法》中明确赋予仲裁机构或仲裁庭拒绝裁判的自主权并明确行使情形和规则。同时，相关法律中应明确拒绝仲裁后与诉讼的衔接机制，即仲裁在被仲裁机构或仲裁庭以正当理由拒绝后，法院不得以存在有效仲裁条款而拒绝受理。

例如，存在下列情形之一的，仲裁机构经审查后可作出不予受理的决定。当事人在仲裁庭作出不予受理的决定后向法院起诉的，法院不得以当事人之间存在有效仲裁条款而拒绝受理：(1)电商网络平台与用户订立有效仲裁协议的，由于公司经营问题等情形导致数量较多用户申请退回押金或其他费用的，用户提交仲裁申请后，经仲裁机构审查后，认为案件更适合由法院审理的；(2)当事人签订了有效仲裁协议，但由于当事人之间矛盾极端尖锐，如按照仲裁规则选定两轮（可商榷）仲裁员后，仲裁员均拒绝仲裁或退出仲裁导致仲裁庭无法组成的；(3)其他可以不予受理的情形。具体的情形可根据科学调研的结果进行确定。

（二）仲裁机构应在法律规定范围内作出可操作性规定

相关法律法规调整之后，仲裁机构应在《仲裁规则》中作出可操作性规定。例如，在《仲裁规则》受案范围部分增加列举与兜底条款相结合的表述形成列明仲裁机构可拒绝仲裁的案件类型及范围。为了避免仲裁机构不当扩大不予受理案件范围，建议在《仲裁法》规定的框架内严格按照限定的范围进一步细化相关操作以

---

① 参见杨良宜、莫世杰、杨大明：《仲裁法：从 1996 年英国仲裁法到国际商务仲裁》，法律出版社 2006 年版，第 38 页。

及建立监督机制,例如,拒绝仲裁案件的决定应由仲裁委员会哪个部门审批通过,仲裁委员会相关部门在作出拒绝仲裁的决定同时应当告知当事人可以向法院起诉或者可以采取的其他救济途径,如当事人不服拒绝仲裁的决定可以向仲裁委员会哪个部门申诉,受理申诉之后可以通过何种形式进行处理等等都可以进行细化。

个人破产制度:新时代优化法治营商环境必由之路*

林　杨　梁彩珠

引　言

个人破产制度是市场退出机制的重要组成部分,建立个人破产制度有助于完善社会主义市场经济法治体系,是优化我国营商环境的必由之路。目前,我国个人债务清理问题迫在眉睫,现行自然人个人债权债务纠纷解决机制失灵,个人破产制度的配套制度建设尚不完善,且构建个人破产制度与传统文化有所冲突,因此构建个人破产制度要采用"渐进式"立法模式,设置合理的适用门槛,规定破产财产制度和自由财产制度,建立破产人信息披露、公开平台,设置专门破产人监管部门,设立破产人失信惩罚制度等个人破产制度的配套监管制度。

广东省深圳市中级人民法院将个人破产的民事裁定书送达当事人梁某手中,这意味着全国首个有明确法律依据的个人破产案诞生。① 该案引发了业界对个人破产制度的激烈讨论。我国现行破产法适用主体仅限于企业,将自然人个人、非法人组织等多个市场经济主体排除在外,因此,现行破产法常被称为"半部破产法"。从立法沿革上看,2006 年修订《企业破产法》之时,立法者在草案中设有个人破产制度,但遭到否定者极力反对,认为个人破产制度为"老赖"设立了合法逃债通道,坚决反对设立个人破产制度。而后,立法者以条件尚未成熟为由,将个人破产制度有关规定删除。2019 年年初,最高人民法院发布了《关于深化人民法院司法体制综合配套改革的意见》,明确提出将研究推动建立个人破产制度及相关配套机制。国家发展和改革委员会等部门也联合发布《加快完善市场主体退出制度改革方案》,明确指出要在完善企业破产制度的基础上研究建立个人破产制度。

---

* 本文获第三十三届全国副省级城市法治论坛优秀论文奖。

① 参见深圳市中级人民法院民事裁定书,(2021)粤 03 破 230 号(个 1)之二。

这充分说明国家已经将个人破产制度的构建提上日程。但是,我国目前设立个人破产制度的条件是否已经成熟?如有必要设立个人破产制度,应当如何规制才能避免其被恶意债务人滥用?

一、个人破产制度构建的必要性

(一)现行自然人个人债权债务纠纷解决机制失灵

目前,在个人破产制度缺位的情况下,我国采用民商事执行程序、参与分配制度、限制高消费令等替代性措施来解决个人债权债务纠纷。但从司法实践的现状来看,这些替代性措施成效颇微,司法实践面临的困境亟待通过设立个人破产制度予以解决。

首先,民商事执行程序无法彻底解决自然人为债务人的债权债务纠纷。众所周知,“执行难”一直是我国司法实践面临的难题。“执行难”其中一个重要原因是债务人无清偿能力。据统计,无财产可供执行的执行案件就已约占全国各级法院执行案件总数的43%。[①] 对于债务人系自然人的情况,执行会陷入僵局,法院在穷尽所有的财产调查方法后发现债务人无可供执行的财产时,只能终结本次执行,之后每6个月查询一次被执行人的财产状况,随时恢复执行,执行将陷入“终结本次执行—申请恢复执行—再次终结执行—再次申请恢复执行”的恶性循环。这样的恶性循环不仅浪费司法资源,导致案件积累,增加执行压力,还无益于债权人债务人间纠纷的解决,甚至可能激发“二次冲突”,扰乱社会稳定。[②]

其次,参与分配制度无法代替个人破产制度。就参与分配制度而言,学界称其为实质意义上的个人破产制度,但囿于自身的不足,未能发挥个人破产制度同等作用。一方面,参与分配制度不能平等地保护全部债权人。使每一位债权人公平受偿是个人破产制度的主要功能。然而,参与分配制度中,仅有已经起诉或者已经取得执行依据的债权人能够申请参与分配,换言之,仅有部分债权人能够获得保护,与个人破产制度预设功能不符,也有损法律公平原则。另一方面,参与分配制度无法高效解决债权债务纠纷。在参与分配制度中,强制执行程序终结前,有资格的债权人可以随时申请参与分配,法院需要不断调整财产分配方案,导致效率低下,执行案件久拖未结,形成执行积案。

(二)有助于完善社会主义市场经济法治体系

市场主体退出机制是社会主义市场经济法治体系不可或缺的组成部分,是社会主义市场经济要求发挥市场在资源配置中主导作用的必然要求。一方面,市场

---

① 参见李宏伟:《我国构建个人破产制度的现实困境与法治对策》,载《中州学刊》2019年第11期。

② 参见顾培东:《社会冲突与诉讼机制》,四川人民出版社1989年版,第173-174页。

主体退出机制可以使不适应市场发展的主体及时退出市场，让其掌握的社会资源早日投入新一轮生产中，提高社会资源的利用率。另一方面，市场主体退出机制能够降低市场主体对投资失败的顾虑，吸引更多人才投入市场，激发市场活力，促进市场经济繁荣。在“大众创业、万众创新”的政策鼓励下，自然人主体深度参与商事活动成为不可逆转的潮流，自然人成为重要的市场经济中的重要主体。然而，我国尚未为其设立市场退出机制，一旦自然人陷入经营危机，丧失债务清偿能力，其将被困在当中，无法退出市场，导致其所拥有的社会资源僵死其中。且在现有金融贷款体系下，中小企业在经营过程中，为获取融资的经营者往往以个人、家庭财产等向金融机构作出担保，个人与企业生死常常捆绑在一起，仅有企业破产制度只能拯救企业，企业背后的个人未必能解脱。法律应当适应市场经济变化，公平地对待所有市场主体，设立个人破产制度，为自然人提供市场退出机制，给予自然人一个起死回生的机会。

（三）优化我国营商环境的必由之路

2020年，世界银行发布的全球营商环境评价报告显示，我国被列为营商环境改善度最高国家之一，总体排名也有了较大的提升。我国已连续三年成为营商环境建设优化最为显著的经济体。然而，我国想要进一步提升营商环境排名，吸引更多投资者，就必须尽快补齐短板，其中最为致命的短板之一即为“破产办理”。在营商环境评价指标体系当中，中国在“办理破产”一项排名长期居于较为落后的位置。我国于2006年颁布了《企业破产法》，为企业设立了以市场为导向的破产制度，该部破产法生效后，我国破产办理数量有所提升，但破产案件仍然非常少，反映出破产这一市场退出机制未受到社会重用。近年来，在供给侧结构性改革的政策影响下，越来越多的被市场淘汰的企业通过破产制度退出市场，及时让资源回归市场，营造了良好的营商环境。然而，正如上文所言，越来越多自然人参与到商事活动中，也会像企业一样丧失债务清偿能力，但却无相应的退出机制，导致其困在不良的市场关系之中，拉低我国破产办理数量。

二、个人破产制度构建之障碍

（一）传统思想束缚

破产制度是西方资本主义经济的产物，我国破产制度建立起步较晚，由于欠缺理论基础，立法多借鉴西方经验，导致社会对破产制度存在一定误解，接受度不高。加之中华民族传统文化强调诚实守信，恪守契约，导致公众难以理解破产免责。

破产制度最早诞生于罗马法，其设立的最初目的是惩罚无法偿债的商人。随着商品经济发展和商人地位的提高,破产制度的功能从"惩罚"转变为保护债权人利益,畅通债务人退出市场的机制。由此可见,破产制度是在根植于西方商品经济及对债宽容的文化之中逐步发展建立起来的。

然而,过去的中国并没有孕育个人破产制度的沃土。在经济上,封建时期以小农经济为主,重农抑商的政策使商品经济发展严重落后,统治者对商人的打压,导致商人地位低下,社会逐渐形成歧视商人的风气,认为"无奸不商",以破产制度宽恕负债过重的商人无从谈起。故,即便清末修律时有参照西方法律制定并颁布《大清破产律》,但因与先前惯例不同,立马被废止。新中国成立初期,受计划经济影响,政府主导市场,是否需要退出市场由政府决定,破产制度没有用武之处。改革开放以来,国家才正式出台市场主导型的破产法,但从我国法院破产案件受理数量远少于其他类型案件,可以看出破产制度在我国接受度不高。

在思想上,受儒家文化影响,诚实守信是最基本的道德要求,"欠债还钱"毋庸置疑,"父债子还"也并无不妥,即便债务人已完全丧失清偿能力,难以维持生计,也应当将债务清偿完毕。在这样的文化背景下,设立个人破产制度,免除债务人的债务,难以为公众接受,甚至认为这样的制度会引发债务人恶意逃避债务,成为"老赖"欠钱不还的正当理由。故而,在我国多次尝试设立个人破产制度都遭受社会激烈反对。若要构建个人破产制度,并使其发挥促进经济发展、公平保护债权人及债务人等作用,必须改变社会公众对个人破产制度的看法。

(二)个人破产制度的配套制度不健全

鉴于破产法律制度比较完善的国家,其社会信用管理体系和监督惩戒体系都比较完善,[①]故而,建立个人破产制度的否定论者认为完善的社会信用管理体系和监管惩戒体系是个人破产制度建立的必要前提,我国个人信用体系尚未健全,个人破产制度建立的条件尚未成熟,不应建立个人破产制度。事实上,我国个人信用信息体系确实处于初级发展阶段。2003 年 10 月,我国全面开展社会信用体系建设,在法律上已颁布《个人信用信息基础数据库管理暂行办法》《征信机构管理办法》《征信业管理条例》等法律法规;在信用信息数据库建设上,我国也已建立全国个人信用信息基础数据库、金融信用信息基础数据库、实现企业信用信息基础数据库全国联网;中国人民银行也成立了征信中心,法院也有失信被执行人平台。但是,这些信用信息数据库及征信平台都分散于不同的部门,缺乏联动,不足以为高效发挥个人破产制度作用保驾护航。

① 参见杨显滨、陈风润:《个人破产制度的中国式建构》,载《南京社会科学》2017 年第 4 期。

三、个人破产制度构建的建议

设立个人破产制度已经成为不可逆转的趋势,但在我国设立个人破产制度仍存在阻力,克服这些阻力的关键在于要逐步建立个人破产制度,给予社会公众缓冲期,周延规范个人破产制度的适用要件,完善相应的配套监管制度,避免个人破产制度沦为恶意债务人逃债的途径,损害债权人的合法权益。

(一)采用“渐进式”立法模式

个人破产制度必须采用渐进式立法模式,由点到面,由地方到中央,逐步建立,才能破除传统文化对个人破产制度的束缚,保障个人破产制度平稳顺利落地。

首先,法律的成熟程度受制于其调整对象的发育程度。我国地域辽阔,各个地区的经济发展速度不同,对法律的接受程度也不同,个人破产制度作为新鲜事物,本身与我国传统文化有所冲突,不宜直接在国家层面设立,应先在经济较为发达的沿海地区试行,积累经验的同时也给予社会公众接受新制度的缓冲期,进而再将制度推向全国。

其次,纵观我国破产法立法沿革,个人破产制度立法较为空白,缺乏理论基础,更无司法实践经验,需要借鉴其他国家和地区的成功立法经验。但是我国政治制度和市场经济体制具有中国特色,不能照搬其他国家的法律制度,只有适合中国发展规律的个人破产制度才能发挥其预设功能。因此,我国个人破产制度的设立应“摸着石头过河”,采用渐进式立法,在部分地区先行先试,及时总结司法实践经验,发现个人破产制度适用的难点,再通过立法加以规制,才能制定出为社会接受并认可的个人破产制度。

最后,实际上,我国已经开始了个人破产制度的先行先试工作,并取得了较好的反响。自2019年6月起,国家发展改革委等部门发布《加快完善市场主体退出制度改革方案》,提出分步骤推进构建个人破产制度,自此各地法院开始尝试和探索实施个人破产制度。浙江省、江苏省、山东省等各地法院也尝试采用类个人破产制度的方式对个人债务进行清理,并出台了大量指导性意见,这些试行为我国设立个人破产制度提供了宝贵经验。

(二)设置合理的适用“门槛”

明确个人破产制度的适用条件是避免其沦为“老赖”避风港的关键。个人破产制度适用门槛设置过低,会导致个人申请破产率过高,增加司法机关负担。如果门槛设置过高,会出现个人破产制度被置之高阁。因此,应当结合我国国情,设置合理的个人破产制度适用门槛,具体如下:

第一,适用主体。个人破产制度适用主体应规定为“诚实而不幸”的债务人。

“诚实”要求债务人在适用破产制度时不得有隐瞒欺诈行为，包括不得谎报财务状况，隐匿、转移财产或收入，恶意以离婚等方式析分破产财产、不接受行为监督，不主动申报破产后的财产收入等。“不幸”是指债务人陷入沉重的债务危机是因为遭受不幸或不测等意外风险损害、误判或不节俭，并非因为重大过错、非法行为导致自己背负债务的。对于申请人是否为诚实而不幸的债务人主要依靠法官发挥自由裁量权进行审查，从个人债务集中清理的试行经验看，法院多要求债务人对其如实申报财产及收入、接受行为监督作出保证，向法院提交承诺书的方式来筛除恶意债务人。

第二，可申请破产的负债类型。哪种类型的负债可以申请破产是上文“不幸”的具体表现形式。《深圳经济特区个人破产条例》规定因生产经营、生活消费而负债过重失去清偿可能的，可以适用个人破产制度。该规定基本能覆盖可适用破产法的个人负债类型，立法可参考深圳市这一规定。同时需要采用列举式的立法方式排除因奢靡消费、过度投机、过度举债、赌博、非法集资等债务类型适用个人破产制度。

第三，破产界限。破产界限是指债务人负债到达何种程度才需要通过破产制度救济。如公民资不抵债就允许其申请破产，将严重影响债权人的利益、增加信贷风险。破产界限应以债务人偿还债务能力为判断标准，当债务人发生全面停止支付到期债务，且其现有的财产远远不足以偿还现有债务，未来的收入也难以偿还全部债务的情况，即可认为债务人丧失偿债能力，到达破产界限。同时，还要求债务人有一定的财产保证其能支付适用破产程序产生的全部费用，拒绝“无产可破”的债务人申请破产。在立法上，可以设定最低负债额方式规定破除界限。债务人债务总额在最低负债额范围内的，不得申请破产，应由债务人自行努力清偿债务。最低负债额的标准立法机关无法统一，应根据各地经济发展水平、人均收入水平等具体情况进行细化规定，并且受年龄、工作能力等因素影响，不同的债务人能够清偿的最低负债额也不同，应为法官预留自由裁量的空间。

（三）设立破产财产与自由财产制度

破产财产制度与自由财产制度是个人破产制度的核心，能否平等地保护债权人和债务人，既让债务人能够有尊严地继续生存，又使债权人最大程度获得受偿，与这两项制度的设计密不可分。

破产财产是指债务人在破产受理前已取得的全部财产及破产受理后至破产程序终结前新取得的财产。确定破产财产范围，法律要明确破产财产界定的起算、终结的时间点。第一，破产财产界定的起算时间点应为破产受理之日。法院接收债务人递交的破产申请材料，不意味着债务人即启动了破产程序，只有经法院初步审查确定债务人具备破产申请资格，并作出破产受理决定，破产程序才正式启动。故而，应以破产案件受理之日为破产财产起算之日。但是，对于起算之日前，债务人不合理处分的财产也应当划入破产财产的范围内，参照企业破产制度，规定由管理人行使撤销权追回不当处置的财产。第二，破产财产计算的终结时间点应为法院裁定免除债务人未清偿债务之日。企业法人在破产后即被注销，归于“死亡”，不再有继续取得新财产的可能，故而企业破产财产计算终结的时间为企业注销前。与企业不同，自然人在破产后生命不会终结，相反其会重新投入新的生产生活之中，获得新的财产，如果无限期一直将新获得的财产纳入破产财产之中，个人破产制度将毫无意义。因此，应为自然人设定一个等待期，在等待期内获得的新财产应当归入破产财产之中，等待期后的财产不再计算在内，学界称该等待期为“失权期”。在失权期内，破产人的行为受到限制和监管，经过失权期考察合格后，法院会裁定免除债务人清偿剩余债务的责任。故而，自法院裁定免除破产人剩余债务之日起，破产人才不再是债务人，才无须继续清偿债务，以该日为破产财产计算终结之日更为合理。

自由财产制度是个人破产制度独有的制度，是法律出于人道主义，为了保障自然人及其家庭的基本生存权而设立的制度。自由财产是指法律规定或由法院酌情决定的，未纳入破产财产范围而用以保障债务人及其供养亲属的基本生活需要的财产。[①] 其实，在我国自由财产制度并非一项新制度，我国民事诉讼法有类似制度，法律规定法院在执行时应当保留被执行人及其所抚养家属的必要生活费用，有丰富的司法实践基础，但个人破产法制度不能照搬现有的法律规定，应在总结司法实践的基础上，结合个人破产制度的特点，采用概括式和列举式的方式对自由财产范围作出规定。自有财产的划定应采取亲债权人的主义，避免恶意债务人利用该制度获取过多的自由财产，损害债权人利益。

（四）建立配套监管制度

首先，应该建立破产人信息披露、公示制度。为避免破产人再次过度消费、投资举债，应当保障社会公众的知情权，公开破产人信息，提示交易相对人注意，谨慎与破产人进行金额较大的商事交易，从而保障交易秩序。其次，设立专门的破产人监管部门。法院裁定破产程序终结后，破产人还需履行一系列义务，例如，定期申报财产，监管破产人是否有恶意逃债行为、违反限制令规定的行为等。如果

---

① 参见李晓燕、鹿思原：《论我国个人破产制度的构建》，载《山西大学学报（哲学社会科学版）》2020 年第 2 期。

将这些监管工作都交由法院实施，必将增加法院执行压力。因此，由政府设立专门的职能部门完成监管工作，效果更佳。最后，设立破产人失信惩罚制度。在申请阶段，对为了逃避债务恶意申请破产的人，应当驳回申请，并在下次申请破产时对其进行更严格的审查。在破产清算过程中，故意转移资产、伪造债权以躲避清算的，应当进行失信惩罚，触犯《刑法》的，应对其实施刑事惩罚。

结　语

《深圳经济特区个人破产条例》的颁布及实施，浙江省及江苏省个人债务集中清理的尝试，全国个人破产第一案的诞生，都预示着企业破产制度已经不足以满足社会发展的需要，时代在呼唤个人破产制度的到来。设立个人破产制度是完善市场退出机制的必由之路，是社会主义市场经济体制必不可少的内容，是以法治促进营商环境优化的必由之路。即便个人破产制度在我国没有深厚的理论基础，但随着个人破产制度先行先试工作的开展，司法经验的积累，定然可以探索出一部适合我国国情的个人破产法，为新时代营造更优、更强的营商环境添砖加瓦。

浅析逾期索赔失权条款的法律适用及应对

周嘉怡　庄竣凯

引　言

“逾期索赔是否失权”一直是我国颇具争议的问题，最高人民法院《关于审理建设工程施工合同纠纷案件适用法律问题的解释（二）》（已失效）首次在司法解释层面确立了工期逾期索赔失权的制度，但人民法院至今对此尚未形成统一裁判观点，关于“逾期索赔失权条款”的法律适用问题仍有待进一步厘清，笔者拟结合目前相关司法裁判观点及理论学说对此进行分析和探讨，并为承包方提出工程索赔时提供应对措施。

工程索赔是指在合同履行过程中，对于并非自己的过错，而是应由对方承担责任的情况，造成的实际损失向对方提出经济补偿和（或）时间补偿的要求。按照索赔内容划分，工程索赔可分为工期索赔和费用索赔。本文讨论的“逾期索赔失权条款”中的“索赔”主要是指承包方向发包方提出的索赔。

一、“逾期索赔失权条款”的由来及适用现状

自20世纪70年代开始，国际建筑工程领域竞争越发激烈，逐渐呈现为“买方市场”，承包方为竞标压价已成为常态，致使工程施工项目多出现亏损，为弥补损失，工程索赔的重要性不言而喻。从督促当事人及时行使权利、维护当事人利益平衡、准确查清事实的角度出发，“逾期索赔失权条款”应运而生，该条款源于国际咨询工程师联合会（FIDIC）编制出版的《施工合同条件》（Conditions of Contract for Construction）①。

随着“一带一路”倡议的持续推进，为与国际接轨及规范国内建设施工市场，

① 国际咨询工程师联合会是国际上最有权威的被世界银行认可的咨询工程师组织。《施工合同条件》在出版后经过多次修订，其约定的索赔期限主要经历四个阶段的变化，具体从仅规定索赔期限，到逾期索赔权利受限，再到单方逾期索赔失权（仅适用于承包方），最后为双方逾期索赔失权（同时适用承包方及业主）。《施工合同条件》内容较为齐全完备，为国际公认的标准示范文本之一。

我国住房和城乡建设部、原国家工商行政管理总局首次在《建设工程施工合同(示范文本)》(GF－2013－0201)引入“逾期索赔失权条款”,明确约定承包方工程索赔期限、索赔程序以及逾期索赔后果,此后《建设工程施工(合同示范文本)》(GF－2017－0201)继续沿用上述条款。① 在相关司法解释未出台之前,“逾期索赔失权条款”已成为建设工程领域的行业惯例。

国际咨询工程师联合会于2008年出版的《设计、建造和运营合同》(DBO合同)在第20.1条增加了索赔期限届满后承包方仍可获得索赔的解决方式,即承包方可以将其认为迟延提出索赔的详细情况提交给争议评判委员会(DAB)来判断,若争议评判委员会认为迟延提交合理,则可不予采纳索赔期限28日的限制。②

在借鉴《设计、建造和运营合同》及吸收地方法规的规定③之下,最高人民法院《关于审理建设工程施工合同纠纷案件适用法律问题的解释(二)》(以下简称《建工解释二》)第6条第2款首次在司法解释层面确立了工期逾期索赔失权的制度,具体规定为“当事人约定承包人未在约定期限内提出工期顺延申请视为工期不顺延的,按照约定处理,但发包人在约定期限后同意工期顺延或者承包人提出合理抗辩的除外”,该规定在最高人民法院《关于审理建设工程施工合同纠纷案件适用法律问题的解释(一)》(以下简称新《建工解释一》)第10条第2款得以保留,笔者简单以表格形式概括见表1。

表1　承包人未在合同约定期限内提出工期顺延申请的处理

原则	不能顺延
例外	发包方在约定期限后同意工期顺延
	合理抗辩

① 《建设工程施工合同(示范文本)》(GF－2013－0201)第19.1(1)条规定:承包人应在知道或应当知道索赔事件发生后28日内,向监理人递交索赔意向通知书,并说明发生索赔事件的事由;承包人未在前述28日内发出索赔意向通知书的,丧失要求追加付款和(或)延长工期的权利。该约定与《建设工程施工(合同示范文本)》(GF－2017－0201)第19.1(1)条的内容一致。

② 《设计、建造和运营合同》第20.1条增加的规定:如果承包商未能在28日内发出索赔通知,设计建造竣工时间将不被延长,承包商将无权得到附加款项,且业主应被免除有关索赔的一切责任。但是,如果承包商认为其有正当理由来解释迟延提交索赔通知时,他可以将详细情况提交给争议评判委员会(DAB)来决断。如果DAB在综合考虑后,认为接受迟延提交是公平合理的,DAB有权否决有关28日期限限制,同时相应的通知各方当事人。如果承包商在28日期限内发出索赔通知,或者DAB决断迟延通知是可接受的,那么承包商应根据本款进行。

③ 如广东省高级人民法院《关于审理建设工程合同纠纷案件疑难问题的解答》(现已失效)第20条规定:发包人仅以承包人未在合同约定的期限内提出工期顺延申请而主张工期不能顺延的,不予支持,但合同明确约定承包人未依约提出顺延工期申请视为放弃权利的,按照约定处理。

虽然《建工解释二》的出台在一定程度上回应了司法实践中对逾期索赔后工期能否顺延的问题，但因我国施工管理水平相对落后，发包方不予配合，承包方索赔意识不强，受中国人情观念等种种因素影响，即使确实存在非因承包方过错导致的工程索赔，承包方也未必能按照合同约定的索赔期限提出索赔请求，考虑到发包方在施工项目中多处于强势地位，对于能否直接适用逾期索赔失权条款，实践中存在诸多争议。

二、关于“逾期索赔失权条款”的法律适用问题，司法裁判不一

观点一：索赔权在性质上属于请求权，应适用诉讼时效期间，“逾期索赔失权条款”系当事人以意定方式对诉讼时效利益的预先放弃，违反了法律、行政法规的强制性规定，应为无效。

在（2019）最高法民申 2708 号案中，最高人民法院认为：二审判决依据《民法总则》第 197 条第 2 款、第 199 条，最高人民法院《关于审理民事案件适用诉讼时效制度若干问题的规定》第 4 条的规定，[①]以诉讼时效利益的预先放弃无效，山东某建设有限公司在一审期间并未提出诉讼时效的抗辩，驳回山东某建设有限公司诉讼时效的抗辩具有事实和法律依据。山东某建设有限公司关于房地产开发有限责任公司未在 28 日内发出索赔意向通知书，丧失索赔权利的再审申请理由亦不能成立。

观点二：“逾期索赔失权条款”属于格式条款，该条款因“加重对方责任、排除对方主要权利”而无效。

在（2014）秀民初字第 5300 号案中，福建省莆田市秀屿区人民法院认为：本案施工合同通用条款系被告作为发包方提供的格式条款，《合同法》第 40 条规定[②]，格式条款具有本法第 52 条和第 53 条规定情形的，或者提供格式条款一方免除其责任、加重对方责任、排除对方主要权利的，该条款无效。本案施工合同通用条款第 23.1 条中关于“承包方未在前述 28 日内发出索赔意向通知书的，丧失要求追

---

① 原《民法总则》第 197 条第 2 款（现《民法典》第 197 条第 2 款）规定：“当事人对诉讼时效利益的预先放弃无效。”

原《民法总则》第 199 条（现《民法典》第 199 条）规定：“法律规定或者当事人约定的撤销权、解除权等权利的存续期间，除法律另有规定外，自权利人知道或者应当知道权利产生之日起计算，不适用有关诉讼时效中止、中断和延长的规定。存续期间届满，撤销权、解除权等权利消灭。”

最高人民法院《关于审理民事案件适用诉讼时效制度若干问题的规定》（法释〔2008〕11 号）第 4 条规定（现已被修订）：“当事人在一审期间未提出诉讼时效抗辩，在二审期间提出的，人民法院不予支持，但其基于新的证据能够证明对方当事人的请求权已过诉讼时效期间的情形除外。当事人未按照前款规定提出诉讼时效抗辩，以诉讼时效期间届满为由申请再审或者提出再审抗辩的，人民法院不予支持。”

② 现《民法典》第 497 条。

加付款和(或)延长工期的权利”的约定因排除对方主要权利,属无效条款。原告虽无法举证证明其已按合同约定的期限和程序向监理人提出窝工索赔,但仍可通过诉讼就窝工损失向被告主张权利。

观点三:索赔条款属于“当事人对于解决纠纷的程序性约定”,索赔期间并非权利存续期间,逾期索赔不会产生丧失实体权利的效果。

在(2017)最高法民申1182号案中,最高人民法院认为:双方当事人虽在合同中约定索赔期限及索赔程序,但上述约定系当事人对于解决纠纷的程序性约定,并非权利的存续期间,四川某高速公路有限责任公司关于某公路建设有限公司未按合同约定在28日内主张即丧失索赔权的观点不能成立,原判决适用法律并无错误。

观点四:合同约定的索赔期间属于除斥期间,承包方未在索赔期间内主张权利的,索赔请求权实体权利消灭。

在(2017)辽民终766号案中,辽宁省高级人民法院认为:本案中,双方约定的28日索赔期间,系除斥期间,属于形成权,若合同当事人约定索赔请求权的除斥期间已过,索赔请求权实体权利消失,被上诉人提请的索赔请求就不能予以支持。

观点五:“逾期索赔失权条款”系双方当事人的真实意思表示,在不违反国家法律、行政法规的强制性规定情况下合法有效,各方当事人应当自觉遵照执行。

在(2018)最高法民终827号案中,最高人民法院认为:窝工索赔的时间限制和相关要求是窝工索赔事实能够被准确确认的前提,也是判断合同当事人处理实际施工问题真实意思表示的依据,对控制施工成本和进行施工管理均具有重要意义,具有一定的时效性和程序性限制。中铁某局未及时主张土石方及桥涵工程施工期间的停、窝工损失,应承担相应的不利后果。

三、索赔期限的性质

由上述裁判观点可知,“逾期索赔失权条款”适用问题与索赔期限的性质密切相关,笔者在此列举理论界中在索赔期限性质认定方面较为常见的几种学说,以供读者参考。

(一)诉讼时效说

该学说认为索赔期限属于诉讼时效期间,具体有两个方面的效力:一方面,期限届满权利人丧失诉权,债务成为自然债务;另一方面,索赔期限届满可作为义务人的抗辩理由，若义务人主张抗辩，权利人的索赔权利将不能得到法律的保护。[①]但笔者认为，该主张明显与我国关于诉讼时效只能由法律规定的现行规定不符，[②]且索赔期限不存在诉讼时效期间的中止、中断事由，索赔期限届满，权利人也不一定丧失胜诉权。按此观点，司法实践中往往因合同约定的索赔期限被认定为"当事人对诉讼时效利益的预先放弃"而无效。但从工程索赔概念可知，索赔权为请求权，在我国法律体系中，请求权一般适用诉讼时效期间，索赔期限与诉讼时效在适用上不可避免存在重合，如果一味适用索赔期限，是否会出现诉讼时效被"架空"的现象？笔者在此提出问题，如何协调索赔期限与诉讼时效的适用范围仍需进一步明确，这也可能是《建工解释二》(《建工解释一》)仅对工期逾期索赔失权进行规定的原因。

(二)除斥期间说

该学说认为，索赔期限与除斥期间的立法宗旨相同，均是为了督促当事人积极行使权利、尽快稳定法律关系，二者均可通过当事人合意予以确定且均为不变期间。但笔者认为，该学说忽略了索赔权为请求权，与我国主流观点中的"除斥期间的适用对象为形成权"在性质上完全不同，工程索赔往往需要义务人的配合才能完成，而形成权仅需依照权利人的单方意思表示即可为之。但有学者指出，除斥期间为德国法上的概念，除斥期间的适用对象仅限于形成权，系对除斥期间制度的误解，"除斥期间的对象广泛，可以是任何权利，甚至可以是相当于权利的法律地位以及程序法上的权利与地位"[③]。但索赔期限届满的法律后果，与除斥期间经过实体权利即消灭仍有所不同，索赔期限届满，权利人可通过义务人的自愿履行或提出合理抗辩来主张索赔权，即索赔期限届满，实体权利并非绝对消灭。

(三)权利失效期间说

所谓权利失效是指"权利者在相当期间不行使其权利，依特别情势足以使义务人正当信任债权人不欲使其履行义务时，则基于诚信原则不得再为主张"[④]。从该概念可知，权利失效的构成要件有三：一是时间因素，即具有权利人在一定期间内不行使权利的事实；二是信赖因素，即权利人不行使权利之状态已使相对方产生其不欲再行使权利的信赖，如承包方在索赔期限内未提出索赔，发包方在承包

---

① 参见楼英瑞、郑翔：《建设工程施工合同索赔时效若干问题研究》，载《建筑经济》2003 年第 7 期。

② 参见李继忠、李继江：《2013 版施工合同规定的索赔期限与现行法律相悖》，载《建筑》2014 年第 4 期。

③ 耿林：《论除斥期间》，载《中外法学》2016 年第 3 期。

④ 王泽鉴：《民法总则》，中国政法大学出版社 2001 年版，第 560 页。

方后续提交的施工进度表中均未发现关于工期延误的影响,便会产生承包方认可其不予顺延工期的信赖;三是诚信原则的违背,如果允许权利人再行使权利,会违反诚信原则,使当事人间利益严重失衡,如发包方在施工计划未变更的情况下会与业主确认交房时间,若允许承包方超过索赔期限后再提出索赔,发包方须承担未能准确判断工程是否按期完工的逾期交房违约金,导致双方利益失衡。① 权利失效制度以诚实信用原则为其基础,适用于一切权利,包括请求权、形成权、抗辩权,即其适用范围可以覆盖作为请求权的索赔权。② 最高人民法院民事审判第一庭在《最高人民法院新建设工程施工合同司法解释(一)理解与适用》一书中也认为"索赔期限是依据合同约定创设的权利失效期间"。但有学者提出反对意见,认为权利失效期间对当事人利益影响重大,应当由裁判机关根据具体个案进行判断,而不能通过合意预先确定。并且,在设立权利失效制度的发达国家,权利失效制度常用来解决交易关系愈发紧密而诉讼时效过长所产生的僵化问题,以实现个案正义,而我国普通诉讼时效期间仅为三年(之前为两年),没有权利失效制度的适用空间。③

笔者倾向于索赔期限属于权利失效期间,该观点与设立该制度时为保护交易安全和稳定的商事领域立法宗旨契合。虽然我国采取的是"民商合一"的立法形式,我国法律法规暂未对索赔期限和权利失效期间进行系统、明确的规定,但索赔期限系建设工程市场经济发展的产物,其作为长期的建设工程行业惯例具有一定合理性,为商事活动当事人综合考虑各种因素后对索赔权利失效期间及其行为后果进行合理预判的体现。在索赔期限经过的信赖利益被长期证实系值得保护的情况下,按照民法意思自治原则,当事人合意确定的逾期索赔失权在未损害国家、集体、第三人利益和社会公共利益的情况下应当被认可和尊重。加之建设工程施工项目具有长期性、多变性及复杂性的特征,为避免索赔问题导致施工项目进度被严重拖延或后期举证困难而难以查清事实的后果,工程行业需要索赔期限来督促当事人高效处理纠纷。

四、承包方提出工程索赔时的实务建议

(一)注重合约审核,做好合同交底工作

《最高人民法院新建设工程施工合同司法解释(一)理解与适用》指出:"如果当事人仅约定承包方提出工期顺延申请的期限,但是未明确约定未在约定时间内

① 参见杜颖、谢鸿飞:《论权利失效原则》,载《河北法学》1998 年第 5 期。
② 参见王泽鉴:《民法学说与判例研究》,中国政法大学出版社 2009 年版,第 156 页。
③ 参见王洪平:《论权利失效规则及其法典化》,载《法学论坛》2015 年第 2 期。

提出申请视为工期不顺延或者视为放弃权利,则不能直接认定承包方未申请顺延工期的后果是丧失主张工期顺延权利。"[①]因此,在与发包方进行合同谈判过程中,承包方可积极争取删除一定期间不予索赔即失权的条款。同时,尽量在合同中约定有效的文书送达方式,如指定联系人、联系电话、联系地址及电子邮箱等信息,以确保索赔意向通知书或其他相关索赔文件能够及时准确送达发包方,避免因发包方下落不明、拒绝签收导致无法有效送达的风险。

施工合同签订后,要及时与负责施工现场管理工作的人员如项目经理进行合同交底工作,提醒其应严格遵守关于工期顺延及费用索赔、结算等重要合同内容。

(二)提高施工管理水平,及时收集和整理与索赔相关的文件和资料

《建工解释二》第6条第1款(《建工解释一》第10条第1款)确定了工期索赔为"非要式行为"[②],若碍于颜面,担心冒犯发包方,承包方可依据会议纪要、洽商记录、签证单或联系函、进度计划表、现场施工日志等书面文件在索赔期限内向发包方主张权利。

(三)增强索赔意识,严格遵守合同约定

鉴于我国现行立法精神倾向于遵守当事人意思自治,承认逾期索赔失权条款的有效性,为避免逾期索赔的不利影响,承包方应严格遵守索赔期限及索赔程序,并做好收发文的记录。若采用当面交付方式的,应确保发包方代表在交接单上签名并填写日期;若采用邮寄方式,建议使用邮政特快专递服务(EMS)寄送,并保存好邮局加盖邮戳的详情单或其他相关邮寄凭证。

(四)在工期逾期索赔后,积极与发包方就索赔事项达成一致,利用好"合理抗辩"的例外规定

已逾期索赔的,承包方可根据《建工解释一》第10条第2款的但书条款,尽早与发包方就索赔问题重新达成一致,取得发包方对工期顺延、支付停工、窝工费用的同意,并采取补充协议、会议纪要、联系函等书面形式固定下来。对于"合理抗辩",承包方应保留好因遭受不可抗力、设计变更、图纸修改、工程量增加、受恶劣

---

① 相关案例可参见中国建筑股份有限公司与昆山市超华投资发展有限公司建设工程施工合同纠纷案,最高人民法院(2014)民一终字第310号民事判决书。

② 《建工解释二》第6条第1款规定(《建工解释一》第10条第1款):当事人约定顺延工期应当经发包人或者监理人签证等方式确认,承包人虽未取得工期顺延的确认,但能够证明在合同约定的期限内向发包人或者监理人申请过工期顺延且顺延事由符合合同约定,承包人以此为由主张工期顺延的,人民法院应予支持。

天气影响等客观原因无法在约定期限内提出工期索赔的证据,[①]以免除工期延误责任及逾期索赔失权的不利法律后果。

(五)全面考虑索赔费用,在竣工结算时一并主张

在建设工程施工合同中往往明确约定承包方接受竣工付款证书后即无权主张之前的索赔,因此在申请进度款、竣工结算时,承包方应保证已综合、全面地考虑合同价格、变更费用、违约金及索赔申请事项,无论是否已得到发包方确认,承包方也应在编制结算报告时一并主张,否则,人民法院可能以结算具有终局性为由不再支持承包方的索赔请求。

① 相关案例可参见铜陵有色金属集团铜冠建筑安装股份有限公司、江西自立环保科技有限公司建设工程施工合同纠纷案,最高人民法院(2020)最高法民申210号再审审查与审判监督民事裁定书。

新冠肺炎疫情视野下，保险公司为医护人员赠送保险的法律分析

梁沐周　杨诗雨

引　言

2020年2月17日，由中国疾控中心新型冠状病毒肺炎应急响应机制流行病学组撰写的报告《新型冠状病毒肺炎流行病学特征分析》于《中华流行病学杂志》上公布。报告显示，截至2020年2月11日，共有3019名医务人员感染了新型冠状病毒（包括确诊病例、疑似病例、临床诊断病例及无症状感染者）。其中，医务人员确诊病例1716例，占到全国确诊病例的3.8%；有6人不幸死亡，占全国死亡病例的0.4%。其中，湖北省报告了1502例医务人员确诊病例，占全国医务人员确诊病例的87.5%；武汉市报告了1102例医务人员确诊病例，占湖北省医务人员确诊病例的73.4%。

为众人抱薪者，不可使其冻毙于风雪！中国银保监会2020年2月3日下发《关于做好新型冠状病毒感染肺炎疫情防控人身保险服务工作的通知》中，号召行业内所有保险公司，切实履行保险调节社会风险的义务，为新冠肺炎疫情承担必要合理的责任。随后各大保险公司纷纷面向一线医护人员与保险客户，推出了自家的保障政策，受到大众密切关注。针对医护人员与防疫人员，各大保险公司采用赠送保险的方式，做好一线防疫人员的后勤保障。本篇文章将站在法律的角度，对于目前这类带有极高公益性质的赠送保险的相应问题进行分析。

一、赠送保险的性质

顾名思义，保险合同，即是投保人与保险人约定保险权利义务关系的协议。我国《保险法》第2条规定："本法所称保险，是指投保人根据合同约定，向保险人支付保险费，保险人对于合同约定的可能发生的事故因其发生所造成的财产损失

承担赔偿保险金责任,或者当被保险人死亡、伤残、疾病或者达到合同约定的年龄、期限等条件时承担给付保险金责任的商业保险行为。"从该条法律规定可以看出,保险合同的一方在发生保险事故造成损害时,或者在约定的给付保险金的其他条件具备时,有义务按照合同约定向他方给付保险金,而他方则负有支付保险费的义务。

而赠送保险的行为在法律上与传统的保险合同不同,赠送保险合同,是一种赠与合同与保险合同相结合的特殊合同,保险合同一旦成立后,保险公司或第三方就必须承担赠与义务。也就是说,若要成立赠与保险合同,则双方要进行两个法律行为。

《民法典》第 657 条规定:"赠与合同是赠与人将自己的财产无偿给予受赠人,受赠人表示接受赠与的合同。"赠送保险中最关键的问题,在于确认赠与合同赠送的标的,也就是确认上述法条中所称的"无偿给予受赠人的财产"究竟是什么。原中国保险监督管理委员会在 2015 年 1 月 23 日发布的《关于规范人身保险公司赠送保险有关行为的通知》(保监发〔2015〕12 号)第 1 条指出,"赠送保险是指保险人在订立保险合同时,免除投保人支付保险费的义务,或者代替投保人履行支付保险费的义务"。在该文中其实可以明确,赠与财产的实质是保费。赠送人,无论是第三方商业机构还是保险公司,是通过替消费者缴纳一定价值的保费完成赠与行为的。换言之,赠送保险实际上有两个层面,即赠与关系与保险关系。赠送保险本质上是一个赠与合同与一个保险合同的结合,但核心仍是一个保险合同。

由此可见,长久以来一直使用的"赠送保险"这个概念会造成大众的认知混淆。笔者认为,赠送保险中的保险合同与普通的保险合同并无不同。赠送保险中的投保人需要缴纳保险费,保险人也需要依据保险合同的约定履行风险承担和赔付责任。唯一的特别之处在于,赠与合同成了保险合同的重要环节之一。

二、赠送保险的种类

近年来,"赠送保险"这一概念在保险市场的火热也使得赠送保险类型多样化,具体可以划分为第三方购买赠与被保险人的保险、保险公司公益性的赠送保险和保险公司商业促销性的赠送保险三种。

(一)第三方购买赠与被保险人的保险

此类保险一般由第三方商业性机构(如银行、通信公司等)购买,作为增值服务提供给消费者。在具体操作上又可以采取两种形式:第一种形式,由第三方商业机构作为投保人直接与保险公司签订保险合同，取得一式三联的保单，待消费者填写个人信息后送交保险公司核保，一般情况下此类保险的理赔也需要通过第三方商业机构进行；第二种形式，由第三方商业机构购买卡式保险产品赠送给消费者，由消费者在互联网上激活并填写相关投保信息后订立保险合同，在此情形下，消费者是投保人，而第三方商业机构仅充当了保费支付方的角色。

（二）保险公司公益性的赠送保险

2008 年以来，多家保险公司针对冰冻雨雪灾害、地震灾害的救援以及奥运场馆的建设等事项开展了公益性的保险赠送活动。在这种赠送活动中，保险公司一般会与当地政府和受赠单位签订协议，由政府或受赠单位提交被保险人和受益人的名单，以团单等形式统一承保。在发生保险事故后，保险公司根据政府和受赠单位提供的事故人员名单，统一组织理赔。

（三）保险公司商业促销性的赠送保险

第三类赠送保险具有小额和商业促销性质，一般是保险公司针对经常性客户或者在销售较大额保险时开展的促销活动，多采用在互联网上激活保险卡的形式。原中国保监会《关于规范人身保险公司赠送保险有关行为的通知》明确规定，人身保险公司可以以促销或者公益事业为目的赠送人身保险，但不得赠送财产保险。人身保险公司赠送的人身保险产品仅限于意外伤害保险和健康保险，且保险期间不能超过 1 年。对每人每次赠送保险的纯风险保费不能超过 100 元，以公益事业为目的的赠送保险则不受此金额限制。由此可见，对于商业性质的赠险，可行性远比公益性质的赠险类型少得多。

那么保险公司为什么要赠送保险呢？其实不管是以上哪一种类型的保险赠送，都是为了维持经营费尽心思想出的策略。这样，一来可以吸引新客户、回报老客户；二来可以通过赠送保险的方式履行社会责任，提高其在公众心中的信誉度和知名度，增强其影响力；三来在如今个人代理推销空间有限的严峻形势下，可以借助赠送保险接近和了解客户，获取信息数据，以便日后跟进服务。

表 1 为根据网络查询统计的各大保险公司承诺的保险种类、赔付金额情况。

表1　各保险公司为医护人员赠送保险情况汇总

保险种类	赠送对象	理赔范围	赔付金额
光大永明人寿	中央派驻武汉参与疫情防控指导的政府相关工作人员，及武汉当地和外地支援参与疫情防控的医护人员	在武汉参与医疗救护期间，因意外或者因新型冠状病毒肺炎导致身故（含猝死）	50万元
交银康联人寿	湖北一线的医护人员（含外地支援湖北的医护人员）	因感染新型冠状病毒导致身故及因意外伤害导致身/伤残	100万元（总额3000万元）
中英人寿	武汉防疫工作一线医护人员和疾控人员	在防疫工作期间因感染新型冠状病毒或因交通意外伤害导致身故和伤残	20万元
太平养老	武汉地区抗击新型冠状病毒的本地和外地支援的疾控和医护人员及其家属	医护人员在抗击疫情过程中确诊感染新型冠状病毒肺炎	5万元
		1. 医护和疾控人员确诊感染新型冠状病毒肺炎导致伤残、身故责任； 2. 在支持抗击疫情途中发生的交通工具意外导致的伤残、身故责任； 3. 医护和疾控人员确诊感染后，其配偶确诊受其感染导致的伤残、身故责任	30万元
吉祥人寿	湖南省内抗新冠肺炎疫情的一线医护人员、驰援湖北一线医护人员	意外身故、新型冠状病毒性肺炎身故	意外50万元、肺炎身故50万元（湖南省）/100万元（驰援湖北省）
中华人寿	武汉市防疫工作一线的医护人员	因人身意外伤害导致身故、或因感染新型冠状病毒导致身故	30万元
招商仁和人寿	1. 广东、江苏两省集结赴疫区援助的医护人员； 2. 全国范围内支援湖北疫情防控物资提供应急运输和仓储支持的“灾急送”应急物流平台的运输人员	1. 因新型冠状病毒感染的肺炎导致的身故/残疾； 2. 交通意外身故/残疾； 3. 因新型冠状病毒感染的肺炎导致的住院补贴	医护人员：50万元、100元/天； 运输人员：50万元意外险、30万元寿险、10万元住院医疗险、200元/天住院补贴

续表

保险种类	赠送对象	理赔范围	赔付金额
华贵人寿	驰援武汉的贵州医疗救援队137名队员	因意外和疾病原因导致的身故和全残	50万元
德华安顾人寿	1. 山东省抗击新型冠状病毒一线医护疾控人员及家属； 2. 山东省援助武汉医护人员、省直机关一线带队人员、随队记者及以上人员家属	因感染新型冠状病毒导致身故	保额不详
爱心人寿	武汉地区所有抗击新冠病毒、参与一线救援工作的医护工作者	“爱连心”保障计划	50万元
国宝人寿	赴湖北的四川医疗救援队队员	未披露	最高55万元
国富人寿	广西壮族自治区内所有参与新型冠状病毒肺炎疫情防治工作的医护人员（含广西援湖北医护人员）、医护人员配偶及其子女	1. 在防治新型冠状病毒肺炎疫情过程中因感染新型冠状病毒导致疾病身故； 2. 参与新型冠状病毒肺炎疫情防治工作医护人员（包含广西援湖北医护人员）确诊感染后，其配偶及其子女因此感染新型冠状病毒导致疾病身故	1. 30万元（医护）； 2. 20万元（配偶及子女）
蚂蚁金服	二级及以上公立医院或卫健委指定的救济定点医疗机构中参加抗击疫情的医护人员均可在“支付宝”App－“蚂蚁保险”－“相互保”的医护专家中领取	1. 确诊感染新型冠状病毒肺炎； 2. 确诊感染新型冠状病毒肺炎导致身故	1. 确诊最高10万元； 2. 身故最高50万元
泰山保险	山东省两批援助湖北省防控新型冠状病毒感染的肺炎疫情医护人员、省卫健委一线带队人员、随队媒体记者	1. 意外伤害身故、残疾； 2. 意外伤害医疗； 3. 疾病住院医疗； 4. 疾病门诊医疗； 5. 疾病住院津贴	1. 100万元； 2. 10万元限额； 3. 30万元限额； 4. 3万元限额； 5. 3.6万元限额

续表

保险种类	赠送对象	理赔范围	赔付金额
长安保险	武汉、北京、安徽、宁夏四个地区参与和处理新型冠状病毒肺炎治疗和护理的医护人员及其直系亲属、外地支援医护人员和本地在政府允许范围内运送救灾物资及直接提供服务的快递和物流人员、武汉市征集的6000台服务社区的出租车司机	因确诊新型冠状肺炎疾病身故或全残	最高30万元
江泰保险经纪多家财产险公司	参加医责险统保的医疗机构参与疫情防控的医务人员	1. 因工作原因确诊感染新型冠状病毒肺炎； 2. 因工作原因确认感染新型冠状病毒肺炎导致身故/伤残	1. 2万元(确诊)； 2. 不高于30万元(伤残)； 3. 不低于30万元(身故)
大地保险	湖北全省奋战在抗击新型冠状病毒肺炎疫情一线的交通民警和交通辅警、全国抗击疫情一线的新闻工作者	感染新型冠状病毒而身故	50万元不等
安盛天平	在国家卫健委制定的新型冠状病毒感染的肺炎诊治定点医院参加抗击“新型冠状病毒”的医师(包括执业医师和执业助理医师)、护士、医学专业、护理专业的在校师生以及进入疫情前线报道的在职媒体记者，在微信上的“水滴保险商城”公众号或“水滴保险商城”小程序内，搜索“抗疫”即可免费领取“新冠”抗疫无忧险	1. 因不幸感染新型冠状病毒肺炎而导致身故； 2. 因不幸发生承保范围内的一般性意外伤害导致身故	1. 60万元(感染)； 2. 10万元(意外)
横琴人寿	广东、江苏省参与疫情防控工作的一线工作人员(含派驻外参与防疫就只一线工作人员)及其直系亲属，需提前领取	因感染新型冠状肺炎导致住院或身故	1. 500元/天(住院补贴)； 2. 最高50万元(身故)
紫金财险	江苏援湖北救护人员	在抗击新型冠状病毒肺炎疫情过程中发生意外事故或感染新型冠状病毒肺炎导致身故或残疾	60万元

三、新型冠状病毒肺炎疫情视野下“赠送保险”的法律特征

新型冠状病毒肺炎疫情当头，各大保险公司推出的赠送保险活动类似于以上所说的第二种赠险，也就是公益性的赠送保险。但比起之前所存在的一些赠送保险行为，此次因新冠病毒性肺炎而推出的“赠险”又有了一些新的时代性特点，给“赠险”这一纯粹的商业行为加上了行政属性和公共属性。

（一）以死亡为给付保险金条件的保险合同无须被保险人同意

根据《保险法》第 34 条第 1 款的规定，“以死亡为给付保险金条件的合同，未经被保险人同意并认可保险金额的，合同无效”。在目前新冠肺炎疫情的情势下，基本上大部分的保险公司进行公益赠送保险都是以“因疫情导致的身故或伤残”作为保险保障前提，但是该保险的成立并未得到被保险人也就是一线防疫人员的同意。具体捐赠保险的流程，是由保险公司推出该项捐赠方案后，主动排查和更新疫情情况，或直接与各地卫健部门建立沟通机制，如遇被保险人出险，保险公司核实确系因抗疫感染后即可展开理赔，无须经过被保险人的同意。

（二）赠送保险时没有确定明确的合同相对方

《保险法》第 18 条规定，保险合同应当包括投保人、被保险人的姓名或者名称、住所，以及人身保险的受益人的姓名或者名称、住所等。该保险合同的订立与一般的保险合同不同，赠险时并没有明确具体的对象信息，原因也是在于此次持牌保险机构对于一线抗疫人员的专属赠险，是响应国家政策的金融服务行为，带有公共性质，只要符合条件的人员即可获险，并不能将其看作一种单纯的合同行为。

（三）理赔时由保险公司主动跟进，无须被保险人提交证明材料

《保险法》第 22 条第 1 款规定：“保险事故发生后，按照保险合同请求保险人赔偿或者给付保险金时，投保人、被保险人或者受益人应当向保险人提供其所能提供的与确认保险事故的性质、原因、损失程度等有关的证明和资料。”在传统的保险事故发生后，投保人、被保险人或受益人向保险人提出索赔时，应当按照保险合同规定向保险人提供保险单、批单、检验报告、损失证明材料等。但就笔者对多家保险公司的询问了解得知，其公司提供的赠险一般不需要被保险人领取，也不需要由保障对象提供任何证明，符合保险公司赠险条件的被保险人经过保险公司内部流程后，可以自动获得保障，无须提交任何材料。

（四）投保人多为慈善机构，与被保险人之间不具有保险利益

《保险法》第 31 条规定，投保人对下列人员具有保险利益：一是本人；二是配偶、子女、父母；三是前项以外与投保人有抚养、赡养或者扶养关系的家庭其他成

员、近亲属;四是与投保人有劳动关系的劳动者。除前款规定外,被保险人同意投保人为其订立合同的,视为投保人对被保险人具有保险利益。订立合同时,投保人对被保险人不具有保险利益的,合同无效。以A保险公司为例,其保障对象为湖北省14个地市医护人员、前线的武警官兵等疫控人员、多省市援助武汉医疗队,其投保人则为武汉某工会。武汉某工会本身与被保险人也即一线的防疫人员之间并不具有保险利益,但因为该行为属于一种金融服务行为而非单纯的合同行为,投保行为的目的在于加强一线防疫人员的保障,而不在于合同本身的相对性。

B保险公司在2020年1月24日宣布,为全国800万疾控和医护人员提供专属风险保障,人均保额50万元。由中国人口福利基金会与各地卫健部门建立实时通报机制,若出现符合此次专项保险责任、触发理赔条件的情形,交由B公司产险进行理赔服务,同时B公司产险各属地机构也将积极配合当地卫健部门开展工作。由此看出,此次各大保险公司向一线防疫人员投放的保险更像是一种"纯风险保障",保险机构相关流程也多带有"绿色通道"性质。对于符合条件的一线防疫人员以及其他家庭成员,一旦触发了保险公司所规定的保险内容,即刻会由保险公司自动展开理赔程序。

四、新型冠状病毒肺炎疫情下的"赠送保险"的法律责任

通过上述情况可以得知,新型冠状病毒肺炎疫情下的"赠送保险"对于一线防疫人员来说,是一项较为可靠的保障行为。但有一个无法避免的问题在于,若符合保险公司规定的保障对象触发了保障内容,由谁来保障这些保障对象的合法权益,若是保险公司没有履行其承诺,又应该承担怎样的法律责任。

(一)保险公司不履行赠与行为的法律后果

赠与合同一般为实践合同,即赠与人与受赠人除有赠与与接受赠与的意思表示外,还需要赠与人将所赠物品实际交付给受赠人,交付后赠与合同才生效。然而,根据《民法典》第658条的规定,公益赠与为诺成行为,即赠与人与受赠人达成赠与与接受赠与的意思表示时,赠与合同即生效。因此,一般情况下,赠与人不可以撤销赠与。但考虑捐赠人签订捐赠合同后的一些特殊情况,《慈善法》第41条规定,捐赠人应当按照捐赠协议履行捐赠义务。捐赠人违反捐赠协议逾期未交付捐赠财产,有下列情形之一的,慈善组织或者其他接受捐赠的人可以要求交付;捐赠人拒不交付的,慈善组织和其他接受捐赠的人可以依法向人民法院申请支付令或者提起诉讼:一是捐赠人通过广播、电视、报刊、互联网等媒体公开承诺捐赠的;二是捐赠财产用于《慈善法》第3条第1项至第3项规定的慈善活动,并签订书面捐赠协议的。捐赠人公开承诺捐赠或者签订书面捐赠协议后经济状况显著恶化,严重影响其生产经营或者家庭生活的,经向公开承诺捐赠地或者书面捐赠协议签订地的民政部门报告并向社会公开说明情况后,可以不再履行捐赠义务。

《救灾捐赠管理办法》第 33 条规定:“捐赠人应当依法履行捐赠协议,按照捐赠协议约定的期限和方式将捐赠财产转移给救灾捐赠受赠人。对不能按时履约的,应当及时向救灾捐赠受赠人说明情况,签订补充履约协议。救灾捐赠受赠人有权依法向协议捐赠人追要捐赠款物,并通过适当方式向社会公告说明。”

从上述法律规定可知,保险公司赠与保险的行为属于具有社会公益性质的赠与,若保险公司没有出现显著恶化的经营状况,在与受赠人达成合意后,就必须履行捐赠义务,不能按时履约的,应当及时向救灾捐赠受赠人说明情况。否则受赠人可以依法向人民法院申请支付令或者提起诉讼。

(二)保险合同成立后,保险公司不履行理赔义务的法律后果

当赠与合同成立后,保险合同随即成立,若有一线防疫人员达到了保险公司的保障标准后,保险公司拒绝理赔的,应当承担以下法律后果。

《保险法》第 116 条规定,保险公司及其工作人员在保险业务活动中不得拒不依法履行保险合同约定的赔偿或者给付保险金义务。《保险法》第 161 条规定,保险公司有本法第 116 条规定行为之一的,由保险监督管理机构责令改正,处 5 万元以上 30 万元以下的罚款;情节严重的,限制其业务范围、责令停止接受新业务或者吊销业务许可证。

在疫情存续过程中或疫情结束后,若保险公司出现拒不理赔或理赔不足的情况,保障对象以及其家属可以拨打中国银行保险监督管理委员会专门开通的 12378 维权热线电话向银保监会投诉,或可直接到银保监会及其派出机构指定的信访接待场所投诉。此外,被保险人及其亲属还可以到当地法院起诉保险公司,要求其承担违约责任并进行相应赔偿。

(三)赠与保险的其他思考

追本溯源,保险公司本身还是属于商业性质的单位。一方面保险公司在此次新型冠状病毒肺炎疫情的背景下树立起了背负部分社会责任的形象,但从另一方面看,这样的行为也会引起保险公司本身已有客户的疑虑。保险公司作为一个负债型企业,帮助客户保管着大量资金,向他人赠送保险很可能侵犯了老客户的利益,客户有合理理由怀疑在保险公司为一线防疫人员赔付了如此高昂的保险金后,是否还有能力承担对普通客户所应承担的保险义务,这给保险业树立诚信形象也造成了一定程度的风险。

笔者认为,保险公司在这方面应当进行审慎决策,在其他的保险业务中对于

保单设计、理赔服务等方面精益求精，拿出高质量的产品和服务，才能真正地吸引并留住客户，也能保障公司自身的财务运转。针对此次新型冠状病毒肺炎疫情的赠险应当派出专门的精算师对可能会赔付的金额以及公司偿付能力进行估算，能够切实让奋战在一线的人们得到保障。

赠送保险本身具有极高的公益价值，在目前全国上下共度时艰、同抗疫情的时刻，保险机构能承担起其应负的社会责任，做好在一线奋战的医护人员的后方保障，也会给予民众更大的信心。比起法律规制，在这种时候，赠送保险的程序透明化、规范化，也更有利于全民对于这种社会责任承诺的监督，这种监督其实就是督促保险机构履行其承诺的最好手段。

优先承租权的权利内涵和行使方式

谢昕律师团队

引　言

优先承租权是不少租赁合同中约定的条款，但是优先承租权应当如何行使和保护，出租人和承租人可能存在不同理解。笔者团队近期代理的一起租赁合同纠纷案（以下简称本案）中，核心争议点之一即是出租人和承租人双方对承租人是否已丧失优先承租权、出租人是否保护了承租人的优先承租权有着完全不同的意见。本文将从该案例出发，对优先承租权的法律性质、优先承租权中“同等条件”的理解、出租人对承租人优先承租权的保障、承租人行使优先承租权的权利限制等问题进行详细的法律阐释，并对优先承租权应如何行使提出相关法律建议。

一、案情简介

A 公司（出租人）与 B 公司（承租人）签订了一份商用房屋租赁合同，租赁物业位于广州市区，租赁物业面积为 5000 平方米，合同期限自 2015 年 1 月 1 日至 2019 年 12 月 31 日，并约定“合同届满时，如 A 公司愿意继续出租，在同等条件下，B 公司享有优先承租权；合同期满前 6 个月由承租人 B 公司向 A 公司提出续租申请”。

2019 年 5 月 1 日，A 公司通知 B 公司合同期满之后将收回物业另做他用，B 公司提出希望优先承租，但 A 公司和 B 公司就期满后是否续租事宜未能协商达成一致。2019 年 9 月起 B 公司开始拖欠租金、水电费等费用，2019 年 11 月 15 日 A 公司以在产权交易所公开挂牌的方式对租赁物业进行招租，租赁期为 10 年，A 公司根据该租赁物的出租评估价设定物业后续出租的底价为 80 元/平方米，设定后续物业承租人需满足注册资本实际缴纳 500 万元等承租人资质条件，也写明了 B 公司对该物业享有优先承租权。A 公司员工在公司挂牌招租前一天微信告知 B 公司负责对接租赁事宜的员工 A 公司租赁物业公开挂牌的日期和承租人参与竞价的网站链接地址。后 B 公司报名参与了挂牌，但由于 B 公司不满足 A 公司对新承租方设定的实缴注册资本的竞价资质条件，未能成功竞价及中标。现A公司起诉B公司，要求支付拖欠租金和水电费等费用，B公司向法院反诉A公司损害了其租赁合同项下的优先承租权。

二、对优先承租权涉及的有关法律问题的分析

（一）优先承租权的法律性质

优先承租权并非法定权利，我国法律并没有对该权利进行明文规定，但是民事主体之间可以通过合同对该权利予以约定，因此优先承租权是一种合同约定的权利。

出租人和承租人在租赁合同中约定租赁合同期满之后，如出租人继续对外出租物业，承租人享有优先承租权，则承租人享有依据与出租人的优先承租权合同条款约定而获得租赁期满后续租的优先缔约请求权，即对于租赁物来说，如续租时存在多个承租人的情况时，在同等条件下，优先承租权人享有优先与出租人订立租赁合同的缔约请求权。但优先承租权不得对抗出租人对于租赁房屋的所有权（出租人对租赁房屋的占有权、使用权、处分权和收益权），只能对抗同等条件下的其他承租人，且优先承租权也不具备单方形成新租赁合同的效力，享有优先承租权的人必须要与出租人订立了租赁合同后才取得承租人的地位。

（二）优先承租权中“同等条件”的理解

关于如何理解优先承租权中的“同等条件”，首先，应当查明租赁合同中是否就优先承租权同等条件进行了具体、明确的约定，有约定从约定；其次，如租赁合同中约定了优先承租权及同等条件，但是约定过于笼统、简单的情况下，合同双方当事人可参照法院在类案中对优先承租权的同等条件的认定，正确地理解和行使该权利。

1. 价格相同是否等同于“同等条件”？

广州市中院审理的高某与某学校教育服务公司房屋租赁合同纠纷案中，原告高某（优先承租权人）与被告教育服务公司（出租人）签订的合同中约定，租赁期满后在同等条件下优先给原告续约，后原告采用招投标方式对租赁房屋进行招标，原告也参与了投标，但因综合评分较低而没有中标。原告以被告侵犯了原告的优先承租权为由提起诉讼。

对于优先承租权中的“同等条件”，法院认为根据原被告双方确认的《公开招标标准招标文件》，价格仅为评分的一个部分，即使原告的投标价格最高，也不意味原告在其他方面具有超过其他投标人的优势，而根据《综合评分汇总表》显示，原告的综合评分排在所有投标人的最后，被告并未侵犯原告的优先承租权。

因此,笔者认为原承租人在主张优先承租权时,不能笼统的将“同等条件”中的“条件”直接等同于“价格”。上述案件中,虽然原告(原承租人)投标价格最高,但是综合评分较低,根据出租人后续通过公开招投标设定的承租人评选规则,原告(原承租人)也没有达到实现优先承租权所要求的“同等条件”。

2. 合同未明确约定时,如何理解“同等条件”?

湖北某商贸有限公司诉某古城村村民委员会房屋租赁合同纠纷案中,合同双方约定原房屋租赁合同期满后,在同等条件下,被告继续出租房屋,原告享有优先承租权。之后,被告采用了招投标的方式重新选择承租人,原告因投标标底低于第三人而未中标,认为被告侵害了原告的优先承租权。

法院认为,该案件中的同等条件,必须是同等地参与招、投标活动,同等地遵循招、投标规则,只有在竞标结果一致时,同等条件才会完全出现,原告才能享有优先承租权。被告为了使原租赁房屋物权利益最大化,采取招投标方式公开招租,是对其绝对物权的一种行使方式,原告享有的优先承租权不能与其对抗,而只能以同等条件对抗第三人。原告只有参与招标投标才有取得同等条件对抗第三人的机会,如不参与则视为对优先承租权的放弃。

通过分析以上优先承租权有关“同等条件”的法院认定意见,可见在租赁合同没有对优先承租权进行明确约定何为“同等条件”,或者这仅仅是简单约定承租人到期后享有优先承租权的情况下,承租人的优先承租权的行使应以具备“同等条件”为前提条件,且“同等条件”中的“条件”不应当被直接等同于“价格”或其他单一要素。“同等条件”应当被理解为出租人提供给优先承租权人的条件和出租人与第三人达成的租赁条件相同,不仅包括租赁价格、资金支付方式、租赁期限等,还包括与租赁关系相关的承租人资质(是否满足设定的公司资金实力要求、是否存在失信记录等)、其他交易条件限制(如承租人是否存在违约等)。只有当优先承租权人可以提供与第三人同等的承租条件,即原承租人在承租资质、承租价格、其他各方面承租条件均与其他承租人一样时,出租人才应当优先出租给优先承租权人。

(三)出租人对承租人优先承租权的保障

在租赁合同关系中,如果租赁合同中约定了承租人的优先承租权,承租人是行使优先承租权的权利主体,出租人有合同义务保障优先承租权人的权利。笔者将通过以下案例总结出租人对承租人行使优先承租权的具体合同保障义务。

广东某建材有限公司诉某产权交易中心有限责任公司财产损害赔偿纠纷案中,原告作为承租人以被告未向其通知招标地点、时间、内容等事项为由,主张被告与产权交易中心恶意串通损害其优先承租权。该案中,法院认为被告作为出租人已告知原告拟将租赁物通过公开市场方式出租,原告可到公共资源交易中心办理相关手续;被告亦在某日报上刊登了《产权交易公告》,并将《物业租赁项目信息公告表》于该中心网站上发布,因此法院认定被告未损害原告的优先承租权。

在杭州中院审理的章某诉某日报报业集团房屋租赁合同纠纷案中,原告以其并未参加招投标为由,向法院主张招投标结束后,被告未告知原告网络最终报价,即便重新签订租赁合同,原告对租赁房屋也有优先承租权。

法院认为,虽然原告享有合同约定的优先承租权,但原被告双方后续签订的《关于延长租赁期限的申请》中约定,如被告未参与招标或中标,应当立即腾退房屋。租赁合同届满之前,被告已告知原告其将通过招标方式选定新承租人。因此,原告主张其在招投标结束后,根据中标价格仍然享有优先承租权与原告向被告所作承诺不符,法院不予采信。

上述两个案例中有关出租人对承租人优先承租权的保障,法院均认为因出租人向承租人履行了提前通知义务,未损害承租人的优先承租权,即在原租赁合同届满前,出租人选择继续出租房屋时,应当提前通知优先承租权人招租事宜。同时,笔者认为,为了更好地保障承租人的优先承租权、尽可能避免不必要的纷争,出租人亦应该在重新招租的过程中及时向意向方披露出租房屋上的优先承租权。在原承租人满足出租人的招租要求、其提出的承租条件等于甚至是优于出租人与第三人达成的全部租赁条件时,出租人应当按照合同约定保障原承租人的优先承租权。

(四)承租人行使优先承租权的权利限制

承租人作为行使优先承租权的权利主体,往往因为疏忽了主张该权利的限制条件而丧失了权利。在前文对优先承租权性质的阐释中,笔者提到优先承租权是基于合同约定产生的权利而非法定权利,承租人享有优先与出租人订立租赁合同的缔约请求权,但该权利不得对抗出租人的物权。笔者将通过以下案例说明承租人行使优先承租权时的具体权利限制,供有关权利人予以参考。

1. 优先承租权人不得限制出租人后续选择承租人的方式和招租条件

河南省第一中级人民法院审理的陈某与某管理局房屋租赁合同纠纷案中,原告陈某(优先承租权人)与被告某管理局(出租人)签订的合同中约定了原告享有优先承租权。租赁合同期满前,被告对租赁房屋公开招标,原告称被告设定了具有相关经营资质的法人方有竞标资格,被告未取得经营资质的法人资格,不具备竞标资格,被告侵犯了原告的优先承租权。关于被告是否侵犯了原告的优先承租权,法院认为,被告对租赁房屋公开招标,在招投标过程中设定了具有相关经营资质的法人方有竞标资格,并不违反法律的强制性规定。原告参与投标说明原告知情且同意按照招投标设定的程序和条件参与投标竞标。

笔者认为,租赁合同虽然约定了承租人享有优先承租权,但租赁合同并没有对租赁期满后出租人选择承租人的方式进行明确的限制约定时,出租人作为租赁房屋的所有人有权在租赁合同期满后,采取招投标、三家以上比价、双方协商或者其他方式招租,优先承租权人不得限制出租人后续选择承租人的方式和招租条件。因为,原告享有的优先承租权不能对抗被告的物权,而只能以同等条件对抗第三人的缔约请求权。因此,优先承租权人并无权限制出租人后续招租时选择何种方式招租,亦无权要求出租人降低招租标准。

2. 优先承租权人需按照合同约定及时向出租人请求优先承租,否则可能丧失优先承租权

广东某建材有限公司等诉某产权交易中心有限责任公司财产损害赔偿纠纷案中,涉案《租赁经营合同书》约定原告享有优先承租权的前提是在租赁合同期满前 30 日内向被告提出书面申请。但原告并未履行提前书面申请的合同义务,因此法院认为原告不再享有合同约定的优先承租权。

上述两个案例中的承租人原本均享有租赁合同项下的优先承租权,却因为没有充分理解优先承租权的性质或没有按照合同约定及时向出租人提出续租申请而丧失了该项权利。因此,如优先承租权人想与出租人续约,应当按照租赁合同的约定时间提前向出租人提出书面续约申请,并积极按照出租人的招租要求和招租方式做好相关承租准备,因为在租赁合同没有约定的情况下,毕竟承租人并无权限制出租人后续选择承租人的方式和招租条件,故只有积极按照出租人确定的招租方式和条件去满足承租条件,才有可能享受到同等条件下的优先承租权。

三、题述案例分析意见和关于如何保护和行使优先承租权的建议

(一)题述案例分析意见

笔者认为,本文题述案例中,因为租赁合同期满前双方并未就租赁期满后续租事宜达成一致,出租人 A 公司在租赁物业挂牌前一天通过微信告知 B 公司租赁物业公开竞价招租事宜,并在公开挂牌网站上披露了 B 公司对出租房屋享有优先承租权,总体来说笔者认为 A 公司已经按照《租赁合同》的约定保护了 B 公司的优先承租权。B 公司在挂牌期内参与了竞价报名,B 公司以其行为表明其知悉挂牌事宜并认可通过挂牌招租的方式确定后续承租人,故 B 公司应当遵守公开挂牌竞价规则,挂牌结果对 B 公司具有约束力。A 公司在租赁房屋公开挂牌招租中设定了具有相关公司注册资本实缴资质要求的法人方有竞标资格,该条件设定并

不违反有关法律的强制性规定，且该条件设定也是为了保证后续租赁合同履行过程中承租人按时支付租金的履约能力，故A公司对承租人设定的该招租条件对于B公司和其他潜在承租人来说都是平等的。B公司因自身出资实力不足的原因导致其不具备行使优先承租权的同等条件，从而丧失了行使优先承租权的权利。

因此，笔者认为在题述案例中，A公司并未损害B公司的优先承租权。

（二）优先承租权应当如何保护和行使的建议

基于分析以上实例和有关优先承租权的法院司法审判实践，对于出租人和承租人应如何约定好租赁合同中的优先承租权、出租人应当如何保障承租人优先承租权、承租人应当如何行使优先承租权，笔者提出如下建议，供租赁合同双方予以参考。

1. 租赁合同对优先承租权的约定

租赁合同中一般会包含优先承租权相关条款，但通常约定过于简单，容易引发合同纠纷。因此笔者建议在租赁合同中对优先承租权条款尽可能明确约定以下内容：（1）承租人行使优先承租权的"同等条件"的具体含义（约定清楚承租人满足何种条件视为构成"同等条件"）；（2）出租人后续招租时对原承租人的提前通知义务；（3）承租人请求优先承租的提前申请义务；（4）租赁期满后承租人是否有权对出租人后续选择承租人的方式进行限制（如双方是否需要事先协商续租，协商超过30日就续租未能达成一致出租人方可选择其他公开招租方式等）；（5）承租人丧失优先承租权的具体情形（如租赁合同规定一旦承租人逾期支付租金即视为承租人自动放弃优先承租权）；（6）出租人违反优先承租权约定的违约责任；（7）承租人违反优先承租权约定，租赁期满后无理由占用租赁物的违约责任等。

2. 出租人如何保护承租人的优先承租权

（1）书面通知义务

在原租赁合同中约定了优先承租权的前提下，原租赁合同届满前，出租人拟对租赁房屋进行招租的，出租人应当按照租赁合同的约定时间或者提前合理时间（如提前15－30日），将合同期满后的继续招租方式、招租时间等招租信息以书面方式（如邮件、挂号信）告知优先承租权人。其中，以公开招拍挂方式或者公开竞价进行招租的，还应当告知承租人具体投标/竞价网页地址、投标/竞价联系方式、邮箱地址等相关信息。

（2）披露优先承租权享有的权利信息

在原承租人享有优先承租权的前提下，出租人应当在招租过程中向各承租意向方公开和披露优先承租权事宜，即告知所有意向方原承租人享有对该出租物业同等条件下的优先承租权。

3. 原承租人应当如何行使优先承租权

首先，承租人有续租意向的，应仔细查阅原租赁合同，确认是否含有申请续约的相关条款，如有，应当按照合同约定的时间期限或者在租赁期满前合理时间内（建议至少提前 30 日）以书面方式向出租人提出续约申请，并确保出租人按期收到该书面申请。

其次，原承租人应当主动与出租人进行沟通，及时了解出租人的后续出租意向及出租条件。

最后，按照出租人公布的招租信息和条件积极准备并参与招租活动，方可在满足同等条件下取得优先承租权。

建设工程合同无效时“背靠背”条款的效力分析及应对策略

黎国贵　杨　挺

引　言

在建设工程分包合同中,总承包人与分包人经常会在支付条款中约定:总承包人的付款条件以业主向其付款为前提,若业主未向总承包人付款,分包人不得向总承包人主张工程款和其他的违约责任,类似的支付条款俗称为“背靠背”条款。

法律没有明确规定“背靠背”条款是否有效,目前各级法院普遍的观点认为在一份合法有效的合同中“背靠背”条款原则上是有效的,但总承包方不得滥用。然而,实践中存在大量违法分包、转包、挂靠等导致分(转)包合同无效的情形,在合同无效时,“背靠背”条款效力如何?作为工程参与方应如何应对呢?

一、合同无效时,“背靠背”条款效力分析

《民法典》第507条规定:“合同不生效、无效、被撤销或者终止的,不影响合同中有关解决争议方法的条款的效力。”该条款表明,合同中有关解决争议方法的条款具有相对独立性,不因合同无效、被撤销或者终止而失去其效力。那么,“背靠背”条款是否属于“有关解决争议方法的条款”呢?对于“有关解决争议方法的条款”的具体范围,相关法律及司法解释未对其作出规定。全国人大常委会法制工作委员会所编写的《中华人民共和国合同法全文释义》对该条文作出了解释,其认为“有关解决争议方法的条款”包括仲裁条款、选择受诉法院的条款、选择检验、鉴定机构的条款以及法律适用条款四种。[①] 虽然该释义并不属于有权解释,没有法

---

① 《中华人民共和国合同法全文释义》第57条规定:“本条所说的有关解决争议方法的条款包括以下几种形式:1.仲裁条款;2.选择受诉法院的条款;3.选择检验、鉴定机构的条款;4.法律适用条款。”

律效力，但是因其编写主体的特殊性而在司法实践中得到了一定程度的认可。在此基础上，我们可以对其予以适当参照。另外，“背靠背”条款只是作为合同双方关于付款时间的约定，其并不具备解决争议的效能，不能认定为“有关解决争议方法的条款”。因此，笔者认为，分包合同无效，合同中的“背靠背”条款自然也应归为无效。

二、合同无效时，还有适用“背靠背”条款的空间吗？

《民法典》第793条第1款规定：“建设工程施工合同无效，但是建设工程经验收合格的，可以参照合同关于工程价款的约定折价补偿承包人。”

最高人民法院《关于审理建设工程施工合同纠纷案件适用法律问题的解释（一）》第24条第1款规定：“当事人就同一建设工程订立的数份建设工程施工合同均无效，但建设工程质量合格，一方当事人请求参照实际履行的合同关于工程价款的约定折价补偿承包人的，人民法院应予支持。”

可见，合同无效的情况下，可“参照合同关于工程价款的约定”进行折价补偿。因此，关键在于厘清“背靠背”条款是否属于“关于工程价款的约定”。对此，实务界有一定的分歧。

（一）合同无效时，“背靠背”条款不属于“关于工程价款的约定”，不能参照适用

在最高人民法院受理的某案中，法院认为：一审判决根据诉争工程已经竣工验收并交付使用的实际情况，依照最高人民法院《关于审理建设工程施工合同纠纷案件适用法律问题的解释》（已失效）第2条的规定，判令江西A公司支付黄某某、林某某工程款，并自工程交付之日起承担尚欠工程款的利息，适用法律正确。上述司法解释条款规定“参照合同约定支付工程价款”主要指参照合同有关工程款计价方法和计价标准的约定。江西A公司主张“参照”应当包括合同对支付条件的约定，其与业主B高速公路公司未完成结算，本案所涉合同约定的工程款支付条件尚未成就，其应在付款条件成就时承担向黄某某的付款义务，于法无据，法院不予支持。

在最高人民法院受理的（2019）最高法民申1218号案中，法院认为：在建设工程施工合同无效的情况下，最高人民法院《关于审理建设工程施工合同纠纷案件适用法律问题的解释》（已失效）第2条关于“请求参照合同约定支付工程价款”规定的原意应当是参照合同约定确定工程价款数额，主要指工程款计价方法、计价标准等与工程价款数额有关的约定，而双方间关于付款节点约定的条款，不属于可以参照适用的合同约定。因此，肖某某要求支付逾期工程进度款利息的主张

缺乏法律依据，原审判决未予支持并无不当。

（二）合同无效时，也有参照适用“背靠背”条款的空间

在佛山市中级人民法院审理的（2020）粤06民终4350号案中，法院认为：案涉合同虽然因违反法律强制性规定而无效，但双方对于工程款支付条件的约定仍是双方当事人签约时的真实意思表示。作为实际施工人的邹某某在签约时清楚地知悉承包人向其支付工程款需以发包人支付工程款为前提，若不参照合同约定而直接判决承包人向其支付工程款，则无疑使得实际施工人在合同无效时获得比有效时更大的利益，这有悖于法理。

在上海市松江区人民法院受理的（2019）沪0117民初10022号案中，法院认为：合同无效后，合同约定的分成比例系双方就款项结算达成的根本依据，且合同中“背靠背”的付款方式系原、被告双方事前针对回款风险形成的付款安排，原告在主张工程款时仍应参照相关约定。

在广东省高级人民法院受理的（2020）粤民再66号案中，法院认为：虽然《工程承包协议》无效，但简某某对荆州C公司根据总合同约定收到款项再付款的方式是认可的，应认为双方已明确付款时间。

安徽省高级人民法院发布的《关于审理建设工程施工合同纠纷案件适用法律问题的指导意见（二）》第11条规定：非法转包、违法分包建设工程，实际施工人与承包人约定以发包人与承包人的结算结果作为结算依据，承包人与发包人尚未结算，实际施工人向承包人主张工程价款的，分别下列情形处理：（1）承包人与发包人未结算尚在合理期限内的，驳回实际施工人的诉讼请求；（2）承包人已经开始与发包人结算、申请仲裁或者诉至人民法院的，中止审理；（3）承包人怠于向发包人主张工程价款，实际施工人主张参照发包人与承包人签订的建设工程施工合同确定工程价款的，应予支持。

可见，安徽省高级人民法院虽然没有明确在合同无效时认可“背靠背”条款的效力，但其认可发包人与总承包人结算作为总承包人向分包人付款的前提条件的效力，即总承包人和发包人的结算尚在合理期限内的，则分包人请求支付工程款的诉讼请求不能得到支持。

三、对“背靠背”条款的应对策略

总承包人、分包人在签署分包合同时，应从自身立场出发合理设定合同条款，在履行合同时注意把握关键点，即使分包合同被认定为无效，也能最大限度保护自身权益。

（一）总承包人的应对策略

1. 总承包人与分包人除签订分包合同外，另行签订《风险共担协议》，设置双

方共同承担风险的条款，通过订立新的合同，建立总承包合同与分包合同之间的关联。

2. 采用足以引起分包人注意的文字、符号、字体等特别标识，对“背靠背”条款予以说明。

3. 将总承包合同与分包合同中的付款时间、付款比例、付款条件等一一对应，做到约定明确具体。比如，付款条件通常应包括：在分包人申请付款前，应提供等额的合法合规的税率为×%的增值税专用发票，否则总承包人有权拒绝付款且不承担逾期支付工程款的违约责任。

4. 将建设单位对承包人的付款期限、付款比例、付款条件等内容以书面方式披露给分包人，保证分包人的知情权。

5. 应强化合同管理，全面履约，如建设单位迟延付款、拒付款，总承包人应积极主张权利并进行相应证据保全。发现发包人违约或无力支付其工程款时，应积极行使权利，避免被法院认定为怠于行使权利而产生不利后果。积极行使权利不仅表现在向发包人发函催收债权，还应当及时向法院提起诉讼或向仲裁机构申请仲裁。

6. 强化对分包人农民工工资监督管理。现实中，分包人雇佣不明身份人员，以讨要农民工工资为名，恶意追索工程款，追求非法利润的行为，是很常见的。而《保障农民工工资支付条例》第32条第1款规定：“施工总承包单位应当按照有关规定存储工资保证金，专项用于支付为所承包工程提供劳动的农民工被拖欠的工资。”因此，一旦出现拖欠农民工工资问题，地方政府部门可能从承包人预存的农民工工资保证金中予以支付，从而影响“背靠背”条款的抗辩机会和能力。

7. 积极搜集合同相对方违约的证据。总承包人未严格履行总承包合同对发包人构成违约，导致发包人延迟或拒绝付款的，总承包人不得向分包人主张“背靠背”条款的抗辩。相反，总承包人应积极搜集、保全分包人工期延误、工程质量缺陷等违约证据，届时因分包人行为导致整体项目延迟竣工、发包人延迟付款的，总承包人依据“背靠背”条款抗辩分包人的付款请求时证据和理由将更为充分。

（二）分包人的应对策略

1. 积极搜集总承包人违反总承包合同约定的证据。总承包人未能按时全面履行总承包合同的约定，导致建设单位迟延支付、拒不支付工程款时，不得援引“背靠背”条款对抗分包人的付款请求权。

2. 积极搜集总承包人怠于行使到期债权的证据，提起代位权之诉。总承包合同约定的付款条件具备、付款期限届满，但其怠于向建设单位主张权利，分包人也可援引《民法典》第535条"因债务人怠于行使其债权或者与该债权有关的从权利,影响债权人的到期债权实现的,债权人可以向人民法院请求以自己的名义代位行使债务人对相对人的权利,但是该权利专属于债务人自身的除外"的规定,行使代位权,直接向建设单位提起代位权诉讼。

3. 在分包合同中,尽量设定总承包人的通知义务,即"背靠背"条款所涉款项在发包人支付给总承包人后一定期限内,应当有效通知分包人,并且同时设定相应逾期付款的违约责任,否则难以对违约方形成有效约束。此外,还可以通过约定,对总承包人向发包人催讨工程款的法律手段予以限制,即明确其催讨的行为应当包括以诉讼方式进行,且当其未按照付款节点向发包方积极主张工程款时,应当承担一定的违约责任。

4. 积极搜集总承包人已经收到建设单位付款,但并未向分包人付款的证据,向总承包人主张违约责任。总承包人业已获得建设单位给付的工程款,但拒绝按照分包合同的约定向分包人支付工程款,总承包人的行为属于违约行为,应该承担违约责任。

5. 积极搜集建设单位出现经营严重恶化、资不抵债、下落不明等情形的证据。建设单位出现经营严重恶化、资不抵债、下落不明等情形,在这种情况下,在实践中,除非总承包人与分包人签有风险共担协议,否则不能对抗分包人的工程款支付请求权。

6. 积极搜集可能导致分包合同无效及"背靠背"条款无效的相关证据。

7. 在签订分包合同时,分包人可以考虑设立"背靠背"条款的但书情形:当满足特定条件时,如工程已通过竣工验收、已过质保期或某一特定时间节点经过后,则"背靠背"条款不再适用,总承包人应支付工程款。该条款也能够在一定程度上起到作用。

8. 保留好向总承包人发函、催告、催款等的沟通记录作为证据备用。

结　语

以上是笔者关于在合同无效的情形下,针对"背靠背"条款的效力、适用空间进行的分析,并对总承包人和分包人在面对"背靠背"条款时的处理方式提出了应对策略。

金融证券及资本市场篇

从证监会行政处罚案例看律师事务所勤勉尽责的义务

邓传远　马小立

前　言

根据证监会官网检索的结果，自 2013 年 4 月至 2022 年 9 月 30 日，证监会共作出了 10 份关于律师事务所的行政处罚决定书。涉及的业务类型有发行股份购买资产、重大资产重组和 IPO 业务。研究这些案例，反思律师从事证券业务的勤勉尽责义务，可以避免执业过程中的类似风险。

证监会认定的律师事务所及律师的违法事实，主要集中在律师法律尽职调查的过程中。法律尽职调查既是律师的法律业务，也是律师发表法律意见的基础，必须足够审慎。

一、证监会处罚反映出的律师法律尽职调查中存在的主要问题

证监会对律师事务所及律师作出行政处罚主要依据《证券法》、《律师事务所从事证券法律业务管理办法》（以下简称《管理办法》）、《律师事务所证券法律业务执业规则（试行）》（以下简称《律所执业规则》）、《公开发行证券公司信息披露的编报规则第 12 号——公开发行证券的法律意见书和律师工作报告》（以下简称《编报规则第 12 号》）。

证监会处罚律师事务所和律师的原因是其在法律尽职调查过程中未勤勉尽责，导致出具的法律文件有虚假记载、误导性陈述或者重大遗漏。从已被处罚的案例来看，主要存在以下几方面的问题。

（一）核查计划和工作底稿

核查计划方面的问题主要包括：律师在法律尽职调查中，未编制核查验证计划；未按照核查计划列明的方法和程序进行核查；未对查验计划的落实情况进行评估和总结；查验计划未完全落实或不能实现查验目的时，未说明原因或者采取

其他查验措施和方法。

工作底稿方面，问题主要包括：律师工作底稿不完整，未反映律师为查验工作所做的准备及对工作情况的记录；工作底稿未加盖律师事务所公章，未标明目录索引；取得的资料未经提供方签字、盖章确认；访谈和走访记录未经经办律师和访谈对象签字确认；对直接取自其他中介机构的底稿未履行一般注意义务；无对法律意见书进行讨论和复核的记录。

（二）重大业务合同

业务合同与财务收入密切相关，影响应收账款、应付账款、主营业务收入等科目的确认与计量。在这方面，法律与财务并不能完全分开。这也是为什么发生重大财务造假案时，虽然律师事务所以财务问题不属于律师事务所的查验范围进行抗辩，但证监会依然认定律师有责的原因。

律师在对重大业务合同进行尽职调查时，主要存在以下与合同的真实性、合同的有效性、合同的履行情况有关的问题：

在核查合同的真实性方面，未对发行人的重大业务合同进行审慎核查验证，对重大业务合同，除执行检查原件的核查程序外，未对合同的内容、性质、效力等进行必要的查验、分析和判断，检查原件的核查程序在底稿中也未记录；对于境外销售合同，仅采用书面审查的方式，未采取向海关、客户访谈等方式验证合同的真实性；未能核查和验证发行人重大销售合同的真实性、准确性，对于销售合同中客户印章名称与发行人重要客户名称不一致的情形，未尽审慎核查义务；向客户和供应商发出的问卷调查表等通过发行人办理，未对核查过程保持适当控制，也未对回收的材料进行审慎核查；未对销售客户和供应商的工商信息进行完整的核实，导致未能发现虚构销售的事实。

对于合同的有效性问题核查不够，对发行人与政府签订的合同，未关注招投标问题，未对合同进行审查和风险提示，而这些未经过招投标的无效合同产生的收入占发行人报告期某一年收入比重较大。

在核查合同的履行情况时，未能发现合同中潜在的重大债权债务法律风险，取得的不存在法律风险和纠纷的承诺来自发行人，无第三方印证；未对应收账款余额进行确认，导致未能发现虚构应收账款收回的事情。

除上述问题外，还存在确定重大合同的标准后，未核查全部重大业务合同，底稿中仅保存少量重大业务合同等问题。

（三）资产

律师在涉及资产的法律尽职调查中，存在的主要问题有：未对银行存款进行查验，在银行存款为主要资产的情况下，未查验存单原件，也未向开户银行进行书面查询、函证；对受让的土地使用权，虽然进行了实地查看，并查验了土地使用权合同、协议、产权证书，但未去当地土地管理部门核实发行人受让土地使用权的具体情况，未对土地使用权的取得过程完整地进行核实。

（四）重大担保

律师在或有债务的法律尽职调查中，存在的主要问题有：未发现发行人的重大担保事项；对该事项未进行审慎查验，除发放问卷清单和取得发行人承诺函外，未与发行人的财务负责人、会计师面谈，以及向第三方查证确认。

（五）关联方和关联交易

律师在涉及关联方和关联交易的法律尽职调查中，存在的主要问题有：未对相关客户或供应商的工商资料进行完整收集，如未打印相关主体的完整工商内档信息，只调取了机读档案信息；未仔细查验相关主体的工商资料，如对于工商资料里显示的与发行人存在联系的信息（工商资料里预留的联系方式相同、名称与发行人类似、股东和高管与发行人存在联系等）未予以充分关注，未保持足够的特别注意；对于证监会反馈意见中特意提到的疑似关联方，主要通过发行人获取资料，未亲自去疑似关联方进行实地调查和现场访谈，对于通过发行人协助获取的资料也未采取进一步手段进行查验，导致未能发现重要关联方和关联交易。

二、证监会处罚案例对律师法律尽职调查须勤勉尽责的启示

律师在法律尽职调查中，须遵循《管理办法》《律所执业规则》规定的核查程序进行核查。对于法律法规已经明确规定了核查程序的，在进行具体项目的核查时，应该注重核查程序的完整性。即使有些项目看似与财务有关，比如银行存款，但因为《律所执业规则》明确规定了其核查程序，律师也应该独立对该项目进行核查。

《管理办法》规定的律师核查和验证方法包括面谈、书面审查、实地调查、查询和函证、计算、复核等。在进行具体项目的核查时，要注重多种核查方法的综合运用。除向发行人搜集资料外，律师应更注重从外部第三方独立获取证据，以获得更高的证明力，为发表法律意见提供足够的支撑。函证也并不是只适用于会计师事务所的核查手段，对于某些项目的核查，特别是重大业务合同，律师可采用直接、亲自向第三方发函的方式获取相关证据。

笔者根据已处罚案例涉及的方面，归纳出如表 1 所示注意事项。法律尽职调查实践中的情况错综复杂，律师未勤勉尽责的表现形式也是多种多样，对于处罚未涉及的方面，同样应根据法律规则保持足够的特别注意义务。

表 1 律师尽职调查注意事项

序号	方面	注意事项
1	核查验证计划和工作底稿	1. 律师事务所从事证券法律业务,核查前都需要制作核查验证计划。查验计划应当列明需要查验的具体事项、查验工作程序、查验方法等。 2. 工作底稿是律师是否勤勉尽责的重要证据,工作底稿反映了律师是否已经履行了必要的核查验证程序,是否按照《证券法》《管理办法》《律所执业规则》《编报规则第 12 号》等相关规定进行执业。因此律师事务所在承办相关项目时,对工作底稿的编制要尤其重视。工作底稿中应包括下列内容:律师接受委托事项的基本情况,包括委托人名称、事项名称;与委托人签订的委托协议;查验计划及其操作程序的记录;法律意见书底稿草稿;内部讨论、复核的记录。工作底稿应标明目录索引,访谈笔录须有经办律师和访谈对象签字,委托人提供的资料,须由委托人加盖公章。 3. 对于从其他方取得的底稿资料,律师需要尽一般合理注意义务
2	重大业务合同	1. 律师事务所从事证券法律业务时,确定重大合同的标准后,需抽取报告期全部重大业务合同,核对原件,并将核查程序完整保存在底稿中。对于已经履行完毕的重大合同,也要进行核查。 2. 对重大业务合同的真实性、有效性、履行情况逐项进行核查。从合同文本进行核查,注意合同盖章、合同形式有无异常,合同及具体条款是否真实;合同签署、合同内容是否符合现行法律的规定,有无合同无效的法律风险;注意合同主体的适格性审核,以及合同生效是否需要经过招投标、备案、审批程序;合同有无附销售退回条件、售后回购、销售折扣、三包索赔等特殊条款,对存在特殊条款的,需评价其潜在风险,评估是否会产生纠纷以及对发行人的影响。 3. 为获得有关合同真实性、履行情况的证据。走访重要供应商和客户并制作访谈笔录,或向供应商和客户发出函证并保存回执;对于以邮件形式发送的合同,律师可查验相关邮件发送记录,并制作查验记录。履行情况包括合同履行过程中是否存在纠纷以及报告期每年的交易发生额、应收账款余额、应付账款余额及应收账款收回金额的确认。 4. 对于境外客户,如对发行人与境外机构签署的重大合同的真实性及有效性产生疑问的,可要求发行人聘请境外律师出具法律意见,并结合海关及境外客户访谈的核查手段。 5. 如有必要,获取重要客户、供应商的完整工商内档资料,分析客户、供应商的基本工商信息辅助判断业务合同的真实性。 6. 取得发行人关于业务合同真实、合法、无履约纠纷的承诺函,承诺内容要具体、明确。 7. 注意对新增客户、主要客户、账龄较长客户、发生过纠纷客户等高风险客户的核查,对这类客户,应采取尽可能多的核查手段,以获取充分的证据。 8. 注意对核查过程中发出的函证、问卷调查表保持控制,对于通过发行人获得的资料,要采取进一步的手段查验

续表

序号	方面	注意事项
3	资产	1. 对于土地、房产、知识产权等资产,需要取得权属文件、相关合同、价款支付凭证、费用缴纳凭证等资料。 2. 对于实物资产,需要实地查看财产状况,并制作查验记录。 3. 走访相关政府部门、资产登记机构,对发行人的资产情况(权属情况、抵押质押情况)进行核查确认。 4. 查询登记机关网站,辅助确认资产状况。 5. 对银行存款进行核查时,应当查验银行出具的存款证明原件;不能提供委托查验期银行存款证明的,应当会同存款人向存款人的开户银行进行书面查询或直接函证。 6. 对于生产经营设备、大宗产品或者重要原材料的查验,应当查验其购买合同和发票原件。购买合同和发票原件已经遗失的,应当由财产权利人或其代表签字确认,并在工作底稿中注明;相关供应商尚存在的,应当向供应商进行查询和函证。必要时,应当进行现场查验,制作现场查验笔录,并由财产权利人或其代表签字;财产权利人或其代表拒绝签字的,应当在查验笔录中注明。 7. 对于境外知识产权问题,应通过网站对境外知识产权进行核查,同时核查境外律师对境外知识产权问题发表的意见。 8. 必要时,对发行人相关经办人员进行访谈,并制作访谈笔录
4	重大担保	1. 核查发行人提供的相关的担保合同、抵押合同、借款合同、审计报告等资料。 2. 取得发行人关于是否存在重大担保的说明。 3. 核查企业征信报告。 4. 核查是否有对外担保时,律师需要与发行人的财务负责人、会计师、印鉴保管人员、关联方、重要客户、专业顾问等面谈,并制作访谈笔录,访谈对象和律师应在笔录上签字。 5. 需要向发行人主要贷款银行、开户行、公司登记机关、证券登记机构和发行人的不动产、知识产权的登记部门等进行查证、确认
5	关联方和关联交易	1. 核查的重点是找出全部的关联方,避免遗漏。 2. 除向发行人控股股东、实际控制人、股东、董监高等关联主体采取核查手段进行核查外,需要尤其关注发行人的主要供应商、客户是否是关联方,核查手段主要有发送问卷清单、取得完整的工商内档资料、实地查看并制作查验笔录、访谈确认并制作访谈笔录。 3. 在核查工商内档资料时,要足够审慎,以免对相关异常信息未进行关注。 4. 对核查过程要保持控制,对于直接从发行人处获得的资料,需要采取进一步的查验手段进行核实

结　语

尽职调查最能反映律师对风险的把控能力。从完备的查验计划开始,律师应对法律事项保持敏锐的判断力,运用项目经验和社会经验,保持专业人士足够的特别注意义务,准确识别项目中隐藏的对于发行人以及律师的法律风险。

新《证券法》背景下“公开”标准的展开

石其军律师团队

前　言

2020年3月1日，第十三届全国人大常委会第十五次会议修订通过的《证券法》（以下简称新《证券法》）正式施行，本次修订是《证券法》施行20年来第二次全面修订。新《证券法》在十大方面作出了重大改革或完善，包括：(1)全面施行证券发行注册制，优化发行制度；(2)显著提高违法成本，提升证券违法行为打击力度；(3)设置投资者保护专章，完善投资者保护；(4)设置信息披露专章，强化信息披露；(5)完善证券交易制度，维护交易秩序；(6)取消一系列资格核准，落实“放管服”要求；(7)强化中介机构“看门人”角色，提高未履行勤勉尽责义务的处罚金额；(8)完善多层次资本市场体系，明确分为证券交易所、全国性证券交易场所与区域性股权市场；(9)强化监管执法与风险防控；(10)扩大“证券”范围，明确将存托凭证、资产支持证券和资产管理产品纳入监管范围。

证券法受市场的关注度如此之高，其中一个重要原因在于证券法是资本市场的根本法，首次公开发行股票并在交易所上市（IPO），是目前企业融资、投资机构退出的主要渠道之一。新《证券法》不但修改了IPO发行审核制度，还对长期讨论的“公开”标准作了修订，这关乎企业的切身利益，也影响律师从事IPO业务的具体实操。本文拟通过对新《证券法》规定的“公开”标准进行分析，并结合境外相关案例，对未来证券业务实操提出若干建议。

一、新《证券法》“公开”标准的保守与激进

新《证券法》第9条规定：“公开发行证券，必须符合法律、行政法规规定的条件，并依法报经国务院证券监督管理机构或者国务院授权的部门注册。未经依法注册，任何单位和个人不得公开发行证券。证券发行注册制的具体范围、实施步骤，由国务院规定。有下列情形之一的，为公开发行：（一）向不特定对象发行证券；（二）向特定对象发行证券累计超过二百人，但依法实施员工持股计划的员工

人数不计算在内;(三)法律、行政法规规定的其他发行行为。”

本条系在2014年《证券法》第10条基础上修订而来,最大的改变系将我国证券发行审核机制由“核准制”改为“注册制”,同时在界定“公开发行”时,对第2项“向特定对象发行证券累计超过二百人”增加排除事项,即“依法实施员工持股计划的员工人数不计算在内”,由此重新调整了我国证券公开发行的“公开”认定标准。本次调整“公开”标准有特定的时代背景,具体包括:(1)为国企混改、国企员工股权激励等提供制度依据;(2)为企业存在可能超过200名员工持股的社会现状提供制度保障;(3)推动我国证券发行制度与国外成熟资本市场接轨等。

实务中,凡是股东人数超过200人的,一概被认为是公众公司,且发行股票需要获得中国证监会的核准。中国证监会于2013年发布的《非上市公众公司监管指引第4号——股东人数超过200人的未上市股份有限公司申请行政许可有关问题的审核指引》(以下简称《4号指引》)规定:“《证券法》第十条明确规定‘向特定对象发行证券累计超过二百人的’属于公开发行,需依法报经中国证监会核准。对于股东人数已经超过200人的未上市股份有限公司(以下简称200人公司),符合本指引规定的,可申请公开发行并在证券交易所上市、在全国中小企业股份转让系统(以下简称全国股份转让系统)挂牌公开转让等行政许可。”由此几乎“一刀切”地将企业融资的边际限定在特定的人数范围之内,除非通过高成本获得证监会的公开发行许可。

笔者认为,证券法的立法目的在于平衡“融资便利”与“投资者保护”,而“一刀切”地以人数为是否需要许可的界限不能体现“融资便利”,同时也未必等同于已经充分地实现了必要的“投资者保护”。新《证券法》对“公开”标准的重新界定,虽然是在融资便利上前进了一步,但这一步迈得颇为保守,结合当下以P2P为代表的互联网金融尴尬的境遇,新《证券法》对“公开”标准的突破犹如“刀尖上的舞者”,稍有不慎,或将重蹈P2P的覆辙。

纵向比较,自2014年《证券法》实施至新《证券法》通过,本轮修订历经6年时间,一共审议了4次,共制定了4份草案,每次草案都改动很大。具体到“公开”标准的适用限制情形,从2015年的草案,到新《证券法》最终采纳的标准,可以说是“融资便利”与“投资者保护”价值取向的博弈与平衡,亦是立法者对待证券法保守与激进的态度演变。经笔者归纳,历次草案中规定的“公开”标准的适用限制情形(见表1)。

表1 《证券法(草案)》规定的“公开”标准的适用限制

草案/生效法案	“公开”标准适用限制情形	适用限制类型
2015 年 4 月一审草案、2017 年 4 月二审草案	特定对象且人数小于 200 人	非公开
	互联网众筹	豁免注册或核准
	小额发行	豁免注册或核准
	向合格投资者发行	豁免注册或核准
	实施股权激励计划或员工持股计划	豁免注册
2019 年 4 月三审草案	特定对象且人数小于 200 人	非公开
	实施员工持股计划	属于特定对象,不计算人数
	互联网小额众筹	可以豁免核准、注册
	小额发行	可以豁免核准、注册
新《证券法》	特定对象且人数小于 200 人	非公开
	实施员工持股计划	发行特定对象,不计算人数

从一审稿到四审稿,“公开”标准逐步扩大,而例外情形逐步排除。一审稿、二审稿的背景在于立法者认识到了企业直接融资渠道受限,通过资本市场发行股票途径单一,而当时较受关注的互联网众筹,以及学者推崇的国外流行做法“小额发行”,都宜吸纳为适用豁免注册或核准的公开发行,同时,对于员工持股计划与向合格投资者发行的豁免,系出于兼顾“融资便利”与“投资者保护”的价值取向。三审稿删除了向合格投资者发行的豁免情形,但是否科学合理,笔者将在后文详述。新《证券法》进一步收缩前面三次草案激进的步伐,仅保留了排除员工持股计划的人数限制,与 2014 年《证券法》相比表现出激进的态度,尤其是截至目前新《证券法》生效为止,尚无确切的员工持股计划的实施依据,同时我们还没有考虑参与员工持股计划的员工是否需要被保护。

二、“保护需求”理论的中国化实践

《证券法》的立法艺术就是保护投资与促进融资的平衡艺术,从本质上来说,二者存在利益冲突,虽然立法者在历次《证券法》修订中都会强调本轮修订对企业融资有较大帮助,也加大了对投资者的保护力度。然而,在实践中,我们无法根据证券公开发行需经审核就推定投资者已经得到保护,无论是证监会的首发管理办法,还是交易所的上市规则,都声明其行使审核、核准、同意等许可权力,不等同于对发行人信息披露质量或发行人未来发展情况的保证,证监会与交易所从不为其审核同意公开发行作责任背书。然而,证监会或交易所对发行申请的否决,也正反映了公开发行已经得到证监会或交易所的把关,投资者的保护需求在一定程度上得到了满足。

与成熟资本市场的公开发行注册制相比较,我国全面推行的注册制相对更加重视对发行人整体质量的把控,即便新《证券法》强调了中介机构作为资本市场"看门人"的角色,但无论是从科创板经验,还是总结证券发行审核制度实施以来的审核经验,监管部门对投资者的关怀与呵护都伴随始终,并不会区分发行对象是否需要监管部门的保护。

在美国最高法院1953年的经典案例"S. E. C. v. RALSTON案"①,美国最高法院提出,某个发行行为是否属于公开发行,取决于受发行人是否需要《证券法》的保护,由此确立了"公开"标准中的"保护需求"理论。该案的案情及裁判结果简要概括如下:RALSTON是一家生产、销售各种饲料和谷物产品的公司,分支机构及分销网点分布在美国和加拿大各地,约有7000名员工。自1942年起,RALSTON已经向公司部分员工提供授权但未发行的普通股。在1947年至1951年期间,RALSTON在未向S. E. C.申请注册的情况下,通过邮件向员工出售了200万美元的股票;RALSTON发送给其分支机构和商店经理的备忘录中载明,"唯一可以使用此股票的员工是那些主动并且有兴趣以当前市场价格购买股票的员工"。据B公司主张,其将该等受邀约员工都归类为"关键雇员"(key employee),但实际上该等员工具体包括工人、文书助理、电工、业务员、培训生、速记员和兽医等,且薪资水平较低,人数不固定,从1947年至1951年,人数分别为243、20、414、411、500(估计)。根据美国众议院法案对美国《1933年证券法》第4(1)节的处理,认为"在没有实际需要(法案)应用或公共利益太少的情况下",不涉及任何公开发行。

美国最高法院没有采纳B公司的"受要约人均属于关键雇员"的抗辩意见。最高法院克拉克大法官认为,即便公司员工作为受要约人参与公司股票发行,且公司基于此可以豁免注册,但豁免注册并不能剥夺公司员工可以获得公司注册信息的保障。众议院管理者在会议报告中评论道"员工股票投资计划的参与者可能非常需要与发行人有关的信息",因此将举证责任归于发行人是公平合理的,因为发行人的目的是挑选主要雇员进行股票发行,本案中并没有证据显示受要约员工可以有权访问发行注册将要披露的信息。

---

① S. E. C. v. RALSTON PURINA Co., 346 U. S. 119 (1953) No. 512. S. E. C.为美国证券交易委员会。

事实上，新《证券法》规定的依法实施员工持股计划的员工人数不计入股东人数不是突破"公开"标准的先例，上交所发布的《科创板股票发行上市审核问答》也将符合规定的员工持股计划合并计算为一个股东，条件是符合"闭环原则"或在基金业协会备案。上交所也考虑到了员工是否自愿参与，是否与其他投资者权益平等，是否利用信息优势损害其他投资者利益等。实践中，持股平台因受其实控人影响处于信息优势地位的可能性较大，但参与员工持股计划的个别员工并不享有该种信息优势。同时，上交所《科创板股票发行上市审核问答》中规定的员工持股计划仅限于通过公司、合伙企业、资产管理计划等平台间接持股，流转原则上也仅限于内部流转，这与上述"S. E. C. v. RALSTON 案"有所不同。

新《证券法》规定员工持股计划仅限于"依法实施"，但截至目前尚未有现金指明何为"依法实施"，如参考《上市公司股权激励管理办法》，其激励对象包括公司董事、高级管理人员、核心技术人员或核心业务人员，以及公司认为应当激励的对公司经营业绩和未来发展有直接影响的其他员工。此处，除董事、高级管理人员外，其他人员都无法较为全面了解公司重大事项，换言之，其他员工仍同"S. E. C. v. RALSTON 案"中阐明的一样，需要有途径获得公司通过注册将要披露的信息，否则豁免员工激励计划的员工人数不能满足全部员工的保护需求。

在公共利益较为集中的地方，"保护需求"应当得到满足。笔者较保守地认为，参与员工持股计划对员工并不尽然全是好处，其也需要花费一定的成本取得激励股份，而对于这些成本的损失不是全部员工都有承受能力，当这些风险承受能力较低的员工数量超过一定比例，公共利益的保护需要就显得尤为迫切。

三、"人数"标准的泛化

历次《证券法》草案都在对发行股票豁免注册或核准的范围进行讨论，从激进到保守，最终新《证券法》仅采纳了范围相对狭窄的"依法实施员工持股计划的员工人数不计算在内"。《4 号指引》规定，"股份公司股权结构中存在工会代持、职工持股会代持、委托持股或信托持股等股份代持关系，或者存在通过'持股平台'间接持股的安排以致实际股东超过 200 人的，在依据本指引申请行政许可时，应当已经将代持股份还原至实际股东、将间接持股转为直接持股"，但"以依法设立的员工持股计划以及已经接受证券监督管理机构监管的私募股权基金、资产管理计划和其他金融计划进行持股，并规范运作的，可不进行股份还原或转为直接持股"。此处"持股平台"指"单纯以持股为目的的合伙企业、公司等持股主体"，很显然，"依法实施的员工持股计划"也属于《4 号指引》定义的"持股平台"范畴。

在以往的 IPO 业务实践中，原则上除了已经在基金业协会备案的"公司型"和

“合伙型”私募基金不需要进行穿透计算外，其他的股东原则上需要穿透计算股东人数，同时，“契约型”私募基金、资管计划、信托计划等三类股东需要进行清理还原为直接持股。但证监会于 2019 年 3 月发布的《首发业务若干问题解答》，对这三类股东不再坚持要求清理的原则，如三类股东已经被有效监管，则将其视为一个股东；而在科创板 IPO 业务实践中，更是将符合闭环原则规定的员工持股平台作为一个股东计算，如严格按照 2014 年《证券法》规定的特定对象不超过 200 人的标准去计算，上述的实践操作都有穿透后股东人数超过 200 人的嫌疑，且这 200 人并不能称为“特定对象”。

随着监管观念的转变，被金融监管部门监管的拟制主体得以被视为一个股东，同时依法实施的员工持股计划也可以作为一个股东对待，新《证券法》的实施将进一步推动“公开”标准中“人数”标准的泛化，这种做法能够实现“融资便利”的立法目的，但对与“投资者保护”的价值取向可能是背离的，不区分发行对象条件的“人数”标准泛化或许更是危险的。在“S. E. C. v. RALSTON 案”中，美国最高法院考虑了 RALSTON 与雇员的关系、雇员职务、雇员薪资、雇员住所等可能影响雇员掌握公司信息的关键因素，从而判断是否需要将 RALSTON 向员工出售股票的行为视为公开发行。笔者认同私募公募化的趋势，但前提在于“有权利的地方，应当有救济”，“人数”标准泛化不是使募资行为逃避法律监管的工具，区分对象的“人数”标准泛化才是适度监管的应有之义。

四、“人”的概念及其延伸

“公开”标准中的“人数”标准以“人”为量词，但笔者认为，此处“人”有所特指，即“特定对象”，而“员工持股计划的员工”实际是“特定对象”的一类，此“人”非彼“人”，否则也无法落入新《证券法》第 9 条第 2 款第 2 项“向特定对象发行证券累计超过二百人”的范畴，而是归第 1 项“向不特定对象发行证券”调整。对于何为“特定对象”，何为“不特定对象”，没有一个明确的界限，按照最高人民检察院检察官的观点，“不特定对象”有三性，即人员的延散性、不可控性与波及范围的广泛性；而特定对象的判断，应与出资人员规模、人员数量挂钩，是否属于特定对象，存在一个从量变到质变的过程，超过 200 人的特定对象就相当于不特定对象。[①] 刑法上界定“公开”的标准如此低，还有可能实现“融资便利”的立法目的吗？特定对象是否应当设定排除适用 200 人限制的情形？

前三稿《证券法（草案）》，都在“人”的概念上做了功课，其豁免注册、核准的

① 参见苗有水：《两方面准确把握非法集资犯罪中的“不特定对象”》，载《检察日报》2018 年 3 月 26 日，第 3 版。

情形实际上既是根据社会现实需求设定的适用场景，同时也反映了不同的“人”的分类，具体详见表2。

表2 《证券法(草案)》中“人”的概念

<table>
<tr><th>草案</th><th>“公开”标准适用限制情形</th><th>“人”的类型</th></tr>
<tr><td rowspan="5">2015年4月一审草案、2017年4月二审草案</td><td>互联网众筹</td><td rowspan="2">不特定对象</td></tr>
<tr><td>小额发行</td></tr>
<tr><td>向合格投资者发行</td><td>不特定对象</td></tr>
<tr><td>实施股权激励计划或员工持股计划</td><td>拟制的特定对象</td></tr>
<tr style="display:none"></tr>
<tr><td rowspan="3">2019年4月三审草案</td><td>实施员工持股计划</td><td>拟制的特定对象</td></tr>
<tr><td>互联网小额众筹</td><td rowspan="2">不特定对象</td></tr>
<tr><td>小额发行</td></tr>
</table>

可见，不同的限制情形，对应“人”的范围不相同，风险也不相同，而这关系到股票发行是否需要监管部门的注册或核准。过度缩小“人”的概念边界，扩大注册或核准的范围或犯罪打击的范围，无助于实现“融资便利”的立法目的。结合2022年修正的《关于审理非法集资刑事案件具体应用法律若干问题的解释》以及《关于办理非法集资刑事案件适用法律若干问题的意见》，向社会公众即不特定对象吸收资金属于“非法吸收公众存款或者变相吸收公众存款”的构成要件之一，在实践中，往往因无法区分是否属于特定对象，或经统计特定对象已经超过了200人，则一概认为属于不特定对象。笔者认为此种做法有违刑法的谦抑性，刑法对“人”的外延的界定，应当与证券实务接轨，甚至标准应当高于证券实务。

前三稿《证券法(草案)》中规定的互联网众筹、小额发行有监管难度，其中人数较多的情形确对社会秩序、金融秩序造成重大冲击，同时难以满足投资者的保护需求，但对于合格投资者的发行则不必然对其利益造成损害，合格投资者也不尽然都需要《证券法》以及《刑法》的保护，合格投资者在信息层面与发行人较为平衡，发行人或难以处在优势一面。新《证券法》采纳的“员工持股计划”反而有可能成为单位内部集资行为的工具，假使发行人体量庞大，员工过度分散而无法对发行人了解过多，此时员工虽为内部人员，但在信息掌握程度来看，其与外部人员无异，相反更需要得到《证券法》和《刑法》的保护。

由此可见，“人”的概念与外延与“特定对象”挂钩，恰当地限缩“特定对象”的外延，增加如“合格投资者”或“依法实施的员工持股计划”的排除适用情形，有助于拓宽融资渠道,提升融资便利程度,但对于合格投资者以及员工的利益保护,则需要通过进一步完善的配套制度才能实现。

五、未来员工持股计划实操的若干思考

通过上述分析,笔者认为,新《证券法》施行后,应当完善企业实施员工持股计划的配套制度,将员工持股纳入法律的监管之下,避免因此形成金融市场的监管黑洞,成为众多企业以此逃避法律监管的犯罪工具。

针对未来完善员工持股计划,笔者提出以下建议:

第一,明确划定参与员工持股计划的员工范围。可以参考《上市公司股权激励管理办法》规定的范围,包括公司的董事、高级管理人员、核心技术人员或者核心业务人员,以及公司认为应当激励的对公司经营业绩和未来发展有直接影响的其他员工,对于未上市的公司,也可以包括监事。划定参与持股计划的员工,有必要将员工的岗位、角色及其职能作为一个重要参考因素。

第二,考虑员工的风险识别能力与风险承受能力。风险识别能力与风险承受能力系合格投资者的判断标准,虽然参与员工持股计划的员工未必都属于《关于规范金融机构资产管理业务的指导意见》规定的合格投资者,但在潜在的投资风险面前,笔者认为员工作为合格投资者的原因不仅是因为其身份,还必须考虑其应有的风险承受能力。

第三,明确发行人应当履行的信息披露义务。如上文所述,不同员工对公司的信息把握程度不在一个水平上,决策层、管理层员工处于信息优势地位,而一线员工、基层员工处于信息劣势地位;公开发行需要进行信息披露的核心也在于让投资者能够接触到其关切的信息,进而作出投资决策。

第四,应当参考科创板,建立闭环,限制转售。闭环原则的实施,是为了堵住通过员工持股计划实施公开发行的口子,限制转售,是闭环原则的应有之义。

第五,同步修订涉单位内部集资相关刑事犯罪入罪标准。按照最高人民检察院检察官的意见,“如果集资与单位生产经营活动无关,其集资行为不属于‘单位内部集资’,就具备了构成非法吸收公众存款罪的条件”,单位内部集资对象超过200人的,也将被认定为公开发行。因此,对于刑事入罪标准与资本市场操作不对等的,应当及时调整刑事入罪标准,避免对企业内部的合法集资行为造成误伤。

律师在科创板公司首次公开发行信息披露的业务规范初探

张雪芳律师团队

前　言

律师事务所作为科创板公司首次公开发行信息披露的重要证券服务机构，其指派的经办律师出具的法律意见书是科创板公司进行信息披露的重要文件之一。同时该法律意见书也是科创板机构及个人投资者进行投资判断的重要依据，亦是证券市场监管部门以及证券交易所进行行政监管及自律监管的重要依据。律师在科创板公司首次公开发行过程中应遵守核查验证义务，遵守律师执业规范，并做好信息披露工作，这对资本市场的良好运行起到重要作用。

一、科创板公司首次公开发行信息披露制度概述

（一）科创板首次公开发行信息披露的含义

信息披露制度，是指证券发行人以及其他负有信息披露义务的主体，依法将与证券发行、证券交易有关的可能影响投资判断的相关信息予以公开的制度。[①]首次发行信息披露指的是股份有限公司在首次公开发行股份时，依法将与公司发行股份有关的信息公布在权威网站或期刊之上，方便公众查阅，为社会大众所知晓。[②] 根据上述制度内涵，本文中的公开披露制度是指在中华人民共和国境内首次公开发行股票并在上海证券交易所科创板上市的股份有限公司依据《证券法》《公司法》及相关法律法规规定，将公司发行股份有关的信息公布在上海证券交易所网站之上，为社会大众所知晓的制度。

（二）科创板首次公开发行信息披露的主要原则

根据《证券法》第 20 条的规定，真实性、准确性及完整性是信息披露的基本原

① 参见冯果主编：《证券法》，武汉大学出版社 2014 年版，第 121 页。

② 参见吴弘主编：《证券法教程》，北京大学出版社 2007 年版，第 163 页。

则。真实性是最核心的原则，要求科创板公司披露的信息以客观事实为基础，与公司实际情况相吻合。而律师在真实性原则的指导下，需要对公司披露的以上内容承担保证责任。准确性是指科创板公司披露的信息不得进行误导性陈述。完整性原则是指律师必须遵守中国证监会发布的《公开发行证券公司信息披露的编报规则第12号——公开发行证券的法律意见书和律师工作报告》对律师披露的内容提出的完整性要求。

根据《上海证券交易所科创板股票发行上市审核规则》第32条、第33条的规定，信息披露的审核也应遵循真实性、准确性及完整性原则。

二、现行的首次公开发行信息披露制度下的律师业务规范要求

律师在科创板公司首次公开发行公开披露中的主要业务有两项，一是律师对发行人的情况履行特别注意义务进行核查验证，完成法律尽职调查工作；二是律师出具法律意见书及律师工作报告，完成信息披露工作。

（一）律师应遵守独立核查的原则

根据《律师事务所从事证券法律业务管理办法》第3条，律师在从事证券法律业务应遵循诚实、守信、独立、勤勉、尽责的原则。而律师在科创板公司首次公开发行的核查验证工作中，一需独立于发行人核查验证，二需独立于其他中介机构发表专业意见。律师应在尽调过程中对中介机构的相关材料进行全面综合分析，并在独立、审慎的原则上针对公司的整体情况独立出具法律意见并对结论承担法律责任。

（二）律师需勤勉尽责地履行核查验证职责

《律师事务所从事证券法律业务管理办法》对律师从事证券法律业务加以规范，其主要围绕"勤勉尽责，审慎履行核查和验证义务"展开。该管理办法主要围绕律师需在核查验证前制定核查和验证计划，在核查的过程中采用面谈、书面、实地调查等核查验证方案，律师需履行特别注意义务及律师事务所出具的文件不得有虚假记载、误导性陈述或者重大遗漏等展开论述。在北京某律师事务所诉中国证券监督管理委员会案①中，法院首次明确了律师事务所及指派律师在申请IPO过程中勤勉义务的认定标准。北京一中院认为，律师事务所应从两个层面予以审查：第一，相关虚假记载涉及的内容是否属于律师事务所在尽职调查过程中应予查验的事项；第二，律师事务所能否提供证据证明其针对相关事项进行了审慎查验。因此，无论在规范层面还是实践层面，律师均应在首次公开发行的信息披露

---

① 参见张婷婷：《一中院公开宣判欣泰电气IPO律所诉中国证监会行政处罚案》，载北京法院网，http://bjgy.chinacourt.gov.cn/article/detail/2018/06/id/3375817.shtml。

中勤勉尽责地履行核查及验证职责。

科创板首次明确律师承担法律责任。根据《科创板首次公开发行股票注册管理办法(试行)》第38条的规定,为证券发行出具专项文件的律师及其所在机构,应当在招股说明书上签字盖章,确认对发行人信息披露文件引用其出具的专业意见无异议,信息披露文件不因引用其出具的专业意见,而出现虚假记载、误导性陈述或重大遗漏,并声明承担相应法律责任。该办法同时在第七章"监督管理和法律责任"的相关条文中,明确提出了证券服务机构在未尽勤勉尽责使信息披露文件出现以上问题的,中国证监会自确认之日起采取3个月至3年不接受相关单位及责任人员出具的发行证券专项文件;情节严重的,可采取证券市场禁入的措施。上述办法的出台给律师事务所及律师在进行首次证券发行的信息披露规范设定了红线,亦给违反勤勉尽责业务规范的律师亮出红牌。

三、科创板首次公开发行信息披露制度的亮点

(一)科创板首次公开发行信息披露的审核要求亮点

1. 一致性

根据《上海证券交易所科创板股票发行上市审核规则》第35条的规定,上交所之信息披露审核中,重点关注信息披露内容是否包含对投资者作出投资决策有重大影响的信息,其重点在于"充分、全面披露"。律师事务所作为中介服务机构,更应指导经办律师从目前法律法规、公司章程的规定入手,综合判断如何进行信息披露工作。

2. 简明易懂

根据《上海证券交易所科创板股票发行上市审核规则》第36条的规定,上市申请文件披露的内容需简明易懂的要求。该要求主要包括以下几个方面的含义:第一,使用浅白语言;第二,重点突出;第三,结合企业自身特点披露。以上所有的审核要求都指向一个目的,即公开披露的标准为便于一般投资者阅读和理解。"浅白语言"是由于信息披露所主要针对的群体是实际存在或潜在的大众投资者。且随着科技的不断进步,各种人工智能、大数据抓取信息手段不断涌现,首次公开发行的信息披露更及时。但囿于目前的资本市场公开披露制度的限制,投资者仍需面临因信息不对称带来的一系列问题:一方面,投资者需要耗费时间及金钱成本来判断信息的真实性并排除大量垃圾信息或虚假信息;另一方面,投资者认为目前的信息披露时效仍然不能满足投资需要。因此上海证券交易所对包括律师在内的证券服务机构的信息披露工作提出了简明扼要重点突出、逻辑清晰结合企业自身特点进行有针对性的信息披露。

(二)科创板首次公开发行信息披露制度内容的突破

科创板公司首次公开发行信息披露制度的一个突破就是上海证券交易所要求所有申请文件均需要在科创板板块中进行预先披露,律师所出具的法律意见书及其补充意见亦不例外。有别于以往的首次公开发行信息披露,科创板的信息披露有如下创新之处:

1. 律师需就交易所的问询进行回答并公开披露

上海证券交易所为了达到注册制的完全透明的披露目的,对科创板公司首次公开发行的信息披露创新性地设置了"问询制"及"回答制"。在上述阶段的信息披露过程中,上海证券交易所对科创板公司提出了广泛且充分体现科创板公司特色的问询,主要围绕公司经营管理、公司的科技创新能力、公司的核心技术人员及相应研究开发等内容,并要求发行人、保荐人及各大证券服务机构在规定的期限内回答。问询结束后将相关中介机构的问询回答及时公布在科创板的信息披露网站。以上的问询及回答信息,投资者均可通过上海交易所科创板网站进行公开查询。同时,上海证券交易所通过答记者问明确指出,若科创板公司未达到相应的首次公开发行披露要求,将对其公司及相关证券服务机构进行反复问询,以达到全面翔实、完全透明的信息披露要求。

2. 律师需就科创板公司特殊事项发表专业意见并预先披露

根据《科创板首次公开发行股票注册管理办法(试行)》第 41 条的规定,发行人律师需就公司特别表决权的持有人资格、锁定安排等事项发表专业意见。该办法第 42 条规定,发行人需就核心技术人员股份的锁定期安排等事项发表专业意见。上海证券交易所制定的信息披露要求有别于目前的主板及中小板、创业板制度,同时紧跟美国某交易所及香港联交所等的步伐,针对公司通常会存在核心实际控制人的特别表决权及科技公司在经营发展中的特殊控制以及激励核心技术人员的股份锁定期等特点,上海证券交易所允许上述特殊制度的存在,但亦考虑到注册制的信息披露的重要性,因此在信息披露中强调由律师发表公司制度是否合法合规的专业意见,并特别要求科创板公司在申请首次公开发行的信息披露的内容中增设律师对科创板公司特别表决权、核心技术人员股份锁定期设置是否合规发表的专业意见等信息披露事项。

3. 律师在问询过程中需随时补充核查

根据《上海证券交易所科创板股票发行上市审核规则》第 37 条的规定,上海证券交易所可以视情况在信息披露问询中对证券服务机构提出补充要求,包括解释说明、补充核查、补充提供新证据、修改或更新内容等。上述补充核查对律师出具的法律意见书提出了更高的信息披露要求。律师事务所指派经办律师核查验证后需出具符合上海交易所问询的公开披露标准的补充专业意见。

四、科创板目前上报项目的公开披露现状及问题分析

笔者曾登录上海证券交易所科创板股票发行上市审核网站，截至 2019 年 5 月 15 日，上交所共披露 86 家企业聘任的律师事务所的问询回答。这些问询及回复结果主要有如下特点：第一，问询和回复结果主要围绕公司发行审核的常见问题。其中，问询对律师对科创板公司的股权问题发表的专业意见的关注程度最高，包括公司历史出资问题、实际控制人、股权代持以及是否存在对赌协议等问题。第二，问询中反复强调律师需就核查方式、核查过程及核查依据发表明确意见。问询中多次提及发行人律师需说明具体法律问题的核查方式、核查过程以及核查依据。上交所的系列问询反馈还充分体现了对科创板公司定位问题的关注。问询中多次涉及关键核心技术、核心技术人员，强调科技创新能力的问询。

与此同时，上海证券交易所亦同时向中介机构指出目前公开披露存在的普遍性问题。根据上交所就首轮问询及回复情况答记者问的情况[①]，包括律师事务所在内的相关中介服务机构的信息披露问题包括：第一，发行人律师对科技创新相关事项的核查不够充分。在上交所的首轮问询中，信息披露文件中关于核心员工持股计划的认定依据以及知识产权在公司经营发展中的具体作用均是上交所需要律师补充核查并发表明确意见的问询重点。第二，发行人律师对公司业务模式披露不够清晰。上海证券交易所同时要求律师事务所对申请文件等非法律事项发表核查程序及证据的专业意见。

五、律师在科创板首次公开发行信息披露义务之建议

证券服务机构勤勉尽责是科创板公开披露改革顺利落地的重要基础和保障。律师作为证券服务机构的其中一员，应对发行人生产经营合规性进行充分核查和验证，发挥专业作用，勤勉地履行尽职调查及独立发表法律意见，进一步加强科创板股票上市的信息披露质量。

在进行科创板公司首次公开发行的信息披露时，律师需特别注意如下核查与验证业务规范：

---

① 参见《上交所就首轮问询及回复情况答记者问》，载上海证券交易所网，http://www.sse.com.cn/aboutus/mediacenter/hotandd/c/c_20190423_4779514.shtml。

（一）律师需严格按照《律师事务所从事证券法律业务管理办法》及相关规定编制核查和验证计划

律师需综合合理运用查验方法，履行完整的查验程序，由经办律师亲自办理并收集材料，对必要的事项履行查验义务。律师需履行特别注意义务，审核法律风险，对科创板公司的知识产权进行核查与验证并核查公司是否拥有关键核心技术的权属。同时，律师需对科创板公司核心技术人员进行核查，了解公司是否依靠核心技术开展公司生产经营等经营情况。

（二）律师需严格规范出具法律意见书

律师需按照证券交易所关于法律意见书的格式规范出具法律意见书，保持形式与实质的一致性。律师在撰写法律意见书时应注意完善法律结论、使法律意见书及核查验证的结果保持一致。

（三）律师需从严遵守律师事务所内核程序

律师应该严格遵守律师事务所的内部审核程序，严格把好法律意见书的质量关，使法律意见书的内容精练。同时，律师需根据上海证券交易所提出的问询问题进行专业核查，并依据掌握的材料发表详尽而专业的法律意见，做到勤勉尽责、独立、专业。

A 拆 A：上市公司分拆子公司境内上市的制度、价值与实践分析

官招阳

前　言

上市公司分拆子公司“二次”上市，给投资者的感觉普遍是上市公司再度收割“韭菜”，投资者也会先入为主地认定上市公司存在欺诈的嫌疑。在他们看来上市公司是“金字招牌”，“融资渠道多、授信额度大”，如果允许分拆，就是给上市公司打开了“潘多拉魔盒”，会对 A 股造成巨大冲击。或许是出于对 A 股投资者的保护，A 拆 A 的制度迟迟未通过，但 A 拆境外的制度却早在 2004 年就已经出台。

A 股市场给股民或非股民留下不健康的印象，原因是综合性的，但最主要的是 A 股市场机制的问题，包括进入市场与退出市场、再融资机制及信息披露与惩罚机制；其次是部分上市公司长期违规操作，严重损害证券市场的秩序与投资者的信心；此外，也包括上市公司整体质量不高、与域外成熟资本市场对比退出机制存在不足、投资者结构不合理、投资者教育仍相对落后等原因。笔者认为，A 股存在的系统性问题需要建立系统性解决方案，不可能一蹴而就、一步到位。

自 2016 年以来，由于社会融资结构失衡、企业负债率高、杠杆较大、社会融资股债比较低，此前未能通过的 A 拆 A 境内上市再融资制度，在此经济背景下也不得不作为去杠杆的措施之一被重新提上议程。2019 年 12 月 12 日，证监会发布《上市公司分拆所属子公司境内上市试点若干规定》（已失效，以下简称《分拆上市规定》），提出上市公司分拆是资本市场优化资源配置和深化并购重组的重要手段，有利于进一步实现业务聚焦、提升专业化经营水平，更好地服务科技创新和经济高质量发展。截至目前，《分拆上市规定》发布后，已经有多家上市公司披露分拆上市计划，并成功在科创板上市。本文将结合已经过会的分拆上市成功案例，对分拆上市的制度、价值以及实践进行分析。

本文将结合已经过会的分拆上市成功案例，对分拆上市的制度、价值以及实践进行分析。

一、概念、价值、影响及政策流变

（一）概念

分拆上市指的是上市公司将其部分资产、业务或子公司从公司合并财务报表范围体系中独立出来，单独改制为股份公司，实现经营、财会、人事管理、内部治理等方面独立，但仍保持对该子公司的控制权，而后该子公司独立在境内或境外资本市场上市。

结合母子公司业务及组织形式特点，可以将分拆上市分为三种模式：(1)控股集团式分拆；(2)业务相近型分拆；(3)业务差异型分拆。

1. 控股集团式分拆。A股有较多纯控股集团式上市公司，它们旗下控制了较多符合上市条件的子公司，如同方股份对外投资53家子公司；瑞普生物对外投资25家子公司、迪安诊断对外投资36家子公司等，这类公司有动力推动分拆上市，只要该上市公司对该子公司没有重大依赖，子公司与上市公司之间不存在同业竞争等。

2. 业务相近型分拆。此模式下，上市公司在所处行业中具备突出的地位和业务规模，而子公司在业务上与上市公司存在相似性，但子公司往往不是处在替代性或竞争性的行业，而是属于新兴细分领域。科创板与创业板的定位，决定了短期内的分拆上市案例大多属于这一类。

3. 业务差异型模式。该模式下，上市公司与子公司分处不同的行业，上市公司多以传统行业为主，而子公司多属于新兴产业。由于上市公司与子公司业务缺乏相关性，分拆旗下新兴业务单独上市融资，可以实现价值重估，同时拓宽融资渠道。

（二）价值

分拆上市在严格的条件下操作，并不会出现股民担心的问题，反而能够通过市场发现价值，为股民创造财富，同时对母公司及子公司估值都有积极意义，通过再融资向子公司输血，服务于实体经济。分拆上市的价值主要体现在如下几个方面：

1. 资产价值重估。传统行业平均市盈率普遍不高，但互联网、新兴经济、高新技术行业、生物医药行业、新材料等行业市盈率普遍较高，截至2020年10月16日，各板块的平均市盈率如表1所示：

表 1　各板块平均市盈率

板块	沪主板	沪科创板	深主板	深中小板	深创业板
市盈率/%	15.08	94.05	20.32	35.58	62.47

如果未分拆上市,子公司的估值无法与市场平均估值持平,由于缺乏流动性,投资者也不会认可子公司的高估值。

2. 上市公司再融资、子公司单独融资。按照现行信息披露规则、年报格式与内容指引等,子公司的信息均无法按照母公司的标准详尽披露。虽然上市公司可以通过定增的方式为子公司的项目进行融资,但这会稀释上市公司的股份,同时又不能充分体现子公司价值,对子公司估值形成掣肘。将子公司独立上市则能避免上市公司所处行业的估值障碍,子公司单独融资,又可以促进信息充分披露。

3. 社会资本退出渠道。分拆制度的建立,使未来上市公司对外投资时将更有利于吸引外部资本,原因在于上市公司子公司可以独立上市,社会资本无须担心后续退出问题。

4. 员工激励。按照《分拆上市规定》,上市公司董事、高管及其关联方持有子公司上市前股份可达到 10%,子公司董事、高管及其关联方持有子公司上市前股份可以达到 30%,未来拟分拆上市的公司可用其进行股权激励,在上市前分配所谓原始股,在上市锁定期满可减持。

(三)影响

1. 提高企业股债比,降低企业负债杠杆。2018 年以来,伴随着持续的熊市,大量上市公司大股东高比例质押呈现多发态势。2018 年 10 月,在中央及地方政府的驰援下,上市公司纾困基金正式投入运作,大量上市公司获得基金救济,控股股东也暂时没有了出让控股权的燃眉之急。2018 年不是中央提出宏观降杠杆的元年,却是激荡的一年,国企、民企都是债务压顶,国务院在 2018 年印发《关于加强国有企业资产负债约束的指导意见》,指出到 2020 年,国有企业平均负债率要比 2017 年年末降低 2 个百分点,此后,很多地方国企被限制债务融资。房地产企业降杠杆被提上日程和“三条红线”的发布,正式开启了房地产市场抛售资产、重组资产、企业合并的大幕。回到上市公司层面,通过长期股权投资的股权增值,可以降低负债占比,对于部分是上市公司而言,分拆上市比增发更具有可行性。

2. 市场在资源配置中的决定作用。2013 年 11 月,中央在第十八届三中全会会议上将市场在资源配置中起基础作用修改为“决定性作用”；用凯恩斯“国家干预理论”去理解，这一调整是政府对经济调控手段的转变，意味着社会主义市场经济由一般竞争向充分竞争转向。2015年，国务院发布《关于国有企业发展混合所有制经济的意见》，意在推动“治理不力”的国企走向市场化，引入社会资本，但市场要在国企改革的资源配置中发挥决定作用，仍需要更加深刻的改革举措。在上市公司层面，上市公司分拆子公司在境外上市早已有制度基础，也有实践案例，如TCL集团、新疆天业、海王生物、友谊股份、华联控股等上市公司将控股子公司拆分出登陆香港创业板等。自《分拆上市规定》发布以来，已有50家A股上市公司拟分拆子公司境内上市，可见A股需要此类合理配置资源的基础制度，而分拆子公司境内独立上市基础制度的出台恰逢其时。

3. 上市公司高质量发展的积极影响。经济高质量发展是当前经济转型升级的手段与目标。2017年中共第十九次全国代表大会明确提出中国经济由高速增长转向高质量增长，而高质量发展的原则，无外乎从粗放式的追求速度，向精细化的追求竞争力的方向发展。2018年《政府工作报告》围绕经济高质量发展，提出持续推动供给侧结构性改革的举措。经济需要市场化发展才能获得活力、创新力和竞争力，而经济能够市场化发展的首要前提在于基础性制度建设能够跟上市场需求，《分拆上市规定》作为金融供给侧结构性改革的基础性制度之一，服务于资本市场，服务于经济发展需求。上市公司子公司发展需要外部资金，仅依赖于上市公司输血难以支撑部分行业的子公司创新发展。缺少对子公司合理估值机制的市场是不完整的市场，成熟的资本市场需要健全的法制与相对有效的调控手段。

（四）政策流变

证监会对分拆子公司在境内上市的监管态度一直摇摆不定，而对于拆分子公司境外上市，却早在2004年就出台了制度规范，可见监管部门对国内市场一直存在保护心态，目的在于避免出现资本市场的系统性风险。在资本市场制度建设过程中，未经深思熟虑的制度探索，都有可能走向溃败，2016年年初推出的熔断机制即是例证。

从2010年起，上市公司分拆子公司在境内独立上市经历了“敏感—允许—不鼓励—从严把握—明确许可”的监管态度变化，历次转变的政策或事件详见表2。

表2 上市公司分拆上市监管态度演变

时间	事件	具体态度
2010年3月	2010年创业板发行监管业务情况沟通会	明确允许符合六大条件的境内上市公司分拆子公司在创业板上市
2010年6月	2010年第三期保荐代表人业务培训	提及相关分拆政策文件正在讨论中，将分拆上市分为四类*
2010年9月	2010年第四期保荐代表人业务培训	证监会说明，允许主板企业在创业板分拆上市的说法是不准确的，原则上不鼓励分拆上市
2011年1月	康恩贝分拆佐力药业登陆创业板	康恩贝先转让控股权，后将佐力药业单独上市
2011年9月	2011年第三期保荐代表人业务培训	A股在境内分拆需谨慎、关注
2014年8月	轻纺城分拆会稽山在上交所主板上市	轻纺城先转让控股权，后将会稽山单独上市
2019年1月	证监会发布《关于在上海证券交易所设立科创板并试点注册制的实施意见》	达到一定规模的上市公司，可以依法分拆其业务独立、符合条件的子公司在科创板上市
2019年3月	证监会发布《科创板上市公司持续监管办法(试行)》	达到一定规模的上市公司，可以依据法律法规、中国证监会和交易所有关规定，分拆业务独立、符合条件的子公司在科创板上市
2019年12月	证监会发布《分拆上市规定》	明确规定境内上市公司分拆所属子公司在境内上市应当满足的条件

* 四类分拆上市包括：第一类，申请时，境内上市公司直接/间接控股发行人的；第二类，上市公司之前直接控制发行人，但目前不控制的；第三类，境外上市公司拥有发行人控制权；第四类，发行人持有代办系统挂牌公司。

第一类条件：①上市公司募集资金未投向发行人（从严把握，须提供充分证明）；②上市公司最近3年连续盈利；③不存在同业竞争、控股股东出具不同行业竞争的承诺函；④上市公司合并报表净利润占比不超过50%；⑤上市公司合并表里净资产占比不超过30%；⑥上市公司董、监、高及其亲属等持有发行人股份不超过10%。

第二类条件：①充分披露，转让法律程序合规；②上市公司募集资金未用于发行人；③不存在同业竞争、关联交易等；④上市公司及下属企业董、监、高不拥有发行人控制权；⑤报告期内转出的，需要重点关注，保荐人律师出具核查意见。

第三类条件：①符合境外证券监督机构的规定，履行境外上市公司董事会、股东大会的程序；②无同业竞争问题；③招股书对境外上市公司情况进行充分披露。

第四类条件充分披露即可。

在《分拆上市规定》出台前，尚没有一家上市公司可以在保持对子公司控制权的情况下，分拆子公司独立上市，包括中兴通讯分拆国民技术、康恩贝分拆佐力药业等，均首先转移实际控制权；但实践中是否真正转移了控制权尚不可知。结合目前已经过会的案例来看，分拆子公司上市并不需要转移控制权。但无论是否发生控制权的转移，都有可能对发行人业绩造成影响，哪种形式更有利于公司长远发展才是投资者关注的重点，如果不转移控制权更能够发挥子公司未来发展的优势，保持上市公司的实际控制理所应当得到理解与接受。

二、《分拆上市规定》的理解与适用

（一）设定的范围

根据《分拆上市规定》，上市公司分拆是指上市公司将部分业务或资产，以其直接或间接控制的子公司的形式，在境内证券市场首次公开发行股票上市或实现重组上市的行为。从该规定可知，分拆上市适用范围有以下三点限定：第一，《分拆上市规定》适用的范围限于 A 股上市公司分拆其境内业务或资产在境内上市，结合"上市公司股票境内上市已满 3 年"的分拆条件规定可知，《分拆上市规定》仅限 A 拆 A，不适用于 A 拆境外、境外拆 A 的情形；第二，分拆子公司直接上市或借壳上市，均适用《分拆上市规定》，随着借壳上市审核标准与直接上市审核标准的趋同，以及目前 IPO 注册制的施行，借壳上市难度并不比直接上市快多少，未来各板块全面实施注册制后，将进一步压缩借壳上市的应用空间；第三，业务或资产以控制的子公司为载体。实质上以子公司为载体也不是特殊要求，上市主体必然是独立法人；同时控制的范围应当以可以合并报表为认定要素。

（二）条件与程序简析

《分拆上市规定》对分拆上市的条件和程序，分别作出了明确的限定条件，这从侧面反映出目前的监管层对分拆态度依然相对保守，但目前的分拆上市条件与香港联交所规定已有几分接近。

1. 实体条件

在实体条件上，《分拆上市规定》设定了七大条件，详见表 3。

表3　分拆上市具体条件及理解

序号	具体条件	理解
1	境内上市已满3年	对适用范围作出规定，目前境外拆境内、境内拆境外都不存在障碍，需要解决的主要矛盾是上市公司分拆子公司在境内上市，需要将上市公司投资的新兴产业留在境内，《分拆上市规定》因此具有一定时代意义
2	①最近3年连续盈利； ②扣除持有子公司对应权益后，净利润累计不低于6亿元	这两个条件是对上市公司自身盈利能力以及体量的要求，监管层不希望上市公司被掏空，不允许严重依赖子公司的上市公司被分拆；一旦放开体量和盈利能力要求，被分拆后，上市公司可能不再满足上市条件
3	①最近1年合并报表范围内，子公司净利润不超过归属于上市公司的50%； ②最近1年合并报表范围内，子公司净资产不得超过归属于上市公司的30%	
4	①上市公司不存在资金资产占用、损害公司利益的重大关联交易； ②上市公司及控股股东、实控人最近36个月未受到证监会处罚； ③上市公司及控股股东、实控人最近12个月未受到交易所公开谴责； ④上市公司最近一年及一期财务报告应是无保留意见	分拆上市被视为再融资的手段之一，本条要求即与再融资条件接轨，同时也是对上市公司提出的常规性要求，一方面倒逼上市公司规范治理、规范内控，另一方面能够侧面反映子公司的治理水平
5	①上市公司最近3年募集资金投向业务和资产，不得超过所属子公司净资产的10%，不能作为所属子公司主要资产和业务； ②上市公司最近3年通过重大资产重组购买的业务和资产，不得作为子公司的主要业务和资产； ③子公司主要从事金融业务的，不得分拆上市	笔者认为是可以商榷的，募集资金投资的项目作为分拆子公司主要业务不会带来太大的风险，也不能就此否认子公司缺乏独立性或持续经营能力。如果所属子公司能够符合科创板第五套上市标准的，允许其分拆上市或许对这个子公司的成长更加有利；但对于限制类的子公司，不应当局限于金融业务，对于其他限制上市的行业类别，也可一并限制
6	①上市公司董事、高管及其关联方持有子公司上市前股份不超过10%； ②子公司董事、高管及其关联方上市前持股不超过30%	本条考虑实际情况，部分上市公司子公司通过并购而来，上市公司董事、高管及其关联方仍可能持有子公司股权；但对于新设立的企业，审核部门要求清理，因为这容易涉嫌利益输送及不公允的关联交易

续表

序号	具体条件	理解
7	①分拆意义:有利于上市公司突出主业、增强独立性; ②独立性等治理要求:分拆后,上市公司与子公司符合同业竞争、关联交易的监管要求;资产、财务、机构独立;高管、财务人员不交叉任职;独立性不存在其他严重缺陷	母子公司相互独立是分拆上市的基本要求,无论是否保持对子公司的控制权,在IPO的要求上,两个主体都是相互独立的;但证监会明确分拆目的就是为突出主业、增强独立性,剩下的就是去论证这个目的;实际上这个目的不应是分拆上市的全部

注:1. 上述"子公司"均指分拆的子公司;"年"均指完整会计年度。

2. 科创板第五套上市标准:预计市值不低于人民币40亿元,主要业务或产品需经国家有关部门批准,市场空间大,目前已取得阶段性成果。医药行业企业需至少有一项核心产品获准开展二期临床试验,其他符合科创板定位的企业需具备明显的技术优势并满足相应条件。

2. 程序要求

在程序方面,《分拆上市规定》要求履行董事会、股东大会审议程序,同时聘请财务顾问、律师事务所、具有相关证券业务资格的会计师事务所就分拆事项出具专项意见。其中,董事会、股东大会都需要明确分拆是否符合法律法规规定、是否维护股东和债权人合法权益,分拆后能否保持独立性和持续经营能力、分拆后子公司是否具备规范运作能力。股东大会应当作特别决议,同时中小股东也应当单独计票,且超过2/3通过。结合过会案例,辽宁成大生物股份有限公司自披露分拆子公司成大生物境内上市计划之日,至子公司通过科创板上市委审核之日,履行的审议程序及时间节点如表4所示。

表4　成大生物分拆上市程序

时间	涉及主体或程序	内容
2020年4月2日	券商	分拆子公司成大生物(以下统称子公司)至科创板上市预案
2020年4月2日	独立董事	本次分拆的相关议案在提交董事会审议前已获得独立董事事前认可
2020年4月2日	监事会	除授权议案外,其他议案同董事会
2020年4月2日	董事会	①子公司IPO并在科创板上市议案; ②分拆子公司至科创板上市合法合规议案; ③分拆子公司至科创板上市预案议案; ④分拆子公司至科创板上市符合《分拆上市规定》议案; ⑤分拆子公司于科创板上市有利于维护股东和债权人合法权益议案;

续表

时间	涉及主体或程序	内容
		⑥公司保持独立性及持续经营能力议案； ⑦子公司具备相应的规范运作能力议案； ⑧子公司分拆上市履行法定程序的完备性、合规性及提交的法律文件有效性说明议案； ⑨授权董事会及其授权人士全权办理与成大生物在科创板上市有关事宜的议案
2020年4月7日	独立董事	因修订分拆预案，对分拆相关议案重新召开董事会审议，并取得独立董事事前认可
2020年4月7日	监事会	重新审议分拆相关议案
2020年4月7日	董事会	重新审议分拆相关议案
2020年4月7日	会计师事务所	关于辽宁某生物股份有限公司分拆子公司上市财务核查意见
2020年4月7日	律师事务所	关于辽宁某生物股份有限公司分拆子公司至科创板上市的法律意见书
2020年4月7日	券商	关于辽宁成大生物股份有限公司分拆子公司至科创板上市之核查意见
2020年4月7日	券商	分拆子公司至科创板上市预案（修订案）
2020年4月8日	提交临时提案	2020年4月3日发出股东大会召开通知，因修改议案，修改后议案作为临时提案提交
2020年4月23日	股东大会	与董事会议案一致； ①针对分拆议案逐项由中小股东单独审议； ②针对分拆方案的议案，对分拆目的、发行股票种类、每股面值、发行数量、发行方式等逐项进行审议
2020年7月17日	监事会	审议修订的分拆上市预案
2020年7月17日	会计师事务所	关于辽宁成大生物股份有限公司分拆子公司上市财务核查意见
2020年7月17日	律师事务所	关于辽宁成大生物股份有限公司分拆子公司至科创板上市的补充法律意见书
2020年7月17日	券商	关于辽宁成大生物股份有限公司分拆子公司至科创板上市之核查意见
2020年7月17日	券商	分拆子公司至科创板上市预案（修订稿）
2020年7月17日	独立董事	对修订后的分拆预案发表独立意见

续表

时间	涉及主体或程序	内容
2020 年 7 月 17 日	董事会	审议分拆预案修订案
2020 年 9 月 25 日	通过	科创板上市委审核通过

在上述实际案例中，召开分拆子公司上市董事会前，应当取得独立董事意见、通过监事会审议，并由三家中介机构出具专项意见；董事会审议分拆相关议案，一并提请召开股东大会，分拆由中小股东单独审议，且均需经过 2/3 以上审议通过；在股东大会授权董事会办理相关事宜后，原则上后续事项只需要公司董事会审议；上市公司层面不涉及由证监会核准分拆的前置行政许可。

但在子公司层面，也需要履行董事会、股东大会的内部审批程序，按照律师工作报告的格式要求，“批准与授权”部分应当披露董事会及股东大会的审议首发事项及表决情况，并载明发行上市仍需要获得交易所的审核同意、证监会注册同意或证监会的核准。

（三）信息披露

根据《分拆上市规定》，分拆上市应当参照重大资产重组的有关规定履行信息披露义务，原则上应当披露的信息是：(1)对投资者决策可能产生较大影响的所有信息；(2)对上市公司证券及其衍生品种交易价格可能产生较大影响的所有信息。

《分拆上市规定》也列举了可能对投资者决策、证券及其衍生品种交易价格产生较大影响的信息，主要包括：(1)分拆目的，商业合理性、必要性、可行性；(2)对各方股东特别是中小股东、债权人和其他利益相关方的影响；(3)分拆预计和实际的进展过程、各阶段可能面临的相关风险，以及应对风险的具体措施、方案等。结合辽宁成大生物股份有限公司的案例，其分拆时在科创板上市的相关披露文件中，已经包含了上述信息。除上述信息外，由于证监会并未就分拆上市事项另行制定信息披露内容与格式指引，结合《分拆上市规定》要求以及辽宁成大生物股份有限公司等上市案例的实践，分拆上市披露报告的内容与格式可参考《公开发行证券的公司信息披露内容与格式准则第 26 号——上市公司重大资产重组(2022 年修订)》编制。值得关注的是，辽宁成大生物股份有限公司仍将对成大生物保持控制作为风险进行披露，如前所述，在某种程度上，如果不对子公司进行控制，反而可能形成重大风险；但从利益输送、独立性、不当控制、利润分配等方面考虑，保持上市公司的实际控制，也反映出子公司可能面临的不确定风险。无论届时是否实际控制，或许将控股股东地位作为重大风险进行披露，都不会有错。

（四）监管与法律责任

证监会于2019年11月印发了《推动提高上市公司质量行动计划》（以下简称《行动计划》），力争通过3－5年努力，使上市公司整体面貌得到较大改观。《行动计划》提出七大方面46项任务，主要围绕信息披露、经营管理、退市常态化、监管有效性等方面提出要求。一年后，提高上市公司质量的目标已经提高到了国务院层面，国务院于2020年10月5日发布《关于进一步提高上市公司质量的意见》，总体上沿用证监会思路，打击违规操作、降低系统性风险，对上市公司质量的评价标准依然主要是“治理规范”。

回到分拆上市的监管层面，《分拆上市规定》增加了交易所和上市公司所在地证监局的监管职责，要求交易所及证监局就上市公司是否满足分拆条件进行专项核查，并出具持续监管意见。上市公司在挂牌期间的经营是否规范，交易所监管员最为清楚，这也倒逼上市公司在挂牌期间规范治理，否则影响分拆时出具的意见。对于分拆上市的法律责任，《分拆上市规定》仅提出原则性规定，具体违规情形应根据《证券法》《上市公司信息披露管理办法》等规定作出处罚。现行《证券法》针对信息披露义务人披露信息存在虚假记载、误导性陈述或者重大遗漏等违法行为提高了处罚上限，原来针对信息披露违法行为处罚上限为60万元，现行规定提高至1000万元。证券市场监管的严厉态势可见一斑。任何制度都有两面性，《分拆上市规定》作为基础性制度，对于建设成熟的资本市场而言不可或缺，但要充分发挥政策利好，除了上市公司需要增强自身实力以外，更重要的是各市场参与者都能依法行事。建设制度优越的资本市场非一朝之功，在学习中成长，在探索中前行，监管部门、上市主体、投资者之于中国资本市场，缺一不可。

创业板注册制的制度设计及其实践影响分析

官招阳

前　言

继创业板试点注册制后，首批18家上市企业于2020年8月24日集体亮相深交所上市挂牌仪式。一声钟响，创业板为注册制苦等十年，终究圆梦，这是中国资本市场深化改革的一小步，却是创业板市场化、法治化的一大步。正如原证监会主席肖钢同志席所言，“中国从来没有像今天这样需要资本市场”，转型升级已成必然选择，而改变正在发生。

一、创业板交易机制创新，搅动市场不安的心

2020年8月24日9时30分，在深交所交易大屏上，创业板首批上市企业轮番角力，股票涨幅惊人，某医学系统股份有限公司一骑绝尘，盘中最高涨幅达2931.5%；宁波某电气技术股份有限公司则紧随其后，最高达743.27%，其他公司股票也有不俗表现。

如果说科创板带来的是增量改革，那么创业板带动的则是存量改革。刘鹤副总理将创业板改革并试点注册制归纳为“资本市场建设承上启下的重要环节”，我国新股发行注册制“三步走”战略已经迈出两步，下一步将迎来中小板和主板注册制的改革。可以预见，未来中小板与主板将延续科创板与创业板现有机制并进一步开放，而创业板能否延续科创板运转良好的稳定态势，也将决定中小板与主板何时能够全面启动注册制改革。

在创业板交易制度改革层面，较之于原有交易规则，《深圳证券交易所创业板交易特别规定》（以下简称《特别规定》）主要有如下若干方面的创新（见表1）。

表 1 《特别规定》的规则创新

要点	新版交易规则	旧版交易规则
前 5 日涨跌幅	不设涨跌幅	首日 44%，次日后 10%
5 日后涨跌幅	20%	10%
挂单限价	买入挂单≤买一手的 102% 卖出挂单≥卖一手的 98%	无
交易临停机制	无涨跌幅限制下，盘中交易价较开盘价波动 30%、60%，各停牌 10 分钟，复牌时间最晚为 14:57	无
单笔申报数量	<100 股一次性卖出 100 股≤限价申报≤30 万股 100 股≤市价申报≤15 万股 100 股≤盘后定价申报≤100 万股	<100 股一次性卖出 100 股≤限价申报≤10 万股 100 股≤市价申报≤5 万股
盘后定价交易	15:05—15:30 可按收盘价申报交易，按挂单先后撮合成交	无
龙虎榜	1. 当日： (1)波动 ±15% 前五 (2)振幅 30% 前五 (3)换手 30% 前五 2. 连续 3 个交易日：波动累计 ±30% 3. 严重异常波动： (1)连续 10 个交易日内 3 次出现上述同向异常波动 (2)连续 10 个交易日内日收盘价波动累计 100%（−50%） (3)连续 30 个交易日收盘价涨跌波动累计 +200%（−70%）	1. 当日： (1)波动 ±7% 前五 (2)振幅 15% 前五 (3)换手 20% 前五（新股上市当日 50%） 2. 连续 3 个交易日：波动累计 ±20%
纳入“两融”标的时间	上市首日	上市交易满 3 个月

（一）前 5 日不设涨跌幅

《特别规定》改变了原创业板交易规则规定的首日 44%、次日后 10% 涨跌幅的限制，对前 5 日涨跌幅不再设限，充分发挥市场价值发现机制的功能。原创业板发行的不成文规定将市盈率限制在 23 倍，目前发行阶段已不存在发行限价约束，采取市场化询价方式定价，但机构的询价仅作为发行价确定，上市后溢价高低是多方面因素决定的，过早限定市场定价机制，投资者将忽视上市公司基本面，于是 N 连板成了 A 股特有的景象。取消前五日涨跌幅限制以及 23 倍市盈率限制，能发挥市场作用,促进市场理性。

然而,A 股的市场仍然年轻,轮番创新高的股价不得不说是悬在所有投资者头上的“达摩克利斯之剑”,立足于企业基本面的合理预期,才能创造理性的繁荣,严重透支未来的“造血能力”,股市终将衰败。

(二)5 日后涨跌幅限制

根据《特别规定》第 2.1 条规定:“本所对创业板股票竞价交易实行价格涨跌幅限制,比例为 20%,超过涨跌幅限制的申报为无效申报。”意味着不管是增量的创业板新股,还是存量创业板股票,每个交易日的涨跌幅都将扩大至 20%,振幅达到 40%,如果从涨停买入后跌停,当日亏损将可能达到 40% 以上。

有人说“成熟的资本市场是机构市”,实际上并非如此,与机构市相比,A 股现有散户投资者中充斥着大量缺乏专业团队与专业知识背景的散户。自 2020 年以来,机构投资者收益率远比散户投资者高,偏股型基金也屡创新高,但对于散户而言,个股投资的风险必然高于股票的风险。散户市与机构市不是成熟资本市场必备的条件,即便如纽交所、纳斯纳克,道琼斯指数成熟的市场也有连续熔断的时候。A 股仍然任重而道远,倡导理性投资不是消灭散户,而应使散户具备成为合格投资者的条件。

(三)“价格笼子”

《特别规定》第 2.2 条就创业板股票连续竞价阶段限价申报的有效竞价范围是基准价格的 100% ±2%,买入申报价格不高于买入基准价格的 102%,卖出申报价格不低于卖出基准价格的 98%。买入(卖出)基准价格是即时揭示的最低卖出(最高买入)申报价格,即买入挂单≤买一手的 102%;卖出挂单≥卖一手的 98%,即俗称“价格笼子”。

超出“价格笼子”的报价并不会被取消,同样会被交易主机暂存,等交易波动到对应区间后,交易主机会取出再进行交易,因此实质上跟原来直接挂单涨跌停板没有差异,挂单不等于马上成交,而超出价格笼子的挂单不会被撮合,也不会被拒单,笔者认为这或许是为降低交易主机负担所作的制度设计。

(四)交易临停机制

对于无价格涨跌幅限制的股票,盘中交易价格较当日开盘价首次浮动超过 30%、60% 的都需要临时停盘 10 分钟。在警示交易风险的同时,保障交易连续性和市场价格发现功能。在盘中临时停牌期间,投资者可继续申报或撤销申报。复牌时,交易所对已接受的申报进行复牌集合竞价。

(五)单笔申报数量

限价申报的单笔买卖申报数量不得超过 30 万股,市价申报的单笔买卖申报数量不得超过15万股,盘后定价申报的单笔买卖申报数量不得超过100万股。引入的盘后定价申报机制使投资者仍可以按照收盘价为申报价挂单,交易所将根据申报时间顺序逐步撮合成交。

其他创新机制包括上市首日纳入两融标的,被实施风险警示当日调出两融标的;调整上龙虎榜的条件,调整比例随涨跌幅比例相应作出调整;另外新增严重异常波动指标。

“问渠哪得清如许,为有源头活水来。”创业板交易制度的创新承袭自科创板,但降低了开通交易权限的要求,为创业板后市交易注入更多活水。但与之相对应,必须管好入口与出口,只有通过制度把控好上市公司的质量,才能保障交易的安全与市场的活力。

二、“进”与“退”

如果说科创板的落地,给了中概股回家的念想,那么创业板应该能够给中概股家的温暖。A股从不接受特殊表决权、VIE架构、未盈利公司等对网络股、科技股、新业态及新模式不友好的制度设计,发展到如今一定程度上接受特殊表决权、VIE架构以及未盈利公司上市,越来越多的新技术、新模式公司不用再远赴海外融资,不用再忌惮资本主义治下“萝卜加大棒”的“伪市场经济”哲学,回归创业板或科创板,同样能够享受资本市场带来的红利。

无论从发行上市条件的制度设计,还是从决策者传达的资本市场结构安排来看,创业板与科创板都已形成差异化发展格局。实际上,创业板与科创板形成了一定的竞争关系,板块定位存在一定交叉。

(一)创业板定位:三创四新

根据《创业板首次公开发行股票注册管理办法(试行)》规定,发行人申请首次公开发行股票并在创业板上市,应当符合创业板定位。创业板深入贯彻创新驱动发展战略,适应发展更多依靠创新、创造、创意的大趋势,主要服务成长型创新创业企业,支持传统产业与新技术、新产业、新业态、新模式深度融合(“三创四新”定位)。

《深圳证券交易所企业发行上市申报及推荐暂行规定》明确要求应当推荐符合高新技术产业和战略性新兴产业发展方向的创新创业企业,以及其他符合创业板定位的企业在创业板发行上市;原则上不支持传统行业在创业板发行上市,包括:(1)农林牧渔业;(2)采矿业;(3)酒、饮料和精制茶制造业;(4)纺织业;(5)黑色金属冶炼和压延加工业;(6)电力、热力、燃气及水生产和供应业;(7)建筑业;(8)交通运输、仓储和邮政业;(9)住宿和餐饮业;(10)金融业;(11)房地产业;

(12)居民服务、修理和其他服务业。但如果该等行业与互联网、大数据、云计算、自动化、人工智能、新能源等新技术、新产业、新业态、新模式深入融合的,也支持申报。

《上海证券交易所科创板企业发行上市申报及推荐暂行规定》明确重点推荐下列领域的企业在科创板发行上市:(1)新一代信息技术领域;(2)高端装备领域;(3)新材料领域;(4)新能源领域;(5)节能环保领域;(6)生物医药领域;(7)符合科创板定位的其他领域。

创业板的"三创四新"与科创板上市推荐指引存在交叉重叠,都重点关注技术、研发、新材料等,但相比科创板更加突出的硬科技指标,创业板在行业指标方面显得更加包容。

(二)上市条件:收入仍是硬指标

在创业板上市发行的收入标准见表2。

表2 创业板上市发行的收入条件

标准	分类	具体内容
标准一	不存在表决权差异安排	最近2年净利润为正,且累计不低于5000万元
标准二		预计市值不低于10亿元,最近1年净利润为正且营收不低于1亿元
标准三		预计市值不低于50亿元,且最近1年营收不低于3亿元
标准四	存在表决权差异安排	预计市值不低于100亿元,且最近1年净利润为正
标准五		预计市值不低于50亿元,最近1年净利润为正且营收不低于5亿元
标准六	红筹企业	具体指标与存在表决权差异安排的企业一致,但强调营业收入快速增长,有技术实力
标准七		

与科创板强调预计市值相比,创业板第一项标准不强调预计市值。如果申报企业目前条件能够满足第一项标准的,确实没必要尝试预计市值标准,按照上市规则设置,发行认购不足或未达到预计市值的,都有可能导致发行失败,因此在目前已受理的366家企业中,大部分选择标准一申报,选择标准二的企业寥寥无几,主要有迈普再生医学、国人科技、雷电微力。

(三)退市规则:进退有序

A股居高不下的通过率,与数量极少的退市家数相比,形成了"宽进严出"的客观现象,一直为人们所诟病。现实情况是,无论是过去的核准制,还是目前的注册制,进口端都已经中介机构筛选掉相当一部分无法满足上市条件的企业,加上受理过程中的劝退、问询阶段的劝退以及上市审核委员会、发审会的决定等，能够过会的企业大抵都是符合上市条件的，至于为何退市企业数量很少，本质原因还是存量上市企业不够多，基数不大，虽然目前过会率较高，但A股存量上市企业数量没有纽交所、纳斯达克数量大，相比之下退市企业数量较少。

不可否认，过往退市规则给保壳创造了动力，暂停上市与恢复上市制度的出发点是好的，但最终可能沦为财务造假的筹备期。科创板与创业板都对原有退市规则作了调整，不再保留暂停上市与恢复上市制度，创业板的退市条件分为交易类强制退市、财务类强制退市、规范类强制退市、重大违法强制退市四大类。其中，财务类、规范类、重大违法类都会先作退市风险警示，再由交易所决定其终止上市，而交易类退市没有退市整理期，一旦触发条件，交易所即可决定终止其上市。

整体上，创业板退市程序大幅简化，或许未来不会再出现爆炒*ST板块的奇观。

三、“责”与“罚”

注册制是以信息披露为中心，而信息披露的目的是弥补信息不对称的市场缺陷。遗憾的是，无论规则如何设计，信息披露优势一方永远是发行人，而不是投资者。强化资本市场诚信建设，加强中介机构的责任，是监督发行人妥善履行信息披露义务的有效约束措施。

注册制下，中介机构的责任与压力越来越重，不仅体现在履职要求方面，更体现在中介机构的履职能力方面。欣泰电气造假事件之后，律师事务所从事证券业务的压力可见一斑，东易律师事务所被罚款270万元，对签字律师分别罚款10万元。而最具争议的是，律师对于审计报告记载的内容能否直接引用？是否需要对其真实性负责？以过往经验来看显然是不需要的，律师对合规性应当全面核查，但对财务指标真实性负责则是其不能承受之重，律师真的需要具备这种履职能力与履职资质吗？注册制的改革方向已经揭晓答案。

深交所在发行审核问答中要求中介机构在发表发行人是否符合具备持续经营能力时，明确要求全部中介机构关注行业、产业、上下游供求关系、财务指标、主要业务持续性、重大无形资产权属等。过往项目中，或许律师并不需要此全方位，但注册制下，没有任何一家中介机构能够独善其身。

2020年7月30日，最高人民法院出台了《关于证券纠纷代表人诉讼若干问题的规定》，建立我国证券集体诉讼制度，采用“默示加入，明示退出”模式，原则是保护投资者利益。8月8日，最高人民法院出台《关于为创业板改革并试点注册制提供司法保障的若干意见》，明确创业板案件集中管辖、提高违法违规成本，切实保护投资者利益。8 月 19 日，广东省高级人民法院出台《关于为深圳证券交易所创业板改革并试点注册制提供司法保障实施意见》，该意见指出要严格落实各市场主体、发行人及其相关人员信息披露责任，对发行过程中隐瞒重要事实或者编造重大虚假内容的，依法按欺诈发行承担责任。严惩欺诈发行，构建“民行刑”三管齐下的立体化欺诈发行责任追究体系，依法保障创业板首发、再融资、并购重组同步推行注册制。

2022 年 1 月 21 日，最高人民法院《关于审理证券市场虚假陈述侵权民事赔偿案件的若干规定》，就信息披露义务人在证券交易场所发行、交易证券过程中实施虚假陈述引发的侵权民事赔偿案件，明确了“虚假陈述的认定”“重大性与交易因果关系”“过错认定”“责任主体”“损失认定”等。

“建制度、不干预、零容忍”，兼顾市场化、法治化、国际化，是我国资本市场的改革方向与内在逻辑。从科创板到创业板，注册制能够顺利推进，不仅是经济发展动力转换所需，也是为实体经济贡献源头活水所求，更是为与日俱增的国际化竞争格局所备。资本市场不是资本赌场，繁荣的资本市场应当服务于科技企业、服务于创新企业、服务于实体企业，这应是资本市场高质量发展的价值追求。

关于信托公司与专业机构合作处置信托风险资产的实务要点

钟智芬

引 言

为推进中国信托业风险资产处置和化解，2021 年 4 月，中国银保监会向信托公司、中国信托业 A 有限责任公司（以下简称 A 公司）、金融资产管理公司（以下简称 AMC）等专业机构下发了《关于推进信托公司与专业机构合作处置风险资产的通知》（银保监办发〔2021〕55 号）（以下简称《合作处置通知》），明确支持 A 公司、AMC 等专业机构与信托公司合作处置后者固有不良资产和信托风险资产，意味着，AMC 等机构可以名正言顺参与处置至少 7000 亿元的信托业的风险资产，同时，信托公司风险资产转让时必须打折，损失或由投资人与信托公司共担。

2021 年 6 月 22 日，中国 B 资产管理股份有限公司（以下简称 B 公司）率先与 A 公司正式签订战略合作协议，双方将在信托业风险资产处置、信托公司风险化解、金融服务及其他多个领域开展广泛深入合作。

本文旨在通过解读《合作处置通知》的核心内容及亮点，结合政策出台背景、过往实践经历等，对 AMC 等专业机构循《合作处置通知》规定参与信托风险资产处置的难点作相关分析。

一、《合作处置通知》核心内容、关注亮点及其意义

《合作处置通知》值得关注的有三大块内容，包括：

1. 探索多种模式处置信托业风险资产：（1）向专业机构直接转让资产，即买断风险资产；（2）向 SPV 转让资产；（3）委托专业机构处置资产；（4）A 公司反委托收购；（5）其他合作模式。

2. 构建行业风险资产处置市场化机制：（1）加强资产估值管理；（2）引入市场化竞争机制；（3）明确损失分担机制；（4）增强损失抵补能力。

3. 规范性信托风险资产转让业务:(1)明确标的资产范围;(2)切实化解行业风险;(3)坚持依法合规产业;(4)规范各方会计核算;(5)发挥登记平台作用;(6)加强授信集中度管理。

与以往类似通知相比,《合作处置通知》亮点在于:为信托业风险资产的处置提供了更为清晰的市场化路径,尤其是规定了如何处置信托业资产方式的多种模式,以及风险资产处置的市场化机制,包括市场化竞争机制、损失的分担机制和补偿机制,并对各个关键流程的合规问题以及风险管理作了规定。《合作处置通知》构建了较为完整的市场化处置框架,其中涉及处置规范操作方面的内容前所未有。

总体来看,《合作处置通知》整体利好信托公司,AMC 等专业机构也被允许在更大的空间发挥特长。可见监管部门希望通过多种模式处置国内信托不良资产,促进处置工作进一步提升效率,借助市场化手段实现信托风险资产处置更高效、更专业、更及时,终极目标是化解国内信托行业的经营风险,守住国家系统性金融风险的底线。

二、《合作处置通知》的出台背景

中国信托业协会统计数据显示,截至 2020 年一季度末,信托业风险项目个数为 1626 个,风险资产规模合计 6431.03 亿元,环比增加 660.56 亿元。同比来看,信托项目的数量和风险资产规模同比增幅分别为 61.63% 和 127.20%;信托业资产风险率为 3.02%,较 2019 年年末提升 0.35%,创下历史新高。自 2018 年一季度起,到 2020 年一季度,信托资产风险率已连续 9 个季度上升。

用益信托金融研究院数据显示,2020 年 1 月至 10 月末,信托违约金额超过 1348 亿元。2021 年一季度信托行业共发生 65 起违约事件,违约金额达 278.28 亿元。2020 年是信托行业风险事件暴露最多的一年,先后有 4 家信托公司被监管层托管(管控)或暂停业务,而出现信托计划逾期的信托公司也明显增多。

监管部门选择在 2021 年发布《合作处置通知》这份行业重磅文件,一方面源于国内不良资产专业处置机构的不断壮大、合作模式的成熟;另一方面是在行业风险提升的背景下监管部门对于行业风险资产加速处置出清的考量。

事实上,银保监会在 2020 年 6 月就已经下发了《关于信托公司风险资产处置相关工作的通知》,要求信托公司加大对表内外风险资产的处置,逐步压缩违规融资类业务规模。此次《合作处置通知》不过是将此前信号予以具体化,形成更为详细的配套细则,给相关各方操作提供明确的政策指引,也为 AMC 等收购信托风险资产正名并提供政策保护以及强化规范操作的要求。

三、AMC过往参与信托风险资产处置的实践概况

AMC参与信托公司风险资产处置业务并非新鲜事物，早在2011年前AMC已做多番尝试，但因为没有统一的监管明文指引，故这方面尝试比较谨慎，而其偏爱收购地产信托的做法则一直颇具争议，引来外界对AMC为地产项目提供变相融资的猜疑。

2011年9月，财政部、原银监会两部委联合发布《关于规范金融资产管理公司投资信托和理财产品的通知》，第一次叫停AMC直投信托。此后，AMC又尝试为信托融资的企业进行增信担保，再次被监管叫停。AMC参与信托不良资产收购的尝试始终纠结于“合规”和“风控”。2012年，中国银监会曾酝酿出台AMC收购信托公司不良资产的业务指引并征求意见反馈，引导AMC围绕不良资产主业开展业务，不得以收购不良资产为名变相为企业或项目提供贷款或融资，但未见后续形成正式公开文件。

从监管的角度来看，AMC能够参与且值得参与的信托不良资产，必须符合国家宏观经济金融和产业政策的变化，且应与AMC业务扩张速度及内部控制能力相适应。

据公开信息，AMC以往主要通过两种形式参与信托风险资产处置，一是由AMC公司向项目融资方（多为房地产信托）提供短期过桥贷款，解决融资方暂时的流动性问题，融资方通过其他渠道筹措资金后，AMC适时退出，开发商得以正常运作项目；二是AMC直接接手信托项目，成为项目公司的控股股东，参与项目流程并做出资产处置。实践中，第一种情形比较常见，但其意义更多是提供融资解困支持，属于对信托公司处理风险资产流程的“参与”，离严格意义的不良资产处置尚有距离。

另外，据公开的司法判决书，AMC机构与信托公司在代持债权方面的合作在过去几年里相当盛行。司法判例中不乏大量AMC机构受让信托不良债权的案例，债权收购对价款为原价或几乎原价并附加远期回购条款。如某民事判决书显示，C信托公司将其对D集团本金1.6亿元的信托贷款债权及担保权利转让给四川E管理有限公司，转让对价约1.66亿元。而这类代持债权逾期且即使通过诉讼、执行仍清收无望，最终演变为真正不良资产的个案不乏其例。

四、专业机构遵循《合作处置通知》参与信托风险资产处置的实务难点

（一）解决交易资产的定价差距

《合作处置通知》规定的处置信托风险资产的方式中，有三类是AMC比较常见的交易模式：(1)向专业机构直接转让资产，即买断风险资产；(2)向SPV转让

资产;(3)委托专业机构处置资产,其中涉及信托风险资产的定价。

大量不良信托资产是信托公司在管理运用信托资金开展信托贷款业务、特定资产收益权类业务、股权投资类信托业务以及设立结构化信托计划过程中形成的不良债权。

AMC 自出现至今发展逾 20 年,资产定价能力和处置经验上已是国内最成熟的专业机构,对贷款债权估值驾轻就熟。若收购信托公司的信托贷款不良债权,由于债权产生模式、担保结构及担保物种类,与 AMC 惯常收购的银行贷款类债权类似,资产定价非难事。关键是 AMC 打折收购时存在交易价格差距,信托公司须综合考虑损失承受主体、损失金额尤其是资金端投资者的反应等因素后作出决定。

因此,由于交易资产的定价差距及不同种类信托风险资产的特点,AMC 等专业机构遵循《合作处置通知》对信托风险资产处置的实质参与步伐在初始阶段可能相对谨慎。

(二)消除信托风险资产的信息不对称

本次 B 公司与 A 公司建立合作,可借助 A 公司熟悉国内信托公司的优势,帮助 B 公司消除参与处置信托风险资产时的信息不对称。尽管如此,仍应看到,对比银行贷款资产而言,信托资产高风险高收益,造成逾期的风险系数相对较高,底层资产的潜在瑕疵、债务人的经营隐患等尽调难度更大,须作深度尽调方可能充分挖掘实质风险点,此时遵循常规收购银行贷款资产的尽调模式已不足够,尤其是特定资产收益权类业务、股权投资类信托业务产生的信托风险资产,因底层资产种类不一、资产质量良莠不齐且信息不对称,尽职调查难度会更大,故《合作处置通知》才强调专业机构开展资产收购业务应当加强尽职调查。

(三)选择合适的处置模式

《合作处置通知》明确了处置原则与禁区,包括:买断式资产收购业务应遵守真实性、洁净性、整体性原则;双方不得在资产转让合同之外达成改变风险承担和收益分配的约定;不得为信托公司隐匿风险或隐性加杠杆经营提供便利;信托公司不得对买断资产的特殊目的载体形成控制;信托公司与专业机构开展资产转让业务时不得违规进行利益输送;不得以业务创新为名义,协助信托公司变相规避监管展业等。

然而,信托资产质量不容乐观。与银行债务人相比,使用信托资金的企业或项目在资金状况、行业竞争力、经营管理等方面偏弱,盈利能力和偿付能力较弱,或者属于国家产业政策和信贷政策限制的行业。加之信托风险资产单个项目普遍规模很大,尤其地产公司的信托,几亿元、十数亿元、数十亿元都属常见,棘手的风险项目往往自带复杂的债务结构,由此,项目承接门槛高,对处置主体的资金实力和团队的操盘能力要求很高,要实现“投放—处置—回收”的完整闭环,任务绝不轻松。由于信托行业资产的属性、风险资产的性质和传统银行不良资产如此不尽相同,故需要AMC等专业机构在常规模式(如债务重组)外,积极探索更多符合信托行业特点的资产处置模式。

(四)信托资产投资端集体决策难点

尽管《合作处置通知》要求信托公司做好信托产品风险承担主体确认、损失认定和划分工作,对于信托产品导致的损失,区分由自身承担的赔偿责任和由投资者承担的投资损失。但难点在于信托违约处置投资者端,投资者往往投资理性不足。此前信托行业的刚性兑付潜规则,使信托受益人和投资人惯于获得高收益,却不愿意承担相应的风险和损失,拒绝接受信托资产打折处置,意味着面临损失的投资者可能消极对待集体决策。

在集合资金信托业务中,根据《信托公司集合资金信托计划管理办法》第41条、第42条,“受益人大会由信托计划的全体受益人组成”,如出现“提前终止信托合同或者延长信托期限”“改变信托财产运用方式”“更换受托人”等信托计划文件未事先约定的事项,应当召开受益人大会审议决定。因此,若信托公司转让违约信托资产,但受益人大会上不能达到规定比例的受益人通过,则打折转让的处置方式难以实施。

结 语

《合作处置通知》明确支持国内专业机构积极参与处置信托公司的风险资产,银保监会的监管思路显然比过往“松绑”,一方面因为信托业风险化解工作不能再等,另一方面也希望通过“他救”,借助AMC等机构的资金实力和专业力量,通过相对灵活的市场化解渠道,加快处置信托风险资产,促使国内信托公司增强资本实力,强化商业化经营能力,提高风险抵御能力和化解能力;对市场化运营的AMC等专业机构而言,则在实现创新型市场化资产运作方面获得更广阔的实践空间。

上市公司合规之一致行动人的认定、信息披露及交易限制

侯榆律师团队

一、关于一致行动人的判断

（一）一致行动协议

根据《上市公司收购管理办法》（以下简称《管理办法》）第83条的规定，一致行动是指投资者通过协议、其他安排，与其他投资者共同扩大其所能够支配的一个上市公司股份表决权数量的行为或者事实。在上市公司的收购及相关股份权益变动活动中有一致行动情形的投资者，互为一致行动人。

1. 一致行动协议的重要作用

与公司的多轮融资相伴而生的是股权结构的相对分散，或没有绝对较高持股的情形，这导致公司没有实际控制人或公司实际控制人不稳定、难界定。在实践中，为项目操作需要或为取得公司控制权、决策权的需要，股东通过签署一致行动协议，形成一致行动人。签署一致行动协议的股东，实质上是在股东会之外再建立一个小股东会，每逢遇到需要股东会表决的事项，一致行动人可以先行对拟表决事项进行协商、统一，然后再将统一意思集中反映在股东会的表决中，从而保证公司经营决策的科学、高效和治理机构的稳定。

2. 一致行动协议的约束力

既然一致行动协议这么好用，股东是否可以任性签署？经常发生这样的事情，一致行动人在签署一致行动协议之初，尚处于创业阶段，各方理念相近、关系融洽。但是在后续经营中经常会产生各种矛盾，导致某一方不愿再与其他方一致行动，故而产生解除一致行动的情况（纠纷）。这一问题的答案是否定的，一致行动协议一经签署，一致行动人即应当接受一致行动协议的约束。

相关案例：2009年12月29日，A公司及其第一大股东胡某作为甲方，张某作

为乙方,签订了《股份认购协议》与《期权授予协议》,约定:A公司向张某定向增发股权,在A公司股份上市交易前,张某承诺其所持A公司股份的投票与胡某保持一致。上述约定的事项,后形成A公司董事会决议。

2015年8月20日,A公司股东大会增资扩股等事项进行了投票表决,胡某投赞成票,张某投反对票。但A公司将张某所投反对票(张某持有A公司21.39%的股份)统计为同意票,最终该项议案获占股权表决权78.16%的同意票,并形成了股东会决议。

张某认为A公司实际上仅获得股权表决权56.77%的同意票,A公司将其所投反对票统计为同意票形成的股东会决议,违反《公司法》对股东大会该类议案须经出席会议的股东所持表决权的2/3以上通过的强制性规定,向渝水区法院起诉,请求撤销该股东会决议。本案历经一审、二审和再审,最终江西省高院判决驳回其诉讼请求。

法院经审理后认为:"《股份认购协议》与《期权授予协议》是当事人真实意思表示,不违反法律法规禁止性规定,经董事会决议通过,未损害A公司及其他股东合法权益,内容合法有效,且当事人已经实际履行了协议,张某应当受协议条款约束。期权授予协议和股份认购协议中都有'张某自愿承诺和保证在A公司股份上市之前,张某所持股份的投票与大股东胡某保持一致'的条款,在胡某对2015年8月20日股东大会的各项议案均投同意票情况下,张某投反对票系对其自身做出的承诺的违反,A公司股东大会将张某所投反对票统计为同意票符合双方约定。"

3. 一致行动协议的单方解除及实务操作

上面的案例表明了一致行动人不可以任意行使解除一致行动协议的权利或者作出与一致行动协议相反的意思表示,但这并不是说一致行动人没有单方解除一致行动协议的权利。首先,一致行动协议在本质上是平等民事主体之间达成的合同,因而一致行动协议人的权利义务在无特别约定时应适用《民法典》的相关规定。其次,根据一致行动协议的核心内容划分,一致行动协议应当属于委托合同。根据《民法典》第933条的规定,委托人可以随时解除委托合同。

一致行动人是否能够单方解除一致行动协议,笔者认为可以考虑以下两点情况:

第一,一致行动协议是单务合同还是双务合同。一般而言,单方无偿的一致行动协议,股东一方单方将表决权委托他方行使,那么此种情况下是可以行使单方解除权的。但是,对于上市公司而言,当股东通过一致行动协议成为一致行动人后，不应当存在行使投票、提案、提名权时行动不一致的情况。

因上市公司股东形成一致行动关系进而成为上市公司实际控制人时，一致行动协议的签约人、议事规则、约定期限等都是要公示的事项，故上市公司一致行动的股东之间的契约关系已经由各方之间的契约关系上升为被监管机构认可、被社会公众信赖的一致行动人作出的特定承诺，如果在公司股东（大）会、董事会层面，承诺人在股东或董事行使投票、提案、提名权时违反自身作出的承诺时，股东（大）会、董事会应当根据协议将违约投票直接按照一致行动协议的规定进行计票。该处理方式亦得到司法判决的支持。

一致行动协议是双务合同的情况下，如果合同相对人已经履行了相对义务，那么一致行动人就不得任意单方解除一致行动协议或者作出与一致行动协议约定相违反的行为，否则很可能被认定为违约行为。

第二，一致行动协议有无约定任意解除权。一致行动协议中，如果约定一致行动人享有任意解除权的，那么自然应该按照约定处理。如果约定一致行动人不得解除协议，那么就出现约定限制解除权与《民法典》第933条规定的法定解除权的冲突的问题。对于这一问题，目前司法实践中并没有司法解释或者指导案例，我们更倾向认为，如果一致行动协议是有偿或者是双务的，则对任意解除权作一定限制是合理的，只有当出现根据《民法典》规定的以下解除条件时，一致行动人才可单方解除一致行动协议：

（1）因不可抗力致使不能实现合同目的；

（2）在履行期限届满前，当事人一方明确表示或者以自己的行为表明不履行主要债务；

（3）当事人一方迟延履行主要债务，经催告后在合理期限内仍未履行；

（4）当事人一方迟延履行债务或者有其他违约行为致使不能实现合同目的；

（5）法律规定的其他情形。

违反约定或《民法典》规定，单方解除一致行动协议或者作出与一致行动协议相反的行为，将导致以下不利后果：

（1）被要求实际履行一致行动协议。

（2）违约方支付违约金。《民法典》第563条虽然赋予委托人（一致行动人）任意解除合同的权利，但该法同时规定了“合同因违约解除的，解除权人可以请求违约方承担违约责任，但是当事人另有约定的除外”。

（3）对于上市公司的股东签署的一致行动协议，如一致行动人单方行使解除权，可能导致上市公司受到证券交易所或证监会的关注。

4. 一致行动协议的操作建议

如上所述，一致行动协议的签署及解除都将带来相应的法律后果，因此笔者建议股东在草拟一致行动协议时至少考虑以下几点：

(1)一致行动的目的；

(2)一致行动的内容；

(3)一致行动的期限；

(4)一致行动协议的变更或解除，以及违约责任；

(5)争议的解决及管辖法院。

(二)其他认定一致行动人的情形

除通过签订一致行动协议或其他安排形成一致行动外，《管理办法》还规定了以下12种认定一致行动人的情形：

(1)投资者之间有股权控制关系，如投资者甲是投资者乙的控股股东，甲乙构成一致行动人。

(2)投资者受同一主体控制，如投资者甲与投资者乙有同一控股股东丙，甲乙丙均构成一致行动人。

(3)投资者的董事、监事或者高级管理人员中的主要成员，同时在另一个投资者担任董事、监事或者高级管理人员，如甲担任投资者乙的监事，同时担任投资者丙的执行董事，乙丙构成一致行动人。

(4)投资者参股另一投资者，可以对参股公司的重大决策产生重大影响，如投资者甲参股投资者乙，且甲通过一致行动协议、董事会席位等安排，足以控制投资者乙的重大决策，甲乙构成一致行动人。

(5)银行以外的其他法人、其他组织和自然人为投资者取得相关股份提供融资安排，如甲为投资者乙收购投资者丙名下的上市公司股份提供融资安排，甲乙构成一致行动人。

(6)投资者之间存在合伙、合作、联营等其他经济利益关系，如投资者甲和投资者乙共同投资某未上市化妆品公司，甲乙构成一致行动人。

(7)持有投资者30%以上股份的自然人，与投资者持有同一上市公司股份，如自然人甲持有投资者乙40%的股份，且甲和乙持有同一上市公司的股份，甲乙构成一致行动人。

(8)在投资者任职的董事、监事及高级管理人员，与投资者持有同一上市公司股份，如自然人甲担任投资者乙的总经理，且甲和乙持有同一上市公司的股份，甲乙构成一致行动人。

(9)持有投资者30%以上股份的自然人和在投资者任职的董事、监事及高级管理人员,其父母、配偶、子女及其配偶、配偶的父母、兄弟姐妹及其配偶、配偶的兄弟姐妹及其配偶等亲属,与投资者持有同一上市公司股份,如投资者甲(自然人)和投资者乙持有同一上市公司的股份,在甲之配偶担任乙的总经理,或甲之配偶持有乙31%的股份的情况下,甲乙均构成一致行动人。

(10)在上市公司任职的董事、监事、高级管理人员及其前项所述亲属同时持有本公司股份的,或者与其自己或者其前项所述亲属直接或者间接控制的企业同时持有本公司股份,如甲担任某上市公司的监事,其配偶的母亲乙持有该上市公司的股份,或甲控制的另外一家企业丙持有该上市公司的股份,甲和乙、甲和丙构成一致行动人。

(11)上市公司董事、监事、高级管理人员和员工与其所控制或者委托的法人或者其他组织持有本公司股份,如甲担任某上市公司的董事,甲直接或间接控制企业乙,甲乙共同持有前述上市公司的股份,甲乙构成一致行动人。

(12)投资者之间具有其他关联关系。

一致行动人应当合并计算其所持有的股份。投资者计算其所持有的股份,应当包括登记在其名下的股份,也包括登记在其一致行动人名下的股份。投资者认为其与他人不应被视为一致行动人的,可以向中国证监会提供相反证据。

二、权益变动披露中关于一致行动人的注意点

信息披露是上市公司的法定义务,披露内容、披露渠道必须严格按照法律要求。根据《上市公司收购管理办法》第13条的规定,通过证券交易所的证券交易,投资者及其一致行动人拥有权益的股份达到一个上市公司已发行股份的5%时,应当在该事实发生之日起3日内编制权益变动报告书,向中国证监会、证券交易所提交书面报告,通知该上市公司,并予公告;在上述期限内,不得再行买卖该上市公司的股票。前述投资者及其一致行动人拥有权益的股份达到一个上市公司已发行股份的5%后,通过证券交易所的证券交易,其拥有权益的股份占该上市公司已发行股份的比例每增加或者减少5%,应当依照前款规定进行报告和公告。在该事实发生之日起至公告后3日内,不得再行买卖该上市公司的股票,但证监会规定的情形除外。

例如,通过证券交易所的证券交易,投资者甲持有某上市公司3%的股份,其一致行动人乙后续增持了该上市公司2%的股份,甲乙合计持有该上市公司5%的股份,需进行披露。再如,投资者甲和一致行动人乙合计持有某上市公司8%的股份,甲乙后续通过证券交易所的证券交易,共计减持该上市公司5%的股份,需进行披露。

三、一致行动人还需注意

(一)披露一致行动关系

上市公司股东对一致行动协议的签署、协议终止或协议重大变更等情形,均应及时进行披露。

相关案例:2017 年 12 月 27 日,上交所发布消息称,鉴于证监会行政处罚查明的事实,发现上市公司 A、控股股东 B 及其一致行动人在信息披露方面,有关责任人在职责履行方面存在违规事项,遂作出纪律处罚决定。

2003 年 10 月,B 收购 C,C 实际控制 D。D 的股东、法定代表人及董事均系 B 及下属公司员工,D 股东所持股权为代 B 持有,D 的股东权利由 B 实际行使。D 证券账户的开立、股票交易等均由 B 实际控制。D 证券账户资金来源及去向均为 B 及其关联公司。

2010 年 5 月 4 日至 2014 年 10 月 21 日,D 购入并持有 A 公司股票,A 公司 2010 年至 2013 年各期年报显示,D 均为 A 公司第二大股东。B 同 D 在 A 公司 2010 年年报中的合并持股比例为 12.47%;2011 年至 2013 年合并持股比例均为 12.58%。根据《上市公司收购管理办法》以及其后修订的相应规定,D 由 B 实际控制,两者构成一致行动人。但 B 未将其与 D 的一致行动人关系告知 A 公司,A 公司未将 D 持有的 A 公司股权与 B 合并计算并在年报中予以披露。公司 2010 年至 2013 年年报相关内容存在重大遗漏。

鉴于上述违规事实和情节,上交所对 A 公司、控股股东 B 及其一致行动人 D、B 主要负责人等予以公开谴责,并对相关人等予以通报批评。上述纪律处分,通报上海市政府,并将记入上市公司诚信档案。

(二)关于短线交易

上市公司董监高、大股东的一致行动人在短期内买卖股票,是否需关注短线交易的问题呢?关于短线交易,《证券法》第 47 条规定,上市公司股票在国务院批准的其他全国性证券交易场所交易的公司持有 5% 以上股份的股东、董事、监事、高级管理人员,将其持有的该公司的股票在买入后六个月内卖出,或者在卖出后六个月内又买入,由此所得收益归该公司所有,公司董事会应当收回其所得收益。但是,证券公司因包销购入售后剩余股票而持有百分之五以上股份,以及有国务院证券监督管理机构规定的其他情形的除外。

相关案例:2017 年,山西证监局公布了钟某等五人超比例持股未披露及短线交易 SSWH 股票案的处罚结果,依据《证券法》,山西证监局对钟某等五位股东未按规定履行信息披露义务及短线交易行为予以警告，同时分别罚款70万元、43万元、67万元、58万元和59万元。

行政处罚书显示，钟某等五人存在以下三项违法事实：(1)2016年2月1日至17日交易SSWH股票时构成一致行动人；(2)交易SSWH股票未按照规定履行信息披露义务；(3)短线交易SSWH股票。

公告显示，钟某等五人于2016年2月27日签署了《一致行动协议》，并于2016年3月11日披露《简式权益变动报告书》。钟某等五人在2016年3月4日、3月10日、3月15日向上市公司发送的有关监管工作函的回复、补充说明、进一步回复及法律意见书中均承认其五人在交易SSWH股票时构成一致行动关系。

截至2016年2月17日，上述五人合计持有SSWH股票比例为18.04%。钟某等五人未披露一致行动人关系，且共同持有SSWH股票5%后及随后每增加5%时，也未依照规定履行信息披露义务。除此之外，2016年2月3日至3月11日，其五人合计买入29,183,092股，买入金额500,790,102元，卖出4,697,124股，卖出金额69,419,298元，构成短线交易。

同时，关于一致行动人短线交易的问题，结合以上案例及法律规定，笔者认为，上市公司董监高及大股东买卖公司股票时，还是需要注意其一致行动人买卖公司股票及短线交易的情况。

（三）关于集中竞价和大宗交易减持

根据证监会于2017年5月发布的《上市公司股东、董监高减持股份的若干规定》，上市公司大股东通过证券交易所集中竞价交易减持股份，或通过大宗交易方式减持股份的，需要合并计算一致行动人的股份。根据该规定第9条，上市公司大股东在3个月内通过证券交易所集中竞价交易减持股份的总数，不得超过公司股份总数的1%。股东通过证券交易所集中竞价交易减持其持有的公司首次公开发行前发行的股份、上市公司非公开发行的股份，应当符合前款规定的比例限制。股东持有上市公司非公开发行的股份，在股份限售期届满后12个月内通过集中竞价交易减持的数量，还应当符合证券交易所规定的比例限制。适用前三款规定时，上市公司大股东与其一致行动人所持有的股份应当合并计算。根据该规定第11条，上市公司大股东通过大宗交易方式减持股份，或者股东通过大宗交易方式减持其持有的公司首次公开发行前发行的股份、上市公司非公开发行的股份，股份出让方、受让方应当遵守证券交易所关于减持数量、持有时间等规定。适用前款规定时，上市公司大股东与其一致行动人所持有的股份应当合并计算。

特殊目的收购公司(SPAC)上市中境内律师法律服务之探讨

谢　捷

前　言

SPAC 早在 20 世纪 90 年代就已出现,但自 2020 年起,SPAC 上市异军突起成为美股新上市企业中的主流。根据 SPAC Insider 的数据,2021 年仅第一季度就有 298 只 SPAC 新股上市,集资额达 970 亿美元。这股热潮也迅速蔓延至亚洲资本市场,香港联合交易所有限公司(以下简称港交所)于 2021 年 12 月 17 日在《香港联合交易所有限公司证券上市规则》(以下简称《上市规则》)中引入了有关特殊目的收购公司(SPAC)新规则,在香港设立全新的 SPAC 上市机制,并于 2022 年 1 月 1 日起生效。本文将对香港 SPAC 上市机制的主要特点和潜在的法律风险进行简要概述和分析,并尝试在制度生效伊始提供笔者对这一新上市路径中境内律师法律服务的初步观察,旨在抛砖引玉,引发律师同人对这一资本法律服务崭新板块的关注。

一、SPAC 上市机制概述

SPAC 的英文全称是 Special Purpose Acquisition Company,指特殊目的收购公司。2021 年 12 月 17 日,港交所发布了 SPAC 上市制度的征询总结,设立及落实全新 SPAC 上市机制,《上市规则》第 18B 章(共 78 条规则)及 SPAC 的指引函(GL113—22)已于 2022 年 1 月 1 日实施,对进行 SPAC 并购交易之前关于投资者的资格、SPAC 发起人的资格、SPAC 董事和进行并购交易时并购目标的资格、独立第三方的投资、并购交易期限以及后续 SPAC 的持续责任等都进行了明确而细致的规定。港交所的《上市规则》将 SPAC 定义为没有经营业务的发行人,其成立的唯一目的是在预定期间内就收购或业务合并与目标公司进行交易,并最终把目标公司上市。

SPAC 上市机制主要包括四个重要阶段,即发起人设立 SPAC、SPAC 申请上市、寻找目标公司和完成 SPAC 并购交易,在进行 SPAC 并购交易时,发起人还需要引进机构投资者通过私募定向发行方式对继承公司进行投资(Private Investment in Public Equity,即上市后私募,下称 PIPE)。简言之,SPAC 上市机制的特色便是让"壳"先行上市,之后才并入运营实体,且 SPAC 本身除首次公开发售所得款项及由 SPAC 发起人筹集以支付 SPAC 开支的资金外,并无其他资产。

相比其他海外交易所,港交所对投资者、发起人专业性及规模、募集资金使用及标的公司的财务数据、规模等方面均提出了更高的要求,以维护香港市场高素质上市公司及稳定交易市场买卖的声誉。针对投资者,《上市规则》第 18B.05 条规定 SPAC 证券仅限《证券及期货条例》附表 1 第 1 部分第 1 条所界定的"专业投资者"认购和买卖。另外,初次申请上市的 SPAC 需要配发证券于最少 75 名专业投资者,当中最少 20 名须为机构专业投资者,而该等机构专业投资者必须持有至少 75% 的待上市证券;针对发起人,根据《上市规则》第 18B.10 条及第 18B.11 条,SPAC 发起人须符合适合性及资格规定,而 SPAC 必须有至少一名 SPAC 发起人为持有证监会第 6 类(就机构融资提供意见)及/或第 9 类(提供资产管理)牌照的公司并持有至少 10% 发起人股份。如果发起人没有香港证监会的第 6 类/第 9 类牌照,视个别情况,港交所可根据其不时修订的最新指引而豁免香港证监会牌照规定;针对标的公司的资格,根据《上市规则》第 18B.39 条,在签订具有约束力的并购交易协议时,SPAC 并购目标的公平市值须达 SPAC 首次发售所筹得资金的至少 80%。因 SPAC 首次发售筹集规模至少为 10 亿港元,这就意味着目标公司的公平市值至少须达到 8 亿港元,其规模依然较传统 IPO 更大。

港交所将 SPAC 并购交易视为新上市,继承公司须符合《上市规则》的所有新上市规定,包括《上市规则》第 8 章下所有适用规定、第 9 章所载有关新上市的申请程序及规定以及(如适用)第 8A、18 及 18A 条的相关规定,如最低市值、财务资格、委聘首次公开发售保荐人、尽职审查及文件规定等。同时,由于 SPAC 并购交易涉及新业务上市,当中通常涉及控制权转变,因此港交所采用更严格的反收购行动规定(包括由首次公开发售保荐人进行的全面尽职调查),而非极端交易规定。作为第四个引入 SPAC 机制的亚太资本市场,港交所严格的 SPAC 上市和并购规则或将给港股资本市场在未来赢得更广阔的发展空间,也为中国律师在除传统 IPO 外的资本市场上市法律服务领域开辟了新的参与路径。

二、特殊目的收购公司(SPAC)上市的利弊及潜在法律风险

SPAC 上市为企业提供了简单、快捷、高效、确定的上市融资路径,受到企业和资本的欢迎。相较于传统 IPO,SPAC 上市有以下优势:(1)上市时间短。若安排得当,从 SPAC 设立到上市最短只需 8 周,6 个月内可以完成 De - SPAC(SPAC 并购交易)。同样条件下,传统 IPO 方式至少需要 2 - 3 年。(2)交易成本低。传统 IPO 模式下,承销商的费用通常占到了上市公司 IPO 发行收入的 5% - 7%。而在 SPAC 上市模式下,SPAC 发起人将帮助上市公司分摊近一半的承销费用。(3)对于投资人而言,SPAC 的机会成本较低,相当于固定收益加期权的投资工具。投资人若不满意并购标的,可以行使赎回权,收回承诺利息与本金;如果并购标的优质,并购后股价的快速上升将给投资者带来超额收益。

SPAC 凭借其上述优势已成为不少有上市计划却不符合传统首次公开募股(IPO)要求的企业"曲线救国"的法宝,但与此同时也存在一定的弊端和潜在法律风险。在中国境内加入 SPAC 热潮有三种途径:一是作为发起人设立 SPAC 申请上市;二是作为投资人参与 SPAC 募资;三是作为未上市公司,选择合适的已上市 SPAC 与其合并。这三种方式在中国法律环境下都存在相应的法律风险,以下将分别作出分析论述。

(一)境内主体作为发起人设立 SPAC

首先,设立 SPAC 不可回避的是境外投资与资金出境的问题。境内居民个人到境外投资设立公司,目前实践中只能根据国家外汇管理局《关于境内居民通过特殊目的公司境外投融资及返程投资外汇管理有关问题的通知》(以下简称"37 号文")以境内资产或权益出资(境内居民个人须持有一家境内注册、运营的公司的股权)或境外合法持有的资产或权益,办理相关外汇登记手续,一般除公司设立费用之外,难以将大笔现金合法转到境外。如果选择先在境内设立公司,再以这家境内公司进行境外投资设立境外的现金壳公司,自 2016 年年底起,国家有关政策已经明确限制快设快出①、母小子大②的境内企业境外投资以及限制设立无具体实业项目的股权投资基金或投资平台,这导致资金出境投资设立 SPAC 难以获得发改委、商务部门和外管局的企业境外投资备案/核准(ODI 备案)。

其次,SPAC 上市的时候是没有业务的壳公司,能在市场上募集到多少资金,很大程度取决于发起人是否有吸引投资人的背景。中国境内主体在美国股市募资,其影响力通常很难与美国本土发起人相比。

最后,上市后的 SPAC 需要在规定时间内(不同的上市渠道有不同的规定)选定标的企业,取得股东会对于并购的批准,并且完成并购,否则可能面临退市、清

① "快设快出"指成立时间仅数个月,无实体经营业务,但却开展境外投资的企业。

② "母小子大"指企业财务报表反映的经营财务状况难以支撑其境外投资的规模。

算的风险。如果 SPAC 后续计划并购中国境内资产，需要符合外商投资产业规定。如果并购境外企业，可能又会遭遇外国政府对于某些行业的中国投资的限制（如果该 SPAC 被认定为由中资控制），这也减少了 SPAC 可投资标的范围，增加了并购难度。

（二）境内主体作为 SPAC 投资者

SPAC 投资者直接投资于已上市的 SPAC 证券，可能需要透过合格境内机构投资者（Qualified Domestic Institutional Investor，QDII）通道或合格境内有限合伙人（Qualified Domestic Limited Partner，QDLP）基金等进行投资，但目前境内个人投资者无法直接开展境外证券投资或其他投资，且投入 SPAC 的资金需要存入信托账户锁定一段时间，只在有限的情形下才可以兑现，因此 SPAC 投资者资金的流动性会受到影响。

同时，SPAC 的发起人虽然具有较高知名度和影响力，但是其在寻找投资机会和进行合同谈判时，未必具有丰富的经验。而且 SPAC 的监管与传统 IPO 相比更加宽松，因此可能会存在发起人欺诈的风险。

由于市场担心通过 SPAC 上市的公司存在估值泡沫，美国证券交易委员会于 2021 年 4 月 12 日发布的一项声明中表示，SPAC 公司发行的认股权证在会计上应被认定为“负债”而不是“权益工具”。这无疑在一定程度上增加了审计的工作量，也削弱了 SPAC 审查要求低、速度快的优势，同时影响 SPAC 投资者的信心。虽然这不意味着全球所有地区 SPAC 都会受影响，但在美国不断收紧 SPAC 监管的同时，全球其他地区也正在考虑如何推行 SPAC，在未来，SPAC 的 IPO 之路或因新会计准则受阻。

（三）境内企业作为与 SPAC 合并的目标公司

当境内企业作为与 SPAC 合并的目标公司时，由于目标公司与 SPAC 合并时往往会有换股、增发等安排，而中国企业与境外企业跨境换股在实践中基本不可行，中国企业参与境外二级市场定向增发也可能面临资金出境的渠道限制，因此需要提前设计好交易架构。

在前期，发起人通常会以较低价格取得 SPAC 约 20% 的股份，且发起人、投资人还有一部分认股权证，这部分股份和认股权证会进入合并后的新公司。对于目标企业的实际控制人而言，这等于稀释了其在合并后的公司中的股份比例，削弱了其控制权。但在美国证券交易委员会的新会计准则下，假如市场对上市 SPAC 公司的估值下降，相对而言也降低了对实际控制人控制权的削弱程度。

在 SPAC 与目标企业合并时，可能有部分 SPAC 投资人反对并购而选择赎回股份,这将减少合并后的公司能获得的现金数额;SPAC 在上市及定向增发引进机构投资者的过程中,为吸引投资,SPAC 会给机构投资者一些承诺,目标企业与 SPAC 合并时只能被动地接受这些安排。

三、特殊目的收购公司(SPAC)上市中境内律师法律服务

境内企业确定采用 SPAC 方式上市后,需要提前为交易做准备,该阶段主要工作包括组建上市核心团队,高管、法律、审计和财务顾问并签订相关服务协议,建立公司尽调数据室(data room),法律尽调及合规,财务尽调及合规,上市架构搭建等。在境内企业通过 SPAC 上市的项目中,境内律师可提供如下法律服务:

(一)法律交易架构搭建

1. 股权控制架构

《关于外国投资者并购境内企业的规定》(2006 年第 10 号)有关关联并购和跨境换股的审批要求规定:境内公司、企业或自然人以其在境外合法设立或控制的公司名义并购与其有关联关系的境内的公司,应报商务部审批。当事人不得以外商投资企业境内投资或其他方式规避前述要求;外国投资者以股权作为支付手段并购境内公司,系指境外公司的股东以其持有的境外公司股权,或者境外公司以其增发的股份,作为支付手段,购买境内公司股东的股权或者境内公司增发股份的行为;境外公司应合法设立并且其注册地具有完善的公司法律制度,且公司及其管理层最近 3 年未受到监管机构的处罚;境外公司应为上市公司,其上市所在地应具有完善的证券交易制度。

2. 协议控制架构(VIE 架构)

可变利益实体(Variable Interest Entities,VIE)架构是指境外特殊目的公司通过其在中国的全资子公司以协议控制的方式控制一家从事外资受限业务的境内运营实体公司,从而实现境外特殊目的公司对该境内运营实体的财务并表,并得以在境外融资或上市的运作模式。

2022 年 1 月,港交所在其官方网站上发布了更新后的《香港交易所上市决策(HKEX—LD43—3)》及系列指引性文件。这些指引性文件明确规定如不存在外资拥有权限制的情形,则不可采用 VIE 架构,且上市申请人仅可于必要的情况下以合约安排解决外资拥有权的限制,否则上市申请人必须直接持有 OPCO(Operating Company,境内运营实体公司)公司的最大许可权益,但如果负责审批的监管机关确认,即使上市申请人符合其他规定,其亦因没有批准的审批程序或指引或政策原因而不会或不能发出批准。

如果审批机关并未提供明确程序或指引,而上市申请人能够让中国香港联交

所采信其已按照法律顾问的意见在上市申请前合理评估所有适用规则的规定、调拨财务及其他资源并实行法律顾问的所有建议的，则上市申请人可直接持有少于OPCO公司的最大许可权益，但实务中法律顾问出具意见往往也需要取得监管机关的确认。

（二）外商投资、网络、数据安全审查

国务院《关于境内企业境外发行证券和上市的管理规定（草案征求意见稿）》第8条规定，境内企业境外发行上市的，应当严格遵守外商投资、网络安全、数据安全等国家安全法律法规和有关规定，切实履行国家安全保护义务。涉及安全审查的，应当依法履行相关安全审查程序。国务院有关主管部门可以要求剥离境内企业业务、资产或采取其他有效措施，消除或避免境外发行上市对国家安全的影响。

1. 外商投资审查

《外商投资安全审查办法》（2021年1月18日生效并施行）对外商投资安全审查的操作进行了相应规定。根据《外商投资安全审查办法》之规定，对影响或者可能影响国家安全的外商投资，应依照该办法的规定进行安全审查。外商投资，是指外国投资者直接或者间接在中华人民共和国境内（以下简称境内）进行的投资活动，包括下列情形：（1）外国投资者单独或者与其他投资者共同在境内投资新建项目或者设立企业；（2）外国投资者通过并购方式取得境内企业的股权或者资产；（3）外国投资者通过其他方式在境内投资。

下列范围内的外商投资，外国投资者或者境内相关当事人（以下统称当事人）应当在实施投资前主动向工作机制办公室申报，同时工作机制办公室有权要求当事人申报：（1）投资军工、军工配套等关系国防安全的领域，以及在军事设施和军工设施周边地域投资；（2）投资关系国家安全的重要农产品、重要能源和资源、重大装备制造、重要基础设施、重要运输服务、重要文化产品与服务、重要信息技术和互联网产品与服务、重要金融服务、关键技术以及其他重要领域，并取得所投资企业的实际控制权。取得所投资企业的实际控制权，包括下列情形：（1）外国投资者持有企业50%以上股权；（2）外国投资者持有企业股权不足50%，但其所享有的表决权能够对董事会、股东会或者股东大会的决议产生重大影响；（3）其他导致外国投资者能够对企业的经营决策、人事、财务、技术等产生重大影响的情形。

国家建立外商投资安全审查工作机制，负责组织、协调、指导外商投资安全审查工作。工作机制办公室设在国家发展改革委，由国家发展改革委、商务部牵头，承担外商投资安全审查的日常工作。工作机制办公室对申报的外商投资作出通过安全审查决定的,当事人可以实施投资;作出禁止投资决定的,当事人不得实施投资,已经实施的,应当限期处分股权或者资产以及采取其他必要措施,恢复到投资实施前的状态,消除对国家安全的影响;作出附条件通过安全审查决定的,当事人应当按照附加条件实施投资。

外商投资安全审查分为一般审查和特别审查。工作机制办公室决定对申报的外商投资进行安全审查的,应当自决定之日起 30 个工作日内完成一般审查。审查期间,当事人不得实施投资。经一般审查,认为申报的外商投资不影响国家安全的,工作机制办公室应当作出通过安全审查的决定;认为影响或者可能影响国家安全的,工作机制办公室应当作出启动特别审查的决定。

2. 网络安全审查

2022 年 2 月 15 日实施的《网络安全审查办法》、2021 年 11 月 14 日发布的《网络数据安全管理条例(征求意见稿)》、2021 年 9 月 1 日起实施的《关键信息基础设施安全保护条例》、2017 年 6 月 1 日起实施的《网络安全法》、2015 年 7 月 1 日起实施的《国家安全法》等,对网络安全审查主要提出了以下要求:(1)掌握超过 100 万用户个人信息的网络平台运营者赴国外上市,必须向网络安全审查办公室申报网络安全审查。(2)当事人申报网络安全审查,应当提交关于影响或者可能影响国家安全的分析报告及采购文件、协议、拟签订的合同或者拟提交的首次公开募股(IPO)等上市申请文件等。(3)网络安全审查重点评估相关对象或者情形的国家安全风险因素包括:上市存在关键信息基础设施、核心数据、重要数据或者大量个人信息被外国政府影响、控制、恶意利用的风险,以及网络信息安全风险。(4)申报网络安全审查可能有以下三种情况:一是无须审查;二是启动审查后,经研判不影响国家安全的,可继续赴国外上市程序;三是启动审查后,经研判影响国家安全的,不允许赴国外上市。

值得注意的是,《网络安全审查办法》,只对企业赴国外上市提了要求,未提及香港,可能旨在排除赴香港上市的运营者主动申报网络安全审查的义务。

3. 数据安全审查

《网络数据安全管理条例(征求意见稿)》、《个人信息保护法》和《数据出境安全评估办法》对数据安全审查提出了如下要求:

数据处理者因业务等需要,确需向境外提供数据的,应当具备下列条件之一:(1)通过国家网信部门组织的数据出境安全评估;(2)数据处理者和数据接收方均通过国家网信部门认定的专业机构进行的个人信息保护认证。

数据处理者向境外提供数据,符合以下情形之一的,应当通过所在地省级网信部门向国家网信部门申报数据出境安全评估:(1)数据处理者向境外提供重要数据;(2)关键信息基础设施运营者和处理100万人以上个人信息的数据处理者向境外提供个人信息;(3)自上年1月1日起累积向境外提供10万个人信息或者1万人敏感个人信息的数据处理者向境外提供个人信息;(4)国家网络部门规定的其他需要申报数据出境安全评估的情形。

数据处理者向境外提供在境内收集和产生的数据,属于以下情形的,应当通过国家网信部门组织的数据出境安全评估:(1)出境数据中包含重要数据;(2)关键信息基础设施运营者和处理100万人以上个人信息的数据处理者向境外提供个人信息。

数据安全审查与网络安全审查存在交叉,但不能等同。赴港上市仍然面临数据安全审查问题,因为境内企业无论在国外还是香港上市,都属于数据出境行为,面临数据安全审查问题。

(三)境外投资登记

1. 境内自然人股东的"37号文"登记

"37号文"登记适用的法律包括发布的《关于境内居民通过特殊目的公司境外投融资及返程投资外汇管理有关问题的通知》(汇发〔2014〕37号)和《关于进一步简化和改进直接投资外汇管理政策的通知》(汇发〔2015〕13号)。

境内居民个人境外投资外汇登记指境内居民以投融资为目的,以其合法持有的境内企业资产或权益,或者以其合法持有的境外资产或权益,在境外设立或间接控制特殊目的公司,通过新设、并购等方式在境内设立外商投资企业或项目,据此向外汇管理局或其授权机构申请的外汇登记。

2. 境内企业股东的境外投资登记

境内企业股东的境外投资登记适用的法律法规包括《境外投资管理办法》(商务部〔2014〕3号)、《企业境外投资管理办法》(发改委〔2017〕11号)、《境内机构境外直接投资外汇管理规定》(汇发〔2009〕30号)和国家外汇管理局发布的《关于进一步简化和改进直接投资外汇管理政策的通知》(汇发〔2015〕13号)。

与传统ODI登记不同,境内企业(含法人或合伙企业)股东的境外投资登记通常称为结构类ODI登记,多为配合境外融资、上市等项目而做的资产重组而进行。投资标的多为红筹/VIE项目,其业务实体多在境内。境外投资主体一般为有限合伙企业。此类项目经常出现多家主体合投一个项目,也就是机构投资者的联合"外翻"。目前全国大部分省级商务部门和发改委可以申请,不同地区的政策松紧度和关注点也有不同。多家投资主体可能分布在国内不同的省份,存在"联合申报”的问题。

结　语

SPAC 上市规则于今年正式登陆香港，为 SPAC 赴港上市提供了依据和指引。在新冠疫情对全球经济造成持续影响以及中资企业赴美上市受到趋严监管的宏观背景下，港交所此次通过引入 SPAC 上市机制为市场提供了除传统上市以外的另一个选择。在赴美上市前途不明朗的当下，我们相信，港交所的此番举措无疑会吸引更多的来自大中华区、东南亚以及世界各地的公司赴港融资，尤其是对于近年来高速发展的新经济行业，如绿色能源、生命科学及先进科技与制造行业等领域的公司而言，通过 SPAC 赴港上市也可作为公司未来上市融资的一个新选项。“春江水暖鸭先知”，作为中国律师，我们的团队将对香港 SPAC 上市的个案进行进一步研究和探索，并密切关注香港 SPAC 上市企业在境内可能开展的并购业务，以期为客户及相关投资者提供更为专业及周到的资本市场法律服务。

涉外事务篇

三

“一带一路”背景下个人信息跨境流动合规问题及建议

苏耀云　曾　恺

前　言

在我国“一带一路”合作倡议下，沿线区域基础设施建设和经济贸易合作均取得重大进展，个人信息跨境流动也因贸易合作而日趋频繁，以个人信息为核心开展业务的企业，既面临极佳“出海”发展的机遇，也因“一带一路”沿线国家法律制度的诸多差异面临复杂的跨境法律问题，加上近年来国家数据主权争夺和全球加强个人信息保护的背景，各国不同的个人信息保护法律规定和司法实践给企业带来更加复杂的个人信息跨境流动的合规问题。对此，本文从“一带一路”沿线国家个人信息规定和厘清个人信息跨境概念出发，在对比欧美个人信息跨境流动模式基础上，结合实务操作为有意在“一带一路”沿线国家投资发展的企业提出控制个人信息跨境流动风险的合规建议。

一、问题的提出

自 2013 年我国提出“一带一路”倡议发展以来，我国（本文指大陆地区）与“一带一路”沿线国家投资合作不断深化，除基础设施投资建设外，企业在传统跨境贸易、旅游、医疗等领域拥有广阔的市场空间。与此同时，在云计算、大数据、区块链、物联网、人工智能等新兴技术的蓬勃发展之下，以个人信息及其他数据为核心支撑业务的高新技术企业崛起，极大地推动了数字经济的发展，催生了腾讯、阿里等巨头企业。在我国流量寒冬的现实下，“一带一路”正处于深化合作的时期，企业出海“一带一路”沿线“掘金”成为必然之路，而跨境业务顺利开展须以个人信息跨境流动作为基础，个人信息跨境流动成为深化“一带一路”合作开展的基础要素。

然而，“一带一路”沿线有多达 60 多个国家和地区，由于政治制度、经济及技术发展水平、历史传统、风土人情和宗教信仰等差异,“一带一路”沿线国家的个人信息保护制度和规定千差万别,对个人信息跨境流动的规制亦各自有不同考量,多重因素作用下,在“一带一路”沿线国家发展的企业面临复杂的个人信息跨境流动合规问题,进一步而言,企业因业务需要个人信息跨境流动时应如何做到合法合规?对此,企业不仅要厘清何为个人信息跨境流动,也要清楚掌握业务所在国家对个人信息跨境流动采取的规制模式。

二、何谓个人信息跨境流动?

要解决企业在“一带一路”沿线国家所面临的复杂个人信息跨境流动合规问题,第一步是必须厘清个人信息跨境流动的确切含义,从字面上,个人信息跨境流动可拆分为“个人信息”和“跨境流动”两个概念,但对“个人信息跨境流动”的理解需结合“一带一路”沿线国家对个人信息和个人信息跨境流动的法律规定来理解:

世界范围内的个人信息保护问题发端于计算机技术应用下大规模处理个人信息引发的个人信息泄露和隐私保护问题,即个人信息概念的本质上基本是相同的,但在概念使用上,不同国家会采用不同的表述,如“一带一路”欧洲沿线的立陶宛、斯洛文尼亚等欧盟国家和印度、泰国、马来西亚使用“个人数据”,菲律宾使用“数据隐私”,新西兰使用“隐私”概念,我国、日本、韩国使用“个人信息”的概念,“一带一路”沿线国家俄罗斯、新加坡使用“个人资料”,我国香港特别行政区、澳门特别行政区和台湾地区使用“个人资料”概念。除表述上的差别外,各国个人信息概念在内涵和外延上有不同程度的差别,本文以部分“一带一路”沿线国家法律对个人信息的具体规定来说明(见表1)。

表1 “一带一路”沿线国家法律对个人信息的规定

国家/地区	法律	个人信息定义	说明
中国	《网络安全法》(2017年) 《关于办理侵犯公民个人信息刑事案件适用法律若干问题的解释》(2017年) 《信息安全技术个人信息安全规范》(2020年) 《个人信息保护法》(2021年) 《中华人民共和国民法典》(2021年)	以电子或者其他方式记录的能够单独或者与其他信息结合识别自然人的各种信息(《网络安全法》《民法典》) 能反映特定自然人活动情况的各种信息(《个人信息安全规范》) 以电子或者其他方式记录的与已识别或者可识别的自然人有关的各种信息(《个人信息保护法》)	目前我国个人信息认定两个标准,一个是可识别,包括直接或间接识别;另一个是关联性,即反映自然人活动情况的信息

续表

国家/地区	法律	个人信息定义	说明
俄罗斯	《俄罗斯联邦个人资料法》(2006 年)	与个人资料主体直接或间接相关的任何信息	俄罗斯个人信息的概念与欧盟 GDPR 一致,一是可识别,二是与自然人有关联的信息,比我国个人情况概念范围要广
印度	《印度个人数据保护法案 2018(草案)》	可直接或者间接识别出的关于自然人的或者与之有关的数据	该法制定总体效仿欧盟《通用数据保护条例》规定,不同的是印度将个人数据分为一般个人数据、个人敏感数据和关键个人数据,分别规定了不同跨境传输的合规义务
新西兰	《隐私法》(1993 年) 《隐私法修正案》(2010 年)	与在世的个人相关可辨认的任何信息	新西兰的个人信息保护水平一直紧跟欧盟,其 2010 年通过的《隐私法修正案》,增加了跨境信息流动的规定,2012 年欧盟委员会认定新西兰达到欧盟跨境信息共享的标准,即列入欧盟充分保护水平国家名单
新加坡	《个人资料保护法令》(2012 年)	任何关于可以识别的个人的数据,无论是否真实	需要注意的是新加坡个人信息概念不包括业务联系信息,如职位名称或头衔、业务电话号码、地址、邮件和其他类似的非由个人仅出于私人目的提供的信息;也不包括已存续至少 100 年的记录中包含的个人数据,或与已去世 10 年以上的个人有关的个人数据
马来西亚	《个人资料保护法》(2010 年)	在商业交易中取得的资料,而此资料当事人可以从上述资料中被识别或可被识别,包括敏感的个人资料,以及对该资料当事人的意见表达	马来西亚法律规定的个人信息主要是商业交往产生的个人信息,不包括信用报告机构为了经营资料和信用报告业务而处理的资料

续表

国家/地区	法律	个人信息定义	说明
菲律宾	《数据隐私法》（2012年）	以实物或非实物形式记录的、对于持有该信息的实体而言，自然人身份将由此而变得显而易见的任何信息	菲律宾在该法案出台之前，并没有太多对于数据收集者的监管或对数据当事人的保护措施
泰国	《个人信息保护法》（2019年）	能够直接或间接辨别该个人的信息（已死亡者除外）	不包括个人工作信息（如工作职称、工作地址和联系方式）
越南	《网络安全法》（2018年）	无	越南目前并没有专门的个人信息保护法，相关的条款散见于其民法典、信息技术法、消费者权益保护法、刑法典、电信法和网络安全法

从上述梳理可知，将能直接能识别出特定自然人的信息认定为个人信息是各国的基本共识，但是也能看到有个别国家将个人信息限定在较小范围，例如马来西亚规定的个人信息仅限于商业交往产生的个人信息。新加坡规定，与业务和工作岗位等相关信息不属于个人信息，泰国也有类似规定，而新西兰、俄罗斯等参考欧盟GDPR，将间接与自然人相关的任何信息都列入个人信息范畴，个人信息的范围较广。因此，不同国家个人信息法律概念的既有内容相同部分也存在差异之处，这些差异之处是企业合规工作的基础。

三、什么是“个人信息跨境流动”？

通常意义上的跨境是指从一个国家或地区的管辖范围进入到另一国家或地区的管辖区域，但在个人信息跨境流动的特殊语境下，个人信息跨境是指个人信息从适用一种法律制度的区域到另外一种法律制度区域，如欧盟境内国家之间的个人信息是可以自由流动的。同时，广义上的跨境包含入境和出境两个步骤，不同于货物入境和出境有海关等进行检查以管制违禁品进入，目前并没有国家对于个人信息入境进行限制。所以，对个人信息跨境规制实质上是规制个人信息的出境，限制的目的在于确保个人信息出境后能够获得与境内相当的保护水平，并且，个人信息跨境不仅指携带存储着大量个人信息的硬盘或其他可读个人信息载体的出境，还主要指通过技术手段使个人信息被境外的机构、组织、个人访问查看或者个人信息通过其他形式向境外转移。

需要注意的是，前述个人信息出境仅为通常认定标准，由于“一带一路”沿线国家的不同法律制度,具体认定个人信息出境须结合当地法律进行,本文以我国大陆地区、欧盟和俄罗斯为例进行说明。

(一)我国对个人信息出境的界定

2019 年我国网信办发布的《个人信息出境安全评估办法(征求意见稿)》第 2 条规定,网络运营者向境外提供在中华人民共和国境内运营中收集的个人信息为个人信息出境,可见,该意见稿所指的个人信息出境是指在境内运营过程中收集的个人信息,而在境外运营收集个人信息通过我国境内转而传输至境外并不是个人信息出境,这包含两种情况:第一,非在境内运营收集和产生的个人信息经由我国出境,未经任何变动或加工处理的,不属于出境;第二,非在境内运营收集和产生的个人信息在境内存储、加工处理后出境,不涉及境内运营中收集和产生的个人信息的,也不属于出境。

而相比之下,《个人信息保护法》虽然没有对个人信息出境进行定义,但规定组织、个人在我国处理个人信息的适用该法,则意味着即便在我国大陆之外运营所收集和产生的个人信息传输至我国境内,并在我国大陆境内进行处理之后再传输至境外的,即前述第二种情况可能属于《个人信息保护法》规定的出境,必须满足我国法律规定的合规要求。

(二)欧盟对个人信息出境规定

"一带一路"沿线包含欧盟部分国家,对于这部分国家而言,个人信息出境认定以《通用数据保护条例》(GDPR)为依据,由于欧盟境内个人数据可以自由流动,只是从欧盟境内向欧盟境外转移时才有相应的合规要求,个人信息在欧盟"出境"也并非简单的地理意义上的跨越欧盟,需要结合 GDPR 的个人信息"处理"概念来具体认定。GDPR 第 4 条第 1 款的"处理"是指对个人信息进行的任何操作,无论是否通过自动化手段进行,如收集、记录、组织、建构、存储、修改、恢复、查询、使用、传播、分发或被他人获得、排列、组合、限制、清除、销毁等。

因此,个人信息短时间流经第三国但没有进行"处理"操作的,不受 GDPR 限制。例如,在欧盟收集的个人信息在上传至欧盟境内的服务器时,可以短时间同步到我国大陆境内服务器(但不进行本地存储),就不是 GDPR 规制的个人信息跨境传输,但若后续在我国境内涉及个人信息处理,则受到 GDPR 的限制。

同时,"处理"还需要结合 GDPR 第 2 条第 1 款的规定来认定,因为 GDPR 规制的是以自动化方式包括全部或部分通过自动化手段进行的个人信息处理及非自动化手段进行的、构成或旨在构成归档系统方式处理个人信息的行为。

因此,家庭、朋友之间进行的简单个人信息交换,以及线下不以建立档案系统为目的的个人信息处理不受 GDPR 规制。如某欧盟公民与在我国的某朋友电话聊天中涉及个人信息的交换,并非自动化方式,也不属于 GDPR 规制的“处理”,因而不受 GDPR 规制,不适用 GDPR 跨境合规要求。

(三)俄罗斯对个人信息出境规定

从俄罗斯 2006 年 7 月颁布的《个人资料保护法》以及后续一系列监管法案和其他特定法律可以看出,俄罗斯的个人信息立法一直试图与欧盟看齐,就目前而言,俄罗斯个人信息出境与欧盟 GDPR 大体是相同的,但关于个人信息出境的不同规定是,欧盟把访问视同出境,但俄罗斯并没有把访问视为出境。

综上所述,个人信息出境在不同国家法律语境下可能有不同的界定,若涉及在“一带一路”国家个人信息出境业务,企业要根据不同的业务场景结合当地国家法律规定进行细化。

四、“一带一路”沿线国家个人信息跨境法律规制分析

在清晰界定个人信息跨境具体含义的基础上,企业还需要具体了解业务所在国家对个人信息跨境流动的规制模式和具体规定。世界范围内,个人信息跨境规制大体可分为三种模式:第一种是美国模式,第二种是欧盟模式,第三种是介于欧盟与美国之间的中间模式,“一带一路”沿线国家完全选取欧洲模式和美国模式的较少,大多选取中间模式。具体来说:

(一)美国模式

美国一直以来是主张数据自由流动的代表性国家,其目的是通过个人信息自由流动,同时通过技术和信息产业的优势将个人信息集中于美国或美国公司。为此,美国积极通过签订双边或多边协议等方式推动个人信息跨境自由流动,在亚太地区,美国极力推行以亚太经合组织(APEC)隐私框架为基础构建的跨境隐私规则体系(下称 CBPRs)。CBPRs 旨在规范亚太地区跨境电商业务的发展,致力于实现该地区内个人信息的自由流动,而实际上 CBPRs 提供的个人信息保护水平比较有限。目前,“一带一路”国家中新加坡、韩国、澳大利亚、菲律宾已经加入 CBPRs 体系,但具体进展缓慢,目前仅新加坡企业可获得 CBPRs 认证。

(二)欧盟模式

欧盟对个人信息保护采取最严格保护模式,按照 GDPR 规定,企业要进行个人信息跨境传输可根据 GDPR 规定采用不同梯度的机制,这些传输机制的共同点是确保个人信息流动到欧盟境外时也获得与欧盟境内相同的保护水平,然而,由于欧盟个人信息保护标准较高,且欧盟有意通过 GDPR 及其他文件推动世界各国向 GDPR 看齐,以建立既能充分保障个人信息主体对信息的控制权,又能在此基础上建立统一自由流动的数字市场。在此目标下，由于对美国个人信息保护水平的担忧，2020 年 7 月，欧盟法院认定欧美《隐私盾协议》提供的保护不充分，裁定“隐私盾”失效，但标准合同条款仍然是可行机制。目前欧盟主要实施的跨境传输个人信息的机制是充分性认定（“白名单”）、标准合同条款和约束力公司规则，除“一带一路”沿线的欧盟国家外，“一带一路”沿线只有新西兰是通过欧盟充分性认定国家。

（三）介于欧美之间的中间模式

与欧美模式相比，“一带一路”沿线国家主要是发展中国家，在数字技术及贸易等方面均不占优势，故“一带一路”沿线国家基本不采取美国自由流动模式，但是因客观条件限制又无法建立与欧盟 GDPR 同样的高标准的个人信息保护制度。在各国数据主权争夺下，特别是 2013 年发生了前美国中央情报局职员爱德华·斯诺登曝光美国国家安全局“棱镜计划”事件后，“一带一路”沿线国家纷纷加快制定符合本国网络安全战略和规制数据跨境流动的法律制度，故而“一带一路”沿线国家在借鉴欧盟 GDPR 基础上，根据自身国情制定了不同的本地化规定，对个人信息跨境流动进行不同维度的限制，这也是“一带一路”沿线国家个人信息跨境传输合规工作的难点，下面以我国、俄罗斯和印度为例说明（见表 2）。

表 2　中间模式国家对个人信息跨境流动的限制

国家/地区	法律规定	本地化要求	说明
中国	《网络安全法》（2017 年） 《个人信息出境安全评估办法（征求意见稿）》（2019 年） 《个人信息保护法》（2021 年）	关键信息基础设施的运营者在中华人民共和国境内运营中收集和产生的个人信息和重要数据应当在境内存储。（《网络安全法》第 37 条） 经安全评估认定个人信息出境可能影响国家安全、损害公共利益，或者难以有效保障个人信息安全的，不得出境。 关键信息基础设施运营者和处理个人信息达到国家网信部门规定数量的个人信息处理者，应当将在中华人民共和国境内收集和产生的个人信息存储在境内。（《个人信息保护法》第 40 条）	目前我国生效法律仅规定关键基础设施运营者在境内运营收集的个人信息应该存储在境内，也就是境内必须设置服务器。此外，出境也需要履行评估等义务。从《个人信息保护法》的规定来看，处理个人信息达到网信部门规定数量的处理者在运营过程中收集的个人信息也要存储在境内，这与《网络安全法》的规定相比，义务主体进一步扩大，但这与 2017 年《个人信息和重要数据出境安全评估办法（征求意见稿）》要求所有网络运营者都要将运营所收集的全部个人信息在境内存储相比有一定限缩

续表

国家/地区	法律规定	本地化要求	说明
俄罗斯	《俄罗斯联邦个人资料法》(2006年)及修正案《信息、信息技术和信息保护法》(2006年)	信息系统的运营方有义务将收集、整理的俄罗斯公民的个人信息存储于境内的服务器	俄罗斯强调个人信息本地化存储,特别是针对敏感、重要的数据进行重点控制
印度	《印度个人数据保护法案(草案)》(2018年)	对于一般个人信息和敏感个人信息,数据控制者应确保在印度的服务器或数据中心存储至少一份个人数据副本。 关键个人信息,仅能在印度设服务器或数据中心处理	被印度政府认定为关键个人信息的不得出境,而一般个人信息印度参考GDPR设置了类似机制,对于敏感个人信息出境只有在为特定人员或机构提供健康服务或紧急事件服务所必须,且数据接收国为印度中央政府确认的提供充分保护水平的国家等条件时才能进行传输

根据表2,企业在我国、俄罗斯和印度要跨境传输个人信息,本地合规是第一步,如果无法满足其个人信息本地化的要求,则个人信息跨境流动则无从谈起。而我国本地化规定主要针对关键信息基础运营者和将来个人信息保护法生效后网信办认定处理个人信息达到一定规模的主体,并非所有企业都受到本地化规定的限制,而俄罗斯则是“一刀切”地规定凡是处理俄罗斯公民个人信息的运营者必须在俄罗斯存储该个人信息,而印度则从个人信息分级分类角度规定不同本地化存储要求,这些本地化规定与欧洲和美国相比有显著差异。

五、“一带一路”沿线跨境传输个人信息合规建议

结合前述个人信息跨境流动的概念和业务所在国家对个人信息跨境流动的法律规制模式,本文从法律风险防控和合规管理角度给企业提出以下合规思路和解决建议。

(一)梳理需要跨境传输的业务场景和涉及跨境的个人信息类型

如前述,部分业务场景下跨国传输个人信息仅涉及跨越国境,如个人信息在境外收集和产生,仅仅同步到我国服务器并不涉及处理等操作又传输至其他国家服务器,通常情况下不构成个人信息跨境,在不属于该业务所在国家所限制的个人信息出境情况下不受该国跨境流动限制。再者也要看业务场景下需要跨境流动的信息是否属于业务所在国家所保护的个人信息,因为个人信息在不同法域存

在差别，例如，新加坡个人信息不包括业务联系信息，如职位名称或头衔、业务电话号码、地址、邮件和其他类似的非由个人仅出于私人目的提供的信息，该等信息跨境不受新加坡法律规定限制，马来西亚也有类似规定，而该等信息在其他国家却属于个人信息的范畴。因此，企业需要厘清不同业务场景和所需个人信息类型，做到有的放矢。

（二）个人信息脱敏处理

个人信息出境合规问题虽然是法律问题，但有时却可以通过技术处理来降低风险，个人信息脱敏处理就是其中重要的方式。脱敏主要包括个人信息匿名化、去标识化和假名化三种技术处理方式，根据我国法律，个人信息匿名化是指通过技术处理使个人信息不可复原且无法重新识别，信息经过匿名化就不属于个人信息，国家除对与国家安全和利益相关的数据进行出口管制外，个人信息匿名化之后的数据通常可以自由进行跨境传输，过程也相对安全。需要注意的是，匿名化等技术在不同法域内涵和外延不同，在进行脱敏时可以结合业务场景的需要和当地国家法律规定进行相应的技术处理，将合规风险降低。此外，企业也需要注意个人信息脱敏是要使信息达到不可复原和重新识别，若技术处理后跨境的数据结合起来能够重新识别，则属于我国个人信息出境。

（三）个人信息进行分级分类管理

这里的分级分类管理同样需要结合业务场景需要和“一带一路”沿线国家的法律规定来进行，具体来说，“一带一路”沿线国家对个人信息分级分类标准及管控的程度不一样，比如，在印度，个人信息被明确分为一般个人信息、敏感个人信息和关键个人信息，个人信息跨境流动时就需要直接对照不同国家的管控要求进行细分和传输。

（四）根据企业发展规划结合业务需要部署不同国家数据本地化安排

如前述，“一带一路”沿线国家主要是发展中国家，对个人信息本地化存储有相应不同的要求，如在我国，达到一定规模的个人信息处理者有个人信息本地化存储义务，即要求存储信息的服务器、数据中心和云平台等都在设置在我国境内。而印度除了关键个人信息类别要求存储在印度境内服务器外，一般和敏感个人信息只要求在印度境内存储副本即可，而在俄罗斯个人信息跨境流动的前提是满足本地化要求。这些差别要求企业在开展业务前提前进行部署，或者对现有业务模式进行调整，以适应相应的本地化规定。

（五）把握好境内境外同等保护的基本原则

除数据本地化规定，几乎每个国家都要求个人信息出境后也要求达到与境内同等保护水平,虽然可能每个国家为确保达到相应标准采取的措施不同,但在大规模传输个人信息的场景下都具有类似的操作方式,主要有充分性认定、双边或多边条约、认证机制等,企业要结合所在国家规定和业务实际情况采取相应的个人信息跨境流动机制。

总之,前述合规思路和解决建议需要企业结合实际合规实践来展开,同时也离不开企业法务部门、技术部门和业务部门的充分沟通和合作。

结　语

在"一带一路"倡议和全球数字贸易的有利背景下,企业要投资"一带一路"沿线国家并发展壮大,就不得不面临个人信息跨境流动的合规问题,本文结合实际情况提出相应的合规思路和解决建议,可以降低相应的风险。但企业仍然面临的难题是,各国个人信息跨境流动规制法律规定错综复杂,长远来看企业还是无法避免地要付出较大的合规成本,这会在一定程度上影响到"一带一路"国家之间的贸易往来。对此,我国在推动"一带一路"合作共赢中也可积极抓住机遇,倡导制定"一带一路"个人信息和数据跨境流动的相关国际规则,掌握更多主动权,进一步促进"一带一路"贸易自由化,更好为我国企业"出海"保驾护航。

GDPR 管辖下我国企业跨境传输个人信息合规管理

苏耀云　曾　恺

前　言

《通用数据保护条例》(GDPR)生效后,其中的长臂管辖规则使围绕用户个人信息构建商业模式的互联网企业在开拓欧洲市场时会受到 GDPR 的规制,存在潜在合规风险,特别是在企业存在跨境传输个人信息业务场景下,GDPR 项下个人信息合规问题是出海企业需要解决的首要问题。

例如,我国一家短视频企业在法国设立子公司,该子公司负责在多个欧盟成员国推广该企业的欧洲版短视频软件,为深度开发欧洲市场,该视频企业需要子公司将收集的欧盟用户数据传输回大陆进行深度数据分析和挖掘。

那么,这家短视频企业与子公司传输个人信息是否受到 GDPR 的限制?如何传输个人信息才符合 GDPR 的规定?本文将结合 GDPR 相关规定和实际场景对上述问题展开探讨。

一、GDPR 对个人信息跨境传输的规制

首先,GDPR 的实施是欧盟构建统一自由流动数字市场理念的体现。欧盟境内个人信息可自由流动不受特别监管,所以该跨境不是指在欧盟成员区域范围内的跨境,而是指向欧盟以外的国家、地区或国际组织传输个人信息。

当然,跨境传输必须是属于 GDPR 所保护的个人信息,非个人信息不受管制(欧盟使用个人数据概念,我国使用个人信息概念;由于两个概念内涵基本相同,故本文同时使用两个概念,不作区分),不受 GDPR 保护的个人信息,即便从欧盟境内传输至境外也不受 GDPR 限制。比如,我国某公司通过 App 收集国内用户运动、睡眠、心率等个人数据为用户提供健康指标监测服务,该公司将在我国收集的用户数据传输至其欧盟一家数据处理中心处理,数据处理后同步传输回国内公

司,该公司传输的是我国公民的个人信息,此情形下不受 GDPR 规制,但若该公司处理我国使用该软件的公民到欧洲旅游期间产生的个人信息可能受到 GDPR 规制,这个问题本文不具体展开。

其次,GDPR 规制的是向第三国或国际组织传输个人信息,不限制第三国或国际组织向欧盟传输个人信息,GDPR 管制是单向的,即只限制出境,不限制入境。本文讨论的跨境传输即指欧盟保护的个人信息从欧盟出境传输至欧盟境外的第三国或国际组织。

最后,个人信息在欧盟“出境”中的“出境”并非简单的地理意义上的跨越国境,需要结合 GDPR 规制的个人信息“处理”概念来具体认定。GDPR 第 4 条第 1 款的“处理”是指对个人信息进行的任何操作,无论是否通过自动化手段进行,如收集、记录、组织、建构、存储、修改、恢复、查询、使用、传播、分发或被他人获得、排列、组合、限制、清除、销毁等。因此,个人信息短时间流经第三国但没有进行以上实质处理操作的,例如在欧盟收集的个人信息在上传至欧盟境内的服务器时,可以短时间同步到我国服务器(但不进行本地存储),不是 GDPR 规制的个人信息跨境传输,但若后续在我国境内涉及个人信息处理,则受到 GDPR 的限制。同时“处理”还需要结合 GDPR 第 2 条第 1 款的规定来认定,因为 GDPR 规制的以自动化方式,包括全部或部分通过自动化手段进行的个人信息处理及非自动化手段进行的、构成或旨在构成归档系统方式处理个人信息的行为。因此,家庭、朋友之间进行简单的个人信息交换,以及线下不以建立档案系统为目的的个人信息处理不受 GDPR 规制。如某欧盟公民与在我国的某朋友电话聊天中涉及个人信息的交换,并非自动化方式,也不属于 GDPR 规制的“处理”,但若其目的是后续将该欧盟公民的个人信息输入电脑进行处理,则可能被认定为 GPPR 限制的出境。综上所述,个人信息跨境传输主要针对受 GDPR 保护的个人信息。个人信息跨境传输,不能仅从技术角度看跨境传输,而应结合传输的目的判断其是否属于 GDPR 规制的“自动化”和“处理”;且跨境应理解为从欧盟司法管辖区向非欧盟司法管辖区传输,向国际公海的欧盟成员的国际船舶、航空器、欧盟成员方驻外使馆、领馆传输个人信息,不构成跨境。

二、从欧盟传输个人信息合规路径

GDPR 第 5 章“向第三国或国际组织传输个人信息”中规定了几种可以进行跨境传输个人信息的情形,企业向欧盟境外国家或国际组织传输个人信息需满足其一才是合法的。从 GDPR 规定看,这几种方式存在适用上的梯度,在监管上,只有不满足前一种方式才适用后一种方式,相应合规成本也逐渐增加。

为方便读者了解 GDPR 跨境传输个人信息的路径,笔者绘制了一张简要路径图,可以根据图 1 顺序依次检索相应路径。

图 1　欧盟企业向欧盟境外转移个人数据路径

需要注意的是,以上方式虽然存在梯度,但即便有前一种方式可供使用,企业也可选择其他方式。下面对路径进行逐一分析:(1)接收地为欧盟认定达到充分保护水平的国家或国际组织。根据 GDPR 第 45 条规定,如果接收数据的第三国或国际组织通过了欧盟委员会的充分性认定,可以自由传输个人信息,无须任何特别授权(指无须监管部门做特殊预先允许或批准、审批、评估等)。但 GDPR 规定企业最初收集数据时须告知数据主体可能将数据转移到第三国或国际组织的事实及数据接收地是否通过欧盟委员会充分性认定等情况。目前通过欧盟充分性认定的国家和地区(白名单)包括安道尔、阿根廷、法罗群岛(丹麦属地)、根西岛(英国属地)、以色列、马恩岛(英国属地)、泽西岛(英国属地)、瑞士、新西兰、乌拉圭、美国(符合隐私盾要求的企业)、加拿大(符合个人信息保护和电子文件法范围的私营实体)和日本,我国目前并不在其中。故文章开头的例子中,该法国子公司需要寻求 GDPR 规定的其他路径。(2)采取了适当的安全保障措施。GDPR 第 46 条规定,缺乏充分性认定的情况下,在保障数据主体可行使权利和获得司法救济的前提下,企业可以采取下述适当安全保障措施向欧盟境外国家或国际组织传输个人信息,包括以下几种方式:①有约束力的企业规则(Binding Corporate Rules,BCRs)。GDPR 第 47 条规定,BCRs 通常由大型跨国公司和关联企业集团(具体指"从事联合经济活动的企业团体"),包括经济联盟实体、特许经营组织以及共同从事经济活动的商业伙伴起草,并经有权监管机构批准。监管机构一般是欧盟当地数据控制者或处理者所在国的数据保护监管机构,也可以是欧盟数据保护委员会(EDPB)。BCRs 经批准后,企业集团内部按照 BCRs,可向其欧盟境外关联企业进行数据传输,而无须再特别授权。BCRs 是跨国企业集团主要采用的数据传输机制，BCRs 中应确保所有集团成员同意接收数据保护机构的审计，并遵守数据保护机构的建议。同时，实施时企业应确保集团内的成员企业及其员工和分包商共同遵守规则，在其他非欧盟企业违反 BCRs 时必须指定欧盟境内的一个集团成员承担集团内的责任等。由于 BCRs 要求严格，目前仅宝马汽车、通用电气、惠普、西门子电子等 132 家跨国企业获得欧盟批准使用的 BCRs。②数据保护标准条款，GDPR 第 46 条第 2 款 c、d 项规定，数据保护标准条款可由各国监管机构制定并提交欧盟委员会进行审查通过之后颁布。实践中，数据保护标准条款由国际商会领导的企业协会联盟与欧盟数据保护委员会（GDPR 生效前为第 29 条工作组，WP29）对条款进行了磋商，提交欧盟委员会通过颁布后，企业可以直接采用。在 GDPR 实施前，根据 1995 年《数据保护指令》，欧盟已经颁布了部分版本的标准合同条款（SCC），具体为："从数据控制者到非欧盟控制者"的标准合同文本（Decision 2001/497/EC、Decision 2004/915/EC），以及"从数据控制者到非欧盟数据处理者"的标准合同文本（Decision 2010/87/EU）。从 GDPR 颁布和生效至今，EDPB暂时没有根据 GDPR 第 46 条第 2 款 c、d 项制定新的"数据保护标准条款"，EDPB 的前身 WP29 制定的这三套标准条款仍可使用，可从欧盟官网获取。③已批准的行为准则（Codes of Conduct，GDPR 第 40 条）且第三国或国际组织的数据控制者或处理者出具有约束力和执行力的承诺以满足 GDPR 规定的适当的保障数据主体权利的措施（如合同或其他具有法律效力的文件）。同样，已批准的行为准则由数据控制者所在行业协会或所属行业具有代表性的企业起草。根据GDPR 规定，已批准的行为准则包括两类：特定的行为准则（经所在国数据保护监管机构批准）和一般行为准则（由所在国数据保护监管机构对一般行为准则提出意见提交欧盟数据保护委员会，由欧盟数据保护委员会认定，再由欧盟委员会通过实施）。④通过欧盟、有监管权限的机构或其他第三方认证机构认证机制且第三国或国际组织接收数据的数据控制者或处理者出具有约束力和执行力的承诺以满足 GDPR 规定的适当的保障数据主体权利的措施（如合同或其他具有法律效力的文件）。需要注意，2019 年 6 月 4 日，EDPB 发布的《针对 GDPR 第 42 条和第 43 条有关"认证"规定的指南》是关于在欧盟境内建立数据保护的认证机制，截至目前 EDPB 尚未就 GDPR 第 46 条第 2 款 f 点规定向第三国或国际组织转移欧盟境内个人信息的认证机制起草指南，可能 EDPB 后续将根据欧盟境内认证机制实施情况来制定向欧盟外国家或国际组织传输数据的认证机制。⑤欧盟境内数据控制者或处理者与第三国或国际组织的数据控制者或处理者订立合同条款且经监管机构审查批准（在遵循 GDPR 第 63 条一致性机制的情况下）。（3）满足 GDPR

第 49 条规定的特定情况在缺乏充分性认定机制，也没有第 46 条提供诸如约束力企业规则等安全保障措施的，GDPR 第 49 条还规定了数据控制者或处理者向第三国转移数据的情形：a. 企业在转移数据时明确告知数据主体其数据传输缺乏充足保护和适当的安全措施，并且可能存在相应风险，数据主体仍然明确表示同意的；b. 数据转移是履行数据主体与数据控制者之间的合同，或者是在数据主体要求下实现签署合同所必要的；c. 为了实现数据主体权益，数据控制者和另一自然人或法人之间签订或履行合同而进行数据转移的；d. 数据转移是为了实现公共利益（为欧盟及成员方所认可）的；e. 数据转移是诉讼活动中行使起诉、抗辩主张所必要的；f. 当数据主体基于身体性或法律性原因无法表达同意，个人信息转移时为了保护数据主体或其他人重大利益的。（4）其他情形 GDPR 第 49 条第 1 款 2 段规定，在不满足前述第 45 条、第 46 条规定以及第 49 条第 1 款的特定情形下，只有在同时满足以下条件时才能向欧盟外第三国或国际组织传输数据：a. 非重复转移个人信息；b. 涉及小部分数据主体；c. 数据控制者在不妨碍数据主体的权益和自由下转移数据具备压倒性的正当合法理由；d. 数据控制者对数据转移相关情况进行了评估且基于该评估对数据主体提供适当的安全保障措施；e. 通知数据监管机构；f. 向数据主体提供 GDPR 第 13 条"收集数据主体个人信息时应当提供的信息"和第 14 条"当个人信息还没有从数据主体那里收集前"规定的信息，并告知数据主体转移数据所追求的压倒性正当利益。综上，在个人信息接收地未经欧盟充分性认定的情况下，法国子公司可采用适当的安全保障措施等替代机制向欧盟外国家或国际组织传输个人信息。除前述第（2）点⑤种方式需要监管机构介入外，其他适当安全保障措施无须监管机构另行授权或批准和再次征求数据主体的明确同意，只是其中认证机构尚未建立，暂时不适用。在既没有充分性认定，也缺乏适当安全保障措施的情况下，可以采取第 3 种和第 4 种方式，但这两种方式合规成本较高，很少使用。

结　语

本文简要分析了在 GDPR 规定下，企业需要从欧盟向第三国或国际组织传输个人信息的合规路径和基本框架。还有很多其他合规问题和细节值得研究和讨论，比如如何使用标准合同条款进行传输等。限于篇幅，后续再作进一步探讨。

探讨中国涉外律师的国际化视野

张　由

前　言

2016 年 5 月，中央全面深化改革领导小组第二十四次会议审议通过了《关于发展涉外法律服务业的意见》，并提出四方面任务：一是为“一带一路”沿线国家重大发展战略提供法律服务，二是为中国企业和公民“走出去”提供法律服务，三是为我国外交工作大局提供法律服务，四是为打击跨国犯罪和追逃追赃工作提供法律服务。涉外法律服务业开始受到从中央到地方的大力支持，各地也纷纷出台相关政策，并落实具体的措施。

2020 年 4 月 17 日，中共中央政治局常委、全国政协主席汪洋在第十三届全国政协第 34 次双周协商座谈会上强调，当今世界正经历百年未有之大变局，中国日益走近世界舞台中央，这是一个需要也一定能够产生大批高素质涉外法律服务人才的时代。要深入学习领会习近平总书记关于涉外法治工作的重要论述，从战略高度认识加强涉外法律服务人才队伍建设的重要意义，坚持立足国情、服务大局，努力造就一支高素质涉外法律服务人才队伍，更好维护国家主权、安全和人民群众利益。

这一系列举措表明，我国重视培养精通相关领域业务和国际规则，具有国际化视野、丰富执业经验和跨语言、跨文化的法律运用能力的高素质、复合型中国涉外律师，力求更好地服务国家整体经济和社会发展战略。近年来，中国的法治环境已经得到极大的改善，中国在国际舞台上扮演的角色越来越重要。但中国所面临的国际政治、经济局势也越来越复杂，急需打造一批“政治可靠、法律精通、英语优秀”的涉外律师，为中国保护国家和国民的海外利益、夺取国际话语权贡献高水平的法律专业知识，而涉外律师的国际化视野正是其中的重要一环。

本文将围绕这个问题，从中国涉外律师具备国际化视野的必要性、面临的挑战、实践操作三方面进行阐述。

一、中国涉外律师具备国际化视野的必要性

为顺应国家“一带一路”发展方向的需求，配合中国企业不断加快“走出去”的步伐，涉外法律服务已经成为中国法律界的热点话题。“一带一路”倡议的提出，为涉外法律服务提供了更为广阔的市场。在机遇与挑战并存的当下，我们应清楚地认识到，中国涉外律师具备国际化视野的必要性和现实意义。

（一）国际化视野可以全面提升中国涉外律师的综合素质

加强国际化视野的培养，有利于全面提升中国涉外律师的综合素质，提高涉外法律服务水平。全面提升综合素质，靠的是自身的不断修炼和对外界的学习。

借助国际化视野，我国涉外律师可以更清楚地认识到自身与优秀的港澳台、国外法律专业人士的差距，包括在如何做出更专业的法律文件、如何更好地参与国际法律服务项目方面，以及在律师与当事人之间的利益界限、法律职业共同体的发展等职业操守、法律思维的差距。

培养中国涉外律师的国际化视野，有利于推进我国涉外法律服务业的发展进程，提升涉外法律服务水平及综合素质，进一步发挥涉外法律服务国家战略发展、推动形成中国在国际经贸合作方面的优势地位。

（二）国际化视野可以提高中国涉外律师的职业认同感

放眼全世界法律行业，境外法律专业人士已初步形成普遍认同的价值观，他们鲜以职位高低、收入多少来“论英雄”，相反，每一位值得尊重和认可的法律专业人士、每一位以专业精神为推动法律职业发展和法治进程作出贡献的法官、检察官、律师都是真正的英雄。

而在中国，社会主义法治发展时间不长，法律职业共同体尚未完全形成，部分刚刚从事涉外法律业务的律师尚未产生职业认同感。在这样的背景下，为了提高中国涉外律师的职业认同感，培养法律职业操守，规范执业行为，应对未来国际化社会挑战，中国涉外律师应认识到自身肩负的使命和目标，放眼全球，加强自身国际化视野的培养。

（三）国际化视野可以更好地帮助涉外律师提供专业法律服务

2001 年，中国加入 WTO，成为世贸组织的第 143 位成员。从这一年开始，“引进来”和“走出去”成为各行各业的发展趋势，国际贸易与人员交流日渐频繁。2019 年，我国货物贸易进出口总值 31.54 万亿元人民币，比 2018 年增长 3.4%。其中，出口 17.23 万亿元，增长 5%；进口 14.31 万亿元，增长 1.6%；贸易顺差 2.92 万亿元，扩大 25.4%。

同时，随着“一带一路”的深入推进和席卷全球的经济全球化浪潮，跨境投资、

兼并、收购、重组等业务日益增长，中国内销企业开始走向国际市场，越来越多的国际产品或品牌进入中国，企业和人员在不同国家、地区之间频繁流动，这产生了跨国交易谈判、国际知识产权保护、国际经济合同纠纷、跨国刑事犯罪等各类涉外法律服务的需求。

为了更好地提供涉外法律服务，中国涉外律师需要具备国际化视野，通过不断提升法律研究水平、整合境内外资源、提升跨境争议解决能力，不断克服语言、文化障碍、战胜挑战，才能突破旧思维，迎来更多的业务机会，为中国更高水平的国际化贡献智慧。

二、中国涉外律师培养国际化视野时面临的挑战

"一带一路"倡议的实施需要一批兼备涉外法律知识和国际化视野的律师。具体的涉外项目通常具有复杂的项目背景、涉及众多领域的知识、牵涉不同的交易主体，这对律师的综合能力和国际化视野提出了很高的要求。而在培养中国涉外律师国际化视野的过程中，仍面临着来自语言、司法实践、文化背景等多方面的挑战。

（一）法律英语培训机制有待加强

学好法律英语是涉外律师必须具备的职业素质。单就英语专业而言，在对外开放力度不断加大的形势下，社会对英语专业人才的要求早已从单纯的语言交流走向多元化。社会需要的是既懂英语又懂某方面业务知识的复合型人才。

而法律英语并不是"法律"和"英语"的简单相加，因为法律英语在词汇、短语、习惯用语、句子结构等方面具有独特性，专业性很强，法律英语已经逐渐发展成为一门独立的学科，需要投入大量的时间进行钻研。

然而，我国法律英语学习现状却不容乐观。具体表现在，法律英语专业的学生考虑到法律行业初期收入不及英语行业高等因素，一些人放弃往法律方向发展；涉外律师在工作中有学习法律英语的极大需求，却囿于工作时间、周边资源有限等方面的原因，无法接受到最优秀师资的教育。

（二）对境外法律的掌握程度及实践经验不足

目前，在各类涉外事务中，中国的高端涉外律师并不多见。在全国范围内，既熟知国际规则，又精通外语，能直接参与国际项目、国际谈判的涉外律师极其匮乏，涉外法律服务对客户的作用在广度和深度上均有不足，主要体现在：对外国法尚未达到掌握和熟悉的水平；用外国语言解决法律问题还有一定困难；缺乏各行业基本知识，难以结合行业背景根据法律提出风险防控等方面的合理化建议等。

在国际实践中，涉外争议解决也是体现律师专业水平的工作。跨境争议解决复杂性较高,对律师的技巧要求也较高。一个完整的争议解决流程,需要解决众多细节问题,如对争议解决方式的选择、外国法律查明、外国法院判决的执行、外国仲裁机构的仲裁裁决的执行等。目前,具备境外仲裁、诉讼等实务经验的涉外律师较少。

(三)面临司法背景和文化背景的差异

除了上述困境,中国涉外律师在参与涉外项目中,还面临司法背景差异、文化差异等其他方面的挑战。对于境内法律制度,一名称职的中国涉外律师可通过法律法规检索、案例检索、专项培训、同行交流等多种渠道熟练掌握。但对于境外的法律制度,出于司法差异、信息不透明、文化差异等原因,律师难以快速、熟练并准确地认知。

在提供法律意见和建议时,中国涉外律师往往遵循"发现问题、分析问题、解决问题"的逻辑,但该逻辑的每一个步骤均有赖于其对境外国家或地区法律法规的全面了解。若不懂得境外的司法背景和文化背景,涉外律师便无法及时发现交易中可能面临的风险,更无从对风险进行防范与化解。

三、中国涉外律师如何培养国际化视野

目前我国涉外法律服务人才匮乏,在国际法律服务市场上竞争力不足。研讨中国涉外律师国际化视野的培养方式,提高我国涉外法律服务的水平,是我国"一带一路"国家战略规划下法律服务的重中之重。面对培养国际化视野时的现实挑战,我们可以从以下几个方面予以应对。

(一)提高对国际政治、经济、贸易的认知和理解

在具体"走出去"的项目中,投资者需要了解项目的合法合规性、交易对手的真实背景、合理设计交易架构,并选择高效经济的争议解决途径,这要求中国涉外律师应提高对国际政治、经济、贸易的认知和理解。

国际形势并非自然形成,许多商业上的操作都有其背后更深层次的含义。中国律师从事涉外业务,不应仅局限于国内法律,还应了解业务背后所可能涉及的国际政治、经济、贸易问题,通过学习相关的国际贸易规则、国际条约,准确理解境外法律,才能为客户提供更有价值的法律意见。

例如,在草拟和审阅可能涉及美国制裁国家(如古巴、朝鲜、委内瑞拉、伊朗、叙利亚)的合同时,应充分考虑美国的"长臂管辖"问题,同时注意合同履行过程中的各种可能性,避免风险点。

(二)注重对境外司法体系和实践的借鉴

法律英语有两条腿,一条是法律,另一条是英语,但必须以法律为主,英语只

是进行法律教学的工具,它的作用是把法律原则、法律规定和案例都用另一种语言表达出来。涉外法律人才培养国际化视野要以法律英语的学习为起点,要从培养坚实的法律英语基础开始,从系统学习法律英语开始,逐步了解境外司法体系和实践。

中国涉外律师开展涉外工作时,应积极与外国法律专业人士接触,并充分了解其法律思维方式。如果不知道他们基本的法律思维方式,则难以与之达成某种共识,甚至可能影响工作的顺利开展。

这一点笔者感触颇深。在笔者参与过的一个美国案件中,笔者看到美国法院对律师在提交文件的格式、排序、归类上有着极其严格的要求,目的是方便法官在堆积如山的数百份文件中迅速找出自己需要的文件。

在法治发达国家,律师的文件都有很高的专业水准,其在格式、用词、逻辑、技巧方面都有很多地方值得我们学习。中国涉外律师培养国际化视野时,需要注重对境外司法体系和实践的了解,认识国外(特别是法治发达国家)的司法体系和法律职业共同体的发展路径,了解境外法律专业人士进行法律工作的方式,从而避免思维局限带来的种种劣势。

(三)加强与港澳台、国外法律专业人士的交流

截至2018年年底,中国律师事务所在境外设立分支机构共122家,其中美国24家,占19.67%;欧洲国家17家,占13.93%;亚洲国家和地区53家,占43.44%;其他国家和地区28家,占22.95%。2018年,中国律师事务所在境外分支机构共办理各类法律事务3.2万多件。

涉外律师开展工作,需要主动与境外法律专业人士交流,学习他们的从业经验,为自己的成长提供重要参考。目前,境外法律专业人士也非常愿意与我们的律师进行交流,希望借此机会了解我们的法治现状,以满足他们为境内客户提供法律服务的需求。

就广东律师行业而言,近两年来广东省律师协会多次安排了广东律师与香港大律师公会、马来西亚律师公会、新加坡律师公会、国际商会(ICC)国际仲裁院等的交流和培训。涉外律师应多组织、参与这类交流和培训,掌握更多国际法律实务的知识,拓宽自己的国际化视野。

(四)保持国际化与本土化的有机结合

了解境外当地的司法实践、文化背景,是为了更好地服务中国企业“走出去”、外国企业“请进来”。我们虽鼓励中国涉外律师了解境外司法、文化,学习境外法律专业人士的经验,但并不支持盲目移植、效仿,而是希望涉外律师在实践中将经

验转化为自己的知识和能力。

中国有独特的历史、国情、政治环境和司法实践，这注定了中国涉外律师必须选择一种本土化的具体操作方式。如果一位律师在中国大陆的法庭上说“法官大人，我反对”，这只会是一个尴尬的笑话。

中国涉外律师在对外学习的过程中，还应避免迷失自己的方向，避免成为个别不法团体在中国嫁接西方政治理念的棋子。中国涉外律师的国际化，必须把握正确的政治方向，通过结合我国具体国情，将国际化的知识转化为本土化的实践，这才是中国涉外律师培养国际化视野的真正意义所在。

全国律师协会会长王俊峰在《统领涉外法律服务业发展的行动指南》中写道：“涉外法律服务工作是顺利推进对外开放事业的重要保障，涉外法律服务业的发展水平是衡量国家软实力的重要标尺。”

当前中国的涉外法律服务发展受到中央和地方前所未有的重视。中国涉外律师应牢牢抓住机遇，不惧困难，勇于拓展国际化视野，提升自己的综合素质，在最好的时代得到最长远的发展。

投资新加坡的实务与法律风险防范*

张　由

前　言

“一带一路”倡议发展至今,已经得到全球一百多个国家和国际组织的积极支持和参与。中国在“一带一路”区域的投资比重正在迅速增长,中国也正快速发展成为全球对外投资领域的重要力量。随着“一带一路”倡议的稳步推进,新加坡已成为中国投资者对外投资时主要的投资目的地。

一、投资新加坡的前景和优势

新加坡国土面积虽然只有724.2平方公里,但作为中国之外唯一华裔人口占多数的国家,新加坡是国际交通的枢纽之一,有着得天独厚的地理优势,在金融融资、商贸物流、交通航运、科技创新、人力资源等领域的竞争力均位居前列,并兼具广阔的国际视野和丰富的多文化融合经验。作为亚洲同时也是全球的重要枢纽,新加坡日益成为许多中国企业进入东盟市场、走出亚洲的重要跳板和首选基地。据报道,在最近6年来,中国一直是新加坡第一大贸易伙伴,新加坡也一直是中国第一大外资来源国。两国紧密的经贸往来可见一斑。

2018年11月12日,中新两国签署《自由贸易协定升级议定书》,进一步发挥中新双边经贸合作潜力,对原中新自由贸易协定的原产地规则、海关程序与贸易便利化、贸易救济、服务贸易、投资、经济合作6个领域进行升级,还新增电子商务、竞争政策和环境等3个领域。尤其是在投资领域,中新两国同意给予对方投资者高水平的投资保护,相互给予准入后阶段国民待遇和最惠国待遇,并将纠纷纳入全面的投资者与东道国间争端解决机制。该议定书的签署必将促进两国贸易和投资往来,为两国投资者创造更多商机。

从总体上看,中国企业投资新加坡主要是考虑到如下优势:

---

* 文章原文获得广州律协“维护中方海外权益,广州律师在行动”征稿活动三等奖。

1. 新加坡政治稳定,法治完善,产生外界波动的可能性小。根据美国商业环境风险评估公司(BERI)发布的《投资环境风险评估报告》,新加坡的营运、政治和汇兑风险相当低,投资环境与瑞士同列榜首。

2. 新加坡经济发展各方面配套齐全,金融市场成熟,教育完善,拥有亚洲顶尖学府,汇聚各领域高端人才。新加坡全岛公共交通设施完善,从地面交通到轨道交通均有完整规划,拥有世界一流国际机场(樟宜机场),为飞往400个城市的120多家国际航空公司提供服务。截至2019年,樟宜机场与中国36座城市通航,每周约有380趟往返航班。这些使新加坡在2019年取代美国成为全球最具竞争力的经济体。

3. 新加坡企业普遍科技含量高,科技和创新人才资源丰富,企业在新加坡可以非常容易接触到世界顶尖科技和人才,对于企业发展形成巨大推动力。

4. 新加坡毫无疑问是联通东盟最便利的地方,许多跨国企业的亚洲总部都设在新加坡、辐射东南亚,凭借其各方面优势,新加坡更是东盟国家开展知识产权保护的重镇。

5. 新加坡以华人为主,许多情况下可直接使用中文交流,省去翻译的麻烦,而且中国和新加坡都有华人文化背景,工作和生活不会有明显的差异感。

6. 新加坡与中国无时差,可与中国关联公司进行同步管理等。

二、投资新加坡的法律问题

中国企业进行海外投资,在看到投资机会的时候,也要清楚地看到,任何投资都暗藏着风险,尤其是对于到外国进行投资的投资者而言,在一个完全陌生的政治、经济、法律、人文环境下,难免需要一段适应的时间。在笔者看来,在新加坡开展投资活动,需要事先深入了解和认真考虑如下方面可能涉及的法律问题:

1. 投资准入和许可的问题

新加坡并没有对外商投资产业设置特别的限制,无论是内资企业、合资企业还是纯外资企业,无论是国企还是民企,都受平等的市场准入政策约束,仅仅按照其从事的行业来判断其是否需要获得政府部门的额外批准或许可。

和大多数国家一样,新加坡也对部分行业的商业活动进行限制,要求取得特别的批准和许可,例如,(1)银行和金融业;(2)证券交易或财务顾问;(3)制造管制商品;(4)经营特殊化学品;(5)经营雇佣代理;(6)经营酒店或履行代理;(7)贷款业务;(8)法定资格专业服务(如律师、会计师);(9)私立学校;等等。

外国投资者可以和本国投资者一样,登录新加坡政府的网上商业许可服务"gobusiness"一站式门户网站(https://www.gobusiness.gov.sg),输入拟从事的行业的关键词,系统会提供10－20个问题,了解项目具体情况,之后会针对投资者的回答,建议投资者取得何种批准和许可。投资者可以选择自己提交申请,也可以选择委托政府代理提交申请,整个操作非常方便简捷。

例如,投资者拟在新加坡开办私立学校,需首先通过会计与企业管制局成立一个公司或有限合伙,完成变更物业用途的申请(若涉及变更物业用途),通过消防安全和掩护部的消防检查,之后向教育部申请学校执照。整个流程预计至少要2－3个月。

值得注意的是,投资者应当严格按新加坡政府要求,取得经营前的各项许可,才可以开业从事商业活动,不能有任何侥幸心理而非法经营,否则会受到严厉的惩罚。

2. 投资登记问题

新加坡的商业实体包括6种类型:(1)个人独资企业(sole proprietorship);(2)普通合伙企业(partnership);(3)有限合伙企业(limited partnership);(4)有限责任合伙企业(lmited liability partnership);(5)公司(company);(6)可变资本公司(variable capital company)。因个人独资企业和各类合伙企业均要求投资者对投资实体的债务承担全部责任,可变资本公司则主要针对基金项目,相比之下,外国投资者一般适合设立公司形式的商业实体。

根据新加坡《公司法》,在新加坡设立的公司有三种形式:(1)股份有限公司(company limited by shares);(2)保证责任有限公司(company limited by guarantee);(3)无限责任公司(unlimited company)。其中,1984年8月15日之后不能再成立新的保证责任有限公司,无限责任公司则要求股东承担无限责任,所以,从风险控制的角度,一般建议投资者设立股份有限公司。

而股份有限公司又可以分为私人公司和公众公司,二者区别在于股东股份的转让自由性及监管要求。私人公司要求章程中明确限制股份转让,且股东人数不超过50人,类似于中国的有限责任公司,而私人公司之外的公司统称公众公司,类似于中国的上市公司。豁免私人公司(exempt private company)是私人公司的一种特殊形式,股东由不超过20个自然人股东组成,政府采取较弱的监管措施,例如,年度收入低于500万新加坡元时无须审计,只需要向登记机关提交非审计的财务报表。投资者在登记注册时,应根据自身需要,选择适合的商业实体类型。

新加坡的公司需要有一个用于商业用途的注册地址(住宅地址不可用于商业注册),用于接收政府部门的文件,但不要求与实际经营地址和商业联络地址一致。

此外，出于对公司本土化行政管理的需要，新加坡《公司法》对于公司有两个特别规定，一是公司必须至少有一名新加坡常住居民（至少18岁）担任董事，二是公司必须至少委任一位新加坡常住居民担任公司的注册秘书，该职位任何时候不得空缺超过6个月。这一点需要中国投资者提前做好安排。

3. 企业管理问题

有的中国投资者开始以为新加坡是华人社会，就按中国企业的模式，照搬在中国开办公司的经验，来管理新加坡企业。实践证明这是行不通的。

根据新加坡总理公署政策策略署公布的《2019年人口简报》，截至2019年6月，新加坡总人口达到570万人，其中华裔人口占74.4%，马来裔人口占13.4%，印度裔占9%，其他人占3.2%。而且，新加坡一直致力于减少华人在新加坡的影响力，打造文化多元化，同时，新加坡注重多元化发展和民族融合，平等对待各族裔人群的文化需求。例如，新加坡人的节日中，有华人的春节、清明节、端午节，有印度人的大宝森节，有佛教的卫塞节，有回教的开斋节，有基督教的圣诞节，等等。可见，即使是外国投资者开办的公司，依然要尊重各族群的文化，在管理中充分借鉴新加坡本土经验。

在劳动者保护方面，新加坡有《雇佣法案》《移民法案》《外国人力雇佣法案》《职业安全与健康法案》《工伤补偿法案》等法律保障，许多实务操作与中国大不相同。例如，新加坡的劳动合同形式关注于雇主应当向雇员提供关键雇佣条款，提供方式可以是电子文档、打印件、手写件等，不要求双方签订书面形式的劳动合同书；新加坡公司的雇主和雇员均有权在合同期内提前通知对方终止合同，雇员在职低于26周为提前1天，在职26周－2年为提前1周，在职2－5年为提前2周，在职5年以上为提前4周，这一点与中国劳动合同法规定的劳动者可以提前30日通知解除劳动合同、用人单位不得提前解除劳动合同的规定不同。另外，新加坡受英联邦法律影响，有较多关于工作中反歧视、反骚扰、隐私保护的规定，中国投资者需要提前了解，避免“触雷”引发雇主责任。

4. 产品原产地问题

近年来，国际社会出现了对“中国制造”的产品进行打压和封锁的态势，美国更是动辄对中国企业发起反倾销调查、反补贴调查、“301”调查、“337”调查，迫使中国制造企业转移生产线，变更产品原产地为“越南制造”“马来西亚制造”等。部分中国投资者被逼无奈，转而在新加坡设立控股公司，再到越南、马来西亚、泰国、柬埔寨等国家设立子公司，希望借此将产品认定为在境外工厂所在国制造。

但是，中国投资者必须清楚认识到，产品原产地的认证需要综合考虑原材料进口比例、生产国原产地政策、进口国认定原则等多个方面。举个例子，即便股东是新加坡公司，在越南完成生产，但是公司实际控制人为中国人，原材料大部分从中国进口，只是在越南进行简单组装，不一定可以拿到越南的原产地证明，就算拿到，货物发到美国，在美国政府的严格审查下，依然很可能不会被认定为“越南制造”，而被实质认定为产品主要部分源于中国，课以重税，这样，中国投资者苦心作出的努力就失去意义了。

所以，中国投资者进行产业转移时应综合所涉国家的法律法规，通盘考虑，避免因盲目选择投资地而导致无法达到投资目的。

5. 用工成本问题

根据美世（Mercer）2019 年全球城市生活质量排名，新加坡是全亚洲最适合生活、工作和娱乐的城市。新加坡汇集了来自世界的人才，企业招聘优秀员工自然不是问题。但中国投资者在新加坡设立公司的同时，要考虑到用工成本的问题。

例如，新加坡越来越注重对雇员的保护。新加坡的基本用工保护原本仅适用于劳工和底薪低于每月 4500 新加坡元的非劳工（包括管理或行政人员），但新加坡 2018 年 11 月修订的《雇佣法案》规定，自 2019 年 4 月 1 日起，管理或行政人员的待遇同样必须遵循法律对员工的基本保障，较大地提高了员工福利，也相应增加了公司的成本压力。

另外，新加坡的居民日常消费水平并不高，可能比中国还低，但办公室和住宅租金费用相对较高，主要是因为新加坡人多地少，土地和房屋成本都很高。新加坡企业还要根据法律要求，给员工缴纳中央公积金、技术发展征税（SDL）、商业医疗保险、商业工伤保险等，费率依据员工的年龄、国籍身份、工资水平而不同。其中，中央公积金仅适用于新加坡国籍人士，对于持有 S 类准证（SP）、工作许可证（WP）的外国人，则必须首先获得商业医疗保险，才可以申请或续签就业许可。这无疑也是投资者需要考虑的用工成本。

6. 争议解决问题

新加坡是世界公认的争议解决多元化中心之一，已经有联合国常设仲裁院、新加坡国际仲裁中心、国际争议解决中心新加坡办事处、国际商会争议解决服务联络处、新加坡调解中心、新加坡国际调解中心、麦士威国际争议解决中心、新加坡国际商事法院等诸多争议解决机构同时运作，更汇集了众多顶级国际律所、律师、仲裁员和调解员，他们使用多种语言，通晓国际规则，形成国际争议解决多元化的亚洲大本营。

在看到新加坡在国际争议解决多元化中的优势的同时，中国投资者也应该注意到，因为早期英国殖民统治的原因，新加坡的法律体系受英国法律文化和传统的影响，仍然保留着部分英国普通法的传统，如果案件在新加坡法院诉讼解决，法院的操作流程和中国是大不相同的。例如，新加坡法院审理案件经常传唤证人出庭，通过律师的盘问技巧，从证人口中证明当时情况或发现漏洞。中国投资者往往按照中国法院审理流程的经验，作为事实证人坐在法庭上，如果信口开河，词不达意，极易被对方律师找到漏洞，或是引起法官反感，轻则受到法官训诫，重则被判败诉。对于国际仲裁，中国投资者更要事先了解仲裁规则，向律师咨询仲裁机构的具体操作，如果对于国际仲裁机构通行的"证据开示"规则（当事人应当将其持有的、与案件有关的所有证据完全开示，供对方查看）有所保留，最好将商业合同中的争议解决条款修改为指定提交中国的某个仲裁机构仲裁，避免因法律文化差异而造成被动。

结　语

2020年是中国与新加坡建交30周年，双边关系迎来了新的历史发展机遇，两国在彼此市场和第三方市场开展更多合作项目，建立起更紧密的合作伙伴关系。中国投资者可以善用新加坡极富竞争力的金融和商业生态环境，借助新加坡在教育、医疗保健服务、基础设施、金融业和保险业方面的优势，成功走向国际市场。中国投资者应当抛弃在中国"粗犷型"投资和管理的"坏毛病"，通过新加坡投资经验的学习和总结，提高自身驾驭资本以及国际化管理的能力和水平，进一步提升中国企业在国际上的竞争力。

英国脱欧协议达成，对中国投资者对英国和欧洲投资影响几何？*

陈　赞　全朝晖

前　言

伦敦时间2020年1月31日夜，伦敦威斯敏斯特议会大厦前，当时针指向11时整，人群沸腾了起来，无数人挥舞着米字旗。这一刻，英国正式脱离欧盟，结束其47年的欧盟成员国身份。从当晚11时起，英国与欧盟进入"脱欧"过渡期，过渡期至2020年12月31日结束。过渡期内，英国失去欧盟成员国资格，但仍需遵守欧盟规则，缴纳欧盟预算费用、接受欧盟法院的裁判。过渡期间，双方将就未来贸易关系等一系列问题进行谈判。

对于中国而言，英国已经毫无疑义地不再有"是否无协议脱欧"的悬念，但过渡期后英国与欧盟就未来贸易关系能否达成协议，以及英国法体系中欧盟法律的去留问题仍是迷雾重重。英国脱欧是否会对中国对英国及欧盟的投资产生影响？如是，将会如何影响？

本文从英国脱欧产生的各种变化进行分析，以此剖析该等变化对中国投资者的正负面的影响，并根据该等影响带给中国投资者的机遇与挑战，提出一些建设性的意见和建议。

一、英国脱欧后的哪些变化或将影响中国对英国的投资

（一）过渡期间的英国

2020年1月31日至2020年12月31日为英国与欧盟认可的脱欧过渡期。英国同意将继续遵守欧盟规则并向欧盟付款并保留现有安排，包括关于欧盟公民到其他欧盟国家居住和工作的自由、就业法规、消费者标准和竞争法规等；另外欧洲

---

* 相关首发文章曾发表于《广东律师》2016年第4期，总第207期，本文作者当时为第一合著人。

法院将继续行使其管辖权,英国法院仍将受其管辖,并继续在判决中援引和适用欧盟法规。

但自过渡期开始之日起,英国将不再担任任何欧洲议会议员或欧盟委员,也不再参加欧洲理事会的会议。这意味着英国将失去其所有欧洲议会议员资格,并失去通过欧盟委员会制定欧盟法律以及通过欧洲理事会影响欧洲政治方向的权利。同时,它在脱欧期限的相关节点也有相应的任务:

2020 年 3 月 1 日:英国必须与欧盟达成新的谈判授权。

2020 年 7 月 1 日:英国必须决定是否需要延长 11 个月的过渡期(如需)。

2020 年 11 月 26 日:英国必须在 11 月的最后一周之前与欧盟达成新的贸易协议。

2020 年 12 月 31 日:英国脱欧过渡期结束。

上述过渡期结束后会发生什么情况将取决于过渡期内有关英国与欧盟之间未来关系的谈判结果。在过渡期内,要在几个月内与欧盟达成贸易协定是一项艰巨的挑战。因此,该等不确定性也给过渡期后的英国与欧盟的关系以及中国投资人的稳定投资安排决策带来了不确定性。

基于英国的政治安排等历史原因,北爱尔兰是一个例外。依据脱欧协议的安排,在相关过渡时期后,北爱尔兰将继续成为欧盟与爱尔兰共和国贸易的海关规则的一部分。因此,这意味着对从任一方向越过爱尔兰边界的货物将不征收关税或受到限制。

(二)过渡期及其后的英国

1. 欧盟法如何继续部分适用或彻底废除

有研究欧盟法的学者指出,“欧盟的全民公决运动使我们与鲍里斯·约翰逊(Boris Johnson)玩转分数游戏,这表明源自欧盟的英国法律占比为60%”①。在过渡期间,毋庸置疑,英国仍将同其他 27 个欧盟国家一样,根据《欧洲共同体法》(ECA)的要求,在全英继续适用这些占英国法律比例 60% 的欧盟法律及法令。但是,期限结束后,如此大占比的欧盟法是否也将全部退出英国的法律体系?而英国本身如何衔接那些失去欧盟法作为支撑的国内立法部分?

(1)ECA 的废除

从过渡期结束之日起,英国将废止 ECA。ECA 是直接影响英国的欧盟法律,

---

① Kenneth Armstrong, *Are 60% of UK laws really imposed by the EU*? University of Cambridge (Apr. 27, 2016), https://www.cam.ac.uk/research/discussion/opinion-fact-check-are-60-of-uk-laws-really-imposed-by-the-eu.

英国还在与本国法律相抵触的所有相关地方规定了欧盟法律具有至高无上的适用原则。就国内角度而言,废除该法将在法律体系上将英国和欧盟法律分开,从理论上来说,欧盟法律将不在英国适用。

(2)部分可适用的欧盟法律将转变为英国法律

为避免欧盟法被废除后造成的法律缺位,英国的立法机构也将在过渡期内对所有的欧盟法进行衡量和筛选,一部分欧盟法将通过同欧盟的谈判而继续在英国进行短期或长期的适用,以避免出现无法可依、判例缺失、立法滞后的情况。当然,也可能有一大批欧盟立法和法令,将通过英国立法机关的重新另行立法而变为英国本身的法律。这也将在一定程度上保证英国法律适用上的连贯性和可预测性,减少法律上的不确定性。

(3)英国脱欧后将可能不再适用的欧盟法律

欧盟指令和规则的数量巨大,英国脱欧后,将由英国议会决定是保留还是废弃它们的实质内容。有学者认为大约有 15 个示例性的欧盟法律或法规在英国脱欧后可能会被废除。① 这些方面主要涉及劳动力的自由流动、(英国法)被遗忘的权利、农民工子女补助、工作时间指令、临时代理工人指令、钓鱼行为、能源收支增值税、可再生能源指令、欧盟气候与能源计划、银行监管规定、患糖尿病是否仍可作为驾驶者、干净饮用水的使用及监管、香蕉及农副产品、吸尘器、吹风机、水壶、烤面包机等轻工业产品。而伦敦大学亚非学院的学者 Isobel Edwards 却认为至少 10 个欧盟法将被英国废除。②

对于中国投资人而言,或许不会关心欧盟法和英国法对于香蕉的形状之规定,但目前欧盟法所规定的劳动力可否在欧盟各国自然流动、每周最长工作时间、银行风险管控、共同农业及其产品政策,甚至饮用水的标准、合规驾驶者的要求等,无一不牵动投资者及其对应市场客户的行为习性及合规管理成本支出,进而影响投资者对于英国脱欧后对英国及欧盟在投资战略上的取向和布局。

2. 欧洲法院将可能对英国失去管辖权

欧洲法院在过渡期之后将扮演什么样的角色,这仍是长期谈判的一部分,但是它的作用必会受到许多限制。在欧盟规则和条例在英国将不再适用的预期下,

---

① Andy McSmith, *15 EU laws and regulations we will miss in post - Brexit Britain*, INDEPENDENT (June 27,2016), https://www.independent.co.uk/news/uk/politics/brexit - 15 - eu - laws - we - will - miss - in - britain - a7103031.html.

② Isobel Edwards, *10 EU laws that risk being lost through Brexit*. SOAS University of London (Apr. 5, 2019), https://study.soas.ac.uk/10 - eu - laws - risk - being - lost - through - brexit/.

欧洲法院作出的裁决可能不再被英国法院和法庭接受,英国法院或审裁处也将可能不受退出日后欧盟法院发布的裁决的相关约束。

3. 欧盟人员自由流动限制

当时的英国鲍里斯·约翰逊政府与欧盟谈判通过的退出协议中包含了关于公民权利的规定。根据该协议,在过渡期间,欧盟公民和英国公民继续享有在英国及欧洲国家的权利。如果想在过渡期结束后继续在欧盟国家居住并从相关权利中受益,则必须在东道国申请永久居留权。要做到这一点,欧盟或英国公民将不得不在过渡期结束之前在东道国生活 5 年。他们将需要申请在东道国的永久居留权且将不再具有来自世界上其他各大洲的申请人的优先权。该协议还保障有关就业、住房、教育和社会保障的相同权利。但是,某些专业资格将不再被认可,原来的彼此互认也被取消,自雇人士也不再有权提供跨境服务。①

4. 商品或者服务将可能不能自由在英国与其他欧盟国家之间流动

根据英国与欧盟此前达成的《里斯本条约》第 50 条②规定,一旦英国正式决定退出欧盟的决定通知到欧盟领导人欧洲理事会,英国将正式宣布它将离开欧盟。英国将不再成为欧盟单一市场的成员,所有在英国的货物及服务将不能如之前一样自由在欧盟国家间流动,英国政府也将在为期不到 1 年的过渡期内与欧盟重新谈判达成有关新的经贸协议。但《里斯本条约》第 50 条为英国与欧盟的贸易关系重新谈判提供了新的法律基础,并将上述该等谈判期限延长至 2 年。

5. 知识产权类注册面临诸多不确定性

从根本上讲,知识产权的保护具有地域性,即知识产权(IPR)的保护仅适用于知识产权已注册或法律认可的地区。如果领土或盟约独立关税区发生了变化,那么 IPR 也将发生变化。近年来,欧盟已经尝试在整个欧盟范围内统一知识产权框架,从而为公司在上述整个经济领域区内的创新提供可预测和有效的保护。例

① pages 17 – 65, *Agreement on the Withdrawal of the United Kingdom of Great Britain and Northern Ireland from the European Union and the European Atomic Energy Community.* Eur – Lex (Nov. 12, 2019), https://eur – lex. europa. eu/legal – content/EN/TXT/PDF/? uri = CELEX: 12019W/TXT(02) &from = EN.

② Article 50 of the Lisbon Treaty, *Any member state may decide to withdraw from the union in accordance withits own constitutional requirements.* The European Parliament (February 2016), https://www. europarl. europa. eu/RegData/etudes/BRIE/2016/577971/EPRS_BRI(2016)577971_EN. pdf.《里斯本条约》是基于《欧盟宪法条约》的"简化版欧盟宪法条约",规定了有关欧盟如何有效运作和推动欧洲一体化进程的所有内容。上述《里斯本条约》第 50 条涉及欧盟成员国的退出条款,即"任何成员国可以根据本国的制宪要求,决定退出联盟"。这条短短的第 50 条,起草人从未料到这一条款会被启用,但目前英国却已适用了。

如,欧盟商标(EUTM)和注册共同体外观设计(RCD)是IP保护,通过一次申请即可在整个欧盟范围内使用,从而降低了成本。

值得庆幸的是,英国和欧盟的谈判团队在此之前先发制人,旨在确保公司在英国脱欧后将在英国获得同等的保护。根据上述退出协议草案,谈判各方已同意,在2020年过渡期结束之前授予的EUTM和RCD所有者,将自动在英国获得同等权利。但是这并没有那么简单,例如,英国与欧盟目前尚未就英国重新注册程序如何在实践中起作用以及由谁支付英国费用等问题达成共识。

此外,存在几种未注册的IP形式,比如版权、商业秘密和未注册的外观设计之类的知识产权,其保护在很大程度上取决于每个成员国的某些法律框架和机构。英国脱欧后将可能复制欧盟的该部分规则,但由于法律和机构的复杂性,有可能在短期内无法实现同欧盟相统一的规则。

当然,还有专利问题。退出协议对此没有规定,主要是因为基于历史原因,欧洲专利局本身不是欧盟机构。但是,已经进行了40年谈判历程的欧盟统一专利和统一专利法院已于2020年年底生效。由于英国脱欧对脱欧前的相关专利申请人或持有人有重大影响,因此它们的未来具有不确定性。① 也即,这种不确定性也同样会给已经在英国或其他欧洲国家申请注册的商标和专利以及将向英国或其他欧盟国家申请注册的知识产权带来诸多的不确定性。

6. 金融护照可能不再继续存在

英国脱欧前所谓的"金融护照"是任何英国金融机构(无论是银行证券、保险服务提供商,还是资产管理公司)可以将其产品和服务出售到欧盟其他地区的通行证,而无须另行申请许可证。该护照可以自动获得监管机构批准,批准后,英国金融机构便可在欧盟国家设立本地子公司。据最近的一份报告估计,英国有将近5500家公司依靠金融护照与欧盟其他国家开展业务,欧盟其他地区的8000多家公司依据上述金融护照规则进入英国。

英国脱欧后,金融护照会继续存在吗?答案几乎可以肯定是"否"。脱欧后,英国继续从护照中受益的唯一途径是与欧盟再行达成"挪威协议",成为欧洲经济区成员,并遵守其所有相关规则。② 但是,挪威式的解决方案极不可靠,因为它会

---

① Joe Doyle, *the impact Brexit will have on Intellectual Property. Norton Rose Fulbright* (Jan. 1, 2021), https://www.nortonrosefulbright.com/en/knowledge/publications/01b81fec/impact-of-brexit-on-intellectual-property.

② TOBY CLARENCE-SMITH, *The Impact of Brexit on the Financial Services Sector*. Grant Thornton (Jul. 15, 2016), https://www.grantthornton.co.uk/globalassets/1.-member-firms/united-kingdom/pdf/brexit-impact-financial-services.pdf.

迫使英国就导致英国脱欧公投的所有相同问题作出其他更重大的政治妥协。那么,如果没有了上述金融护照,英国的金融公司还可通过其他方式向欧盟出售产品吗?一种可能的解决方案是与欧盟达成"瑞士协议"(本质上是侧重于双边贸易协定的协议)。但是,瑞士式的解决方案似乎也不大可能。正如《资本经济学》所指出的那样:"英国不太可能像瑞士一样与欧盟达成协议。瑞士人计划加入欧盟时就谈判达成了协议。一个离开它的国家的善意将减少。"①

但正如英国银行家协会(British Bankers' Association)首席执行官安东尼·布朗(Anthony Browne)指出的那样,欧盟的"对等"制度对金融护照的保护作用不会太强。它仅涵盖范围狭窄的服务,几乎可以在不通知的情况下便可撤回。

那么,如果失去欧盟内部的金融护照,英国的投资公司可能会被迫停止为欧洲经济区国家的客户提供服务,英国的金融商们将不得不在欧盟国家内部通过申请许可证的方式建立授权的金融公司,以便继续提供服务,这将导致金融服务费用增加,业务程序更为复杂,公司成本增加,营运遭受影响。

7. 欧洲法院的过渡期管辖权受限

虽说过渡期英国还是受欧洲法院的管辖,但英国似乎是较为坚定地排斥在过渡期后继续接受欧洲法院的管辖。虽然欧盟所在的布鲁塞尔一直希望在解决商业纠纷时继续援引欧盟法律,但是英国总理在访问吉尔福德时说:"绝对清楚的是,当我们离开欧盟时,我们将离开欧洲法院的管辖权。议会将制定我们的法律。解释这些法律的是英国法官,而那些法律的最终裁定者将是英国最高法院。"②

如果欧洲法院不再对与英国相关的纠纷具有管辖权,或者就该等与英国相关的纠纷,如果英国不再继续援引欧盟法律,那么最便捷的解决争端的模式就是接受世界贸易组织的争端程序。而在当前世界贸易组织的上诉机构解体的情况下,这种多边贸易纠纷的解决途径无疑是另一个不容忽视的不确定性。

二、中国投资者所面临的机遇与挑战

(一)机遇

中国一直以来都将与英国的投资和贸易关系视为加强与欧盟贸易合作的门户。两国在2015年的经贸声明中曾明确表示:"两国支持早日达成一项全面的中

① TOBY CLARENCE - SMITH, *The Impact of Brexit on the Financial Services Sector.* Grant Thornton (Jul. 15, 2016), https://www.grantthornton.co.uk/globalassets/1. - member - firms/united - kingdom/pdf/brexit - impact - financial - services.pdf.

② Dan Roberts and OwenBowcott, *UK could remain under control of EU court for years, ministers suggest.* The Guardian (Aug. 23, 2017), https://www.theguardian.com/politics/2017/aug/23/britain - could - remain - under - direct - control - of - european - court - for - years - brexit.

欧投资协定,并呼吁迅速开展中欧自由贸易联合可行性研究及协议。"如今,在英国正式脱欧之后,中国投资人也应首先看到其中的机遇所在:

其一,英国脱欧利好人民币,有助于中国在国际经济事务中话语权的提升。目前英国已经成为香港以外的全球最大的人民币离岸结算中心,英国脱欧后英镑和欧元的国际地位都有所下降,人民币因其内在体量及其流动性刚需,相关国际地位相对上升。从大的层面来说,英国脱欧有利于中国继续在英国推行离岸人民币结算,这对于中国的投资人来说,无疑是一个重大利好。尤其是对于希望在英国新设公司和收购英国公司和技术的中国投资人来说,便宜的英镑无疑会使投资和收购成本大幅度减少。即便对于在英国进行留学培训、科技交流、购房等的个体投资人来说,其在英国的投资机会也超过从前。

其二,合作机遇可能增多。英欧分家之后,出于自身利益需要,各方都有可能会更加重视与中国的发展关系。与英国一样,欧盟也会更加积极向东看,从而给中英和中欧合作创造新机遇。而中国正在积极推进"一带一路"倡议,就是要进一步把中国和欧洲联系起来。欧盟和英国都向东看,中国同它们的合作机遇可能增多。

其三,中国有可能同英国达成比同欧盟更优惠的双边贸易协议及投资优惠协议。英国脱欧后,将拥有自己的投资和贸易政策,因此也有了更灵活的权限来同中国达成投资与贸易领域的双边协议。这不仅可以避免出现之前同欧盟贸易协议谈判时久拖不决的局面,也可能使中国获得更为优惠的投资及贸易条件。尤其英国对中国"一带一路"倡议的支持,本身也有非常强烈的愿望能与中国在各领域达成双边的优惠协议,因此,可以期待脱欧之后的英国,将有望在较短的时间内与中国达成更为灵活和优惠的双边协议。

其四,对于资本市场而言,脱欧无疑是一种伤害,尤其是对于伦敦这个国际金融中心而言,因此,英国势必采用更优惠的政策来吸引中国的资本。据英国《星期日邮报》透露,伦敦金融城的决策者,代表位于著名的 Square Mile 中的银行、保险公司和其他组织的利益的金融城公司认为,英国脱欧后,迫切需要加强与中国的关系并吸引新的金融服务机构在英国脱欧后到英国投资。金融城的蓝图也列出了规划,鼓励中国公司在伦敦创造更多的就业机会,将伦敦建立为人民币的"主要离岸中心",并说服中国金融外汇决策者及其相关中国投资人将实质源于中国的资金投入英国。①

① WILLIAM TURVILL , *Revealed*: *City's plan to woo Chinese firms after Brexit as Britain launches bid to cash in on trade war with US*. This is Money (October 12,2019),https://www.thisismoney.co.uk/money/news/article-7566303/Citys-plan-woo-Chinese-firms.html.

（二）挑战

英国脱欧后，从法律到各种安排都出现了较为明显的不确定性，而这种不确定性可能在短短的过渡期内无法消除，这便给中国在英国已有的投资项目及今后可能进行的投资带来了一系列挑战。具体来说体现在：

1. 从大环境来说，英国脱欧意味着西方国家开始对自由贸易施加更严格的限制，以保护其战略和经济利益

英国脱欧后，可能会产生“多米诺骨牌效应”，因为许多欧盟国家的几个政治团体都获得了动力，丹麦和瑞典等反欧盟政治集团卷土重来，可能影响或促发其他欧盟国家的脱欧效应。

同时，英国国内也有不少可能是偏见的声音，即要求英国政府应首先同欧盟谈判和签署自由贸易协议，应推迟同中国这样的单个国家签署双边贸易协议。① 并且，如果英国首先同欧盟达成了自由贸易协议，那么其也可能受到该协议的限制而在一些方面不给予中国优惠待遇。因此，如果中国仍希望未来能通过在英国的投资而实现其进入欧洲市场的目的，仍会比之前存在更多的困难。

2. 脱欧后的英国在监管和法律上存在诸多不确定性

脱欧后的英国，其新的成文法规可能会取代欧盟法律，并影响未来的投资与贸易的相关安排。如前所述，由于在欧盟法律和法规中，涉及英国法律的部分就有60%，而对于欧盟法的去留谈判及国内化可能持续到2021年及以后的时期，这种法律上的不确定性是显而易见的。而对于境外投资人来说，法律上的不确定性无疑足以阻却投资并有巨大制度风险。虽然对于英国这样的英美法起源的国家而言，这种不确定性带给投资人的焦虑远不如其他国家。

从另一个角度来说，英国对于欧盟法律的摒弃，也将使在英国的投资者不能继续享受欧盟法律所带来的各种实惠和福利。

3. 在货物流通上，可能面临更高的关税与成本

进口商和出口商可能需要遵守未来英国与欧盟新达成的关税和贸易协议，需要采取措施来遵守额外的管理规定并支付额外的关税。如果是在中国同英国达成了比欧盟更为优惠的双边协议的情况下，中国商品通过英国进入其他欧盟国家时，可能不仅需要支付额外的关税，而且欧盟国家有可能征收比英国更高的关税，以弥补中国不直接向欧盟国家出口的损失。

---

① Alicia García – Herrero and Jianwei Xu, *What consequences would a post – Brexit China – UK trade deal have for the EU*? Bruegel – Policy Contributions（Oct. 2016），https://www.bruegel.org/sites/default/files/wp_attachments/PC_18_16 – 1.pdf.

4. 供应链问题

供应链可能会受到关税和原产国要求的影响。如果货物包含来自多个来源国的成分,则原产国规则的标识可能会更改。

5. 在劳动力的使用上,可能成本更高

脱欧前,劳动者可以在任何欧盟国家自由旅行和工作,因此市场上可供选择的劳动力资源充足,企业用工成本较低。在 2020 年 12 月 31 日之后,在英国工作的欧盟公民和在国外工作的英国公民可能面临工作、居住和旅行上的其他要求。涉及在岸人力资源较集中的企业在用工上的成本将显著增加。

6. 资金资助条件可能变得不再宽松

由于过渡期后大量的欧盟法将不再在英国适用,欧盟法中较为宽松的资助条件也可能会停止。某些行业的资金(以及与此相关的行政要求)可能会发生变化。

7. 人民币的国际化可能受阻

近年来,伦敦为推动人民币离岸市场建设作出了巨大努力,中国人民银行和英国续签了双边货币互换协议,并扩大了交易规模。此外,人民银行在伦敦发行了 50 亿元人民币的中央银行票据。伦敦已成为仅次于香港的第二大离岸人民币清算中心。但是,由于英国脱欧,伦敦作为世界顶级金融中心之一的地位同时也会受到挑战,这将对人民币的国际化和中国资本的“走出去”战略有负面影响。中国将不再拥有货币更广泛流动的红利,而在欧洲推广人民币的成本急剧增加,人民币国际化步骤也将受干扰。

8. 知识产权的保护可能变得复杂

在退出协议中,英欧就过渡期届满后在英国继续保护欧盟知识产权作出了具体规定,并规定过渡时期届满之前提交的申请的连续性,也就是说在过渡期内在欧盟已经注册的知识产权不会受影响。脱欧之后,英国将继续保护欧盟商标和外观设计注册,在脱欧之后提交的欧盟商标和外观设计申请仍将包括英国;而所有欧盟知识产权法律仍将继续适用于英国,还是英国将通过立法的方式重新制定或将欧盟法复制到英国,暂不确定。当然,多数人认为英国将继续适用欧盟的知识产权保护法律,涵盖脱欧之前的所有的权利和义务。

英国知识产权局将在过渡期内为“克隆”近 140 万个现有的欧盟商标(EU-TM)和 700,000 个现有的欧盟外观设计(RCD)做好准备,以便在过渡期结束时所有权人可立即保有英国的相应权利。

因此,短期内,已有的欧盟商标和专利将不会受到影响,可以在英国得到保护。但是对于仍未提交的申请,如果希望在英国和欧盟同时受到保护的话,则可能需要在英国和欧盟同时递交申请,并缴纳官费。

三、中国投资者如何应对英国脱欧后的机遇与挑战

英国的脱欧,短期而言,我们似乎还不能完全感受其带来的冷暖效应,但是一个明显的变化是英国似乎已经失去了作为中国通往欧洲门户的吸引力,中国投资者如果目标市场是欧盟一体化市场的话,还需要选择另一个国家来打入欧盟市场,这无疑给中国的投资者们增添了踟蹰观望的心态。虽然有诸多的不确定性,中国投资者仍应积极评估英国脱欧带来的机遇与冲击,同步修正自己的投资计划,趋利避害,作出最为理性和妥当的应对方式。笔者也根据以上总结出的利弊,对中国投资者们提出一些建议。

1. 针对及设定目标市场,制定整体投资策略。实际上,英国脱欧将如何真正影响中国以及中国与其他国家的关系仍然取决于英国下一步将采取什么措施以及中国的反应。对于企业而言,已经无法通过英国作为跳板或立足点到欧盟其他国家进行发展,那么就必须及时调整思路,找准适合的立足点,调整战略以获得更好的发展。

2. 对于英国的绿地投资和并购,应在法律的不确定性和英镑的走弱中寻求一个最佳切入点,争取在法律相对确定并且英镑率先走低的时候找准目标,进行投资。从目前来看,似乎过渡期是一个相对比较有利的投资时期,但中国投资人仍需综合考虑英国重新制定或纳入的法律是否对投资更为有利,还有就是英镑的长期走势及人民币的离岸结算及融资情况。尤其是"以收购为导向"的中国投资者,有望利用英国脱欧后英镑贬值的优势而实现利益最大化的收购目的。

3. 关注英国的金融市场及吸引投资政策,加强中英在金融及其相关法律服务上的合作。因为英国成熟和完善的金融市场可以较好抵御风险,未来面对英国脱欧带来的一系列影响,投资英国仍具吸引力,尤其是在伦敦金融中心正制定各种优惠吸引投资政策时,在英国投资金融市场或者利用英国的优良的金融管理经验和风险防范机制,可对本企业在英国、欧盟及全球的资本进行合理配置。

4. 英国脱欧可能会使商品和服务业在欧盟市场面临贸易壁垒,将可能导致货币汇率、税收监管等方面的变化,企业应提前做好相关投资领域的市场评估,充分掌握投资的风险和机遇。英国脱欧的影响并不是孤立的,可能会使很多企业在边境和税收等方面面临新的问题。中国企业在调整自身投资布局时,应关注整个供应链的变化,寻找可能的替代性合作伙伴。英国脱欧会导致英镑和欧元两种货币的汇率变动。中国企业在投资经营时应该注意货币汇率和税收监管等的变动。英国和欧盟的税收监管政策可能会发生改变,企业需要做好应急预案。

5. 对于人力资源集中的企业而言,需充分考虑引入移民所带来的额外风险和成本,合理配置人力资源。

6. 制定合理的知识产权战略。考虑到英国脱欧带来的当前和长期风险,已经选定英国为投资目标国的企业应尽可能在欧盟和英国未达成完全协议的情况下,根据英国相关法律的要求,在英国申请知识产权保护。

7. 合理选择争议解决方式。在欧盟法律不再适用以及欧洲法院失去管辖权的后脱欧时期,企业应首先掌握英国的法律规则及国际法规及条约,在 WTO 上诉机制受到严重破坏的当下,尽可能审慎使用诉讼方式解决跨境争议,尽可能使用仲裁或调解等替代争议解决方式分阶段解决各类争议。注意在协议中应根据协议所明确适用的法律设定合法的仲裁调解等多元化纠纷解决机制条款,充分趋利避害,促进争议在对己方有利的环境中尽快解决。

总体而言,中国企业需要针对各种可能结果,未雨绸缪,注重合规,科学布局,直到脱欧后出现的各种不确定性变得明朗化。

结　语

英国前首相约翰逊认为,结束英国政局令人窒息的氛围的最好方式就是让一切尘埃落定。而2020 年 1 月 31 日夜,这一切终于尘埃落定了,英国在外界的颇多揣测和内部的诸多纷争中实现了正式脱欧。但是,一个确定的到来似乎又是另一个不确定的开始,英国的脱欧出现了"过渡期"与"后脱欧期"。两个期间也因为英国需要与欧盟进行的一系列谈判而变得扑朔迷离,也给包括中国在内的投资人带来了诸多迷茫。

凡事总有利弊。我们在理性观望的同时,也应理性地面对英国脱欧给我们带来的机遇与挑战。对于中国投资人而言,机遇与挑战并存,既可能有汇率上的优势、合作机遇的增多及可能的更优惠双边协议及政策等利好,也可能出现因谈判协议带来的法律上的不确定性,如自由贸易更为受限、更高关税及用人成本、人民币国际化受阻,还有就是争议解决方式及其执行更为困难等弊端。因此,对于中国投资者来说,着眼于全球的布局和目标市场准确定位非常重要。而对于英国的绿地(直接)投资和并购,应在法律的不确定性和英镑的走弱中寻求一个最佳切入点,争取在法律相对确定并且英镑率先走低的时候找准目标,进行投资。同时,企业应关注英国的金融市场及吸引投资政策,加强中英在金融上的合作并提前做好相关投资领域的市场评估,制定并落实科学的合规制度。更为重要的是,应事先预知风险,寻求最为适合解决争议的途径,并将之清晰而明确地体现在正式投资前的各项经费、投融资及其相关争议处理等协议中。

“长赐轮”宣布共同海损引发的思考*

——兼论《中华人民共和国海商法》第193条的修改

谢　明

“长赐轮”搁浅无疑是2021年最受全球海事界瞩目的突发事件。苏伊士运河管理局(SCA)从最初要求赔偿9.16亿美元，经谈判主动将索赔金额减少到5.5亿美元，条件是预付2亿美元，其中3.5亿美元提供担保，索赔金用于支付打捞作业的费用，以及赔偿运河6天堵塞造成的损失。2021年6月23日双方达成和解协议，有消息猜测和解金额为1.5亿元。最终和解金额无从得知，但从媒体角度看来“可以确定的是，这笔钱需要船上货物的货主们一起承担。因为2021年4月1日，长赐轮船东日本正荣汽船已正式宣布共同海损”，①且“长赐轮”船上货物货值达7.8亿美元。该船曾挂靠中国盐田、台北、宁波、洋山、青岛、高雄等多个港口，据估计，其中8成货物来自中国。所以，接下来预计将有大量中国货主面临“货没事、但要赔钱或提供担保才能提货”的尴尬局面。根据专业人士分析，本次事故的共同海损可能是有史以来最高的一次，②但是中国法律界有专业人士的意见认为“长赐轮”事件不构成共同海损，③其代表性的观点认为“此次事故，船上货物与集装箱多是中国货，货主不熟悉航运习惯，让日本船东有机可乘。不实宣告

* 文章发表于凤凰网、网易网，并刊载于《商法》2022年2月号。

① 《重磅！长赐轮货主或将面临史上最高“共同海损”！将于7月7日重新起航》，载威速易供应链平台，https://www.amz123.com/thread-739526.htm。

② 同上注，另参见Nikolai Ivanov，Skuld船东互保协会，在纽约海事(NYMAR)最近一次网络研讨会中的观点：“Ever Given”将是“历史上最大的共同海损损失……随着这些集装箱船越来越大，如何处理货物索赔和共同海损将带来巨大的麻烦”，载https://www.seatrade-maritime.com/finance-insurance/ever-given-reflections-largest-general-average-case-history。

③ 《“长赐轮”搁浅，共同海损是否必然成立》，载360个人图书馆网，http://www.360doc.com/content/21/0415/01/50265922_972378886.shtml。

令货主陷入共同海损的泥淖之中”①。鉴于此种争议,本文将对该事件是否构成共同海损做粗浅分析,并对《中华人民共和国海商法》(以下简称《海商法》)第193条存在的问题大胆提出建议性的修改意见,望引起业内人士探讨、指谬。

一、《海商法》第193条与第165条、第171条的规定存在文义解释上的冲突

我们首先将这三条规定做下对比:

第一百九十三条 共同海损,是指在同一海上航程中,船舶、货物和其他财产遭遇共同危险,为了共同安全,有意地合理地采取措施所直接造成的特殊牺牲、支付的特殊费用。

第一百六十五条 船舶碰撞,是指船舶在海上或者与海相通的可航水域发生接触造成损害的事故。

第一百七十一条 本章规定适用于在海上或者与海相通的可航水域,对遇险的船舶和其他财产进行的救助。

不难看出,我国规定的“共同海损”字面意思并不包括“与海相通的可航水域”发生的事故,故有观点认为:“本案搁浅地在运河,判断时需要厘清‘运河’是否应当包含在‘海上’一词中,虽然运河与海相通,可以适用《海商法》调整运输合同,但对于独立于运输合同章节的共同海损章,特别是对于长赐轮本次事故,是否可以适用共同海损特别保护,尚需深入讨论,等待法院的最后判决是一个绝佳的选择。”②笔者认为,上述观点的疑问源于《海商法》第193条字面意思的不周延,实际上,在“与海相通的可航水域”发生的事故,仍然可以构成共同海损,理由如下:

1.理论界认为,“对于共同海损,我国《海商法》第193条和2004年《约克—安特卫普规则》都规定危险需发生在同一海上航程中,这里所指的海上航程在实践中也包括了与海洋相通的可航水域”③;

2.从逻辑上讲,发生共同海损事故时,有意采取措施所直接支付的特殊费用,其中常常发生的一项就是救助报酬,既然与海相通的可航水域发生的救助报酬确定是由船东承担,由此引起的共同海损自然应当由货主进行分摊;

3.考究《海商法》第193条的渊源,应当追溯至1974年《约克—安特卫普规

① 王肖卿:《浅谈共同海损的策略运用》,载澎湃网2021年6月11日,https://www.thepaper.cn/newsDetail_forward_13118253。

② 王沐昕:《浅析“长赐轮”搁浅事故各方法律关系》,载微信公众号“水路运输法研究中心”2021年5月10日,https://mp.weixin.qq.com/s/RA7OizfyHDqCkglw6FVS4w。

③ 郑宇航:《浅析海难救助与共同海损之间的关系》,载《法制与社会》2017年第6期。

则》"规则A:共同海损行为,是在,并且只有在为了共同安全,使同一海上航程中涉及的财产脱离危险,有意而合理地作出任何特殊牺牲或支付任何特殊费用时,才能存在",英文原文是:Rule A: There is a general average act, when, and only when, any extraordinary sacrifice or expenditure is intentionally and reasonably made or incurred for the common safety for the purpose of preserving from peril the property involved in a common maritime adventure.《海商法》第193条中的"同一海上航程",源于英文"a common maritime adventure",而maritime[①]一词本身的英文原意得不出排除"与海相通的可航水域"的意思。

二、"长赐轮"搁浅事故是否构成共同海损值得商榷

按照通说,共同海损的成立要件如下,缺一不可:第一,船舶、货物和其他财产结为一体时处于同一海上航程;第二,船舶、货物和其他财产处于共同危险中;第三,为了共同安全而有意和合理地采取了措施;第四,采取的措施直接造成了特殊的财产牺牲或者额外的费用支出。[②]

结合各方媒体对事故的报道,笔者认为在现行法律和规则下,该搁浅事故很可能不构成共同海损,值得商榷的地方主要在于:

1. 危险是真实(real)且重大(substantial)的吗?

有英美案例认为,"决定法官认定搁浅事故是否构成真实的、重大的危险的因素,主要跟搁浅地点的水域状况和海底底质等有关,如果船舶搁浅在内陆水域或者拥有良好避风条件的港湾等处,或者搁浅水域的底质为软泥等,不会对船舶造成损坏,或者搁浅只是暂时性的,一旦涨潮,船舶将会自动起浮脱浅,在这些情况下,通常不会认为对船舶构成真实的或者重大的危险。当然这些案例都是一些早先的案例,涉及的船舶也均较小"[③]。有学者认为,"而今天,船舶越来越趋向于大型化。与小型船舶相比,搁浅对于大型船舶所造成的危险显然不可同日而语。因此,在发生涉及大型船舶的搁浅事故时,应以可能与上述案例所采用的标准不同的标准来判断是否存在真实的危险"[④],但是,笔者认为,尽管"长赐轮"长近400米,宽约59米,载有超过1.8万个集装箱,重达22.4万吨,船上集装箱堆积高度达到52米,大风扬尘导致天气状况极端恶劣,但是并未见任何报道有船壳破裂、侧

---

① 《牛津双阶英汉双解词典》(第4版),第906页。Maritime:adj. 1. 海的;海上的;航海的;海事的;2. 沿海的;近海的。

② 胡正良主编:《海事法》,北京大学出版社2009年版,第282-296页。

③ 同上书,第289页。

④ 同上书,第289页。

翻、倾覆等风险，且在挖走船底沙石、借助拖轮和潮汐的力量后可以重新启航，因此，事故不对船舶构成真实的或者重大的危险，案件的影响力这么大，主要原因还是在于这个庞然大物堵住了世界著名的交通要道。

2. 该船、货物和其他财产处于共同危险中吗？

所谓危险是共同的（common），是指危险是同一海上航程中的各种财产所共同面临的。如果危险仅仅是部分财产所面临的，对于其他财产的安全并无妨碍，则不构成共同危险。[①] 如前所述，笔者认为，因不存在有船壳破裂、侧翻、倾覆等会导致船货共同遭受的风险，运河当局把航道都封闭，船舶也没有面临被别的船碰撞的危险，构成共同危险缺少事实依据。

3. 该轮采取的措施是为了船舶、货物和其他财产的共同安全而采取的吗？

船舶、货物和其他财产遭遇共同危险后，若所采取的措施仅仅是为了使部分财产获得安全，而不是为了所有财产的共同安全，则这种措施不是共同海损行为。[②] 笔者认为，如前所述，货物和其他财产并未遭遇危险，仅仅是船舶单方面出现了窘迫局面，即使安排了挖掘沙石、拖轮救助等，也是为了船舶单方安全采取的措施。

三、《海商法》第 193 条的修改建议

鉴于“长赐轮”造成的“世纪大堵”和前述分析，引发了本文思考：当船、货和其他船上财产处于一般、轻微危险，而不是重大危险中，即使没有面对共同危险，也不是为了共同安全，但是，为了不特定的他船、他船上的货物，甚至是公共利益和国际航运、贸易秩序，“有意地合理地采取措施所直接造成本船的特殊牺牲、支付的特殊费用”是否可以考虑纳入共同海损？

笔者注意到，交通运输部《关于提请审议〈中华人民共和国海商法（修改送审稿）〉的请示》中建议将《海商法》第 193 条原第 1 款修订为“第二百二十四条：在同一海上航程中，船舶、货物和其他财产遭遇共同危险，为了共同安全，有意地合理地采取措施所直接造成的特殊牺牲、支付的特殊费用等，认作共同海损”时，并未遇到“长赐轮”事件这种特殊情况。基于前述思考和分析，笔者试着对该条款提出如下修改建议，望抛砖引玉，引发业内讨论：

第二百二十四条 在海上或者与海相通的可航水域的同一航程中，船舶、货物和其他财产遭遇共同危险，为了共同安全，有意地合理地采取措施所直接造成的特殊牺牲、支付的特殊费用等，认作共同海损。但是，为了航运公共利益和航运

---

① 胡正良主编：《海事法》，北京大学出版社 2009 年版，第 291 页。

② 同上书，第 293 页。

公共秩序，即使船舶、货物和其他财产没有遭遇共同危险，也不是为了共同安全，而有意、合理地采取措施所直接造成的特殊牺牲、支付的特殊费用之百分之五十，也可以认作共同海损。

四、修改的政策和法理依据

1. 政策依据

交通运输部《〈中华人民共和国海商法〉修订说明》中指出“《海商法》还存在某些制度设计不严密、可操作性差等问题，对我国航运利益保护存在一定的缺陷，需要通过修订不断予以完善”，“通过修订出台一套与航运、贸易发展相适应的海商法律制度体系，不仅可以对海上贸易走廊建设提供保障和服务，也将对沿线国家的海商立法和区域性规则的制定提供中国方案”，此外，交通运输部原副部长徐祖远在由中国海事仲裁委员会、中国船东协会、中国海商法协会共同主办的“苏伊士运河搁浅事件专题讨论会”中所作的主题为《“长赐轮”搁浅事故带来的3点启示以及8个建议》的演讲中也指出：“研究国际公约、国内法律，保护国家在海外利益：从国家安全考虑，我国需要在国际法的框架内，在《海上安全法》等修订过程中，为保障我国远洋船队和船员在域外的海上安全作出相应的规定。”

笔者认为，“政策是制定法律的依据”，制定于1992年的《海商法》具有浓厚的舶来品色彩，近30年来国内在此领域内鲜有法律制度上的创新，随着中国国力的显著上升，有必要深入研讨“长赐轮”事件对中国的影响，维护好中国乃至全球的航运利益，并适时制定“中国方案”。

2. 法理依据

笔者对上述修订的想法，源于对中国民法中诚实信用原则和紧急避险制度的理解，并与现行共同海损制度进行了融合。

《中华人民共和国民法典》（以下简称《民法典》）第7条规定：“民事主体从事民事活动，应当遵循诚信原则，秉持诚实，恪守承诺。”该条款阐明了我国民法的诚信原则，又被称为民法中的“帝王条款”。诚信原则是各国民法公认的基本原则，具有高度抽象性，可以平衡民事主体之间、民事主体与社会之间的利益，进而实现社会的公平正义。诚信原则要求所有民事主体在从事任何民事活动时，包括行使民事权利、履行民事义务、承担民事责任时，都应该秉承诚实、善意，“这说明船东应该遵循诚信原则，并据此对船货已经发生的损害进行减损，对可能发生的扩大损害进行预防”①，共同海损的实质就是货主也要对船东的避险行为分摊费用，船

① 何丽新：《“被塞”船舶的相关法律问题》，载澎湃新闻2021年6月11日，https://m.thepaper.cn/baijiahao_13118256。

和货一起挡在交通要道上，货主如果认为这个全部是船东的责任，跟自己无关，是否有违诚信？笔者认为，货主如果认为不关自己的事，似乎说不过去，毕竟传统的航海理念中，船货处于共同海上冒险（common maritime adventure）中，[①]货主也许可以去抗辩，这是船东违约或侵权责任，但别忘了，在集装箱船越来越大型化的今天，这个事件明显是船和货"一体化"妨碍了公共利益，尤其是中国作为货主大国，更需要有领导气质或者说有全球责任和义务去分担重要航道上的"世纪大堵"损失。[②]

《民法典》第182条规定："因紧急避险造成损害的，由引起险情发生的人承担民事责任。危险由自然原因引起的，紧急避险人不承担民事责任，可以给予适当补偿。紧急避险采取措施不当或者超过必要的限度，造成不应有的损害的，紧急避险人应当承担适当的民事责任。"《中华人民共和国刑法》第21条也明确规定了紧急避险的内容，该条规定："为了使国家、公共利益、本人或者他人的人身、财产和其他权利免受正在发生的危险，不得已采取的紧急避险行为，造成损害的，不负刑事责任。"对于紧急避险的概念，学者们的定义为："为了使公共利益、本人或他人的合法权益免受现实和紧急的损害危险，不得已而采取的致他人和本人损害的行为"[③]，"为了社会公共利益、自身或者他人的合法利益免受更大的损害，在不得已的情况下而采取的造成他人少量损失的紧急措施"[④]，"为了使公共利益、本人或他人的合法权益免受现实的和紧急的损害危险，不得已而采取的致他人和本人损害的行为"[⑤]；而《中华人民共和国民法总则释义》一书则认为：本条（指《中华人民共和国民法典》第182条）虽然没有对紧急避险的内容作出明确规定，但是应当与我国刑法的规定相一致，紧急避险应当是使本人或者他人的人身、财产和其他权利免受正在发生的危险，不得已采取的避险行为。[⑥] 最高人民法院民法典贯彻

① 对共同海损的法律性质也存在"利害共同体说"，又称危险共同体说、特殊法律要件说，该说认为船舶和货物在海上航行中，事实上形成了一个利益共同体或者危险共同体，共同体各方应本着同舟共济的精神，在各自利益范围内相互保证航行的安全，而对于遭遇的共同危险，亦应由共同体的所有成员分担。我国台湾地区已故海商法学者张东亮认为此说为通说，参见张东亮：《海商法新论》，台北，五南图书出版公司1986年版，第433页。转引自胡正良主编：《海事法》（第3版），北京大学出版社2016年版，第247页。

② 此种货主分担的原理，类似于油污基金的征集工作，由油污基金所承担的补充清偿责任，实际上还是源于货主。

③ 王利明：《民法·侵权行为法》，中国人民大学出版社1993年版，第185页。

④ 杨立新：《侵权法论》，吉林人民出版社1998年版，第242页。

⑤ 王利明、杨立新主编：《侵权行为法》，法律出版社1996年版，第80页。

⑥ 参见 http://gzlx.pkulaw.cn/CLink_form.aspx? Gid = 291593&Tiao = 182&km = siy&subkm = 0&db = siy，"二、紧急避险的要件"第1点内容。

实施工作领导小组主编的《中华人民共和国民法典总则篇理解与适用》一书中则认为“是指为了社会公共利益、自身或者他人的合法利益免受更大的损害,在不得已的情况下采取的造成他人少量损失的紧急措施,称为紧急避险”①,同时,“紧急避险是一种合法行为,是在两种合法利益不可能同时都得到保护的情况下,不得已而采用牺牲其中较轻的利益,保全较重大的利益的行为”②。

笔者认为,通过上述比较研究,可以发现学者们对紧急避险行为在是否“致他人损害”上意见一致,但是在是否“致本人损害”上有分歧,这估计和《民法典》第182条“基本沿用了《民法通则》、《侵权责任法》和《民法总则》的规定,对紧急避险的内容没有明确规定”③有关,同时,该条也没有明确“是为了谁的利益而采取紧急避险行为”④。尽管如此,笔者认为,这并不影响中国的共同海损制度在民法典的基础上进行融合创新。

关于紧急避险的条件,通说认为有四个⑤:(1)必须有现实危险的存在,这是紧急避险得以实施的前提。危险,是指国家、公共利益、个人的人身、财产或其他权利面临某种威胁,即将给合法权利造成损害的事实状态。(2)现实危险必须是正在发生的。根据《刑法》第21条的规定,只有对于正在发生的危险才能实行紧急避险。当危险正在发生时,国家、公共利益或个人的合法权利已经受到侵害或马上就要受到侵害,如果这时不实行紧急避险,侵害马上就会发生或将使合法权益受到更大的损害;只有实施紧急避险,才能使合法权益免受损害或免受更大的损害。(3)避险行为必须造成客观损害。只有造成损害的行为才可能是避险行为,要成立紧急避险,行为人必须实施了造成损害结果的避险行为。(4)避险行为必须在不得已的情况下实施。有的观点还要增加一个“不能超过必要限度”⑥。笔者认为,题述事件均和上述紧急避险的要件相符,且我国有部分权威学者也认为共同海损行为是一种典型的紧急避险行为。⑦

---

① 该书第915页。

② 杨立新:《侵权法论》,人民法院出版社2013年版,第356页。

③ 最高人民法院民法典贯彻实施工作领导小组主编:《中华人民共和国民法典总则篇理解与适用》,人民法院出版社2021年版,第914页。

④ 同上。

⑤ 参见百度百科关于紧急避险的内容,https://baike.baidu.com/item/%E7%B4%A7%E6%80%A5%E9%81%BF%E9%99%A9/746268?fr=aladdin。

⑥ 最高人民法院民法典贯彻实施工作领导小组主编:《中华人民共和国民法典总则篇理解与适用》,人民法院出版社2021年版,第916页。

⑦ 顾昂然、王家福、江平等:《中华人民共和国民法通则讲座》,中国法制出版社2000年版,第249-250页。转引自胡正良主编:《海事法》(第3版),北京大学出版社2016年版,第248页。

笔者也注意到，部分海商法学者也对紧急避险制度与共同海损制度进行了比较研究，发现了它们的诸多区别①，笔者也认可二者有不同之处，但是这些并不影响基于题述事件对中国目前的共同海损制度进行升级、创新和融合，毕竟海事法律制度就是在对一个个重大典型案例不断总结的基础上不断完善的。②

五、自救和救他的竞合

如前所述，“长赐轮”事件采取了挖掘沙石、拖轮救助等措施使船舶最终脱险，由此产生的特殊费用既存在为该轮自救，又存在挽救了社会公共利益的结果竞合问题，为鼓励船舶自救，并达到挽救社会公共利益的目的，笔者对《海商法》第 193 条修订内容加上了“有意、合理地采取措施所直接造成的特殊牺牲、支付的特殊费用之百分之五十，也可以认作共同海损”的措辞，至于 50% 比例从何而来，只是个人的建议，业内人士可共同探讨！

---

① 例如，大多数国家的紧急避险制度，均要求避险行为人在采取避险行为时，需对该行为所损害的法益与该行为所保护的法益进行衡量，只有在后者明显大于前者时，该行为才能成立紧急避险行为。在共同海损制度下，虽然各国法律以及《约克—安特卫普规则》等均对共同海损行为的合理性有明文要求，但不要求共同海损行为所造成的牺牲必须远小于船货的价值；即便共同海损行为的后果仅仅使少的财产获得保存，只要该行为本身合理，仍然可成立共同海损，该少量获救的财产需按照其价值比例对因共同海损行为而牺牲的财产以及产生的费用进行分摊。参见胡正良、韩立新：《海事法》（第 3 版），北京大学出版社 2016 年版，第 250 页。

② 例如，1989 年美国埃克森石油公司的超级油轮“瓦尔迪兹”号在美国海岸造成了美国历史上最严重的溢油污染事故，引起美国朝野震惊，因清污费和各种污染损失费高达 80 亿美元，公众强烈要求采取溢油应急对策。经过参、众两院的反复讨论，美国于 1989 年 7 月 26 日通过了 1990 年《油污法》。

粤港澳大湾区背景下强化粤港澳律师紧密合作的建议

慕亚平　周　莲

一、粤港澳大湾区即将纳入国家级战略

2017 年 8 月 18 日上午,国家发改委有关人士在新闻发布会上说:正会同粤港澳三地和国务院有关部门编制粤港澳大湾区城市群发展规划。规划中的粤港澳大湾区城市群包括香港特别行政区、澳门特别行政区和位于珠三角地区的深圳、广州、珠海等 9 个内地城市,这是个世界级的湾区,面积为 5.6 万平方公里,人口超过 6671 万,经济总量 1.36 万亿美元。就经济总量而言,粤港澳大湾区仅次于东京湾区、纽约湾区,超过旧金山湾区。粤港澳大湾区之所以备受关注,是因为这里集中了中国三大“一线城市”,是市场经济机制最完善的区域,也是当前经济最具活力的区域。

世界三大湾区中,纽约湾区是世界湾区之首,世界金融的核心中枢,人口达到 6500 万,占美国总人口的 20%,城市化水平达到 90% 以上,制造业产值占全美国的 30% 以上,被视为美国经济的中心。

东京湾区是以制造业、重化工业为主形成的工业带,产值占日本 GDP 的 40%。东京湾沿岸形成由横滨港、东京港、千叶港、川崎港、木更津港、横须贺港 6 个港口首尾相连的马蹄形港口群,年吞吐量超过 5 亿吨。

旧金山湾区,地处加州北部,主要城市包括旧金山、奥克兰、圣荷西,总人口数在 700 万以上。湾区是世界上最重要的高科技研发中心之一,旧金山湾区就被誉为美国硅谷的摇篮,集中了全美国 40% 以上的风险资本投资,专利授权数量占全美国的 15.2%,涌现出谷歌、苹果、英特尔等一批知名企业。拥有全美国第二多的世界 500 强企业。

中国力争把粤港澳大湾区打造成第四个世界级大湾区。

二、粤港澳大湾区建设呼吁寻求律师合作

这次提出的粤港澳大湾区是对以往内地与香港、澳门合作战略的提升,大家知道,自中国加入 WTO 之后,内地与港澳的合作就进入融合发展轨道,开始在自由贸易区的模式下进行合作,而且越来越紧密,先后提出了《内地与香港关于建立更紧密经贸关系的安排》(CEPA)、泛珠三角合作、粤港澳经贸合作区、粤港澳深度合作等战略安排,而这次粤港澳大湾区的战略安排是对以往战略的提高和升级,是以国际最先进的标准安排的国家级战略,规格更高,开放度更大,合作更紧密,是引领国家战略的具体实施,因此,必然要求经济上更开放,体制上更协调,法律上更加融合。于是,大湾区作为进一步开发的窗口和平台,作为中国引领世界的基地,战略意义非常之大。而这方面通过提供系统的法律及法律服务就显得至关紧要,呼吁在大湾区建立更加开放,更加统一的法律服务,特别是律师合作制度,为粤港澳大湾区建设提供更高、更全面的服务。由于实行一国两制,香港、澳门和内地的律师制度有着很大差异。但是,这更凸显了两地律师的优势互补性。

香港的二元制的律师制度将律师分为大律师(barrister,又称出庭律师)和事务律师(solicitor,又称律师),虽有大律师和事务律师之分,但实际上两者并无高低之别,只是执业范围有所不同而已。大律师的主要职责是代表当事人在法庭上进行诉讼,但不能涉及融资上市、土地买卖、遗产继承、知识产权等业务,以及不能私自接触客户等。事务律师刚好相反,二者各自负责执业范围内的事务。

香港律师会成立于 1907 年,至今已有 110 多年的历史。2017 年最新统计显示,香港律师会截至 2017 年 10 月 31 日有 10,732 名会员(包括执业律师和未持执业证者)。[①] 此外,还有 1423 多名大律师,1390 多名海外注册律师。平均来讲,香港的总人口共有 734 万人,600 - 700 人当中就有一名律师。

澳门的律师制度,主要由澳门政府颁布的《律师通则》,以及由澳门律师公会颁布的《律师入职规章》《澳门律师公会章程》《律师职业道德守则》《律师纪律守则》等组成。现行澳门律师分为大律师和实习律师。

澳门律师公会是一个专业社团,于 1995 年成立。关于律师公会会员目前人数,没有从澳门律师公会网站和互联网上查到具体数字。有资料显示 2009 年澳门律师公会的会员有 88 人,截至 2013 年 10 月,澳门共有执业律师 281 人,实习律师 109 人。[②]

---

① 载香港律师会官网,http://www.fjt2.net/gate/gb/www.hklawsoc.org.hk/pub_c/about/。

② 参见《澳门律师公会代表团访皖》,载中国新闻网,http://www.chinanews.com/ga/2014/07-18/6402830.shtml。

我国内地律师增长速度很快，2012 年时有执业律师十几万，至 2016 年已经增加到了 33 万人。笔者从相关部门获悉，我们未来的发展目标是超过 50 万人。

在两地律师业联合发展的过程中，他们都有各自的优势，也都有许多不足。

从香港方面来看，香港律师由于受英国影响较大，对英美法律比较熟悉，其法制化程度较高，律师业务比较规范，法律业务涉及面较广。香港的律师不仅参与诉讼，而且对非诉讼业务也有广泛参与，如在合资经营企业、合作经营企业、知识产权领域等。因此，总的来看，香港的律师业务水平较高，业务较为规范。

但是，随着香港和内地法律事务的不断增加，香港律师的不足也暴露出来。如他们对内地的法律，特别是行政法规和地方性法规了解很少，但在涉及内地法律的事务中，很多案件或项目涉及这些行政法规和地方性法规，这给香港律师在内地开展业务带来了很大的不便。

从内地律师服务业来看，内地律师的数量、办案质量等各方面与香港还有一定的差距，但在办理律师事务方面也有自己的一些特点。和香港律师相比，内地律师和律师事务所的专业化程度较低。在处理业务时，虽然大多数内地律师可以承办各种类型的案件，但是办案水平与香港的专门性律师事务所相比仍有差距。内地的律师事务所往往涉及许多的领域，但是在一些专门的领域不如香港的专业律师。内地律师和律师事务所也有自己的优势。主要是内地律师对内地的法律，特别是行政法规和地方性法规，了解得比较清楚。另外，内地律师对内地法院、检察院、公安机关、工商行政管理部门等有关司法、行政机构的工作程序以及工作方法较为了解，这对于处理有关的律师业务有很大的好处。由于中国内地的司法制度和英国、美国有较大的差别，办案方法也很有中国特色，所以说，内地律师的这个优势是其他国家和地区的律师事务所（包括香港在内）不可比拟的，特别是在我国推进“一带一路”倡议的背景下，尤为突出。

所以，香港和内地的律师可以在同一案件、同一项目中互相配合、互相协作，各自承担自己擅长的部分，实现优势互补。另外，建议平时加强两方的业务交流，使大家能够互通有无，提高业务水平。实际上，香港律师在内地的发展空间大大拓展，并不限于传统的法律业务。以某联营律师事务所为例，该联营所有 10 名派驻执业律师（其中包括 3 名香港律师）担任南沙区投资贸易促进局常年法律顾问，参与《南沙新区关于促进融资租赁业发展的实施意见》的制定，及参与内地法律框架下引入香港标准的专题研讨工作。

澳门正在建设“一个中心、一个平台”，积极参与“一带一路”国家战略，促进经济适度多元发展，澳门律师业在这一进程中具有广阔空间，比如努力推动葡语系国家仲裁业务在澳门的发展等。要借国家的东风，扛“中国”这面大旗，吸引更多的“凤凰”到澳门“筑巢”。

2014年，广东省司法厅发布《内地律师事务所向香港律师事务所驻粤代表机构派驻内地律师担任内地法律顾问试点工作的实施办法》和《香港特别行政区和澳门特别行政区律师事务所与内地律师事务所在广东省实行合伙联营试行办法》，大大促进了粤港澳律师事务所的合作。截至2016年年底，香港律师事务所已在内地设立了64家代表处，有22家港澳律师事务所设立驻粤代表机构；在广州、深圳、珠海批准设立了11家粤港（澳）合伙联营律师事务所，其中香港律师33名、澳门律师9名。有92名香港居民和4名澳门居民经过批准成为内地执业律师。[①] 2017年10月16日，广东省司法厅向42名港澳律师颁发了“合伙联营所港澳律师工作证”。

总之，香港、澳门与内地律师紧密合作，进行资源整合、优势互补，深化法律服务合作，促进自贸区法治化、国际化的营商环境建设；同时立足珠港澳一站式法律服务平台，在金融、货物贸易、服务贸易、知识产权国际保护等方面提供更为专业、高效、国际的法律服务，为粤港澳大湾区企业拓展港澳市场，并辐射葡语系、西语系国家及“一带一路”沿线国家贸易市场提供有力的保障。

三、现有粤港澳律师合作相关规定中存在的问题

CEPA的有效实施促进了两地法律服务的紧密发展，一方面为香港法律服务业进入内地市场提供了比WTO服务业开放承诺更加优惠的条件和更低的门槛，另一方面为内地法律服务业借鉴和学习国际法律服务提供了平台，在两地法律服务合作中起着举足轻重的作用。但不可否认的是相关的规定仍存在一定的缺陷，需要结合日后的实践活动进行完善：[②]

（一）关于香港律师事务所在内地设立代表机构存在的问题

根据CEPA规定，只有在内地设立代表机构的香港律师事务所（行）才能够与内地的律师事务所进行联营，但规定并没有涉及所设立的代表机构的具体条件。目前关于代表机构的具体规定一般参照《香港、澳门特别行政区律师事务所驻内地代表机构管理办法》（以下简称《管理办法》）执行，由于该《管理办法》是在2002年中国加入WTO后，为了给予外国律师事务所和港澳代表机构最惠国待遇而设

---

① 参见李锐忠、符龙龙、邓捷：《粤港澳法律服务业携手护航中企“走出去”》，载《民主与法制》2016年第42期。

② 参见慕亚平、相鲁生：《CEPA框架下内地与香港律师合作所面临的主要法律问题》，载《云南大学学报（法学版）》2008年第5期。

定的,所以对于香港律师事务所设立的代表机构规定了较多的限制,如设立代表机构和派驻代表都需要经过国务院司法行政部门的许可,港澳律师事务所、其他组织或者个人不得以咨询公司或者其他名义在内地从事法律服务活动等。CEPA签订以后,内地向香港提供了更多的优惠,提前向香港实现在WTO中向外国作出的服务贸易承诺,因此在香港律师事务所驻内地的代表机构的设立条件、活动范围、聘用人员等方面都应该有所体现,放宽对香港代表机构的限制,但CEPA却缺乏相关的规定,显然不利于推进两地法律服务的往来。

另外,关于代表机构的从业人员方面,《管理办法》还规定"代表处不得聘用内地执业律师;聘用的辅助人员不得为当事人提供法律服务"。一般而言,香港律所的代表机构主要业务是处理涉港的业务和涉及金融、投资、跨国公司上市等高端的国际法律事务,而内地的律师事务所缺乏这种国际性的高端业务的实践经验,这也使内地律师操作国际法律实务的能力偏低,给部分具有相关资格条件的国内法律服务职业者提供就职于香港的代表机构的机会,以此为桥梁提升国内律师处理国际法律事务的水平正是加紧两地法律合作的目的之一,但《管理办法》的规定却与此背道而驰,所以我们有必要在日后的补充协议中对此进行修改,以配合两地法律服务业的发展。

(二)关于香港法律执业者在内地执业存在的问题

根据香港的法律制度,法律职业者分为大律师和律师两类,大律师只能从事诉讼业务。根据CEPA的规定,被内地律师事务所聘用的香港法律执业者不得办理内地法律事务,不论是大律师还是律师,只要他们还没取得内地执业资格,一律不得参与内地法律事务。另外,CEPA又规定允许香港永久性居民中的中国公民按照《国家司法考试实施办法》参加内地统一司法考试(现为国家统一法律职业资格考试),取得内地法律职业资格后按照《中华人民共和国律师法》,在内地律师事务所从事非诉讼法律事务。在这种情况下就产生了大律师在内地如何执业的问题,因为大律师只能从事诉讼业务,所以即便大律师获得内地的律师职业资格,他的业务范围只限于非诉讼业务,换言之,大律师根本不可能在内地开展业务。

为了解决这种尴尬的局面,CEPA补充协议三规定"允许香港大律师以公民身份担任内地民事诉讼的代理人",但这一规定又引起了一系列的问题:(1)以"公民身份"担任民事诉讼的代理人,即完全排除了香港大律师以律师的身份为委托人服务的可能性,否定了对香港法律服务者资格的认可;(2)若香港大律师以公民的身份担任代理人,就剥夺了大律师以律师身份进行代理所享有的特定权利,造成内地律师与香港律师的法律地位不对等;(3)大律师与内地律师都是在通过统一司法考试、获得执业资格的情况下为代理人服务的,证明他们都具有充分的诉讼能力和知识技巧,但却在诉讼权利和业务范围中出现不对等现象,构成了对香港法律服务者的歧视;(4)对于“民事诉讼”的范围界定不清,到底是只涉及婚姻、继承的民事诉讼,还是涵盖所有的民事诉讼的范围呢?以上的种种规定都显得过分谨慎和保守,使香港的法律服务者在内地的执业效果大打折扣,不利于香港与内地法律服务的充分合作。

(三)关于取得内地律师执业资格的香港居民在内地执业存在的问题

CEPA规定香港永久性居民中的中国公民按照《国家司法考试实施办法》参加内地统一司法考试,取得内地法律职业资格后按照《中华人民共和国律师法》,可在内地律师事务所从事非诉讼法律事务,在“先易后难,逐步推进”原则的指导下,内地逐步向已获得内地法律执业资格的香港永久性居民开放业务范围,2006年更突破性地规定允许取得内地律师资格或法律职业资格并获得内地律师执业证书的香港居民,以内地律师身份从事涉港婚姻、继承的代理业务,使其业务范围出现一个质的飞跃,不再局限于非诉讼业务。CEPA补充协议八又作出将会研究扩大取得内地法律职业资格并获得内地律师执业证书的香港居民在内地从事涉及香港居民、法人的民事诉讼代理业务范围的承诺,由此可见业务范围的开放程度越来越高。

但取得内地律师执业资格的香港居民在内地执业也存在一些问题:(1)虽然内地律师和获得内地执业资格的香港居民的业务范围不断靠近,但获得内地执业资格的香港居民的业务范围依然有限,远远未能达到服务贸易自由化的标准要求,应进一步扩大业务范围;(2)获得内地执业资格的香港居民的业务范围一般限于涉港澳的业务,但具体哪些案件被定义为涉港澳,涉港澳是以主体的住所还是标的所在地为标准,这些问题还没有一个可供操作的标准;(3)对于“非诉讼业务”的定义,由于香港与内地的法律制度存在差异,对于法律业务的分类也或多或少存在差异,双方对于业务范围的界定不清容易产生争议,而这方面又缺乏相关规定,获得内地执业资格的香港居民对于业务的承接总是畏手畏脚,害怕承接的业务与内地的法律规定不一致而产生不必要的经济损失,这会降低他们开展业务的积极性;(4)由于内地的律师行业起步晚,发展缓慢,法律执业水平偏低,加上外部的法律法规透明度不高、律师行业地位不高等因素,与香港成熟稳健的法律体制和规范的行业体系相比,形成较大的反差,给香港律师到内地执业造成种种不适应,这也是需要内地的立法和司法部门共同努力改善的;(5)CEPA补充协议八规定扩大香港大律师以公民身份担任内地民事诉讼的代理人的业务范围,但具体而言，除了涉港的婚姻、继承案件以外，还扩大至哪些民事领域呢？这些都需要及时细化，以促进获得内地执业资格的香港居民在内地业务的展开。

在香港，取得律师资格并没有身份限制。具有法学本科、博士（JD、PhD）或通过专业共同考试（Common Professional Examination, C. P. E.），然后取得由香港中文大学、香港城市大学或香港大学举办之法律深造证书（Postgraduate Certificate of Law, P. C. LL.）者均可申请律师资格。完成 P. C. LL. 后需以学徒（Pupillage）身份实习（俗称“跟师傅”）一年方可注册。非香港法律学历（包括由香港本地院校举办之海外学历课程）者，在申请 P. C. LL. 前，需完成一年制之转制课程（Conversion Programme）。海外诉讼律师在具备三年经验且考试（Barristers Qualification Examination, B. Q. E.）通过后才能获取专业资格。

在澳门，取得律师资格也是比较开放的。要成为澳门律师通常应当是澳门本地大学的法学学士，或其他地区毕业的经澳门认可学历的法学学士，并已完成律师实习。如果是在澳门以外地区毕业的法学学士，须在修读有关澳门法律的专门培训课程后，才能开始实习。具有硕士或以上学位，并在澳门高等学校任教两年以上的法律专业的教师，以及在澳门任职两年以上且工作评核为良的前任法官、检察官、公证员等，可豁免参加实习。

（四）关于香港与内地律师事务所联营存在的问题

自 2004 年 1 月浙江省 A 律师事务所与香港 B 律师行于香港签署首份联营协议至 2010 年，只有六家香港律师事务所与内地律师事务所进行联营，①到 2017 年 7 月香港有十家律师事务所得以在内地以合伙方式联营②。联营发展速度缓慢，其中的原因包括但不限于以下这些：（1）现实与法条、法条与法条之间产生了冲突，《香港特别行政区和澳门特别行政区律师事务所与内地律师事务所联营管理办法》将律师事务所之间的联营的性质定义为合同型联营，但该办法所规定的联营是合伙律师之间或合伙律师事务所与合伙律师事务所之间的合作关系，而合伙律师事务所在法律地位上视同公民。如果按照原《民法通则》关于联营的规定，将香港、澳门与内地的律师事务所之间的联营性质定位为合同型联营是不恰当的，他们之间是一种合伙关系，这就产生了法条之间的矛盾。（2）根据 CEPA 的规定，律师事务所之间进行联营，香港的律师事务所必须在内地设立代表机构，但现实中只有大型的律师事务所为了方便业务的开展才会在内地设立代表机构，而中小

---

① 参见黄瑞：《WTO 框架下 CEPA 对深圳律师业的影响与对策》，载《特区经济》2005 年第 9 期。

② 他在南沙成立了广州首家粤港联营律师事务所，载 http://news.dayoo.com/guangzhou/201707/03/152263_51441788.htm。

型的香港律师事务所为了节省营运成本和开支，一般没有在内地设立代表机构，这就挫伤了中小型的香港律师事务所与内地律师事务所进行联营的积极性，为了促进两地律师事务所的合作，应当降低这一门槛。中国首家内地与港澳合伙联营律师事务所 2016 年 2 月 15 日在横琴自贸试验区揭牌。联营三方分别为北京市 C 律师事务所、澳门 D 律师事务所和香港 E 律师事务所。成立联营律师事务所旨在落实 CEPA 补充协议八中相关要求，是推进粤港澳大湾区服务贸易自由化、进一步密切内地与港澳律师业合作的重要举措。[①]

（五）关于资格相互承认存在的问题

香港律师若想进驻内地法律服务市场，必须遵照《国家司法考试实施办法》参加内地统一司法考试，取得内地法律职业资格后才能从事内地的法律事务，否则，以香港律师的身份是不能参加内地法律事务的，只有参加了内地的司法考试，获得了中国司法部的资格认可后才能执业，所以双方之间还没有实现资格的相互认可。此外，获得内地法律执业资格的香港律师在进行代理活动时的身份还必须是内地律师的身份，而不能以香港律师的身份，也体现了双方资格认可上的不接轨。

四、完善粤港澳大湾区内律师合作规定及制度的建议

面对现行法律中法律服务出现的种种问题，在粤港澳大湾区内应当出台更开放的政策，制定更灵活的措施，完善相应的法律法规，以促进两地法律服务合作的快速健康发展。

（一）主管机关应当转变观念，打破禁锢，解放思想，放开管制

律师合作的话题，讨论由来已久，专家学者和实务部门都提出过大量意见和建议，尤其在 CEPA 补充协议八签署后，许多地区的司法行政机关、行业协会都提出了许多切实可行的方案，但多被搁置了。笔者建议主管机关充分认识“一国”的大前提，转变观念，利用粤港澳大湾区的大好契机，让粤港澳的律师合作有一个较大的改观，真正能够使大湾区的律师联合起来，撸起袖子为粤港澳大湾区建设出力，为“一带一路”建设，为中国进一步发挥引领世界经济发展的作用做出贡献。

（二）关于香港律师事务所在内地设立代表机构

《管理办法》应当根据香港与内地现时的合作情况予以相应的调整，放宽对香港律师事务所在内地设立代表机构的条件限制，对代表机构的设立条件、活动范围、聘用人员等给予香港律师事务所比外国律师事务所设立代表机构更加优惠的条件，如设立代表机构和派驻代表的程序要求可以由原来的经由国务院司法行政

---

① 参见《中国首家内地与港澳合伙联营律师事务所落户横琴》，载中国新闻网，http://news.163.com/16/0215/20/BFT1IHF700014JB6.html。

部门的许可改变为向司法行政部门备案即可。关于代表处不得聘用内地执业律师、聘用的辅助人员不得为当事人提供法律服务的有关规定应当予以删除，为了加强两地法律服务者的合作交流，特别是提高内地律师处理国际性金融、投资、并购等高端非诉业务的水平，应当允许具有相关资格的法律职业者就职于香港的代表机构，以提升业务水平。

（三）关于香港法律执业者在内地执业

根据 CEPA 的规定，取得内地法律执业资格的香港永久性居民可以在内地律师事务所从事非诉讼法律事务，而根据香港法律的规定，香港的法律服务者分为大律师和律师两类，前者负责诉讼业务，后者负责非诉讼业务，换言之，律师只要取得内地执业资格，在内地开展业务是不存在障碍的，关键在于即便取得内地执业资格的大律师也不能开展业务的问题。CEPA 补充协议三尝试解决这一问题，规定了允许香港大律师以公民身份担任内地民事诉讼的代理人，但该规定又引起了大律师以公民身份担任代理人致使法律地位、诉讼权利义务不对等的一系列问题，受到各界的诟病，这也是立法者始料未及的。但随着 2006 年补充协议三突破了获得内地法律资格的香港法律职业者只能从事非诉讼业务的界限，允许他们从事涉港的婚姻、继承的民事诉讼，继而在 CEPA 补充协议八中规定将扩大他们在内地从事涉及香港居民、法人的民事诉讼代理业务范围，香港大律师在内地的执业范围是呈现不断扩大的趋势的。在香港大律师于内地涉足的诉讼业务范围不断扩大的背景下，笔者认为香港大律师以公民身份担任代理人的规定只是暂时性的过渡规定，在条件成熟时可予以删除，由此而产生的诉讼地位不平等问题也会随之消失。

（四）关于取得内地律师执业资格的香港居民在内地执业

毫无疑问，取得内地律师执业资格的香港居民在内地执业的范围是越来越宽广了，但在不断向前推进的过程中，一些细节上的规定还需完善，如获得内地执业资格的香港居民的业务范围一般限于涉港澳的业务，但具体哪些案件被定义为涉港澳，涉港澳是以主体的住所还是标的的所在地为标准？另外，关于“非诉讼业务”的定义，两地之间存在差异，应该以哪个为标准？国务院有关部门应当积极与香港特区政府进行磋商，确立一个明确清晰的标准，并予以公布，以便两地法律服务者按照相关标准开展业务。

（五）关于香港与内地律师事务所联营

据 CEPA 的规定，律师事务所之间进行联营，香港的律师事务所必须在内地设立代表机构，但现实中只有大型的律师事务所为了方便业务的开展才会在内地设立代表机构,而中小型的香港律师事务所为了节省营运成本和开支,一般没有在内地设立代表机构,这就挫伤了中小型的香港律师事务所与内地律师事务所进行联营的积极性,为了促进两地律师事务所的合作,应当降低这一门槛,允许所有的香港律师事务所与内地律师事务所进行联营。

粤港澳大湾区金融合作中存在的法律问题思考与建议

慕亚平　周　莲

内地与香港、澳门分别签订的《内地与香港关于建立更紧密经贸关系的安排》和《内地与澳门关于建立更紧密经贸关系的安排》(以下统称CEPA协议)大大促进了粤港澳大湾区的金融合作,成为粤港澳大湾区金融合作具有可操作性的主要依据。2010年和2011年,广东分别与香港、澳门签订的《粤港合作框架协议》《粤澳合作框架协议》(以下统称《框架协议》)则进一步阐明了粤港澳大湾区金融合作的发展目标与方向。2012年获批的《广东省建设珠江三角洲金融改革创新综合试验区总体方案》(以下简称《总体方案》)则成为粤港澳大湾区金融合作的首个正式法律文件。[①] 粤港澳大湾区金融合作有利于具有地缘优势的广东借鉴香港、澳门先进的金融管理经验,并利用香港、澳门相对完备的金融基础设施,使人民币走向国际化,同时,能进一步巩固香港国际金融中心的地位,促进香港、澳门金融业的发展。尽管粤港澳大湾区金融合作硕果累累,但其仍存在许多法律问题,为使粤港澳大湾区金融合作合法合理,有必要对此进行深入探讨并提出完善建议。

一、粤港澳大湾区金融合作的依据在法律效力方面存在瑕疵

粤港澳大湾区金融合作现有的主要依据是CEPA协议、《框架协议》以及《总体方案》等,但这些依据多为政策性文件,都在不同程度上存在法律效力的瑕疵,致使粤港澳大湾区金融合作缺乏法律支持。

(一)CEPA协议在法理上存在良性违宪之嫌

CEPA协议对粤港澳大湾区金融合作进行了详细、可量化、具有可操作性的规

---

① 《广东省建设珠江三角洲金融改革创新综合试验区总体方案》(银发〔2012〕158号)由中国人民银行、国家发展改革委、财政部、国务院港澳事务办公室、中国银监会、中国证监会、中国保监会、国家外汇管理局于2012年6月27日联合发布。

定,比如,降低香港金融机构进入内地的门槛的具体期限要求,降低香港金融机构经营人民币业务的准入条件、允许符合一定条件的香港银行在内地注册的法人银行将数据中心设在香港,为香港银行在广东省内开设分行设立绿色通道、允许香港银行在广东省设立的分行和香港银行在内地设立的外商独资银行在广东省设立的分行在广东省内设立异地支行等。[①]

尽管如此,当我们抛开具体规定,从 CEPA 协议的签订主体进行分析时,我们会发现 CEPA 协议在法理上面临良性违宪之嫌,这将导致 CEPA 协议的法律效力存疑。CEPA 协议是商务部代表内地与香港财政司签订的经贸合作协定,亦即协议的缔约主体是内地和香港的经贸事务行政主管部门。从商务部代表内地签订 CEPA 协议的角度看,CEPA 协议在国内法上无法找到相应的法律依据,其法律效力存在疑问。商务部代表内地缔约的依据为国务院办公厅下发的《商务部主要职责内设机构和人员编制规定》,该文件规定,商务部负责拟订并执行对香港、澳门特别行政区和台湾地区的经贸政策、贸易中长期规划;与香港、澳门特别行政区有关经贸主管机构和台湾地区授权的民间组织进行经贸谈判并签署有关文件;负责内地与香港、澳门特别行政区商贸联络机制工作;组织实施对台直接通商工作,处理多边、双边经贸领域的涉台问题。[②] 然而,根据《宪法》第 89 条第 3 项规定,各部和各委员会的任务和职责应由国务院规定。根据《国务院组织法》第 7 条的规定,国务院设立办公厅,由秘书长领导。因此,国务院办公厅并不等于国务院,办公厅仅是协助国务院领导同志处理国务院日常工作的机构,其并不能以自己的名义代替国务院行使《宪法》第 89 条规定的相关职权,国务院办公厅的这一做法显然违反了《宪法》之规定。

此外,由于国务院办公厅规定商务部职责的行为缺乏法律依据,即使其发布的文件已经国务院批准,但因其不具备发布此类文件的主体资格,因此,其行为自始无效。亦即,从法理上而言,国务院各部委的职责目前并未有法律规定,商务部根据国务院办公厅规定的职责范围进行履职在客观上将因为缺乏法律依据而面临良性违宪之窘况。因此,商务部副部长依据国务院办公厅规定的商务部职责而代表内地签订 CEPA 协议的行为存在良性违宪之嫌,相应地,CEPA 协议的法律效力也将存疑。

---

① 详见内地与香港签署的 CEPA 协议及其附件四,CEPA 补充协议四、补充协议六等的规定。

② 《国务院办公厅关于印发商务部主要职责内设机构和人员编制规定的通知》(国办发〔2003〕29 号,已失效)。

（二）《框架协议》难以成为粤港澳大湾区金融合作的法律渊源

《框架协议》是广东省政府与香港、澳门分别签订的为落实《珠江三角洲地区改革发展规划纲要（2008—2020）》（以下简称《规划纲要》）、CEPA 协议，促进粤港澳大湾区更紧密合作而制定的协议，为粤港澳大湾区的金融合作进一步阐明了目标和方向，成为粤港澳大湾区金融合作的重要政策依据。广东省与香港、澳门分别签署的《框架协议》均对金融合作进行了专门的条款约定，旨在推动跨境贸易人民币结算工作，支持粤港、粤澳两地金融机构互设分支机构，促进跨境投融资发展等。① 但从法理上而言，《框架协议》仍难以成为粤港澳大湾区金融合作的法律渊源，其法律效力亦值得商榷。首先，《框架协议》是广东省政府与香港、澳门政府分别就落实《规划纲要》和 CEPA 协议而签署的政府间协议。上文已述，CEPA 协议存在良性违宪之嫌，其本身在法律效力上存疑，据此签署的《框架协议》的法律效力亦将因此存疑；而同时，《规划纲要》又仅是政策性文件，不具有法律效力，且具有期限性，到 2020 年即废止。因此，这两份文件均不能成为签订《框架协议》的法律依据。

此外，根据《宪法》和《地方各级人民代表大会和地方各级人民政府组织法》（以下简称《地方组织法》）规定，县级以上地方各级人民政府依照法律规定的权限，管理本行政区域内的经济、教育、科学、文化、卫生等事务；②县级以上的地方各级人民政府领导所属各工作部门和下级人民政府的工作，有权改变或撤销所属各工作部门和下级人民政府的不适当的决定。③ 可见，《宪法》和《地方组织法》仅仅授权各级政府对其辖区内的事务进行管辖，并未对地方政府是否有权自主缔结跨

---

① 《粤港合作框架协议》第 3 章“现代服务业”第 1 条、《粤澳合作框架协议》第 3 章“产业协同发展”第 5 条均从 6 个方面对粤澳金融合作进行了框架性规定。

② 《宪法》第 89 条第 4 项规定，国务院“统一领导全国地方各级国家行政机关的工作，规定中央和省、自治区、直辖市的国家行政机关的职权的具体划分”；第 107 条规定：“县级以上地方各级人民政府依照法律规定的权限，管理本行政区域内的经济、教育、科学、文化、卫生、体育事业、城乡建设事业和财政、民政、公安、民族事务、司法行政、计划生育等行政工作，发布决定和命令，任免、培训、考核和奖惩行政工作人员。”

2004 年《地方各级人民代表大会和地方各级人民政府组织法》第 59 条第 5 项规定，县级以上的地方各级人民政府“执行国民经济和社会发展计划、预算，管理本行政区域内的经济、教育、科学、文化、卫生、体育事业、环境和资源保护、城乡建设事业和财政、民政、公安、民族事务、司法行政、监察、计划生育等行政工作”。

③ 《宪法》第 108 条规定：县级以上的地方各级人民政府领导所属各工作部门和下级人民政府的工作，有权改变或者撤销所属各工作部门和下级人民政府的不适当的决定。

2004 年《地方各级人民代表大会和地方各级人民政府组织法》第 59 条第 2、3 项规定，县级以上的地方各级人民政府领导所属各工作部门和下级人民政府的工作；改变或者撤销所属各工作部门的不适当的命令、指示和下级人民政府的不适当的决定、命令。

行政区划的合作协定及其相应的缔结程序、法律效力等作出任何规定。从另外一个角度而言,《香港特别行政区基本法》《澳门特别行政区基本法》均没有对香港、澳门与内地各省之间缔结区际合作协定的权限作出任何规定。① 上述立法缺失将导致包括《框架协议》在内的大量已经存在的政府间合作协定因缺乏法律依据而难以成为法律渊源,因而无法产生法律效力。

(三)《总体方案》法律效力存疑,缺乏长期有效性和可操作性

《总体方案》经国务院批准,由中国人民银行、国家发展改革委、财政部、国务院港澳事务办公室、中国银监会、中国证监会、中国保监会、国家外汇管理局联合发布,是在粤港澳大湾区金融合作的主要现有规定中少有的部门规章。② 然而,《总体方案》存在法律效力存疑、缺乏长期有效性和可操作性等问题。首先,制定《总体方案》的根据是《规划纲要》,而《规划纲要》仅为短期的政策性文件,并非法律渊源,缺乏法律效力,虽然《总体方案》经由国务院批准、多部门联合发布,但由于其制定依据的法律效力缺失而致使《总体方案》的法律效力也存在瑕疵,值得商榷。其次,如上所述,《规划纲要》是短期的政策性文件,到2020年即废止,具有时限性,虽然有利于粤港澳大湾区金融合作的阶段性发展,但缺乏长期有效性,不利于粤港澳大湾区金融合作的稳定发展。最后,《总体方案》的内容主要包括总体要求、主要任务和保障措施三大板块,多为原则性、方向性规定,缺乏可操作性以及配套的具体制度。

二、粤港澳大湾区金融合作缺乏有效的金融监管机制

(一)缺乏有效的金融监管机制

粤港澳三地金融监管法律规范适用标准各异,市场准入和业务准入法律标准不同,并且准入门槛普遍较高,影响了三地金融机构的深度合作。而粤港澳大湾区金融市场的合作,必须建立在有效的跨区域监管协调基础之上。③ 但是粤港澳大湾区三地至今未成立统一有效的跨区域的金融监管机制。即使上文所述的粤港澳大湾区金融合作的主要依据CEPA协议、《框架协议》、《总体方案》等没有法

① 《香港特别行政区基本法》第62条、《澳门特别行政区基本法》第64条分别规定的香港特别行政区政府和澳门特别行政区政府的职权中没有涉及香港政府和澳门政府与内地地方政府之间缔结区际合作协定的内容。

② 规章是法律渊源之一,规章分为部门规章和地方政府规章。国务院各部、委员会、中国人民银行、审计署和具有行政管理职能的直属机构,可以根据法律和国务院的行政法规、决定、命令,在本部门的权限范围内,制定部门规章。参见黄建武主编:《法理学教程》,法律出版社2005年版,第61页。

③ 参见国务院研究室课题组:《深化粤港澳金融合作与创新,共同打造更高水平国际金融中心——建立粤港澳更紧密合作框架研究报告之七》,载《珠海市行政学院学报》2011年第6期。

律效力上的瑕疵，但这些主要的合作依据也无法提供有效的金融监管机制。CEPA协议及其补充协议中规定了大量推进粤港澳大湾区金融合作的条款，①但其却缺乏对内地与港澳的金融监管条款的规定，遑论粤港澳大湾区金融合作的金融监管规定。而粤港《框架协议》对于金融监管仅规定为“加强跨境反假币、反洗钱合作”；粤澳《框架协议》则规定为“加强两地金融监管和跨境反假币、反洗钱、打击银行卡犯罪等方面的合作，共同打击跨境金融违法犯罪活动”，两份文件的规定均过于原则化，缺乏可操作性，难以达到监管效果。《总体方案》则提出了“创新粤港澳三地金融监管合作方式，健全粤港澳大湾区合作反洗钱机制”，对于创新的监管合作方式却没能继续深入展开规定。粤港澳大湾区三地政府在加强金融合作与协调的同时，却未形成更高层次的统一监管机制，加之三地法律法规存在差异，这将给未来三地金融的深入合作带来困难。

（二）缺乏有效的争端解决机制

随着粤港澳大湾区三地金融合作的不断扩大，合作过程中的矛盾和冲突、争端亦将随之增加，但纵观三地金融合作甚至经贸合作的现有规定，粤港澳大湾区金融合作中缺乏有效的争端解决机制。CEPA协议规定了协商机制作为争端解决的方式，粤港签订的CEPA协议第19条第5款规定，双方将本着友好合作的精神，协商解决协议在解释或执行过程中出现的问题；委员会采取协商一致的方式作出决定。而《框架协议》在第10章的机制安排中，共约定了高层会晤、联席会议、协调工作机构、咨询渠道、民间合作等五种解决冲突的机制安排。CEPA协议与《框架协议》对争端解决的规定均过于简单、笼统，缺乏可操作性。在粤港澳大湾区金融合作过程中，如采取前述两份文件所述的非法律手段解决争端，虽然能依靠政府间的相互礼让的精神或民间的合作对相关问题进行解决或化解，但这种机制缺乏稳定性和长期的有效性与可执行性，不利于三地金融合作过程中产生的争端的根本解决。

与前两者相比，《总体方案》则没有规定原则性、笼统的争端解决机制，而仅提出了粤港澳大湾区金融合作中构建争端解决机制的方向，提出“加强金融法制建设，建立公平、公正、高效的金融案件审判和仲裁机制，推动建立金融专业法庭与仲裁机构，完善金融执法体系，有效打击金融违法犯罪行为”。虽然该方案仍停留在方向指引层面上，缺乏可操作性，但其为粤港澳大湾区金融合作过程中的争端解决机制的设立提供了有益的思路。

---

① CEPA协议及其补充协议二、四、六、七、八、九、十中均对内地与香港的金融合作的优惠措施进行了详细规定。

三、解决粤港澳大湾区金融合作存在问题的意见和建议

(一)制定专门法律,为粤港澳大湾区金融合作完善法律基础

CEPA 协议以及《框架协议》等为粤港澳大湾区的金融合作发展作出了很大贡献,[①]但其正面临法律效力存疑的尴尬,因此,应该考虑将已经存在的法律效力存在瑕疵的政府间协定以及相关的政策成果通过法定程序转化为具有法律效力的法律渊源。

当务之急,应尽快通过立法程序将 CEPA 协议、《框架协议》等粤港澳大湾区合作的政策成果固定下来,恢复其合法地位。首先,可通过撤销由国务院办公厅下发的各部委职责方面的文件,统一改以国务院的名义发布关于各部委任务与职责方面的法律文件,以恢复 CEPA 协议在国内法应有的法律地位,恢复其应有的法律效力,改变目前面临的良性违宪的窘况。其次,对于《框架协议》这一类文件,可通过法定程序授权广东省政府等地方人民政府、香港特别行政区政府、澳门特别行政区政府等可相互之间签订政府间合作协定,但由于该"法定程序"存在立法缺失,需要通过修改《地方组织法》、《香港特别行政区基本法》、《澳门特别行政区基本法》,甚至《宪法》等基本法律而弥补这一缺失,该做法成本较大,故也可考虑将《框架协议》之内容转化为行政法规等法律法规的形式。这样,方能使粤港澳大湾区的金融合作能师出有名、行之有据,而成为有源之水,同时亦可避免其他类似情况的出现。最后,应注意,将来内地或者内地某些行政区划政府与香港、澳门缔结相关经贸合作的多边或双边文件时,应当重视法治,严格按照法定程序签订相关合作成果,切忌为贪图近期之利而忽视程序正义。

通过上述立法行为,不仅能赋予 CEPA 协议和《框架协议》在国内法上的地位,确保其目标得以最终实现,更将有利于为粤港澳大湾区金融合作的未来发展奠定法治基础。

(二)为粤港澳大湾区金融合作创设跨区域的金融监管机制

无论是《框架协议》还是《总体方案》,均提出了应当加强和健全反洗钱等方

---

① 就香港离岸人民币业务而言,截至 2014 年 6 月底,包括存款证在内的人民币存款余额为 1.1 万亿元(人民币,下同),较 2010 年 6 月增加约 11 倍;2014 年上半年经香港银行处理的人民币贸易结算交易为 2.9 万亿元,同期内地以人民币结算的对外贸易总额为 3.3 万亿元;2014 年上半年人民币债券发行量为 1300 亿元;截至 2014 年 6 月底未偿还人民币债券余额为 3800 亿元;香港人民币实时支付系统目前每日平均交易量为 7000 亿元。摘译自香港金融管理局总裁陈德霖 2014 年 9 月 15 日在金融管理局和财资市场公会联合主办的"2014 财资市场高峰会"发表的英文演讲稿 *What does it take to develop a Global Offshore RMB Hub*?,详见 http://www.hkma.gov.hk/eng/key-information/speech-speakers/ntlchan/20140915-1.shtml。

面的合作,《总体方案》还提出应当"创新粤港澳大湾区三地金融监管合作方式,健全粤港澳大湾区合作反洗钱机制"。作为目前粤港澳大湾区金融合作的主要依据,从这些政策性文件可以看出粤港澳大湾区金融合作的监管是必不可少的制度。而从应然的角度而言,区域经济一体化,特别是金融合作一体化的必要条件是该区域应当形成具有统一标准的监管机制,否则,在没有共同法律规则和执行标准的背景下谈金融合作将是空谈。

笔者认为,可有两种途径为粤港澳大湾区金融合作提供跨境的金融监管机制。途径一,可由三地金融监管机构共同协商确定三地统一的金融监管标准,就具体的金融合作内容(如银行业、保险业、证券业等)各自制定相应的金融监管制度,但这里需注意制定监管制度之时应当严格遵守三地政府应遵守的法定程序,避免所制定之规定违反《宪法》《基本法》等上位法。对此,较稳妥的解决方法是由具有相应行政管理职能的国务院部委(如银监会、保监会、银监会等)制定部门规章并报国务院批准;而香港方面,则可根据其法定程序针对粤港澳大湾区的金融合作制定相应的监管制度。这种"分区监管"的模式具有较大的可操作性。途径二,可考虑由粤港澳大湾区三地金融监管机构在粤港澳大湾区紧密合作区内合作设立统一的金融市场监管机构。该机构将成为跨境金融监管机构,有利于提供统一的金融市场监管标准,从而长期稳定地对三地的金融合作进行监管,但是,为避免该金融市场金融监管机构的法律效力存疑,该机构的设立需要在机构成立的法律依据(符合国内法和国际法)、机构的法律性质等实体法和法理层面得到充分的论证。

(三)设立粤港澳大湾区金融合作中的争端解决机制

如前所述,《总体方案》已经提出了建立公平、公正、高效的金融案件审判和仲裁机制,推动建立金融专业法庭与仲裁机构。这种思路相对于 CEPA 协议和《框架协议》提出的协商等非法律手段的争端解决机制具有稳定、司法性更强、法律强制力能得到保障等优越性。基于此,笔者认为,广东省与香港特别行政区、澳门特别行政区同属于中华人民共和国主权下的不同行政区划,可在"一国"的前提下协商设立可满足三地金融合作甚至其他经贸合作的争端解决机制,可以借鉴应用 WTO 或其他区域性组织的争端解决机制,也可以充分发挥"一国两制"之优势,创新地建立跨区域的争端解决机制。笔者认为后一方案更为可取,可在粤港澳大湾区三地建立专门的粤港澳大湾区金融仲裁院,同时重点注意:

第一,为保障仲裁的公平与公正,应选取在金融争端领域具有丰富经验,且谙熟中国国内法、香港法、澳门法以及 WTO 规则等国际法的律师、专家学者等形成仲裁员名册；

第二，制定公平公正的仲裁规则，并在仲裁规则中明确仲裁前、仲裁期间，以及仲裁后的执行阶段等的各类期限，以确保争端解决的高效性；

第三，对于仲裁庭组成、法律适用、裁决的效力与执行等仲裁程序问题均应明确规定，建立便利化的金融争端解决机制。

粤港澳大湾区三地的金融合作正如火如荼地进行，且已取得了多项成果。但其合作的主要依据 CEPA 协议、《框架协议》、《总体方案》等在法理上都有不同程度的瑕疵，使得其难以成为粤港澳大湾区金融合作的法律渊源，从而导致其法律效力存在瑕疵；同时，粤港澳大湾区金融合作仍欠缺有效的金融监管机制，并未形成统一的监管标准；对于合作中发生的争端，仍缺乏行之有效的解决机制。因此，为了促进粤港澳大湾区金融的深入合作，应当通过立法行为弥补法律缺失，进而固定已有的政策成果，为粤港澳大湾区金融合作的未来发展奠定法治基础；粤港澳大湾区三地金融监管机构应当统一金融监管标准，制定相应的监管制度，并可在符合国内法和国际法的基础上，考虑设立在法理上具有充分依据的粤港澳大湾区金融市场监管机构；对于粤港澳大湾区在金融合作过程中产生的争端，可考虑充分发挥“一国两制”的精神，设立粤港澳大湾区金融仲裁院，在三地的金融合作过程中提供公平、公正、便利的争端解决机制。

行政法及知识产权篇

从《商标一般违法判断标准》探析企业商标合规要求

孔卫韦　张　卓

前　言

国家知识产权局于2021年12月13日发布《商标一般违法判断标准》(以下简称《商标标准》),该标准已于2022年1月1日生效。《商标标准》着力于加强商标管理,强化商标执法业务指导,统一商标管理执法标准,向相关市场主体提供更加透明和可预见性的商标管理规则。笔者初步探究分析企业如何在《商标标准》指导下更加合法合规地使用商标。

一、商标一般违法判断标准的概念分析

《商标标准》所称的"商标一般违法行为"是指违反商标管理秩序的行为。之所以称为"一般违法行为",系与"商标侵权行为"相比较而言,商标一般违法行为不产生侵害他人权利的侵权责任后果,但因违反商标管理秩序,亦会受到相关行政执法部门的查处。《商标标准》共35条,对"必须使用注册商标而未使用的""使用不得作为商标使用的标志的""在商业活动中使用'驰名商标'字样的""商标被许可人未标明其名称和商品房地的""自行改变注册商标、注册人名义、地址或者其他注册事项的""将未注册商标冒充注册商标使用的""未履行集体商标、证明商标管理义务的""未履行商标印制管理义务的""恶意申请商标注册的"九类违反商标管理秩序的违法行为进行了细化规定,为企业依法管理商标、防范法律风险提供了可预见性和标准。

二、《商标标准》下的企业商标合规要求及建议

(一)生产、销售烟草类制品的企业必须使用注册商标而未使用的,属于商标一般违法行为

依据《商标标准》第4条,目前已明确卷烟、雪茄烟、有包装的烟丝以及电子烟

等新型烟草制品必须使用注册商标，上述商品未在中国申请注册商标的，不得在中国生产、销售。该条规定同样适用于在中国销售的进口卷烟、雪茄烟、有包装的烟丝及电子烟等新型烟草制品。因此，生产、销售烟草类的企业需要注意相关烟草商品上使用的商标是否已在中国核准注册，商标应比市场先行一步，建议企业在日常商标管理中多储备一些注册商标备用。

（二）企业违反《商标法》第 10 条规定，使用不得作为商标使用的标志的，属于商标一般违法行为

《商标法》第 10 条俗称商标“绝对条款”，是关于禁止作为商标使用的标志的规定以及明确地名不得作为商标使用的限制。为引导市场主体选择积极向上、符合社会主义核心价值观的标志，《商标法》明确对一些有害于社会主义道德风尚、具有不良影响的商标予以禁止注册并使用，如 2020 年某申请人申请注册的与抗击新冠肺炎疫情有关的词汇“火神山”“雷神山”“钟南山”“方舱”等商标，国家知识产权局即依据《商标法》第 10 条第 1 款第 8 项予以驳回。因此一旦商标被认定为《商标法》第 10 条的规定情形，即对商标作出了不得注册也不得使用的判定，对企业具有重要影响。《商标标准》中有条规定（第 5 条至第 16 条）对《商标法》第 10 条的禁止使用情形作进一步释明，包括对商标带有民族歧视性、欺骗性、有害于社会主义道德风尚、不良影响等作出定义解释并列举情形，为判断商标是否属于禁用情形提供更加清晰的参考标准，有利于企业提前防范此类风险。

企业在商标未投入市场使用前应进行风险审查，包括委托专业商标代理机构或律师作出初步的法律审查意见，如经审查后发现该商标有较大风险属于《商标法》第 10 条规定的情形，建议企业不要轻易将商标投入市场使用，否则可能会被相关部门依据《商标法》和《商标标准》等法律法规查处。

对于已注册商标被商标执法部门发现涉嫌违反《商标法》第 10 条规定的，会被逐级报告国家知识产权局，由国家知识产权局按照规定程序依法处理。如注册商标被国家知识产权局作出无效宣告的决定并生效后，企业应立即停止对该商标的使用，否则将会被商标执法部门依法查处。

（三）企业违反规定在商业活动中使用“驰名商标”字样的，属于商标一般违法行为

企业需要注意，驰名商标是法院或商标局、商品评审委员会根据当事人请求，在处理商标案件时根据案情是否适用相关驰名商标法律条款而认定的。认定驰名商标是处理司法及行政案件的一种手段，法律明确规定不得在广告宣传等商业活动中使用“驰名商标”字样。

（四）经许可使用他人注册商标的，未按规定在使用该注册商标的商品上标明被许可人的名称和商品产地，属于商标一般违法行为

企业可以通过与商标权利人签订商标使用许可合同，获得指定商标的使用权。但商标被许可使用人必须在商品上标明被许可人的企业名称和商品产地。违反上述规定，由工商行政管理部门责令限期改正；逾期不改正的，责令停止销售，拒不停止销售的，处10万元以下的罚款。

（五）商标注册人在使用注册商标的过程中，自行改变注册商标、注册人名义、地址或者其他注册事项的，属于商标一般违法行为

1. 商标注册人自行改变注册商标形态的法律风险

注册商标专用权以核准注册的商标和核定使用的商品为限，即注册商标使用的权限应以注册商标证所体现的内容为准。如果企业实际使用的商标对注册商标的构成要素作了局部改动或者变换了相对位置，并影响公众对该注册商标的认知或识别的，属于自行改变注册商标。企业自行改变注册商标，不仅会面临商标执法部门的查处，同时也不利于对自身商标权利的维护。

（1）在撤销注册商标三年不使用的程序中，如商标注册人提交的使用证据显示实际使用的商标与其注册商标并不一致，则注册商标可能会被认定为未投入市场使用并面临被撤销注册的后果。

（2）在认定驰名商标的案件中，注册商标的使用证据也会被审查，实际使用商标与注册商标不一致会导致难以认定注册商标的知名度，最终可能认定失败。

（3）如果企业实际使用的标识对注册商标变动过大并改变了商标显著特征，同时在标识上继续标注“®”等标记，可能会被执法部门认定属于冒充注册商标并依法查处。

（4）企业使用变更形态的注册商标可能会涉及侵害他人注册商标。因为商标审查近似的标准较为严格，企业使用变更形态的注册商标可能会与他人注册商标构成近似，从而构成侵害他人注册商标的行为。如构成侵害他人注册商标专用权行为，则需向注册商标权利人承担侵权赔偿责任。因此建议企业在实际使用商标时注意与注册商标保持一致，或者及时向知识产权局提交实际使用中已变更形态的标识的注册申请。

2. 商标注册人自行改变注册人名义、地址或者其他注册事项的法律风险

企业常在商业经营中发生企业名称、地址等注册事项的变更，企业应注意在相关事项变更后及时向知识产权局提出注册商标变更申请。如企业自行变更注册事项，可能会遭到相关执法部门的查处。同时如果注册商标被他人申请无效宣

告、撤销三年不使用注册商标申请的,商标注册人也可能因自行变更地址等相关信息而无法收到知识产权局发送的通知文件,导致错失最佳答辩时间。

3. 注册商标权利人负有监督被许可人合法合规使用注册商标的义务

商标注册人许可他人使用注册商标的,同样负有监督被许可人合法使用其注册商标的义务。如商标注册人明知或应知被许可人自行改变注册商标、注册人名义、地址或者其他注册事项而不及时制止的,商标注册人承担自行改变注册商标的法律责任。

(六)将未注册商标冒充注册商标使用的,属于商标一般违法行为

依据《商标标准》规定,未注册商标包括未向知识产权局提出注册申请的商标,已提出注册申请但被驳回或者尚未核准注册的商标,被撤销、宣告无效的商标,期满未续展的商标,超出注册商标核定使用的商品或服务的使用商标,改变注册商标显著特征的使用商标等。冒充注册商标是指在使用未注册商标的商品、商品包装、容器、服务场所以及交易文书上或者在广告宣传、展览以及其他商业活动中,标明"注册商标""®",或者其他与注册标记近似的符号,误导相关公众的。

防范此类风险,企业需要注意:

1. 在未取得商标注册证前,使用商标不要标记"注册商标""®"或与其他注册标记近似的符号;

2. 商标被撤销、被宣告无效或因其他情形导致注册商标无效的,立即停止对无效的注册商标标注注册符号或者标注"注册商标";

3. 定期审查商标所使用的商品或服务是否超出了注册商标核定使用的商品或服务范围,及时在超出的商品或服务上提交新的注册申请;

4. 严格按照注册商标样式使用商标,如有变动,及时提交新的商标注册申请;

5. 如将两件以上的注册商标组合使用,建议对组合商标提交注册申请或者按照注册商标逐一标注注册标记;

6. 注意审查进口商品使用的商标是否在中国已注册,如果尚未在中国注册,需要作出声明。

(七)违反法律法规规定,未履行集体商标、证明商标管理义务的,属于商标一般违法行为

集体商标、证明商标注册人在合理合法的前提下,应对集体商标、证明商标的使用进行有效管理或控制。

(八)未履行商标印制管理义务的,属于商标一般违法行为

对于商标印制行为,《商标标准》明确商标印制企业负有审核承印商标标识的

证明文件、合法性、是否侵权他人在先相同商标等基础信息的义务。同时《商标标准》第30条第2款规定“以印染、冲压等方式直接在商品、商品零部件、商品的主要原材料(不含商品的包装物)上标注商标图文的,属于商品生产加工行为,一般不属于前款所称的商标印制”明确了商标印制企业的责任,更加有力地保护商标权利人的利益。

(九)恶意申请商标注册的,属于商标一般违法行为

国家知识产权局于2021年3月15日发布《打击商标恶意抢注行为专项行动方案》,旨在严厉打击商标恶意抢注行为。《商标标准》再次明确了商标执法部门可对恶意申请商标注册行为进行查处或作其他处理。

企业在申请商标注册应当遵循诚实信用原则,以实际使用为目的,尊重他人在先权利,规范商标申请注册,打造具有企业独创性和显著性的知识产权文化。

结　语

对于企业而言,商标是把“双刃剑”,企业对其运用得当,商标可以成为企业的一张优质名片,助力企业发展。但是不当的商标使用行为可能会让企业遭受商誉和金钱的双重损失。因此,商标的合法合规使用关乎企业经营活动能否顺利开展,企业有必要对商标使用情况进行核查和自检,以防范法律风险。

医药广告合规注意要点

付丽莎　黄爱烨

前　言

医药广告是指利用各种媒介或者形式直接或间接介绍医疗器械、药品、医疗机构或医疗服务的广告。由于医药领域专业性强，普通消费者难以区分各类医药产品，或较难判断医药广告信息的真实性、合法性，有可能误用医药产品甚至加重病情，因此我国对医药广告的监管相较于一般产品广告更为严格。

医药广告合规，顾名思义，就是医疗广告的发布主体、内容、发布流程均需符合法律法规的规定。自新冠肺炎疫情暴发以来，医药产业快速发展，在此背景下企业为谋求更多的利益，很可能会加大宣传，本文主要介绍有关医药广告的监管制度，希望能引起相关企业对医药广告合规性的重视。

一、医药广告的监管制度

医药广告由医药和广告两个特别的属性组合在一起，决定了医药广告监管除适用一般广告领域的法律法规之外，还需适用医药领域的法律规范（见图1）。

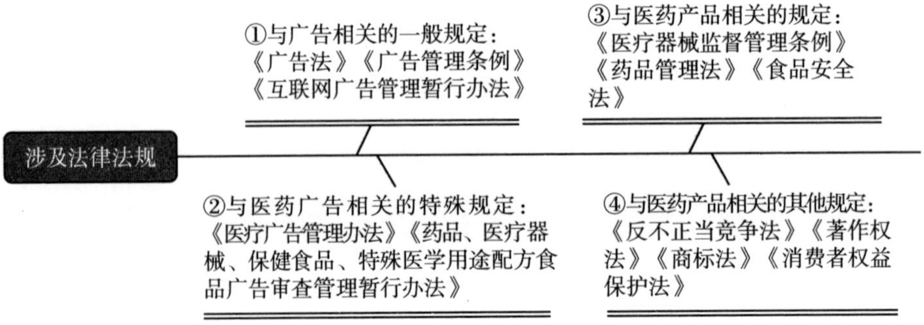

图1　医药广告涉及法律法规图解

（一）前置审查制度

由于不实的广告内容容易误导患者，我国法律法规规定医药广告发布前必须通过监管部门事先审查，从而可以做到对宣传的内容进行有效核实，及时驳回存在夸大、不实之处的申请。审查通过之后需要严格按照审查通过的内容发布，不得进行剪辑、拼接、修改，如需改动的，必须重新申请广告审查。

除只宣称名称的医药广告无须审查外，医药企业在发布相关医药产品广告前需要通过市场监督管理部门、药品监督管理部门的审查，而医疗广告则需通过省级卫生行政部门、中医药管理部门的审查。

向广告审查机关申请审查广告的，首先要向广告审查机关提交材料，材料包括《广告审查表》、与发布内容一致的广告样件、主体材料、产品备案注册的证明材料、知识产权证明材料。广告审查机关收到申请人提交的申请后，应当在5个工作日内作出受理或者不予受理决定；若受理则需自受理之日起10个工作日内完成审查工作，经审查，对符合法律、行政法规和《药品、医疗器械、保健食品、特殊医学用途配方食品广告审查管理暂行办法》规定的广告，作出审查批准的决定，编发广告批准文号。

广告批准文号、申请人名称、广告发布内容、广告批准文号有效期、广告类别、产品名称、产品注册证明文件或者备案凭证编号等内容都会通过审查部门的网站以及其他方便公众查询的方式对公众予以公开。

（二）医药广告分类管理

1. 绝对禁止发布的医药广告

《广告法》第15条第1款规定：麻醉药品、精神药品、医疗用毒性药品、放射性药品等特殊药品，药品类易制毒化学品，以及戒毒治疗的药品、医疗器械和治疗方法，不得作广告。

2. 限制发布的医药广告

（1）除《广告法》第15条第1款规定的禁止发布的药品外，其他的处方药广告只能发布在指定类型的刊物上来宣传，受众为专业的医护人员。（《广告法》第15条第2款规定：前款规定以外的处方药，只能在国务院卫生行政部门和国务院药品监督管理部门共同指定的医学、药学专业刊物上作广告。）

（2）《广告法》第40条规定在针对未成年人的大众传播媒介上不得发布医疗、药品、保健食品、医疗器械、化妆品、酒类、美容广告。

3. 普通的医药广告

除绝对禁止发布的医药广告和限制发布的医药广告之外，普通的医药广告经审查后可以公开发布。相关法律、法规或规章对于普通的医药广告的审查制度、形式和内容等有特殊规定。

(三)内容的审查

医药广告内容除应当真实合法,不得含有虚假、夸大、误导性的内容外,内容不得超出注册证书或备案凭证、注册或备案的产品说明书范围,还必须显著标明广告批准文号,不同产品有不同的显著标记要求。

1. 广告内容必须以批准的注册证书或者备案凭证、注册或者备案的产品说明内容为准,医药广告应具有其专门提醒的显著标记(见表1)。

表1　不同类别医药广告应具有的显著标记

类别	核准机关	内容核准依据	显著标记的内容	要求
药品广告	国务院药品监督管理部门	以说明书为准	1. 禁忌、不良反应; 2. 处方药广告:本广告仅供医学药学专业人士阅读; 3. 非处方药广告还应当显著标明非处方药标识(OTC)和请按药品说明书或者在药师指导下购买和使用	显著标明广告批准文号
医疗器械广告	药品监督管理部门	以注册证书或者备案凭证、注册或者备案的产品说明书内容为准	1. 禁忌内容、注意事项; 2. 请仔细阅读产品说明书或者在医务人员的指导下购买和使用	
特殊医学用途配方食品广告	国家市场监督管理总局	注册证书和产品标签、说明书	适用人群、不适用于非目标人群使用、请在医生或者临床营养师指导下使用	

2.《广告法》《药品、医疗器械、保健食品、特殊医学用途配方食品广告审查管理暂行办法》《医疗广告管理办法》等,规定了药品、医疗器械、医疗广告禁止出现的具体情形(见表2)。

表 2 （医药）广告禁止出现的内容

广告不得存在以下内容 《广告法》第4条、第9条			
1	不得含有虚假或者引人误解的内容，不得欺骗、误导消费者		
2	使用或者变相使用中华人民共和国的国旗、国歌、国徽，军旗、军歌、军徽		
3	使用或者变相使用国家机关、国家机关工作人员的名义或者形象		
4	使用“国家级”“最高级”“最佳”等用语		
5	损害国家的尊严或者利益，泄露国家秘密		
6	妨碍社会安定，损害社会公共利益		
7	危害人身、财产安全，泄露个人隐私		
8	妨碍社会公共秩序或者违背社会良好风尚		
9	含有淫秽、色情、赌博、迷信、恐怖、暴力的内容		
10	含有民族、种族、宗教、性别歧视的内容		
11	妨碍环境、自然资源或者文化遗产保护		
医药广告不得存在以下情形			
序号	《广告法》 第16条	《药品、医疗器械、保健食品、特殊医学用途配方食品广告审查管理暂行办法》 第11条	《医疗广告管理办法》 第7条
1	表示功效、安全性的断言或者保证	使用或者变相使用国家机关、国家机关工作人员、军队单位或者军队人员的名义或者形象，或者利用军队装备、设施等从事广告宣传	涉及医疗技术、诊疗方法、疾病名称、药物的
2	说明治愈率或者有效率	使用科研单位、学术机构、行业协会或者专家、学者、医师、药师、临床营养师、患者等的名义或者形象作推荐、证明	保证治愈或者隐含保证治愈的
3	与其他药品、医疗器械的功效和安全性或者其他医疗机构比较	违反科学规律，明示或者暗示可以治疗所有疾病、适应所有症状、适应所有人群，或者正常生活和治疗病症所必须等内容	宣传治愈率、有效率等诊疗效果的
4	利用广告代言人作推荐、证明	引起公众对所处健康状况和所患疾病产生不必要的担忧和恐惧，或者使公众误解不使用该产品会患某种疾病或者加重病情的内容	淫秽、迷信、荒诞的

续表

5	—	含有“安全”“安全无毒副作用”“毒副作用小”；明示或者暗示成分为“天然”，因而安全性有保证等内容	贬低他人的
6	—	含有“热销、抢购、试用”“家庭必备、免费治疗、免费赠送”等诱导性内容，“评比、排序、推荐、指定、选用、获奖”等综合性评价内容，“无效退款、保险公司保险”等保证性内容，怂恿消费者任意、过量使用药品、保健食品和特殊医学用途配方食品的内容	利用患者、卫生技术人员、医学教育科研机构及人员以及其他社会社团、组织的名义、形象作证明的
7	—	含有医疗机构的名称、地址、联系方式、诊疗项目、诊疗方法以及有关义诊、医疗咨询电话、开设特约门诊等医疗服务的内容	使用解放军和武警部队名义的

二、违法医药广告的法律后果及常见情形

（一）法律后果

违法医药广告的法律责任包括行政责任、民事责任、刑事责任三种，其中最常见的是广告本身违法导致的行政处罚。

1. 行政责任

由于医药行业的特殊性，与一般产品广告相比，医药广告违法罚款金额相对较高，基本在20万－50万元，个别情节严重的甚至可以罚到上百万元。《广告法》规定了由国务院工商行政管理部门主管全国的广告监督管理工作，国务院有关部门在各自的职责范围内负责广告管理相关工作，可以责令广告主在相应范围内消除影响，并予以相应的行政处罚。

2. 民事责任

《广告法》第56条规定：违反本法规定，发布虚假广告，欺骗、误导消费者，使购买商品或者接受服务的消费者的合法权益受到损害的，由广告主依法承担民事责任。

3. 刑事责任

违规情节严重的，可能构成虚假广告罪。

（二）常见情形

1. 未经广告审批机关审批发布广告内容

很多医药企业发布广告前未留意或注重事先审批的要求，尤其容易在宣传册、宣传栏、药店橱窗等极易制作和发布的宣传方式和途径上，忽视广告的合规问题，一旦构成广告宣传，很容易就会被处罚。比如天津市南开区某保健食品销售

中心就曾经通过宣传板发布了保健食品广告，包括“含有身体多种不适人群的福音”“免费调理体验活动项目：颈椎病、腰椎病、糖尿病、高血压风湿等问题”等内容，当地市场和质量监督管理局因该广告未经审批并且内容涉及宣传疾病治疗功能，责令其停止发布违法广告，并处罚款15万元。

2. 广告内容涉及表示功效、安全性的断言或者保证的内容

一般消费者缺乏专业的医学知识，对医药产品的功效、治疗效果、安全性根本难以判断，不同类型的药品、器械对于不同患者的治疗效果也可能产生极大的差异，如果广告内容涉及表示功效、安全性的断言或者保证的内容，则可能会误导消费者。例如，广州某美医疗美容门诊部有限公司在其网站上宣传“BTL爱丽丝超频刀”技术，宣传该技术可以做到“无创无痛、安全有效，带给你舒适的变美体验”等，广州市越秀区市场监管局因广告内容存在表示功效、安全性的断言或者保证的违法内容，对其作出罚款41万元的行政处罚。

3. 广告内容存在虚假夸大的情形

根据《广告法》第4条规定，虚假广告指内容虚假或者引人误解的广告。《广告法》第3条、第28条、第55条、第56条等条款对虚假广告的表现形式、法律责任作了全面的规定。例如，广州市某医疗器械有限公司通过知名网络平台进行口罩零售经营活动，该公司库存标识为“强爱”的一次性非医用口罩，在该网络平台宣传主页中被其标注为医生专用防病菌口罩，所推销口罩的等级、性能、用途等与实际情况不符，严重误导消费者，构成发布虚假违法医疗器械广告行为，广州市荔湾区市场监管局对其罚款50万元。

4. 不是医药广告却使用疾病治疗效果、医疗用语的情形

广州某健康产业有限公司在其微信公众号发布有关“益彤牌益生菌粉（桔子口味）”的保健食品广告，因其广告内容含有“双向调节、预防宝宝的常见肠道疾病（如便秘、腹泻）”等涉及疾病预防、治疗功能的内容，广州市白云区市场监管局对其罚款14.9万元。

5. 超出审查申请的范围

上海某生物科技有限公司在微信公众号上陆续发布了78篇宣传销售产品或者以介绍科普知识的名义来宣传产品的文章，其中含有“不含有发挥药理学、免疫学或者代谢作用的成分，安全有效”“适用范围广，具有祛风散寒、痛经活络、除湿消肿、化瘀止痛的功效”“产品效果立竿见影”“安全无副作用”“最专业、最专注、最完善的微商品牌”“是一款针对所有人群的产品”“某和堂医用冷敷贴传承千年医药理念，药方历史已有2000多年”等违法内容，并出现代言人张某1、暖宫贴形

象代言人张某2画面及文字。上述广告内容不仅超出注册证书或者备案凭证、注册或者备案的产品说明书范围,还严重违反《广告法》第16条以及《互联网广告管理暂行办法》第6条、第11条,上海市嘉定区市场监督管理局依法对其作出了罚款20万元的行政处罚。

三、医药广告发布的合规建议

市场竞争激烈的情况下,宣传营销手段必不可少,在考虑如何推广自身品牌、产品时,也应考虑相关广告发布的合规性问题,否则在当今广告监管日益严格的情况下,违法成本越来越高,因此我们建议:

第一,医药企业在发布广告前,应当仔细确认本企业产品所属的类别,针对禁止对外发布或限制发布广告的产品,应放弃采取广告作为宣传推广的方式;

第二,及时向广告审查机关申请审批,获得批准文号,未被批准则不先行发布;

第三,构建广告合规管理体系,联合企业内部的法务、合规风控等部门,甚至引入专业律师事务所等外部资源,定期对已经发布的广告进行排查整理,注意停止发布相关专利已过期、广告批准已过期的广告。

结　语

医药领域的专业壁垒过高,期待由消费者来区分辨别医药广告内容真伪并不现实,国家对医药广告加强监管和规范,对保护广大消费者的生命健康安全具有重大意义。而对医药企业来说,在法律法规对医药广告监管愈加严格的背景下,应主动在广告宣传中做到合法合规,否则很可能被相关部门行政处罚甚至构成违法犯罪,对企业发展产生重大不利影响。

侵犯商标专用权判定的重要要素*

——对类似商品(服务)的认定

苏东海

商标授权确权行政纠纷案件(以下简称商标行政案件)主要指因五类案件,即相对人或者利害关系人因不服国务院工商行政管理部门商标评审委员会(现为国家知识产权局)作出的商标驳回复审、商标不予注册复审、商标撤销复审、商标无效宣告及无效宣告复审的行政行为,向人民法院提起诉讼的案件。

近年来商标行政案件不断增多。根据最高人民法院新闻发布会通报,从2002年到2009年,北京市第一中级人民法院共审结商标行政案件一审为2624件,而2013年就达到2161件,2014年更增加到7951件。2015年后北京知识产权法院受理各类知识产权案件中约73%是商标行政案件,达5501件。最高人民法院发布的2019年度报告中提及全年共审结各类知识产权案3254件,其中商标案件965件。授权是对申请商标注册专用权的准予许可,行政争议的确权是对商标专用权的确认与保护,而是否构成商标侵权是商标行政案件中的处理重点,特别是使用与注册商标相同或近似的商标的情形下,对类似商品(服务)的认定是商标侵权判定的重要因素。

最高人民法院在分析2019年审理的知识产权案件的基本特点时认为商标行政案件中的商标近似和商品类似的判断仍然是焦点问题之一。商标行政案件中,判定商标侵权的,其法律后果是商标注册申请将被驳回、不予注册、撤销注册商标专用权、宣告商标专用权无效等。但是,对于类似商品(服务)如何认定,在立法和司法实践上都经历了一个复杂的过程,尤其是在审判实践活动中常因个案的认定不同,判决结果大相径庭,使类似商品(服务)认定莫衷一是。2001年《商标法》历

---

* 该文章发表在中国律师网(中华律师协会官网)。

经多年后于2013年8月30日作第二次修订,修订后的《商标法》(2014年5月1日实施)第57条第2项作了新的规定:"有下列行为之一的,均属侵犯注册商标专用权……在类似商品上使用与其注册商标相同或者近似的商标,容易导致混淆的……",把商标侵权认定由修法前的近似判断增加为混淆判断。

事实上,最高人民法院颁布的《关于审理商标民事纠纷案件适用法律若干问题的解释》(法释〔2002〕32号,以下简称《商标案件民事意见》)和《关于审理商标授权确权行政案件若干问题的意见》(法发〔2010〕12号,以下简称《商标案件行政意见》)均把"容易造成混淆""容易导致混淆"作为判断标准。2020年最高人民法院发布的《关于审理商标授权确权行政案件若干问题的规定》(以下简称《商标案件行政规定》,该规定已被修改)把商品的类似程度作为是否容易导致混淆的重要判断因素之一。因此,研究和探讨类似商品(服务)的认定,是判断是否容易导致混淆的关键,也是判定是否构成商标侵权的重要因素。反过来理解,也可以通过判断是否容易导致混淆来认定两种商品(服务)是否为类似商品(服务)。

一、关于认定类似商品(服务)的法律规定

(一)《商标法》(2019年11月1日施行)

《商标法》第57条第2项规定,未经商标注册人的许可,在同一种商品上使用与其注册商标近似的商标,或者在类似商品上使用与其注册商标相同或者近似的商标,容易导致混淆的,属于侵犯注册商标专用权的行为。

(二)《商标法实施条例》(2014年5月1日实施)

《商标法实施条例》第76条规定:"在同一种商品或者类似商品上将与他人注册商标相同或者近似的标志作为商品名称或者商品装潢使用,误导公众的,属于商标法第五十七条第二款规定的侵犯注册商标专用权的行为。"

(三)《商标案件行政意见》

《商标案件行政意见》第15条规定:"人民法院审查判断相关商品或者服务是否类似,应当考虑商品的功能、用途、生产部门、销售渠道、消费群体等是否相同或者具有较大的关联性;服务的目的、内容、方式、对象等是否相同或者具有较大的关联性;商品和服务之间是否具有较大的关联性,是否容易使相关公众认为商品或者服务是同一主体提供的,或者其提供者之间存在特定联系。《商标注册用商品和服务国际分类表》、《类似商品和服务区分表》可以作为判断类似商品或者服务的参考。"

(四)《商标案件行政规定》

《商标案件行政规定》第12条规定:"当事人依据商标法第十三条第二款主张

诉争商标构成对其未注册的驰名商标的复制、摹仿或者翻译而不应予以注册或者应予无效的,人民法院应当综合考量如下因素以及因素之间的相互影响,认定是否容易导致混淆:(一)商标标志的近似程度;(二)商品的类似程度;(三)请求保护商标的显著性和知名程度;(四)相关公众的注意程度;(五)其他相关因素。商标申请人的主观意图以及实际混淆的证据可以作为判断混淆可能性的参考因素。"

(五)《商标案件民事意见》

《商标案件民事意见》第11条规定:"商标法第五十二条第(一)项规定的类似商品,是指在功能、用途、生产部门、销售渠道、消费对象等方面相同,或者相关公众一般认为其存在特定联系、容易造成混淆的商品。类似服务,是指在服务的目的、内容、方式、对象等方面相同,或者相关公众一般认为存在特定联系、容易造成混淆的服务。商品与服务类似,是指商品和服务之间存在特定联系,容易使相关公众混淆。"第12条规定:"人民法院依据商标法第五十二条第(一)项的规定,认定商品或者服务是否类似,应当以相关公众对商品或者服务的一般认识综合判断;《商标注册用商品和服务国际分类表》、《类似商品和服务区分表》可以作为判断类似商品或者服务的参考。"

《商标案件行政意见》第14条规定:"人民法院在审理商标授权确权行政案件中判断商品类似和商标近似,可以参照最高人民法院《关于审理商标民事纠纷适用法律若干问题的解释》的相关规定。"因此,《商标案件民事意见》可作为《商标案件行政意见》的参照使用。

二、对类似商品(服务)的一般理解

先谈一下对"同一商品"的理解,最高人民法院联合最高人民检察院、公安部于2011年发布的《关于办理侵犯知识产权刑事案件适用法律若干问题的意见》指出,"同一种商品"是指名称相同的商品以及名称不同但指同一事物的商品。相对于"同一商品"而言,"类似商品"的理解,在法律上并没有具体明确的含义,而是需要结合诸因素判断的。最高人民法院在某一案件的驳回再审申请通知书中作了阐述,"商标法设置商品类似关系,是因为商标主要是商品类别进行注册、管理和保护。在商标授权确权和侵权判定过程中,进行商标法意义上相关商品是否类似的判断,并非作相关商品物理属性的比较,而主要考虑商标能否共存或者决定商标保护范围的大小。避免来源混淆是商品类似关系判断时要坚持的一项基本原则"。由时任北京市高级人民法院知识产权审判庭庭长陈锦川主编、北京市高级人民法院知识产权审判庭编著的《商标授权确权的司法审查》一书指出,"判断是否构成‘混淆之虞’时,所要确定的不是商品是否类似,而是商品的类似程度及其对混淆之虞判断的影响”。

对类似商品(服务)的理解还可以细分为商品与商品的类似、服务与服务的类似、商品与服务的类似。

《商标案件民事意见》指出判断类似商品,应当从商品的功能、用途、生产部门、销售渠道、消费对象等方面(以下简称“五要素”)相同,或者相关公众一般认为其存在特定联系、容易造成混淆出发。而《商标案件行政意见》除“五要素”相同外,还增加了“较大的关联性”,即与上述“五要素”有较大关联性的商品也是类似商品。同时,《商标注册用商品和服务国际分类表》、《类似商品和服务区分表》(以下简称“两分表”)可以作参考依据。可见,类似商品(服务)的认定确实复杂,无法用简单的语言归纳概括。但仍可以从相关的规定、司法实践中归纳主流观点、经验法则、生活常理、交易习惯及“两分表”中判断。

三、对类似商品(服务)认定的考虑因素

对类似商品(服务)认定应考虑商品的功能、用途、生产部门、销售渠道、消费对象等是否相同或基本相同,也需要考虑诉争商标近似情况,最终判定的标准应当是,如果让诉争商标共存,是否会导致相关公众对商品的来源产生混淆、误认。类似商品(服务)的认定考虑因素纷繁复杂,若以客观、主观标准说划分看,可以简单地归纳为一般的客观标准和综合判断的主观标准。

(一)一般的客观标准

《商标授权确权的司法审查》一书指出在最高人民法院“啄木鸟图形”商标争议案的意见作出之前,实践中还存在商品类似关系认定的“客观标准说”,该观点认为“商品之间是否具有类似关系是客观点,不受商标的显著性、实际使用、知名度、商标使用人的主观状态所干扰”。在司法实践中,客观标准说主要依据“两分表”作为判断,往往会认为“两分表”已将商品和服务划分为不同的组群,类似商品(服务)组群内的商品可以认定是类似商品(服务),是可以供商标审查人、代理人、申请人、使用人日常判断商品和服务是否类似的主要依据和参考工具。

一些知名的审判专家也认为最高人民法院肯定了“两分表”对于判断商品(服务)类别具有重要的指引作用。事实上在审理的一些案件中,“两分表”是较重要的裁判参考依据。

如B支付商务公司商标侵权纠纷案,原告A有限公司(以下简称A公司)于1994年4月发行B商务公司优惠卡,于1996年2月取得了该支付商务公司图形和文字商标,核定类别为第41类,即培训、夜总会、娱乐信息、俱乐部服务、娱乐、游览信息。之后又增加第 9 类,即磁性识别卡的核准。后来,A 公司发现香港某集团 B 旗下 13 家银行,发行了标有该集团字样的磁性卡。A 公司认为构成商标侵权,提起诉讼。被告 B 集团答辩认为:(1)告核准的是商品商标,不是银行的服务商标;(2)中银卡不是用来销售的,所有权归银行,实际是一项金融服务,应是第 36 类;(3)原告核定类别为第 41 类、第 9 类,与中银卡分属不同类别;(4)银行在第 36 类使用中银标识,与原告在第 41 类、第 9 类使用某著名支付商务公司标识,彼此间不构成类似商品或服务。

A 公司反驳认为,被告发行的标有该集团字样的储蓄卡与原告发行的某著名支付商务公司优惠卡均是磁性卡,是同类商品。两类卡物理属性相同,均经过磁性加工;均通过特定联系发向特定客户,如原告优惠卡是派给在原告消费的客户,而被告的储蓄卡也是在银行开户后取得的。这些卡都是通过磁性识别实现功能,二者功能类似,以上均符合类似商品的认定。

深圳市中级人民法院经审理认为,A 公司核准的 B 支付商务公司商标在第 41 类、第 9 类,其发行的某著名支付商务公司磁性卡是一种服务打折的优惠工具,没有金融服务功能。而 B 集团发行的"中银卡",具有储蓄提款功能,实际就是金融服务功能,属于第 36 类保险金融服务类。且 A 公司的 B 支付商务公司磁性卡服务内容主要是为培训、夜总会、娱乐信息、俱乐部服务、娱乐、游览信息等客户提供打折优惠,与中银集团向不特定对象发行的"中银卡",两者相关公众不同、用途不同、功能不同,不能简单地以具有使用磁性卡物理属性作为同一商品认定,在参考"两分表"判断后,作出判决认定二者不构成类似商品(服务)。双方均服判没有上诉。

"两分表"虽然可以在大多数情况下得到法院的尊重,但不是唯一的依据而是参考。《商标授权确权的司法审查》一书指出:"商标授权确权行政案件意见第十五条和'啄木鸟图形'商标争议案的意见都明确认可商标类似关系认定的'主观标准说',即在认定商品是否类似时考虑商标的显著性、实际使用、知名度、商标使用人的主观状态等因素的影响,因此'客观标准说'在实践中已经式微。由于'两分表'对相关商品或服务的划分属于上位概念,不可能穷尽相关类别项下的所有产品和服务,需要根据社会经济发展的实际情况适时进行更改或补充,不应机械地将其认为判案的主要依据。"

(二)一般认识的综合判断标准

对相关公众一般认识的综合判断的理解是最多种多样的。《商标授权确权的司法审查》一书提到,在商标异议、争议和后续诉讼以及侵权诉讼中进行商品类似关系判断时,要考虑实际要素,结合个案情况进行认定。《商标案件行政意见》《商标案件民事意见》均提及“五要素”和“两关系”(特定关系和较大的关联关系)。综合判断确实存在很多主观性,也会使案件结果出现一波多折的情况,可以说综合判断就是主观判断标准。虽然如此,仍然可以通过司法实践的裁判主流观点作扼要的归纳,以使判断要素相对直观。

1. 要认真区分两种商品(服务)不同的相关公众、用途、目的等,不能被一些类似的表面内容或方式所困惑,从而正确地辨别出是否构成类似商品(服务)

如“非诚勿扰”告“非诚勿扰”商标侵权一案就是出现了因审判机关看法不同而一波三折的结果。

原告金某某取得“非诚勿扰”注册商标,核定类别是交友婚介。而某省电视台也使用了“非诚勿扰”标识,并开展了以宣传婚介、婚姻观念为主要内容的电视节目并大受欢迎,成为王牌节目,有很高的收视率。金某某认为某省电视台举办非诚勿扰节目,作为大型婚介节目,突出宣传“非诚勿扰”是将电视节目名称作商标性使用,该名称与金某某的民事商标相同,金某某认为其开展交友婚介服务与某省电视台开展的大型婚恋交友节目,服务内容是相同的,相关公众会认为与金某某所经营的公司有关。因此,金某某认为构成类似商品(服务)。一审法院认为原告核定的是第 45 类,某省电视台核定的是第 41 类,两者从服务内容、方式、对象等综合考察,相关公众一般认为两者不存在特定联系,不会造成混淆,不属于类似商品(服务),不构成侵权。金某某不服,上诉至深圳中院。

二审法院认为,虽然金某某核定的是第 45 类交友婚介服务,但某省电视台“非诚勿扰”内容也是大型婚恋交友,从服务目的、内容、方式、对象等判定,其提供征婚、相亲、交友等服务,与金某某核定的服务内容相同。由于金某某已将“非诚勿扰”作为商标使用,且某省电视台的知名度会使相关观众认为某省电视台的节目与金某某的公司有特定联系,造成反向混淆。某省电视台通过“非诚勿扰”的播出收取大量广告费,足以证明其使用“非诚勿扰”是以营利为目的的商业使用,不能只考虑“非诚勿扰”在电视上播放的外在形式而忽视该节目的内容和目的。即使是电视节目,也会因服务的内容或目的相同,而使相关公众认为与某商标具有特定的联系,造成混淆、误认。因此,二审法院认为构成类似商品(服务)并撤销一审判决,改判某省电视台构成侵权。某省电视台对此不服提出再审,广东省高级人民法院审理后认为,某省电视台“非诚勿扰”节目经过长期的宣传和使用,已使相关公众认为该节目与某省电视台及其下属江苏卫视建立了联系。同时,节目的内容更多是借助相亲交友场景、演示等活动使社会公众在娱乐放松休闲的同时了解社会交友的价值观，引导健康向上的婚恋观、人生观。服务目的旨在向社会公众提供娱乐消遣的文化活动，通过节目的收视率、关注度获取赞助等经济收入，服务对象是不特定的广大电视观众。而金某某所核定第45类交友婚介活动，是为满足特定个人的婚配需求而提供的中介服务。服务目的是促成婚恋配对、获取经济收入。服务内容方式包括管理相关人员需求信息、提供咨询服务建议、传递意向信息等中介服务。服务对象是有特定婚恋需求的人员。两者在服务目的、内容、方式、对象等方面均有明显区别。以相关观众一般认知，能够清晰区分电视文娱节目与现实中的婚介服务活动，不会误认为两者具有特定联系。不能仅凭体裁形式的相似性，就认为两者之间构成类似商品(服务)。

高院判决还认为金某某没有长期大量使用“非诚勿扰”提供婚介服务，因而无法获得显著性。反观某省电视台的“非诚勿扰”节目，经过长期热播，作为娱乐、消遣节目已为公众所熟知。即使涉及交友婚介内容，相关公众也会作出清晰区分，不会认为两者服务来源构成混淆、误认。因此再审判决认为不是类似商品(服务)，不构成商标侵权。

2. 要考虑经营渠道、消费群体是否具有重合或较大的关联度

如下述商标授权确权纠纷一案，也出现了一波三折的认定。

北京D汽车清洗连锁有限公司(以下简称D公司)持有被提出异议的第3167289号D公司商标，拟申请增加注册使用服务为第37类。后经商标局核准删减了8项，并最终核定异议商标指定的服务项目为：车辆加润滑油；车辆维修。E公司持有引证商标第908487号D公司商标，F公司中心为D公司用品的独家总代理。在异议期内，F公司中心与E公司向商标局提出异议申请未果，进入异议复审后，商标评审委员会于2010年12月27日作出第38951号裁定，对被异议商标不予核准注册。D公司不服，提出商标授权确权行政诉讼。

北京市第一中级人民法院经审理认为，实践中，“车辆维修”服务提供者在提供服务时亦可能会使用“汽车上光蜡、清洗液”等商品，故如在上述商品或服务上使用D公司商标，则将可能使相关公众误认为二者系由同一主体提供或提供者之间具有特定联系，从而产生混淆误认，因此判决驳回D公司起诉。

D公司不服并提出上诉，其认为被异议商标指定使用的“车辆维修”服务与引证商标核定使用的“汽车上光蜡、清洗液”商品未构成类似商品或服务，二者所对应的销售渠道和消费对象也不一样，相关公众不会产生混淆，不应被认定为近似商标。

北京市高级人民法院经审理后认为，根据D公司提交的证据，表明其在汽车

维修上大量使用D公司商标，并获得一定的荣誉，因此可以证明D公司在汽车维修上使用D公司商标已有一定知名度。同时，被异议商标指定使用在“车辆维修”服务上，引证商标核定使用在“汽车上光蜡、清洗液”等商品上，前者的服务对象、服务场所、服务方式与后者商品的功能、用途、生产部门、销售渠道、消费群体亦有所不同；其认为引证商标是商品商标，而D公司申请的被异议商标是服务商标。两商标不构成近似商标。二者也不是类似商品（服务），因此，撤销一审判决。E公司不服，向最高人民法院申请再审。

最高人民法院经审理后认为：认定商品或者服务是否类似，应当以相关公众对商品或者服务的一般认识综合判断，“两分表”可以作为判断类似商品或者服务的参考，并认为如果同一商标分别使用在不同的商品或服务上，会使相关公众认为上述不同的商品或服务系由同一主体提供，或其提供者之间存在特定联系，则容易造成混淆。具体到本案，判断被异议商标的“车辆加润滑油、车辆维修”服务与引证商标的“汽车上光蜡、清洗液”商品是否类似，亦应看涉案D公司商标如果同时使用在上述商品或服务上是否会使相关公众认为其系由同一主体提供或提供主体之间具有特定联系。实践中“车辆加润滑油、车辆维修”服务和“汽车上光蜡、清洗液”商品均属车辆维修、保养范畴，因“车辆加润滑油、车辆维修”服务提供者在提供服务时亦可能会使用“汽车上光蜡、清洗液”等商品，二者的服务场所或销售场所、消费对象存在同一性可能，故如在上述商品或服务上均使用D公司商标，以相关公众的一般交易观念和通常认识而言，可能误认为二者系由同一主体提供或提供者之间具有特定联系，从而产生混淆误认。因此，“车辆加润滑油、车辆维修”服务及“汽车上光蜡、清洗液”商品属于类似商品或服务。最终，最高人民法院撤销北京高院二审判决，并维持了一审判决。

3. 实际场景应用发生变化时也能动态地改变“五要素”及“两关系”的认定

笔者曾经碰到这样一个案例，引证商标核定在出租汽车服务上使用，被异议商标核定在酒精、消毒剂上使用。两者在需求、消费群体、生产渠道、用途等方面均明显不同。引证商标面向的相关公众是司机和乘客。被异议商标面向的相关公众是医院、清洁公司。两者没有特定联系或较大关联度。然而，新冠肺炎疫情出现后，为了抗疫需要，出租汽车上大多会配备酒精、消毒剂。而一些出租车乘客也会随身携带消毒用品。这样，原本没有特定联系的二者也建立了相关联系，具有较大关联性。因此，很有可能会被认定为类似商品（服务）。当然，如果被异议商标知名度小，没有被大量地使用，且与引证商标并没有在同一区域内使用的情况下，相关公众并不会混淆，这样的话就未必会被认定为类似商品（服务）。由此可见,对类似商品(服务)的认定标准并不是静态的,而是有可能随着实际应用场景的变化而发生改变。

四、针对不构成类似商品(服务)的一些抗辩理由

结合商标不构成近似进行抗辩,并且对“五要素”和“两关系”进行详细逐一比对是能够排除混淆误认可能的

在与注册商标不相同或不构成近似的情况下,则不存在对类似商品(服务)的认定。因此若要抗辩不构成类似商品(服务),首先是对诉争商标与引证商标是否相同或近似进行抗辩,其次才是针对商品(服务)在“五要素”和“两关系”方面进行对比,以相关公众的一般认识进行综合判断,是否存在较大的关联。

事实上,许多不构成侵权的抗辩也是通过上述思路得以成功的。笔者承办的某广州知名餐饮文字加图形组合商标标识与某知名日料注册商标不构成近似的商标侵权纠纷系列案(共 21 宗)就是通过以上思路成功抗辩。引证商标某知名日料商标注册权人认为其商标享有一定知名度,其虽在外地从事日式餐厅服务,但因被控侵权商标标识“某广州知名餐饮”文字加图形组合商标标识在广州使用于 21 间连锁店经营西关传统美食粥粉面,与其商标是近似商标,二者经营的都是餐饮服务,构成类似商品(服务),故其认为被控侵权商标标识侵犯其商标专用权,因而索赔 100 万元。

经分析,虽然二者同属第 43 类餐饮服务,但在功能、用途、生产部门、销售渠道、消费群体、内容、方式、经营者方面均存在较大差异,相关公众能够明显区分,想选择广州西关传统美食粥粉面服务的消费者不会前往日式餐厅消费,经营日式餐厅的不可能同时经营传统粥粉面,且两者分属两个不同地域,相关公众不会混淆误认。同时,某广州知名餐饮文字加图形组合商标标识与某知名日料注册商标也不构成近似。最终一审、二审法院均认为西关传统美食与日式餐厅服务不是类似商品(服务),某广州知名餐饮文字加图形组合商标不构成侵权。

对技术特别复杂专业的领域,法官对于“两分表”的依赖程度会较高,如按“两分表”很可能构成类似商品(服务)。因此,若要抗辩成功,需要根据大量的生活常理,充分运用经验法则还原诉争商标的商品在用途、功能、销售渠道等方面存在的差异,以论证不会引起相关公众混淆误认。一些特殊类型案件通过运用这个方法可以成功地确认为不侵权。

如林某某诉 G 公司侵害商标专用权一案也是经过了多次的反复的诉讼,最终在最高人民法院再审中得以确认为不侵权。此案的特殊性在于,原被告双方使用的是技术、种类领域都十分复杂的机械。原告林某某作为引证商标专用权人,获

得了0726类的核定即包括注塑机、塑料注塑成型机等。而被诉商标专用权人G公司，获准使用的类别为0713类，即缝纫、制鞋工业用机械，而其涉嫌侵权的产品是注塑机、塑料注塑成型机。因此，原告有理由认为G公司实际使用的机械就属于0726类核定类型，是类似商品，构成侵权。而G公司欲证明其不构成侵权，需证实其实际使用的注塑机、塑料注塑成型机属于制鞋机械，归于其核准类别0713类。因为G公司享有在先使用权，当在先注册商标核定使用的商品与在后注册使用的商品构成相同或类似时，就会出现商标权利冲突。此时，只有在先商标权核定的范围不与在后核定的商标构成类似时，才能获得保护。

向最高院申请再审时，G公司通过大量的举证证实了各种各样更富技术含量的机械用于制鞋工业，不断扩展制鞋机械的外延，包括注塑机、塑料注塑成型机也使制鞋机器，能够与制鞋机械，即0713类商品构成类似商品，因此可以逆向认定G公司作为在先注册商标，其实际使用的商品符合核定的类别和范围，具有合法性，不构成对在后商标的侵权。

其他抗辩考虑还可以从在先权利主张、商标的显著性、不同的商品有着不同的注意力、是否在核准范围内使用以及另案主张不构成商标侵权、对商标申请“撤三”、无效宣告、要求认定恶意诉讼等诉讼策略进行。

结　语

商标和标志是商标法的基本理论范围，对类似商品（服务）的认定也是商标法理论的范畴。商标作为商品的标记，具有特殊指代的功能。最根本的目的是便于相关公众识别来源，包括标志内容及指代商品的来源功能，二者缺一不可。对商标侵权的最根本的考虑是在诉争商标与引证商标共存的情况下，是否容易导致相关公众混淆误认。如《商标授权确权的司法审查》一书指出的，所谓商品（服务）是否类似，其实质不是仅仅追求对类似的认定，而是通过对类似的程度判断是否容易导致混淆。即商品的类似程度及其对混淆的判断影响，所谓“混淆之虞”，既不是“实际混淆”，也不是“也许会混淆”，而是“多半会混淆”。

类似商品（服务）的认定不论从立法还是从司法实践看都会不断变化，且会不断丰富和完善。对商标侵权判定的正确认定，在处理商标授权确权行政案件中具有重要的作用，而类似商品（服务）的认定对判断是否容易导致混淆是商标侵权判定的重要因素之一。因此，研究和探讨类似商品（服务）的认定在商标授权确权行政案件中具有十分重要的意义。

基层防疫一线行政应急措施应如何开展？

苏东海　梁广涛　罗嘉佳

前　言

2020年1月20日，国家卫健委宣布经国务院批准，将武汉市发生的新型冠状病毒性感染肺炎（以下简称新冠肺炎）纳入《传染病防治法》规定的乙类传染病，按照甲类传染病进行预防、控制，标志着新冠肺炎防控工作进入法治轨道。

疫情防控战打响后，广东省及多个省、市启动突发公共卫生事件一级响应；武汉市作出了封城等行动，各地也按照突发事件应急预案要求采取封闭小区、限制人员流动、强制隔离等多项行政应急措施，取得了明显的效果。但是在疫情防控工作中，有些地方存在“一刀切”、层层加码，盲目照搬疫情严重地区做法，未划定疫区时擅自作出封城决定；有些基层单位擅自关闭村庄、镇，设卡拦截、挖断道路，造成交通中断；有的直接以工作部门的名义发征用通知，扣留、征用发往省外的防护物资；个别部门对企业复工实行严苛的行政审批；有地方单位对七个省的外来务工人员一律劝返。凡此种种，表明行政应急措施同样需要规范实施。

习近平总书记于2020年2月5日指出要“全面提高依法防控、依法治理能力，为疫情防控工作提供有力法治保障”，要求各级党委和政府坚持运用法治思维和法治方式开展疫情防控工作。为此，研究和探讨新冠肺炎疫情防控工作中的行政应急措施如何更好地开展，具有现实性、紧迫性、必要性。

现试从行政应急措施的启动前提、行使主体、形式与体现、实施程序等问题进行探讨。

一、行政应急措施的法律规定

行政应急措施是在应急状态下行使的，依照相关的法律规定，应急状态并不是“紧急状态”，因为紧急状态是《宪法》明文规定的，有严格要求。

《宪法》明确由全国人大常务委员会决定全国或者个别省、自治区、直辖市进入紧急状态并由中华人民共和国主席宣布；国务院有权决定省、自治区、直辖市的范围内部分地区进入紧急状态。

根据《突发事件应对法》第3条及《突发公共卫生事件应急条例》第2条规定可知，突然发生、造成或者可能造成社会公众健康严重损害的重大传染病疫情、群体性不明原因疾病、重大食物和职业中毒以及其他严重影响公众健康的事件是突发公共卫生事件。广东省率先启动突发公共卫生事件一级响应后，其他省市也纷纷启动，各地进入应急状态。

据此可以明确新冠肺炎疫情是特别重大（Ⅰ级）突发公共卫生事件，新冠肺炎疫情防控工作是应急状态。

行政应急措施又称紧急措施、应急措施，与紧急处置与救援权、临时性应急措施密切关联，就行政机关而言，行政应急措施只能是行政主体在应急状态下作出的应急行政行为，实际上，就是在突发事件应急状态中依照法律或法律的授权行使突发事件预案中赋予的相关临时性的应急措施等。对此，有明确的法律规定。

如《突发事件应对法》第48条至第57条规定了相关人民政府应对突发事件采取应急处置措施，包括：封锁有关场所、道路，禁止或者限制使用有关设备、设施，关闭或者限制使用有关场所，中止人员密集的活动等。

《传染病防治法》第39条至第49条规定了疫情控制措施，包括对患者等隔离治疗、封闭可能造成传染病扩散的场所、封锁疫区等。类似的应急措施在《突发公共卫生事件应急条例》以及《国家突发公共卫生事件应急预案》中也有规定。

地方立法也作了授权，如广东省十三届人大常委会于2020年2月11日通过《广东省人民代表大会常务委员会关于依法防控新型冠状病毒肺炎疫情切实保障人民群众生命健康安全的决定》，授权县级以上地方人民政府可根据疫情防控需要，在医疗卫生、防疫管理、隔离观察、道口管理、野生动物管理等多个方面作出临时性应急行政管理措施。

值得注意的是，《行政强制法》第3条第2款规定："发生或者即将发生自然灾害、事故灾难、公共卫生事件或者社会安全事件等突发事件，行政机关采取应急措施或者临时措施，依照有关法律、行政法规的规定执行。"

行政应急措施由法律规定，具有紧急性、临时性、强制性、程序特别性等特点。

二、行政应急措施的启动前提

行政应急措施不是在平时状况下使用的，而是有法定条件的。《突发事件应对法》第48条指出："突发事件发生后，履行统一领导职责或者组织处置突发事件的人民政府应当针对其性质、特点和危害程度，立即组织有关部门，调动应急救援队伍和社会力量，依照本章的规定和有关法律、法规、规章的规定采取应急处置措施。”《突发公共卫生事件应急条例》《国家突发公共卫生事件应急预案》均规定突发事件发生后，启动应急响应预案，县级以上各级人民政府采取相应紧急措施。

新冠肺炎疫情发生后按以上规定启动应急响应，是行政应急措施的启动条件。行政应急措施应由法定行政主体（包括授权主体）在以上法定条件下实施。

三、行政应急措施的实施主体

一般而言，县级以上人民政府是行政应急措施的行使主体，但根据《突发公共卫生事件应急条例》第3条、第4条等规定，在突发事件发生后，应当成立专门应急处理机构。如疫情发生后，国务院设立全国突发事件应急处理指挥部，省、自治区、直辖市人民政府成立地方突发事件应急处理指挥部。全国突发事件应急处理指挥部及县级以上地方人民政府设立的突发事件应急处理指挥部是应急状态下实施行政应急措施的行政主体。

此外，现场指挥官也是行政应急措施的实施主体，属于法律授权主体。《广东省突发事件应对条例》第36条规定：“突发事件应急处置工作实行现场指挥官制度……现场指挥官有权决定现场处置方案，协调有关单位和部门的现场应急处置工作，调度现场应急救援队伍。”《广东省突发公共事件总体应急预案》及《广东省突发事件现场指挥官制度实施办法（试行）》分别对现场指挥官的制度及职权作了相应的规定。县级以上人民政府职能部门是行政应急措施的行使主体，如国家市场监管总局先后发布了多个公告，要求依法从重从严从快打击涨价、哄抬价格等违法行为。广东省市场监管局联合省生态环境厅、卫生健康委员会、公安厅、农业农村厅等十多个政府部门部署执法专项行动，打击野生违规交易及非法制售口罩等防护用品违法活动。

综上所述，县级以上人民政府及其依法成立的相应的突发事件应急指挥部（应急处理机构）、现场指挥官、县级以上人民职能部门均是行政应急措施的行使主体。

四、行政应急措施主要体现

在应对突发事件中，行政应急措施多见诸公告、通告、决定、通知或指导意见等形式，如广东省委全面依法治省委员会办公室于2020年2月4日印发《关于做好新型冠状病毒感染的肺炎疫情防控应急行政执法工作的指导意见》，明确规定了七类应急执法措施和九类重点执法领域，对指导疫情执法起到重要作用。

行政应急措施呈现多类型特点，包括应急强制措施类、应急执法措施类、应急征用类、应急统筹类、应急授益措施类、应急决定类等。

从本次疫情战中，我们看到，行政应急措施突出体现为以下四类，包括应急强制措施、应急执法措施、应急征用措施、应急授益措施。

1.应急强制类措施。就是在应急状态下行政机关行使的对行政相对人的人身权、财产权具有强制力的限定措施。根据《突发事件应对法》《传染病防治法》和《突发公共卫生事件应急条例》规定,该类措施包括划定疫点或疫区、封锁场所、道路、强制隔离治疗措施、强制疏散措施等,具体可见《突发事件应对法》第49条第1款第1至4和10项,《传染病防治法》第39条、第42条第1款第1至3和5项、第43条第2款等,《突发公共卫生事件应急条例》第33条等。

2.应急执法措施。就是对应急状态下扰乱市场秩序、社会秩序的违法行为作从严处理的执法行为。《突发事件应对法》第49条第1款第8、9项规定对囤积居奇、哄抬物价、制假售假等干扰破坏应急处置工作等扰乱市场秩序、社会秩序的从严惩处。按照国务院发布的《价格违法行为行政处罚规定》对违反价格法的可处50万元以上300万元以下的罚款的规定,结合国家市场监管总局发布有关的坚决维护防疫用品市场价格秩序公告的相关要求,在疫情中对不法提高关乎国计民生的防护用品如口罩价格的,作顶格处罚。如北京市丰台区市场监管局针对一药店在疫情发生后不久,把N95口罩从一盒200元的进货价格抬到850元高价出售,构成哄抬物价,处以顶格300万元罚款。据不完全统计,已有家乐福、大润发、华润万家等29家商家因疫情期间涉及哄抬物价等违法行为被各地监管部门处罚超2000万元。

3.应急征用措施。这里要注意其与行政征收的区别。征收与征用是不一样的。虽二者都属于行政强制措施,但对于征用而言,并未改变物的所有权,而征收意味着所有权性质的改变,这是征用与征收的根本区别。征用只是对物的使用权作临时让渡,归征用单位临时享有,事后由征用单位返还并予以补偿。如《突发事件应对法》第12条规定:"有关人民政府及其部门为应对突发事件,可以征用单位和个人的财产。被征用的财产在使用完毕或者突发事件应急处置工作结束后,应当及时返还。财产被征用或者征用后毁损、灭失的,应当给予补偿。"

《广州市人民代表大会常务委员会关于依法全力做好新冠肺炎疫情防控工作的决定》规定:"市、区人民政府可以在必要时依法向单位或者个人临时征用疫情防控所需的房屋、场地、交通工具以及相关设施、设备,要求相关企业组织相应的疫情防控物资和生活必需品的生产、供给。临时征用房屋、场地、交通工具以及相关设施、设备的,应当向被征用的单位或者个人发出应急处置征用令并做好登记造册工作,并依法予以补偿,能返还的,应当及时返还。"

疫情中武汉市要建"方舱医院",征用体育馆、会展中心、运动中心等公共场所作为临时医院病区，并为执行“应收尽收、不漏一人”的防控令征用私人的宾馆、酒店、大厦、商城、大楼等作集中收治隔离场所，也是应急征用措施。

4. 应急授益措施。简言之，授益性是体现对行政相对人给予权益或减免义务的，而应急授益性措施就是在应急状态下所作出的给予权益或减免义务的行政措施。与此相对的是损益性行政行为即强制性措施。如果说，行政行为就是行政主体为谋求公共利益所作的法律上的行为，则授益性行为更多体现公共利益与个体利益的和谐统一。

《传染病防治法》第 62 条规定：“国家对患有特定传染病的困难人群实行医疗救助，减免医疗费用。”《突发事件应对法》第 61 条也规定国务院根据受突发事件影响地区遭受损失的情况，制定扶持该地区有关行业发展的优惠政策。受突发事件影响地区的人民政府应当根据本地区遭受损失的情况，制定救助、补偿、抚慰、抚恤、安置等善后工作计划并组织实施等。

本次疫情中，武汉市宣布，凡确诊为新型冠状病毒肺炎患者，除医保报销外，医疗费全部由政府兜底。国务院先后推出了分类推动企业复工复产、建立企业应对疫情专项帮扶机制，减免国有物业租金、下调贷款利率、延期还本付息、完善税收减免政策等临时性支持措施，并作出了阶段性减免企业社保费、实施企业缓缴住房公积金的政策决定。上海市给予中小企业减免租金。广东省出台了支持疫情防控和复工复产税费政策指引等多项助力复工复产措施；交通运输部宣布于 2020 年 2 月 17 日零时起至疫情防控结束，全国收费公路免收车辆通行费。

应急授益性措施包括行政奖励（激励）、行政给付（扶持）、行政确认（减免）、行政特别许可（绿色通道）等，对快速恢复社会秩序、经济秩序具有极为重要的作用。

五、行政应急措施的必要程序

有人认为应急状态下的行政措施都是可以“任意”作出的，无须程序，这样的观点是欠妥的。虽然行政应急措施不需要依照平时的相关程序，但不等于有权采取任何措施，行政应急措施的实施仍然需要在法治的轨道上进行，遵循必要的程序。

首先，行政机关采取的行政应急措施并非凭空想象、“拍脑袋”之作，而是根据《突发事件应对法》《突发公共卫生事件应急条例》《国家突发公共事件总体应急预案》等规定的具体内容和程序启动的。

其次，实施行政应急措施时，不同的行政主体有着不同的权限。如《突发公共卫生事件应急条例》第 3 条规定，对于重大突发公共卫生事件的处置权由国务院设立的全国突发事件应急处理指挥部统一领导、统一指挥。武汉市作出的“封城”决定,决定权不在地方人民政府,而是要根据《传染病防治法》第 43 条的规定,报由国务院决定。

应急征用是有具体程序规定的,《广东省突发事件应对条例》第 37 条规定,县级以上人民政府依法实施应急征用,应当向被征用的单位或者个人签发应急处置征用令并做好登记造册工作等。

疫情中,一些地方的不当做法已受到监督并被纠正。如某地级市政府工作部门对输往外省的防疫物资直接采取应急征用措施,根据《传染病防治法》《突发事件应对法》等相关规定,实施应急征用的行政主体应当为国务院或县级以上地方人民政府,而非政府工作部门,该做法最终被上级行政机关予以纠正。某县级市未被划定为疫区但自行决定“封城”,该决定也被上级部门撤销。有个别地方的行政管理机构,对于来自七个省份的外来人员一律进行劝返,妨碍了人员的正常流动和企业复工,受到了上级机关的监督纠正。可见,行政应急措施的行使仍应当遵循必要的程序。

最后,实施行政应急措施还应当注重比例原则和考虑特殊的救济处理。应急状态下对于比例原则的考虑,既要从目的的正当性、适当性、必要性等考虑,也要根据应急状态的发展态势进行调整,如状态紧急时,可能更多的考虑是整体利益,以牺牲局部利益换取整体利益;当局面趋缓时,需对比例原则综合考虑。国务委员、公安部党委书记、部长赵克志在 2020 年 2 月 18 日针对个别地方在疫情防控工作中存在的简单粗暴等问题,强调要严格规范公正文明执法,严禁过度执法、粗暴执法。

对行政应急措施的请求救济权,基于诉讼时效可能中断等诸因素考虑,不能单纯按平时的法律规定处理。最高人民法院副院长江必新在《紧急状态与行政法治》一文中写道:“无救济即无权利。赋予行政相对人对于紧急行政权一定程度的抵抗权和请求救济权,是一个世界性的趋势。”该文还认为,“行政相对人的请求救济权一般应以事后或紧急状态结束后行使为宜”。

广东省高级人民法院在 2020 年 2 月 9 日出台的《关于依法审理新冠肺炎疫情防控期间民事行政案件的通告》中指出,承担相关医疗、防疫用品等疫情防控工作的机构、企业涉讼时,可酌情解除或变更强制措施等。

行政应急措施是应急状态下的紧急措施、临时措施,是特别的行政行为,但不是“法外之地”,要遵循法治思维,按照行政应急原则秩序保护的价值取向,体现行政权的集中与扩张、公益优先兼顾私利、效率优先兼顾公平等,行政应急措施的终极目标还是合理地运用行政权,在公共利益与保护行政相对人的权利之间进行衡平,只有兼顾公共利益与个体利益、兼顾公共秩序与个体秩序,对资源、人力配置做合理的安排,才是恰当的运用。行政应急措施终究属于紧急行政权范畴,在遵循其独有的原则时,也要受到相应的规制。法治不是必须对应急状态"高抬贵手"。新冠疫情下行政应急措施的行使,仍应符合全面落实依法治国方略及遵守宪法及其他法律、法规,不具有"超宪性""超法性"。

习近平总书记对疫情防控工作作出重要讲话时强调"始终把人民群众生命安全和身体健康放在第一位",疫情防控工作应服务于保障人民生命健康安全和社会持续、稳定发展的根本目的,这应是疫情防卫战的最根本价值取向。习近平总书记在主持中央全面依法治国委员会第三次会议时强调:"疫情防控越是到最吃劲的时候,越要坚持依法防控,在法治轨道上统筹推进各项防控工作,保障疫情防控工作顺利开展。"

新冠肺炎疫情防控工作,对国家治理体系和治理能力是一次重大考验,需要健全和完善国家应急管理体系。对行政应急措施的行使作探讨和研究,是对行政应急制度研究的重要补充,也是完善中国应急管理学的重要内容。

我们坚定地相信,在以习近平总书记为首的党中央的坚强领导下,中国人民必将取得抗击新冠肺炎疫情的最终胜利。

从立法目的出发，论《商标法》第15条第2款适用难点的认定[*]

余凤玲

前　言

鉴于我国《商标法》及相关法律法规对于《商标法》第15条第2款在适用上应对该条款中的“其他关系”、“明知”及“在先使用”如何进行认定存在法律的空白，导致目前司法实践中对于该条款适用要件的理解和把握也不尽相同。为此，本文论述了笔者对适用《商标法》第15条第2款规定时应对该条款中的“其他关系”、“明知”及“在先使用”该如何进行认定的几点思考，希望能从该条款的立法目的出发，在纷繁复杂的商业关系中使相关权利人对其被抢注的商标能获得更切实的救济和保护。

2013年修正的《商标法》第15条第2款规定，“就同一种商品或者类似商品申请注册的商标与他人在先使用的未注册商标相同或者近似，申请人与该他人具有前款规定以外的合同、业务往来关系或者其他关系而明知该他人商标存在，该他人提出异议的，不予注册”。该条款是在原有的禁止代理人或者代表人擅自抢注被代理人或者被代表人商标规定的基础上，关于“禁止与商标在先使用人具有合同、业务往来关系或者其他关系而明知该他人商标存在的人抢注该商标”①的规定，其立法目的是“维护公平竞争的市场秩序”②。

2016年，国家工商行政管理总局商标局、商标评审委员会（现国家知识产权局）在公布的《商标审查及审理标准》中首次明确地列明第15条第2款的适用要件：“（1）他人商标在系争商标申请之前已经使用；（2）系争商标注册申请人与商

* 该文章收录于广州律师业务研究丛书“岭南知识产权律师知行集”。

① 郎胜主编：《中华人民共和国商标法释义》，法律出版社2013年版。

② 郎胜主编：《中华人民共和国商标法释义》，法律出版社2013年版。

标在先使用人存在合同、业务往来关系或者其他关系,因该特定关系注册申请人明知他人商标的存在;(3)系争商标指定使用在与他人在先使用商标相同或者类似的商品/服务上;(4)系争商标与他人在先使用商标相同或者近似。"①其中,对于上述适用要件中的"其他关系"、"在先使用"及"明知"该如何认定是正确适用该条款的难点及关键。但该标准并没有明确地对上述适用难点的认定标准进行释明。而 2017 年施行的《关于审理商标授权确权行政案件若干问题的规定》第 16 条,仅列出了可以被认定为该条款规定的"其他关系"的五种情形,而对于"其他关系"的认定标准同样没有在该司法解释中进一步明确。鉴于目前在适用《商标法》第 15 条第 2 款时对于其中的"其他关系"、"明知"及"在先使用"该如何认定存在法律的空白,导致司法实践中对第 15 条第 2 款适用要件的理解和把握也不尽相同。为此,本文从《商标法》第 15 条第 2 款的立法目的出发,论述笔者对该条款中规定的"其他关系"、"明知"及"在先使用"应如何进行认定的几点思考。

一、关于《商标法》第 15 条第 2 款规定中"其他关系"的认定

2013 年修订的《商标法》第 15 条第 2 款对于适用主体范围的规定采用了列举加兜底的立法模式,以"合同、业务往来关系或者其他关系"来界定除"代理人、代表人"外的具有特定关系的主体适用范围。如何理解该条款中的"其他关系",是正确理解该条款主体适用范围的关键。2017 年施行的《关于审理商标授权确权行政案件若干问题的规定》第 16 条规定:"以下情形可以认定为商标法第十五条第二款中规定的'其他关系':(一)商标申请人与在先使用人之间具有亲属关系;(二)商标申请人与在先使用人之间具有劳动关系;(三)商标申请人与在先使用人营业地址邻近;(四)商标申请人与在先使用人曾就达成代理、代表关系进行过磋商,但未形成代理、代表关系;(五)商标申请人与在先使用人曾就达成合同、业务往来关系进行过磋商,但未达成合同、业务往来关系。"该条款以列举的方式进一步阐释"其他关系"的主体适用范围,但该条款并没有包含兜底条款,那么,该条款未明文列举的"其他关系"是否能被认定?如果能,又该如何认定?

笔者认为,由于商业关系的复杂多变,该条款作为列举型法律条款,法律条文的有限性和滞后性并不能根据实际情况囊括《商标法》第 15 条第 2 款规定的"其他关系"的主体适用范围,因此,该条款列出的关于"其他关系"的认定情形仅为示例性规定,对于《商标法》第 15 条第 2 款"其他关系"的认定不应拘泥于该条款描述的五种情形,对于未能在该条文中列举的其他情形应根据个案进行判定。

---

① 商标局商标评审委员会《商标审查及审理标准》2016 年版。

而对于如何认定“其他关系”，目前在立法或司法实践中均未形成统一的标准。笔者认为，可以参照运用著作权法中的“接触加实质性相同”原则进行认定。陈锦川所著《著作权审判：原理读解与实务指导》一书中关于“接触加实质性相同”原则的论述为：“认定被告使用了原告作品的前提之一，必须是被告作品中有与原告作品相同的内容，被告作品与原告作品之间存在表达上的相同或者实质性相似。但仅此还是不够的，不能仅依被告作品中有与原告作品相同的内容的事实，就认定被告作品来自原告作品。因为，就相同部分，有可能属于创作巧合，也可能均来自公有领域或者第三方，等等。但是，在两者相同、相似的前提下，如果存在后者曾经接触过前者的事实，就能推定在后的作品来自在前的作品，即基于被告接触原告的作品，而被告作品又与原告作品实质性相似的事实可以推定被告复制了原告的作品。”①从上述关于“接触加实质性相同”原则在著作权法司法实践中的运用过程的论述，结合《商标法》第 15 条第 2 款的适用要件，可以看到，《商标法》第 15 条第 2 款是“接触加实质性相同”原则在商标法中的表现。首先，第 15 条第 2 款的适用要件中的“系争商标指定使用在与他人在先使用商标相同或者类似的商品/服务上”及“系争商标与他人在先使用商标相同或者近似”是关于认定系争商标与在先使用商标构成相同或混淆性近似的适用要件，上述两适用要件是商标法意义上“实质性相同”的体现。其次，从《商标法》第 15 条第 2 款立法目的禁止的行为对象上看，该条款禁止的是与商标在先使用人具有特定关系而知晓其在先使用的未注册商标的企业或个人，这些被禁止的行为对象均是基于对在先使用的未注册商标具有“接触”或“接触的可能性”而知晓该商标的在先使用。在深圳市某电子有限公司与国家工商行政管理总局商标评审委员会商标异议复审行政纠纷案中，北京知识产权法院在一审判决中指出：“该款规定（即《商标法》第 15 条第 2 款规定）基于民事法律关系的诚实信用原则，出于促进工商企业正常发展及维护竞争秩序的目的，旨在避免权利人在先使用的未注册商标因商业往来、劳动关系等原因遭到他人接触后被抢先注册的情况，为被抢注的在先使用的未注册商标权利人提供司法救济。”②而从《关于审理商标授权确权行政案件若干问题的规定》第 16 条规定所列举“其他关系”的五种示例性情形中，可以看到商标申请人与商标在先使用人之间所存在的特定关系均具有可根据社会通常情况推定商标申请人对在先使用的未注册商标具有“接触”或“接触的可能性”的共性。这里的“接触”不但指“直接接触”，还包含了可以涵盖“商标申请人与特定关系人恶意串

① 陈锦川：《著作权审判：原理读解与实务指导》，法律出版社 2014 年版，第 128 页。

② 北京知识产权法院行政判决书，(2015)京知行初字第 5566 号。

通抢注情形”的“间接接触”。因此,在司法实践中可以运用“接触加实质性相同”原则来认定商标申请人与商标在先使用人是否具有《商标法》第15条第2款中规定的“其他关系”。

二、关于第15条第2款规定中“明知”的认定

《商标法》第15条第2款将“明知”作为该条款适用的主观要件,但相关的法律及司法解释并没有明确特定关系人在主观上的“明知”程度,导致目前司法实践对于“明知”是否包含“推定的明知”认定不一。笔者认为,从该条款的立法目的及该条款对于特定关系主体的调整范围来看,《商标法》第15条第2款中的“明知”应包含“推定明知”。

首先,从立法目的上看,该条款是针对特定关系人这种与商标在先使用人具有特殊关系的企业或个人,其设立是基于诚实信用原则,从制度上对商标在先使用人就其所持有的商标予以保护及对公平竞争市场秩序进行维护。因此,相对于不特定关系人,对该特定关系人在主观上的善意要求应更为严格,《商标法》第15条第2款中的“明知”应包含“推定的明知”。

其次,根据辩证唯物主义的一般原理,主观意识是客观世界的反映。《商标法》第15条第2款关于“明知”的主观适用要件指的是特定关系人的主观意识上是否符合该条款的规定,所以,对于该主观适用要件的认定是否包含“推定的明知”应取决于特定关系主体所包含的范围。从《关于审理商标授权确权行政案件若干问题的规定》第16条的规定及上述关于“其他关系”的论述可知,特定关系人也包含与在先使用的未注册商标“间接接触”的主体。在客观实际情况中,对于“间接接触”主体的主观意识是较难获得证据予以证明的,如果要求商标在先使用人在具体的案件中必须提供证据以证明与其在先使用的未注册商标“间接接触”的主体在主观上是“明知”的,这无疑是加重了商标在先使用人的举证责任,不利于对恶意抢注行为的制止及该条款立法目的的实现。因此,当系争商标已在先使用,且系争商标的商标申请人存在与在先使用的未注册商标“接触的可能”,则可根据该事实推定商标申请人对他人在先使用的未注册商标应当明知。

综上所述,第15条第2款中规定的“明知”应扩张性地解释为包含“推定的明知”,这样更能贯彻该条款的立法意图所要调整的范围。

三、对比《商标法》第32条后半段的规定,看第15条第2款“在先使用”的界定

《商标法》第32条后半段的规定及第15条第1、2款均是遏制商标恶意抢注行为的禁止性规定。但从三者的适用主体范围上看,第32条后半段的适用主体并不要求与商标在先使用人具有特定关系；而第 15 条第 1 款的适用主体为商标在先使用人的代理人、代表人；第 2 款的适用主体是与商标在先使用人具有特定关系的人。从上述三个条款的适用主体的范围不同，可以看到，基于三个条款适用主体与商标在先使用人关系的亲疏远近的不同，三个条款对于未注册商标的在先使用要求各不相同。其中，第 32 条后半段规定的适用主体与商标在先使用人之间的关系要求最低，两者的关系决定了未注册商标不但要在先使用，而且还应具有一定的影响，以达到相关公众知晓的程度，这样，对未注册商标的“知晓”效果才能覆盖该条款的适用主体范围。而对比第 15 条第 1 款的规定，该条款的适用主体与商标在先使用人之间的关系要求最高，两者之间应存在代理、代表关系，针对代理或者代表关系这种特殊法律关系，该条款并不要求未注册商标须在先使用，而是“只要特定商标应归于被代理人或者被代表人，代理人或者代表人即应善尽忠诚和勤勉义务，不得擅自以自己名义进行注册”[①]即可。最后，对比上述两条款看第 15 条第 2 款的规定，该条款对于其适用主体与商标在先使用人之间的关系要求介乎第 32 条后半段和第 15 条第 1 款之间，适用于除代理、代表关系之外与商标在先使用人具有特定关系的人，该主体适用范围决定了该条款对于未注册商标的在先使用要求高于第 15 条第 1 款的规定，即该未注册商标须在先使用；而鉴于该条的适用主体与商标在先使用人存在特定关系，所以，对于该条款“在先使用”的程度要求低于第 32 条后半段的规定，笔者认为，因该条款对于适用主体主观上的要求是“明知”或“推定的明知”，而这种“明知”或“推定的明知”是基于存在特定关系而产生的，而从该条款的立法目的上看，为实现公平竞争的市场秩序，该条款对于“在先使用”的认定不应过高地要求未注册商标须已在流通领域上作为商标来源使用，商标在先使用人只需证明其对于未注册商标的使用程度及于或可及于该特定关系人即可。

结　语

上述是笔者对于《商标法》第 15 条第 2 款适用难点的几点思考，因目前法律对该条款中规定的“其他关系”、“明知”及“在先使用”的认定标准均存在空白，因此，对于上述适用难点的认定标准更应从该条款的立法目的出发去理解和把握，以使公平竞争的市场秩序在司法实践中得以切实维护。

① 最高人民法院行政判决书，(2014)行提字第 3 号。

电子商务环境下知识产权侵权行为应对指南

张　卓　冯丽娟

前　言

笔者团队在为企业提供常年法律顾问服务过程中，时常收到企业关于电子商务平台的销售者侵犯其知识产权的相关咨询。这其中，有销售者商标侵权行为，如侵权人在某网购平台销售的服装中使用客户企业的注册商标，侵犯其注册商标专用权；有著作权侵权行为，如侵权人在网络销售盗版图书，侵犯客户企业对图书所享有的版权等。随着网络购物的火爆和电商平台的繁荣趋势，被侵权人能否有效维权，打击"山寨"，关系到自身的经济利益和长远发展。鉴于此，本文拟为读者简要总结权利人面对电商平台知识产权侵权时可选择的多种维权路径，进而为权利人的知识产权保护工作提供方向性建议。

一、电子商务平台知识产权侵权现状分析

2019年4月，市场监管总局会同公安部、农业农村部等六部门印发了《加强网购和进出口领域知识产权执法实施办法》（以下简称《实施办法》），要求密切部门间协作配合，进一步提高知识产权执法能力，加大对侵犯知识产权行为查处力度，切实维护权利人的合法权益和公平竞争的市场秩序；2019年1月1日起，《电子商务法》生效，为我国电子商务的发展奠定了基本的法律框架。其中用较大篇幅对电子商务平台经营者（以下简称电商平台）的义务作出了明确规定，确立了电商平台运营活动中的"应当"与"不应当"。政策及法律等的出台意味着国家开始关注与重视互联网领域侵犯知识产权的问题，增强了被侵权人维权路径的法律支撑。但同时，由于经济利益的驱使，互联网海量信息的轰炸，以及维权方走正常法律维权途径周期长、成本高、取证难以及最终判赔额不理想等现实原因，电商平台经营者侵权行为仍然层出不穷。

以案由为知识产权权属、侵权纠纷，关键字包含电商平台在威科先行裁判文书网站上进行检索，截至2022年9月1日的裁判文书数据显示如下（见图1）。

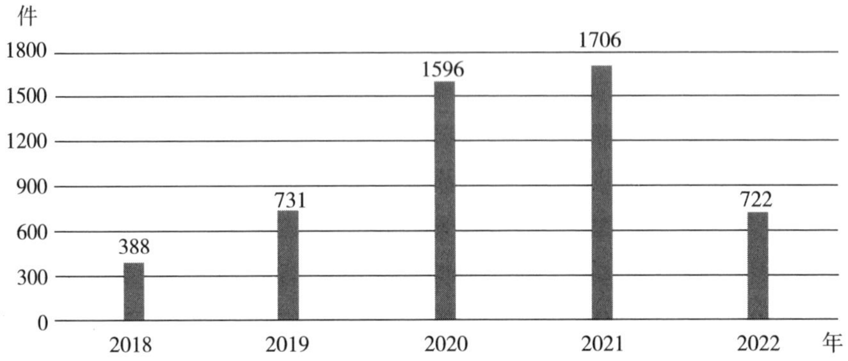

图1　知识产权权属、侵权纠纷案件数量

从历年审判数量的大致趋势来看,相关案件从2018年到2021年逐年递增。

二、维权路径分析

电商平台卖家侵权,知识产权权利人常见的维权路径主要有四个:电商平台知识产权争议解决机制,向侵权者发送律师函,向工商部门或知识产权局、版权局举报,提起民事诉讼。以下笔者将对这四条路径进行逐一分析与梳理。

(一)电商平台知识产权争议解决机制

电商平台基于其互联网服务提供商的责任及义务,一般会设置专门的知识产权争议投诉和解决机制。一旦权利人发现知识产权侵权的商品和行为(包括商标侵权、著作权侵权、专利侵权等),可以通过知识产权保护平台进行投诉。通过在线提交侵权商品链接、知识产权证明材料、侵权行为证明等,对应商品链接将被移除;卖家可以提交申诉,平台将结合双方自行判断,并决定是否恢复商品链接。通常投诉流程分为如下六步(见图2)。

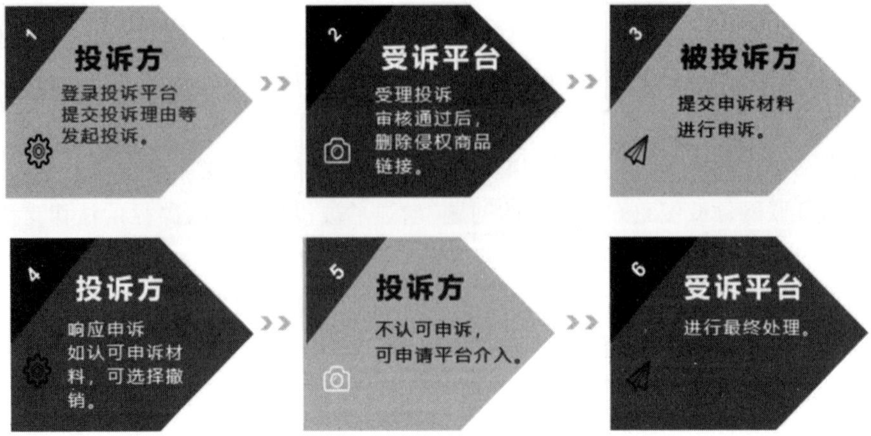

图2　电商平台投诉流程

这一路径的优点在于,成本低,响应速度较快,权利人提供充分的证据证明侵权行为,平台经过人工审核之后,确认侵权的会对侵权卖家进行相应的处罚,包括删除、限制发布商品、下架商品信息等必要措施。

缺点在于,如果缺少知识产权证明材料、身份证明材料等书面证明文件,成功概率则会相应降低。例如,权利人委托第三方进行投诉,投诉方仅提供了商标注册证明,没有提供委托授权书导致资质无法验证通过。再者,卖家有申诉机会,如果申诉通过,侵权产品则会恢复上架。

(二)向侵权者发送律师函

权利人通过委托律师发送律师函的方式,对侵权人的行为进行法律评价和风险估计,并告知其利弊,可达到一定的证明和警示作用。除此之外,律师出具律师函时,会对侵权行为进行整理归纳,使权利人对自己的权利、能得到的赔偿有更清晰的认识。

发送律师函一般可能会产生三种结果:(1)侵权人停止侵权行为;(2)侵权人继续实施侵权行为,从而为后续的诉讼活动埋下伏笔;(3)侵权人与权利人达成合作。

这一路径的优点在于,律师函的寄送往往暗示着诉讼程序的准备,以去法院诉讼的警告促使侵权人停止侵权。并且律师函需要填写接收方姓名、地址、身份证号才能寄送,从而可以验证卖家信息的真伪,为进一步维权做准备。侵权人在收到律师函之后仍不停止侵权的,则可能被认为是故意及恶意侵权,在后续法律程序中可能被认定为具有加重的侵权情节,并因此加重判赔金额。

缺点在于,律师的功底与专业素养很大程度上会影响发送的效果,与此同时需要付出一定的经济成本。另外,为了防止打草惊蛇,建议律师函的发送务必安排在证据固定保全完成之后,以免此后难以进行证据收集工作。

(三)向工商部门或知识产权局、版权局举报

发送律师函之后,如果侵权人继续实施侵权行为,该侵权人有实际经营场地或权利人能够提供其相关主体信息的,可以向被举报对象所在的工商行政管理部门或知识产权局等进行举报。可能涉嫌刑事犯罪的还可以向公安机关举报。

这一路径的优点在于,如果举报成功,惩罚措施较为严厉。

缺点在于,需了解侵权人的实际主体信息,如涉及金额较小,可能难以获得回应。

(四)提起民事诉讼

权利人向法院提起民事诉讼是针对复杂、典型、新型知识产权侵权纠纷的主

要解决方式。与维权相关的民事诉讼的诉由多种多样，比如商标、著作权、不正当竞争、专利侵权等，不同案由的选择取决于案件中涉及的侵权情节。针对民事诉讼程序的专业性及复杂性，下文将对这一维权路径进行具体分析。

这一路径的优点在于，裁判结果较为公正，权利人如胜诉可以获得一定的经济赔偿，适用于有经济赔偿能力的侵权人；对于侵权行为的打击力度大，打击效果较为显著。

缺点在于，诉讼维权的程序较为复杂、周期长、对证据要求高，维权成本高。

民事诉讼程序相关法律问题：

因为网络环境自身的特点，电商平台侵权在民事诉讼程序中具有侵权主体不明确、取证难、管辖不明确、损失不易量化等特点。所以在准备向法院起诉之前，权利人必须明确三个问题：要起诉谁（侵权主体的身份信息）？去哪里起诉（管辖法院的确定）？侵权行为证据是否充分（侵权行为的确定）？

1. 要起诉谁——获取侵权主体身份信息

实践中常用的解决方式有：

（1）网络实名认证信息；

（2）通过购买样品获得卖方信息；

（3）向电商平台客服索取信息。

这里还涉及一个重要问题，关于共同侵权行为的认定。由于交易各个环节都离不开电商平台的辅助，所以平台基于对网络空间的支配地位而负有安全保障义务，即所谓的互联网信息服务提供商的共同侵权责任问题。

在著作权、商标权与专利权的侵权纠纷中，均存在要求电商平台承担连带侵权赔偿责任的判决。

例如，某时装贸易有限公司诉浙江A网络销售有限公司、杜某某侵害商标权纠纷案①中，法院判决A网络销售有限公司构成共同侵权，应当与侵权人承担连带责任。裁判要旨：网络交易平台经营者知道网络商户利用其所提供的网络服务实施侵权行为仍提供网络服务或者没有采取必要措施的，应与网络商户承担共同侵权责任。网络交易平台经营者是否知道侵权行为的存在，可以结合权利人是否发出侵权警告、侵权现象的明显程度等因素综合判定。网络交易平台经营者是否采取了必要的避免侵权行为发生的措施，应当根据网络交易平台经营者对侵权警告的反应、避免侵权行为发生的能力、侵权行为发生的概率等因素综合判定。

---

① 衣念（上海）时装贸易有限公司诉浙江淘宝网络有限公司、杜某某侵害商标权纠纷案，上海市第一中级人民法院（2011）沪一中民五（知）终字第40号民事判决书。

C 生活家电有限公司诉浙江 B 网络销售有限公司侵害发明专利权纠纷案[①]中，法官认为：网络用户利用网络服务实施侵权行为，被侵权人依据《侵权责任法》向网络服务提供者所发出的要求其采取必要措施的通知，包含被侵权人身份情况、权属凭证、侵权人网络地址、侵权事实初步证据等内容的，即属有效通知。B 网络销售有限公司作为电子商务网络服务平台的提供者，将有效的投诉通知材料转达被投诉人并通知被投诉人申辩当属 B 网络销售有限公司应当采取的必要措施之一。B 网络销售有限公司在接到 C 公司的通知后未及时采取必要措施，对损害的扩大部分应与 D 公司承担连带责任。

基于上述案例不难看出，知识产权侵权案件中，电商平台不一定承担责任。只有平台有过错，才可能因其过错担责。《电子商务法》第 45 条规定："电子商务平台经营者知道或者应当知道平台内经营者侵犯知识产权的，应当采取删除、屏蔽、断开链接、终止交易和服务等必要措施；未采取必要措施的，与侵权人承担连带责任。"《电子商务法》第 42 条第 2 款规定，电商平台接到知识产权权利人的通知未采取必要措施的，对损害的扩大部分与平台商家承担连带责任。其中，"必要措施"应当以第 45 条的规定作为参考依据。同时，应注意保留曾告知平台的证据，证明平台具有侵权的故意。

2. 去哪里起诉——管辖的确定

《民事诉讼法》第 29 条规定，因侵权行为提起的诉讼，由侵权行为地或者被告住所地人民法院管辖。

最高人民法院《关于适用〈中华人民共和国民事诉讼法〉的解释》第 24 条规定，民事诉讼法第 29 条规定的侵权行为地，包括侵权行为实施地、侵权结果发生地；第 25 条规定，信息网络侵权行为实施地包括实施被诉侵权行为的计算机等信息设备所在地，侵权结果发生地包括被侵权人住所地；第 20 条规定，以信息网络方式订立的买卖合同，通过信息网络交付标的的，以买受人住所地为合同履行地；通过其他方式交付标的的，收货地为合同履行地。合同对履行地有约定的，从其约定。

基于上述相关法律规定，管辖的基本原则仍然是被告住所地和侵权行为地。但具体需根据案件情形与案由的不同，来确定最方便权利人进行诉讼活动的管辖法院。

---

① 威海嘉易烤生活家电有限公司诉浙江天猫 B 网络销售网络有限公司侵害发明专利权纠纷案，浙江省高级人民法院(2015)浙知终字第 186 号民事判决书。

3. 有什么证据——侵权证据的固定与收集

侵权证据的固定与收集不仅在诉讼程序，在上文平台投诉途径中也尤为重要。

(1)公证。对于侵权证据的固定，主要通过申请保全证据公证的方式，包括但不限于对侵权网页链接、侵权图片、侵权物品的购买及其发票、交易记录等的公证，以及侵权商铺及侵权产品公证，并由公证处提供公证书。

(2)权利人权属登记证明。如为著作权侵权纠纷，权利人可提供版权登记证书等一切能够证明著作权归属的证明材料；如为商标侵权纠纷，可提供注册证及核准商标转让证明、核准续展证明、授权委托书、《注册商标使用许可合同》等；如为专利权纠纷，权利人可提供专利证书。

(3)权利人所受损失的认定。实务中，权利人向电子商务平台卖家提起知识产权侵权诉讼的诉请一般为：停止侵权行为，并销毁侵权产品；赔偿经济损失；赔偿原告制止侵权行为所支付的合理开支。这继而引发另一个问题，权利人的经济损失如何计算？

《著作权法》《专利法》中均有对赔偿标准的认定。基本原则为权利人能够计算实际损失的，按照权利人的实际损失给予赔偿；实际损失难以计算的，可以按照侵权人的违法所得给予赔偿。都不能确定的，由人民法院根据侵权行为的情节判定赔偿。故而如原告无法提供其因被告侵权所受到的损失证明，则可以电商平台交易数据显示侵权行为给被告带来的非法获利作为依据。

关于侵权人存在刷单行为是否应将虚假销售量计入赔偿额的问题，浙江某电器有限公司与慈溪市某洁具厂侵害实用新型专利权纠纷案件[①]中，法官认为，审理电商平台知识产权侵权案件时，法院应扣除刷单虚假销量，依据实际销量计算赔偿额；同时，应计入权利人因刷单受到的销量、定价、商誉等间接损失，以提升赔偿额的合理性和准确性。

综上所述，司法实践中，侵权行为人通过电商平台销售侵权产品的案件，权利人一般会将侵权行为人网店上的销售记录作为其因侵权而获利数额的证据使用。但多数案件中，原告并无法举证证明其因侵权行为遭受的损失，而直接请求法院依法适用法定赔偿的方式确定赔偿数额。法院作为中立的裁判者，基于公平公正的原则，可能会扣除刷单之后再计算行为人的非法经营数额或者违法所得数额。

---

① 浙江朴素电器有限公司与慈溪市长河清阳洁具厂侵害实用新型专利权纠纷案，浙江省宁波市中级人民法院(2017)浙02民初304号民事判决书。

结　语

针对电商平台卖家侵权的特点,笔者在此作出以下建议:

1. 权利人应了解平台方的相关规则与相关技术原理;了解平台方的运行机制、布局、重要的主体及参与方等,是成功进行网络维权的前提条件。针对平台方的需求,权利人应进行身份和知识产权证明及侵权信息等相关资料的整理与提交,与此同时,有计划性地进行侵权证据的搜集工作。

2. 知识产权的权利内容具有无形性,所以使侵权证据的收集变得困难重重。所以权利人务必重视以公证方式来固定证据,充分利用保全证据公证这一工具,这不仅有利于知识产权权利人在纠纷解决中有效地维护自己的合法权益,也有利于法院查明事实真相,高效地审理案件。

3. 维权路径是多样化的,且相互之间并不矛盾。应跳出单一的思路局限,灵活运用多种手段从不同角度实现维权的目的。在此基础之上,维权方也需要在内部建立起相应的措施。比如不少企业已经在内部设立了网络维权的专门岗位,对于利用知识产权推动生存发展的企业来说,这会达到较好的效果。

中小学、幼儿园传染病风险防控体系建设法律实务*

陈小英　蒋　利

前　言

从近期全国性的新型冠状病毒肺炎疫情防控来看，较其他校园安全风险而言，传染病风险对于学校而言是一项更为严峻的挑战，直接关系广大师生的人身安全，也关乎亿万家庭幸福和社会的和谐稳定。因此，对于教育系统来说，学校传染病风险防控工作应予以更加重视，不仅需将传染病风险防控作为一项政治任务看待，也需从法律层面全面掌握风险防控的法律措施及可能的法律责任及后果。

笔者基于所在团队曾经或正在为广州市内约180家教育行政主管部门和各级各类学校提供常年法律顾问服务及专项法律服务的实操经验，以中小学、幼儿园为例，从学校专项风险防控体系建设的角度，结合相关法律规定及政策要求，提出以"事前预防"为主、"事中控制、事后跟踪"相结合的长效防控法律机制，专业助力学校建设一道"传染病风险防控体系"的校园安全防火墙。

一、事前预防："学校＋家庭＋社会"的多方联动法律机制

（一）学校自身需建立健全相关制度、工作体系及应急预案，加强学校卫生环境管理，做好制度培训、传染病预防知识宣传

第一，建立健全学校卫生制度、健康管理制度等。根据相关规定，学校应当建立卫生制度，加强对学生个人卫生、环境卫生以及教室、宿舍卫生的管理，同时应当建立学生健康管理制度，建立学生体质健康卡片，纳入学生档案。

第二，建立健全学校传染病防控工作体系、传染病防控应急预案等。根据相关规定，学校应当根据需要，制定应对各种灾害、传染性疾病等突发事件的预案，

---

* 该文章2020年2月22日发表于广州市律协微信公众号。

配备相应设施并进行必要的演练。

第三，加强学校卫生环境的管理，设立卫生管理机构或卫生室。根据相关规定，普通中小学可以设立卫生管理机构或卫生室，同时应按照相关规定为学生提供安全、卫生的环境设施及符合相关卫生标准的学习及活动场所。

第四，将对传染病防控等相关制度的培训纳入教师培训规划当中，释明教师责任承担问题。根据相关规定，学校可将卫生、健康管理、传染病防控等相关制度的培训纳入教师培训规划当中。同时，可向教师释明若因存在故意或重大过失导致发生学生感染传染病而出现学生伤害事故的，学校予以赔偿后，可以向有关责任人员追偿。

第五，将健康教育纳入教学计划，加强对学生健康知识和传染病预防知识的教育。根据相关规定，学校必须开设健康教育课，对学生进行健康知识和传染病预防知识的教育。同时，学校可通过编制漫画宣传手册、开展主题班会、邀请医疗专业人士授课等多种形式，开展灵活多样的教育模式，提高学生的卫生防范意识。

第六，向家长进行传染病防治知识和学校传染病防控工作要求的宣传，释明家长的配合义务。根据相关规定，学校可通过发放学生假期生活提示、学生健康教育宣传手册、致家长的建议书、家长专题培训等形式，让家长了解传染病风险，向家长宣传传染病防治知识和学校传染病防控工作要求，明确告知家长负有配合学校对学生进行安全教育的义务，以取得家长的配合与支持。

（二）家长需明确自身应履行的配合义务，协助学校进行传染病安全风险的防控，以达到充分保障学生权益的目标

无庸赘述，面对本次新冠肺炎疫情防控，如广州市教育局强调的，“家校密切配合也是疫情防控很重要的一环”。而根据相关法律规定，父母作为未成年学生的法定监护人，也应当履行配合学校对学生进行安全教育、管理和保护工作的监护职责，具体包括但不限于如下几个方面：(1)加强自身对健康知识及传染病预防知识的学习；(2)配合学校对子女进行健康知识及传染病预防知识的教育，提高子女的防范意识；(3)创造良好家庭卫生环境，培养子女养成良好的个人卫生习惯；(4)注重对子女身体素质及体能的锻炼，保证睡眠，调整好饮食；(5)及时向学校告知子女身体健康状况等；(6)全面配合学校就传染病防控所采取的各项措施等。

（三）借助医疗机构、法律服务机构等社会组织的力量，协助学校建设传染病风险防控体系

第一，充分利用专业法律服务机构的力量，全面掌握传染病防治相关法律、法

规并严格执行。由于传染病防治方面的相关法律、法规及文件等数量较多,经不完全统计,仅以广州市为例,与传染病防治及疫情应对方面有关的规定及文件就多达70多个,学校确实难以全面掌握。因此,学校可利用法律服务机构的专业能力,委托法律专业人士,全面梳理学生健康管理、传染病防治及疫情应对等方面的法律法规及政策文件,确保学校可随时了解查阅相关规定及政策要求,并严格执行。

第二,借助外部机构、组织的力量,建立传染病风险防控专业服务机制。根据相关规定,学校可针对传染病风险的防控,采取购买服务等方式,聘请如医疗机构、疾病预防控制机构、法律服务机构等,研发、提供学校传染病安全风险预防相关的服务或者产品,协助制定、审核传染病安全风险防控相关制度、预案,对教职工进行传染病防控方面的法律法规及文件的法律培训等,以积极探索建立学校传染病风险防控专业服务机制。

二、事中控制:"快、准、狠"的精准管理法律机制

(一)快速组建应急领导小组、立即启动传染病防控应急预案,及时采取控制措施、及时按要求报告及通报

首先,学校需快速组建应急领导小组、立即启动传染病防控应急预案。结合本次疫情发布的相关政策要求及工作指引,在发生传染病疫情时,学校应快速反应,快速组建应急领导小组,立即启动传染病防控应急预案,确保疫情控制工作快速有序开展,以避免控制不及时所带来的大范围传染性事故,避免由此导致的法律责任及后果。

其次,及时掌握疫情控制的相关政策要求及工作指引,及时采取有效的疫情控制措施。面对突如其来的重大疫情,就广州市而言,针对教育系统,广州市疾病预防控制中心发布了广州市中小学校及托幼机构新型冠状病毒感染的肺炎防控指引、复课前防控指引及复课后防控指引等,且从中央到地方的相关政策要求及工作指引根据疫情发展趋势都在实时更新及补充完善。因此,学校需及时收集掌握疫情防控方面的相关防护指引,及时采取有效的疫情控制措施,慢则后患无穷。

再次,按相关规定及要求,及时建立健全疫情报告制度,及时向相关部门报告疫情情况,根据相关规定,在疫情控制方面,学校应负责建立、健全本单位传染病疫情的发现、收集、汇总与报告管理工作制度,负责指定专人或兼职教师负责学校内部传染病疫情、因病缺勤等的报告,明确报告时限和流程,并公布学校传染病疫情报告单位及部门的联系方式,保证传染病疫情信息的及时报告。

最后,及时向家长通报疫情情况及学校采取的疫情控制措施,并及时告知家

长家庭防控措施。一方面，学校可通过在班级微信群发布官方新闻的方式，及时向家长通报国家层面和所在省、市及地区与教育系统有关的疫情防控情况；另一方面，学校可通过微信公众号、班级微信群等方式，向家长转发如《家庭预防指引》《市民健康防护指引》《致家长、学生的一封信》等文件，让家长全面了解疫情期间家庭健康防护相关知识。通过积极协助学生家长做好家庭疫情防控，以减少校园安全外部隐患。

（二）准确掌握学生及家庭疫情期间行踪动态、家庭成员身体状况等，精准排查风险隐患

为达到疫情精准防控，根据相关政策要求及工作指引，学校需全面了解全校师生及其家庭成员疫情期间的行踪动态，通过微信、电话或微信小程序等方式收集登记师生及其家庭成员疫情期间的行踪情况及身体健康状况（但需做好个人信息保护工作）。

（三）狠抓疫情控制相关规定、政策要求的落地实施

为了在最短的时间内，最大力度控制疫情的传播，从中央到地方都在较短的时间内陆续发布了相关规定及政策要求，如 2020 年广东省教育厅根据疫情变化形势，明确要求全省各级各类学校 2 月底前不开学；教育部要求学校坚决做到“五个一律”等。因此，在疫情防控的关键时期，学校必须狠抓疫情控制相关规定及政策要求的落地实施，只有紧跟国家及地方的疫情控制规定及政策要求，才能确保学校疫情防控取得胜利。

三、事后跟踪：“自测＋自查＋自补”的自我完善机制

（一）组建事后疫情监测小组，就疫情过后的安全隐患进行自我监测

2020 年 2 月，教育部党组书记陈宝生提出“随着假期结束、学生返校，学校作为疫情防控重要阵地将面临更大挑战”。因此，疫情过后，学校也需继续开展自我监测的工作，组建疫情监测小组，继续严守校门、保障校园卫生环境、跟踪学生身体健康状况、监控疫情动态、排查疫情隐患，以防止疫情反弹所带来的风险及危害。

（二）对疫情防控的事中控制工作进行全方位自我检查，纠错补漏，总结经验教训

疫情过后，对疫情控制过程中的工作等进行纠错补漏，可以帮助学校找出传染病风险防控体系建设过程中所存在的突出问题、难点问题，在实践中总结的经验教训则赋予了体系切合实际的操作规程。因此，学校应在事后对疫情防控的事中控制工作进行全方位自我检查，纠错补漏，总结经验教训。

(三)对事前预防各项制度、文件及预案等进行自我补充完善

传染病防控事前预防的相关制度、文件及预案若仅是停留在理论层面,则会面临难以操作的困境。因此,学校应当结合经验教训,及时对事前预防的各项制度、文件及预案等进行自我补充完善,以进一步确保学校传染病风险防控体系的实操性及长效性。

对新《行政处罚法》若干问题的理解

陈明圣

引　言

2021年1月12日,《中华人民共和国行政处罚法》(以下简称新《行政处罚法》)由第十三届全国人民代表大会常务委员会第二十五次会议修订通过,于2021年7月15日起施行。本文试图以新《行政处罚法》实施为契机,在把握行政处罚的概念、种类及法律体系等基础性问题基础上,对行政处罚若干法律问题进行理论和实证分析。

一、《行政处罚法》的总则地位及新《行政处罚法》的亮点

对于2017年修正的《行政处罚法》,行政法学界普遍将该法解释为"规范行政机关行使行政处罚权的基本法律"①,认为该法的制定有助于"将行政处罚工作纳入统一的法制轨道"②。有学者强调,"切实确立《行政处罚法》的总则地位","《行政处罚法》生效后,所有涉及行政处罚的法律、法规、规章和行政规范性文件均不得有违《行政处罚法》"③。笔者认为,这一观点过于绝对化,基于行政处罚具有谦抑性和行政相对人对于法律规范效力的信赖,在存在法律冲突的情形下,在对行政相对人进行行政处罚时,应当优先适用有利于维护行政相对人权益的相关规范,以充分保护行政相对人的合法权益。

2021年新修订的《行政处罚法》亮点纷呈:强调文明执法,首次明确行政处罚的概念,增设行政处罚的种类,扩大行政处罚的设定权限,相对集中执法和下放行政处罚权,细化行刑衔接制度,修改和完善"一事不再罚"原则和时效制度,引入执法三项制度,调整和完善行政处罚程序,强化对行政处罚权的监督和制约等。

---

① 应松年:《规范行政处罚的基本法律》,载《政法论坛》1996年第2期。

② 陈延庆、张世诚:《行政处罚法的意义及其基本原则》,载《中国法学》1996年第2期。

③ 黄学贤:《确立〈行政处罚法〉总则地位的几个问题》,载《苏州大学学报(哲学社会科学版)》2020年第5期。

二、行政处罚的定义

在当年制定《行政处罚法》的过程中,立法者曾多次试图给行政处罚下一个定义,但最终未能明确,原因就是给行政处罚下这个定义很难。从当前行政处罚种类属性界定不清的现实难题来看,还是需要给行政处罚下一个定义,这是判断一个行为是否属于行政处罚的重要标准,有益于解决行政处罚界限不清,尤其是由此带来的滥设、乱设处罚等问题。①

新《行政处罚法》首次明确了行政处罚的定义,该法第 2 条规定:"行政处罚是指行政机关依法对违反行政管理秩序的公民、法人或者其他组织,以减损权益或者增加义务的方式予以惩戒的行为。"这一定义,可以从以下几个方面进行理解:第一,行政处罚的实施主体是行政机关,还包括法律法规授权的组织和受行政机关委托的组织;第二,行政处罚的对象是违反行政管理秩序的公民、法人或者其他组织;第三,行政处罚实现的具体形式是减损权利或者增加义务;第四,行政处罚的性质和目的为"惩戒","惩戒"与"制裁"相比,范围更窄。在英国和美国,将所有对行政相对人不利的措施都定义为"行政制裁"。②

但是,我们也应认识到,任何语言包括法律语言都具有一种"空缺结构"(open texture):每一个字、词组和命题在其"核心范围"内具有明确无疑的意思,但随着由核心向边缘的扩展,语言会变得越来越不确定,在一些"边缘地带",语言则根本是不确定的。③

三、行政处罚与行政强制措施、行政强制执行及行政责令的区别

对于行政强制的范围,我国学界有两种认识:一种认为行政强制包括行政强制执行、行政上的即时强制和行政调查中的强制三类行为("三行为说");另一种认为行政强制包括行政强制执行和行政强制措施两类行为("二行为说")。基于我国的法治现状和立法要求,《中华人民共和国行政强制法》(以下简称《行政强制法》)采用了"二行为说"。④

(一)行政处罚与行政强制措施

行政处罚与行政强制措施区别在于:其一,行政处罚以行政相对人的违法性,即违反行政管理秩序为前提,行政强制措施则不一定以行政相对人的违法为前

---

① 参见应松年、张晓莹:《〈行政处罚法〉二十四年:回望与前瞻》,载《国家检察官学院学报》2020 年第 5 期。

② 参见胡建淼:《"其他行政处罚"若干问题研究》,载《法学研究》2005 年第 1 期。

③ 参见[英]哈特:《法律的概念》,张文显等译,中国大百科全书出版社 1996 年版,第 124 - 135 页。

④ 参见袁曙宏:《我国〈行政强制法〉的法律地位、价值取向和制度逻辑》,载《中国法学》2011 年第 4 期。

提，即对于未违法的行为人仍可依法实施行政强制措施；其二，行政处罚具有惩罚性，而行政强制措施是行政机关为保证相关行政程序的继续进行，或者对发生或者即将发生自然灾害、事故灾难、公共卫生事件或者社会安全事件等突发事件及社会危害事件，所采取的应急措施或者临时措施，是不以惩罚为目的的；其三，行政处罚是结果行为，行政强制措施是过程性行为，具有中间性和临时性。《行政强制法》第 9 条对行政强制措施的种类作了规定：(1)限制公民人身自由；(2)查封场所、设施或者财物；(3)扣押财物；(4)冻结存款、汇款；(5)其他行政强制措施。

新《行政处罚法》第 56 条、《住房和城乡建设行政处罚程序规定》第 19 条等，均对证据先行登记保存作了规定。一般认为，先行登记保存属于证据保全措施，系行政处罚的过程性行为，而非行政强制措施，不具有可诉性。但是，如行政机关以“先行登记保存”之名，行“查封、扣押”之实，则属行政强制措施无疑。

(二)行政处罚与行政强制执行

行政处罚与行政强制执行的区别在于：首先，两者性质不同，前者为基础行为，后者为执行行为、后续行为；其次，行政处罚实际上是一种行政决定，本身是设定、变更或消灭某个或某些具体法律关系的具有行政法上效果的意思行为，而行政强制执行所针对是不履行行政处罚决定或其他行政决定的行政相对人所采取的执行措施。《行政强制法》第 12 条对行政强制执行的方式作了列举：(1)加处罚款或者滞纳金；(2)划拨存款、汇款；(3)拍卖或者依法处理查封、扣押的场所、设施或者财物；(4)排除妨碍、恢复原状；(5)代履行；(6)其他强制执行方式。

(三)行政处罚与行政责令

对于行政责令的性质，存在不同的认识，有的认为是行政处罚，有的认为是行政命令，有的认为是行政强制等。笔者认为，行政责令基本上可以归结为行政命令，但是如该行政行为导致行政相对人“减损权益或者增加义务”，则属于行政处罚。具体而言，对于行政责令的性质，应从两个维度把握：一是责令的具体内容和范围，是否超出纠正违法行为、消除违法状态所覆盖的范围；二是责令对行政相对人所产生的影响，是否存在权利的克减或义务的增加。如果回答是肯定的，则为行政处罚。《行政处罚法》将“责令停产停业”规定为行政处罚的种类之一，而非行政责令，也是基于上述法理依据。因为，责令停产、停业可以是全面的，往往会超出应改正的违法行为所及范围。

需要指出的是，对于行政责令行为的定性问题，应当结合法律规定及法律实施进行实证研究。例如，《中华人民共和国土地管理法》(以下简称《土地管理法》)和《中华人民共和国城乡规划法》(以下简称《城乡规划法》)对“责令限期拆除”的定性存在冲突。根据《土地管理法》第 83 条,责令限期拆除是行政处罚,相应地作出责令限期拆除决定,应当遵守《行政处罚法》关于主体、程序和救济权利的规定。但根据《城乡规划法》第 64 条,责令限期拆除则不是行政处罚。然而,在实际的城乡规划行政执法过程,广东、浙江、湖南等多地已经将“责令限期拆除”作为行政处罚处理,并作出《行政处罚决定书》。在司法实践中,也倾向于将“责令限期拆除”定性为行政处罚。例如,最高人民法院在(2019)最高法行申 3617 号行政裁定中就认为,南宁经济技术开发区管委会负责南宁经开区城市管理综合行政执法的工作,获得依照《城乡规划法》第 64 条规定对违法建筑依法作出行政处罚的法定职权。

四、行政处罚的种类

从学理上说,行政处罚分为五类:人身罚、财产罚、资格罚、行为罚、申诫罚。其中,争议最大的是资格罚,因为有关限制或者剥夺任何资格的处罚,也就是要求行为人作出或者不得作出某种行为,资格罚似应划入行为罚范畴。笔者认为,对于通过取消或限制基于某种行政许可或非行政许可的资格的手段来禁止或限制行政相对人从事某种行为的处罚方式,与直接禁止或限制行政相对人行为的处罚方式区分开来,是十分有必要的,既有利于在立法及执法上深化行政处罚类型化规制和适用,也有利于对行政处罚进行学理上的精细化研究。

新《行政处罚法》第 9 条规定的行政处罚的种类有:(1)警告、通报批评;(2)罚款、没收违法所得、没收非法财物;(3)暂扣许可证件、降低资质等级、吊销许可证件;(4)限制开展生产经营活动、责令停产停业、责令关闭、限制从业;(5)行政拘留;(6)法律、行政法规规定的其他行政处罚。与修订前的《行政处罚法》相比,增加了通报批评、降低资质等级、限制开展生产经营活动、责令关闭、限制从业等行政处罚类种,并将“暂扣或者吊销许可证、暂扣或者吊销执照”统一规定为“暂扣许可证件”“吊销许可证件”,表述更为科学、严谨。

对于行政“黑名单”、失信惩戒是否属于行政处罚范畴问题,学界仍存在不小争议。关于行政“黑名单”、失信惩戒的规定,常散见于行政规范性文件中,例如,根据国家发展和改革委员会、中国人民银行、住房和城乡建设部等《关于印发〈关于对房地产领域相关失信责任主体实施联合惩戒的合作备忘录〉的通知》、住房和城乡建设部办公厅《关于印发失信被执行人信用监督、警示和惩戒机制建设分工方案的通知》等相关规定,在工程建设领域确立了以行政“黑名单”为载体的社会信用管理、失信联合惩戒相关制度框架。有学者认为,行政“黑名单”兼具制裁性与不利处分性，属于“其他行政处罚”的范畴。[①] 但是，新《行政处罚法》没有将列入失信名单及失信惩戒作为行政处罚种类加以规定。笔者认为，在现有立法模式下，列入失信名单及失信惩戒无法归结为行政处罚，因为不属于《行政处罚法》明确列举的有名行政处罚，也未有法律、行政法规规定其为“其他行政处罚”，通过检索相关司法判例分析，法院也往往不作如此定性。

五、行政处罚行为无效与违法的判断

行政处罚行为无效，当然是违法的；但行政处罚违法，并非当然无效。

（一）行政处罚行为无效

新《行政处罚法》第 38 条规定：“行政处罚没有依据或者实施主体不具有行政主体资格的，行政处罚无效。违反法定程序构成重大且明显违法的，行政处罚无效。”因此，无效的行政处罚行为有以下三种情形：

1. 行政处罚没有依据，即该行为不是法律、法规、规章所规定的应受处罚行为。

2. 实施主体不具有行政主体资格，即作出处罚决定的行政机关没有法定的行政处罚权。对于行政处罚实施主体的相关资格问题，还需特别关注当地是否存在关于实施综合执法方面的相关规定，例如，《广州市城市管理综合执法条例》第 5 条第 1 款规定：“根据国务院或者本省人民政府依照国务院的授权所作出的决定，城市管理综合执法机关行使市容环境卫生、城市绿化、城乡规划、市政、环境保护等方面法律、法规、规章规定的行政处罚权。”

3. 违反法定程序构成重大且明显违法，即违反法定程序需达到“重大”且“明显违法”的程度。对“重大明显违法”的认定也应当相对审慎，主要针对处罚机关遗漏和拒绝行政处罚关键程序的行为，如法律明确规定应当听证而未经听证作出的行政处罚，执法人员应当回避而未回避作出的行政处罚。[②] 笔者认为，遗漏和拒绝进行行政处罚事先告知、听取行政相对人的陈述、申辩及送达方式严重违反法律规定，都属于“违反法定程序构成重大且明显违法”的情形。

（二）行政处罚行为违法

根据《行政诉讼法》第 70 条的规定及《行政处罚法》的相关规定，行政处罚行为违法包括：认定事实不清，主要证据不足，适用法律、法规错误，违反法定程序，超越职权，滥用职权，明显不当等情形。

为了规范行政处罚权的行使，国家部分部委、地方政府及相关部门出台了行

---

① 参见李明超：《行政“黑名单”的法律属性及其行为规制》，载《学术研究》2020 年第 5 期。

② 参见马怀德：《〈行政处罚法〉修改中的几个争议问题》，载《华东政法大学学报》2020 年第 4 期。

政处罚指导意见、实施办法、工作规程、事项清单、证据指南、裁量基准等相关文件,如住房和城乡建设部2019年9月23日发布《规范住房和城乡建设部工程建设行政处罚裁量权实施办法》和《住房和城乡建设部工程建设行政处罚裁量基准》。

六、权利救济

行政相对人对行政处罚决定不服的,可以申请行政复议或者提起行政诉讼。根据行政处罚法的相关规定,申请行政复议或者提起行政诉讼的,行政处罚不停止执行,法律另有规定的除外。

关于行政复议机关,笔者注意到,各地陆续发布关于县级以上人民政府统一行使行政复议职责有关事项的相关通告。例如,广东省人民政府于2021年5月14日发布《关于县级以上人民政府统一行使行政复议职责有关事项的通告》,明确自2021年6月1日起,除实行垂直领导的行政机关、税务和国家安全机关外,该省县级以上一级人民政府只保留一个行政复议机关,由本级人民政府统一行使行政复议职责。县级以上人民政府统一管辖以本级人民政府派出机关、本级人民政府部门及其派出机构、下一级人民政府以及有关法律、法规授权的组织为被申请人的行政复议案件,并以本级人民政府名义作出行政复议决定。

关于行政案件管辖,各地已实行行政案件集中(或相对集中)管辖,在提起行政诉讼时,应查询当地法院相关司法文件确定管辖。例如,广东省高级人民法院于2015年12月25日发布《关于我省铁路运输法院集中管辖广州市行政案件的公告》,明确广州铁路运输中级法院和广州铁路运输第一法院自2016年1月1日起依《行政诉讼法》规定受理行政案件。广州市中级人民法院及所属各区基层人民法院自2016年1月1日起不再受理行政案件。

结　语

法律的生命力在于实施,它只有在具体的个案中得以体现才会显得鲜活。首先,对于具体行政行为,应当判定是否为行政处罚行为,或者是行政强制措施、行政强制执行、行政责令行为,又或者是其他类型的行政行为;如系行政处罚行为,又属于何种类型,这是第一位问题。对于行政行为的定性,直接影响到如何适用法律的问题。其次,经界定为行政处罚行为,则应适用规制行政处罚的相关法律规范,从实体和程序上判定其合法性,并通过强制执行、行政和司法救济等手段和途径,保障法律的正确实施和国家意志得到贯彻。对于行政处罚,涉及多个法律部门、多层级的法律规定,执法主体及行政相对人呈现多元化,无疑使我们对相关行政处罚的认识、理解和实施造成不小的困扰。

知名校外培训机构被罚款的法律问题分析

郑　沛

前　言

2021年6月1日，国家市场监督管理总局召开新闻发布会，集中公布一批校外培训机构虚假宣传、价格欺诈典型案例，对15家校外培训机构处以顶格罚款3650万元。在本次公布的15个案例中，2个案例涉及虚假宣传行为，13个案例同时涉及虚假宣传及价格欺诈违法行为。

本文将结合此次公布的15个案例，从虚假宣传和价格欺诈两方面出发，对校外培训机构的典型违法行为进行法律分析，并提出实务方面的建议，以飨读者。

一、关于虚假宣传行为的法律问题分析

虚假宣传是指在商品宣传、描述中作虚假或令人误解的陈述，导致消费者事实上被欺骗、误导，或存在被欺骗、误导的可能。校外培训机构在进行商业宣传时，为了提升竞争力，时常有意或无意进行虚假宣传。本次案例涉及的虚假宣传行为，主要包括虚构教师资质、虚构执教履历、夸大培训效果、夸大机构实力、编造用户评价等类型，这些虚假或者引人误解的商业宣传行为，已造成欺骗、误导消费者的后果，属于《反不正当竞争法》所禁止的虚假宣传行为，最高可处200万元罚款。

（一）法律规定

《反不正当竞争法》第8条规定："经营者不得对其商品的性能、功能、质量、销售状况、用户评价、曾获荣誉等作虚假或者引人误解的商业宣传，欺骗、误导消费者。"

《反不正当竞争法》第20条规定："经营者违反本法第八条规定对其商品作虚假或者引人误解的商业宣传，或者通过组织虚假交易等方式帮助其他经营者进行虚假或者引人误解的商业宣传的，由监督检查部门责令停止违法行为，处二十万元以上一百万元以下的罚款；情节严重的，处一百万元以上二百万元以下的罚

款,……”

(二)典型案例

经整理汇总,本次查处的案例中,虚假宣传行为可概括为以下三类:

1. 宣传内容与事实不符

校外培训机构在宣传过程中,无论是虚构教师资质、杜撰学生心得,还是夸大培训效果、虚构课程报名情况、虚构家长焦虑,若宣传的内容没有事实依据,均属于实施虚假或引人误解的商业宣传,欺骗、误导消费者,构成虚假宣传。

A 案例:某培训机构在宣传中含有“70% 的中国家长都在头疼孩子的英语学习”“100% 来自母语为英语国家的外教老师”等内容,虚构家长焦虑情绪,虚构教师资质。上述行为属于虚假或引人误解的商业宣传行为,违反了《反不正当竞争法》第 8 条第 1 款规定。

2. 未能证明宣传内容的真实性

为了宣传培训效果,部分校外培训机构引用了升学率、优秀率等数据或事实,却因无法提供证明材料,最终被认定为虚假宣传。需要注意的是,即便该数据或事实真实存在,但如果无法证明数据或事实的来源的,依然可能被视为欺骗、误导消费者,构成虚假宣传。

B 案例:某培训机构在其对外展示页上宣称:“已向 SZ、SW、BW、SY、GJ 输送超过 650 名高端学员……考取 SW 的比例是 90%,考上 BW 的比例是 95%。”经核实,该培训机构无法提供相应材料证实上述宣传内容的真实性。上述行为属于实施虚假或引人误解的商业宣传,违反《反不正当竞争法》第 8 条第 1 款的规定。

3. 对培训效果作出保证性承诺

部分培训机构为了招揽生源,在广告、招生简章或入学协议中印有推荐入学、保过、保提分的承诺。通常情况下,考试是否通过、是否提分取决于不同学生的自身情况,此类承诺过于绝对、不具有客观性,属于欺骗、误导消费者,构成虚假或引人误解的商业宣传。

C 案例:某培训机构发布含有提分保证的内容,如“《托福网络/实体保分精英计划》A/B/C/D/E 五类套餐保提 20 – 60 分”等。经核实,相关宣传内容无法证明真实性。上述行为属于实施虚假或引人误解的商业宣传,违反《反不正当竞争法》第 8 条第 1 款的规定。

二、关于价格欺诈行为的法律问题分析

价格欺诈行为,是指经营者利用虚假或使人误解的价格手段,诱骗消费者与其进行交易。许多校外培训机构为了争揽顾客,选择虚构、隐瞒真实价格,诱骗消费者购买培训课程。本次案例涉及的价格欺诈行为，主要包括虚构原价和虚假优惠折价。部分培训机构以此方式欺骗、诱导消费者与其进行交易，无论是否形成交易结果，均构成价格欺诈行为，根据《价格法》等规定，最高可处以50万元罚款。

（一）法律规定

《价格法》第14条规定："经营者不得有下列不正当价格行为：……（四）利用虚假的或者使人误解的价格手段，诱骗消费者或者其他经营者与其进行交易；……"

《价格违法行为行政处罚规定》第7条规定："经营者违反价格法第14条的规定，利用虚假的或者使人误解的价格手段，诱骗消费者或者其他经营者与其进行交易的，责令改正，没收违法所得，并处违法所得5倍以下的罚款；没有违法所得的，处5万元以上50万元以下的罚款；……"

（二）典型案例

经整理汇总，本次查处的案例中，价格欺诈行为可概括为以下两类：

1. 虚构原价

通过虚构商品"原价"，以看似更低的"现价"进行销售，造成优惠力度很大的假象，是部分培训机构常用的营销手段。但从法律的角度看，若商品未曾以该价格销售或推出过，而将该价格表述为"原价"的，则属于利用虚假的价格手段诱骗消费者交易，构成价格欺诈。

D案例：某培训机构在销售课程时，表示"老师为您准备了一套[免费公开课]原价1299元，今日限时0元领"等内容。经核实，上述课程均未以标示的原价进行过交易，构成利用虚假的或者使人误解的价格手段诱骗消费者交易的行为，违反了《价格法》第14条第4项规定。

2. 虚假优惠折价

除了虚构商品原价外，部分校外培训机构对外宣称给予优惠折扣，但该折扣并未实际发生，该行为亦属于利用虚假的价格手段诱骗消费者交易，构成价格欺诈。

E案例：某培训机构开展宣传促销活动，称"钜惠双十二，五折抢好课！"等相关内容。经查实，该课程从未按五折销售过。以上行为构成利用虚假的或者使人误解的价格手段诱骗消费者交易的行为，违反《价格法》第14条第4项的规定。

三、为何本次15个案例均被顶格处罚

为促进校外培训机构行业的健康发展，整顿行业乱象，本次国家监管部门从严查处违法违规行为，对15家校外培训机构均作出处以顶格罚款的决定。据市场监管总局表示，处以顶格罚款的决定是基于三个方面的考虑：

第一,违法行为的社会危害性大。被处罚的校外培训机构均为全国性或区域性的培训机构,学生人数众多,其违法行为损害了众多家长学生的合法权益,对社会危害较大。基于过罚相当的考虑,对培训机构处以顶格罚款。

第二,教育培训行业社会关注度高。教育培训行业事关每个人切身利益,具有公益性质和公共服务属性,亟须从逐利的产业回归良心的行业,需要从无序竞争回归健康发展。

第三,顶格罚款的教育警示意义突出。顶格罚款是对被处罚单位的严厉警告,这将对其他教育培训机构释放出严厉监管的信号,对强化行业自律、引导教育培训机构依法依规诚信经营具有强大的警示作用。

四、实务建议

近年来,在监管部门对校外培训机构进行密集处罚的大背景下,校外培训机构无疑面临着史上最严监管。笔者认为,校外培训机构应注重《反不正当竞争法》《价格法》《广告法》等合规要点,从以下三个方面入手,持续优化企业的合规建设:

(一)合规经营,依法审批登记

校外培训机构应取得完备的办学资质,如存在未经审批、登记的情况,应及时进行整改,这是合规办学的重要前提。根据国务院办公厅发布的《关于规范校外培训机构发展的意见》(国办发〔2018〕80号),校外培训机构应当取得包括培训经营范围的《营业执照》和《办学许可证》。

另外,若开展线上培训业务的,校外培训机构还应同时办理ICP备案,并根据实际情况依法取得《网络文化经营许可证》《互联网出版许可证》《信息网络传播视听节目许可证》等资质。

(二)商业宣传,遵守法律规定

在商业宣传的过程中,校外培训机构应严格遵守《反不正当竞争法》《广告法》等规定,杜绝不实宣传,并尽量避免使用诸如"首家""首创""唯一""100%"等绝对化用语,在尊重事实的前提下,采用非绝对化用语进行替代。另外,对于涉及数据、事实等内容的宣传,应当留存有关证明材料,以便有关部门核查。否则,一旦构成虚假宣传,培训机构除了承担行政责任之外,还可能面临向消费者退还培训费的责任,甚至可能按照《消费者权益保护法》承担3倍赔偿的责任。

(三)依法定价,尊重客观事实

在课程定价方面,应当符合《价格法》《明码标价和禁止价格欺诈规定》等规定,应以书面形式明码标价,避免采用口头等不规范的方式告知价格。另外,在定价时应尊重客观事实，若标示“原价”而无相关交易记录的，则不得称为“原价”。接下来，国家有关部门将进一步明确培训机构收费标准，这将对校外培训机构依法制定价格提出更具体的要求。

本次市场监管部门对15家校外培训机构处以顶格罚款，事实上，罚款只是手段，整改规范才是目的。各大校外培训机构应当重视合规经营，建立健全各项规章制度，聘请财税、人力资源、法律、行政等专业人员进行日常管理，确保依法依规诚信经营，促使培训机构及教育培训行业长足、健康发展。

关于保障性住房与直管公房的区别*

黄晓芸　胡颖怡

前　言

近两年来，我所律师办理了不少关于直管公房的租赁纠纷。在最高人民法院《关于审理行政协议案件若干问题的规定》(2020年1月1日起施行)施行前，关于直管公房租赁纠纷，广州市的人民法院一般作为民事案件审判处理。最高人民法院《关于审理行政协议案件若干问题的规定》施行后，已经出现将直管公房租赁纠纷认定为行政协议纠纷的一审案例。在办案过程中，我们发现，不少裁判者存在将政府投资的保障性住房(以下简称保障性住房)与直管公房两者混淆等同的情形。事实上，保障性住房与直管公房在属性、来源、用途分配、管理归属等方面均有区别。

一、保障性住房与直管公房的属性、定义不同

保障性住房与直管公房是不同属性的房屋，两者有显著不同的定义。

(一)保障性住房的属性和定义

保障性住房主要是政府为缓解中低收入住房困难家庭的住房问题而筹建的房屋。根据《国务院关于城镇保障性住房建设和管理工作情况的报告》，城镇保障性住房可以归纳为租赁型保障房和购置型保障房。租赁型保障房有廉租住房和公共租赁住房；购置型保障房有经济适用住房、限价商品住房和各类棚户区改造住房。

以公共租赁住房以及经济适用住房为例，2013年，各地公共租赁住房和廉租住房并轨运行，并轨后统称为公共租赁住房。《公共租赁住房管理办法》第3条第1款规定："本办法所称公共租赁住房，是指限定建设标准和租金水平，面向符合规定条件的城镇中等偏下收入住房困难家庭、新就业无房职工和在城镇稳定就业

* 该文章发表于《大众科学》2020年第25期，于2021年8月获得广州市律协理论成果奖二等奖。

的外来务工人员出租的保障性住房。”(并轨后公共租赁住房保障对象包含原廉租住房保障对象)

《经济适用住房管理办法》第2条规定:“本办法所称经济适用住房,是指政府提供政策优惠,限定套型面积和销售价格,按照合理标准建设,面向城市低收入住房困难家庭供应,具有保障性质的政策性住房。”

(二)直管公房的属性和定义

直管公房属于公有房屋,公有房屋的形成具有我国社会主义改造等历史原因和背景。

根据《广东省公有房产管理办法》的规定,公房是指依法收归国有和国家、地方、企业投资建购的全民所有制的房屋。该规定第4条规定,对通用公房(包括公有住宅、中小学校舍、机关、事业单位、文化、卫生、商业、服务行业的房屋,以及企业厂区以外的公用房屋)应逐步实行统一管理。在未全面实行统一管理前,已纳入统管的,由房管部门直接管理(直管公房);未纳入统管的,由产权单位管理。(即公有房屋包含直管公房和产权单位的自管公房)

从上述规定可以看出,政府投资的保障性住房与直管公房在属性和定义上完全不同,两者不应当混淆。

二、保障性住房和直管公房的来源不同

(一)保障性住房的来源

保障性住房根据国家法律法规或者政策,由政府主导、统一规划、统筹安排建设,提供给符合规定条件的特定人群使用,对该类住房的建造标准和销售价格或租金标准都由国家政策予以限定,以解决特定人群基本居住需求。

(二)直管公房的来源

直管公房的来源主要包括经租产、逆产、代管产、公产等多个类别。国家经租房屋是“对城市房屋占有者用类似赎买的办法,即在一定时期内给以固定的租金,来逐步地改变他们的所有制”。经过社会主义改造,房屋所有制由原来的私有制转变为公有制。逆产主要是指在革命时期敌对分子、反革命分子遗留的房产。代管产主要是指由于无人管理、无合法代理人或契证不全、产权不能确立等原因,有关部门过去依照法令公告定期代管,逾期无人认领收归公有的房产,原则上代管产属国家所有。

(三)部分符合条件的直管公房可以被纳入保障性住房系统

保障性住房通常需要符合一定的建设标准,但由于直管公房的来源、历史复杂,只有部分符合条件的直管公房可以被纳入保障性住房系统。直管公房纳入保障性住房系统后,其管理部门将由原来的直管公房管理部门变为住房保障管理部门。

也正是因为部分符合条件的直管公房可以被纳入保障性住房系统,导致不少人将两者混淆。

三、保障性住房与直管公房的分配对象不同

保障性住房中的公共租赁住房最易与直管公房混淆,特此以公共租赁住房为例,分析两者分配对象的差异。

(一)保障性住房的分配对象

根据住房和城乡建设部2014年6月24日发布的《关于并轨后公共租赁住房有关运行管理工作的意见》(建保〔2014〕91号),公共租赁住房的保障对象,包括原廉租住房保障对象和原公共租赁住房保障对象,即符合规定条件的城镇低收入住房困难家庭、中等偏下收入住房困难家庭,及符合规定条件的新就业无房职工、稳定就业的外来务工人员。

(二)直管公房的分配对象

直管公房除部分为住宅外,有相当一部分是作为非住宅出租。

直管公房中的住宅的分配对象,主要是无房户、危房户、拥挤户以及按政策应优先照顾的住户。而非住宅的直管公房,除部分符合定向出租条件外,原则上实行向社会公开招租。

四、保障性住房与直管公房的分配方式不尽相同

(一)保障性住房的分配方式

城镇中现阶段的保障性住房一般主要分为公共租赁住房、经济适用房、限价商品房,可以采取租赁或者出售的方式分配给符合政策规定条件的主体。

(二)直管公房的分配方式

直管公房则采取以"以租养房"的原则进行管理、只租不售。另外,如涉及代管产直管公房,且符合法律法规以及政策规定的,该套直管公房可能会依规定发还给原产权人或其合法继承人。

五、保障性住房和直管公房的管理归属部门不同

在管理归属上,两者的管理部门有所不同。以广州市为例,保障性住房由住房保障部门(如广州市住房保障办公室)进行管理;直管公房则由直管房管理部门(如广州市房屋安全管理所等)进行管理。

六、纠纷发生时的法律定性问题

(一)保障性住房的纠纷定性:行政争议

关于保障性住房纠纷的定性,近年来基本都是按行政争议的程序进行处理。

如保障性住房管理部门对相对人违规申请、隐瞒申报、违规占用保障性住房的，采取行政方式收回。相对人对于保障性部门关于保障性住房申请的分配处理、收回保障性房屋等行为不服的，也应当按照行政程序进行救济。

最高人民法院《关于审理行政协议案件若干问题的规定》第 2 条规定，公民、法人或者其他组织就政府投资的保障性住房的租赁、买卖等行政协议提起行政诉讼的，人民法院应当依法受理。该规定更进一步明确了保障性住房的租赁、买卖等协议属于行政协议，由此产生的纠纷按行政程序处理。

（二）直管公房租赁纠纷定性：此前按民事争议处理，现已出现按行政协议认定的一审案例

关于直管公房租赁的纠纷性质。以广州市为例，根据此前的司法案例以及这两年来我所律师办理的案件总结，直管公房管理部门对于承租人（占用人）未按时缴纳租金、未及时办理退租、非法占用直管公房等行为，均采取民事诉讼的途径进行救济，人民法院也是按照民事诉讼程序进行审理、判决。

但是，自从最高人民法院《关于审理行政协议案件若干问题的规定》施行后，此前已按民事诉讼程序起诉立案而未作出一审判决的案件，现已出现人民法院认为应当按行政协议、行政程序的救济途径处理而裁定驳回民事案件起诉的案例。

从上可以看出，保障性住房与直管公房纠纷的法律性质认定问题，在此前确实存在不同。至于以后两种纠纷是否都按行政程序处理，目前我们也无法得出确定性的结论，还需等待司法实践案例的检验。

综上所述，保障性住房与直管公房无论是在属性、定义、分配对象、分配方式、管理归属、纠纷定性上都不尽相同，两者不能混为一谈。

从短视频服务平台角度分析

——短视频的著作权保护和侵权风险防范

谢昕律师团队

前　言

本文将以短视频的服务主体——短视频服务平台为核心，分别对短视频服务平台责任与义务、平台作为短视频服务提供者的常见侵权类型、短视频服务平台侵权典型判赔案例、短视频平台如何避免侵犯他人著作权进行详细分析，并提出短视频平台防范著作权侵权风险的法律建议。

一、短视频服务平台的责任与义务

著作权合法性的审查与内容合法性的审查不同，短视频是否包含暴力、色情等违法内容的审查相对简单，平台只需通过核查视频内容就能找出并删除。著作权合法性的审查则需要服务平台核实短视频上传者是否为相关权利人，通过核查上传者的真实身份和版权证明文件予以确认，且成本较高。通常而言，短视频服务平台对用户上传视频的著作权权属合法性不承担审查义务，仅对用户上传视频的内容合法性承担审查义务（但有不同判决个案，参考下文案例三）。

关于短视频服务平台实施侵权行为应当承担的侵权责任，《民法典》第 1194 条和第 1195 条规定，如果服务平台知道网络用户利用其网络服务侵害他人民事权益，且未采取删除、屏蔽、断开链接等必要措施的，则就损害的扩大部分应当与该网络用户向相关权利人承担连带责任。可以看出，短视频服务平台不会被单独认定为侵权，而是帮助侵权，需就损害的扩大部分与网络用户承担连带责任。《著作权法》（2020 年修正）第 53 条和第 54 条以及最高人民法院《关于审理著作权民事纠纷案件适用法律若干问题的解释》（2020 年修正）第 25 条第 2 款分别规定了服务平台应当承担的民事责任以及赔偿数额的认定标准，下文“短视频服务平台判赔案例参考”部分将详细说明。

与《民法典》第1194条和第1195条相呼应,《信息网络传播权保护条例》(2013年修订)第22条和第23条明确规定了服务平台的免责路径,即"标示—公开—不改变作品内容—不知情—未直接获利—及时删除/断开连接"。由此,在短视频服务平台可以证明短视频的来源、没有改变内容、不知情其侵权、没有从中直接获取经济利益且在收到权利人通知后及时删除的情况下,无须与网络用户共同向权利人承担连带赔偿责任。

上述免责路径中,比较难界定的是服务平台是否"知情"他人的侵权行为,实际上该难点已由最高人民法院《关于审理侵害信息网络传播权民事纠纷案件适用法律若干问题的规定》(2020年修正)(以下简称《传播权案件规定》)第9条予以明确,即从以下方面判断服务平台是否"知情":(1)基于网络服务提供者提供服务的性质、方式及其引发侵权的可能性大小,应当具备的管理信息的能力;(2)传播的作品、表演、录音录像制品的类型、知名度及侵权信息的明显程度;(3)网络服务提供者是否主动对作品、表演、录音录像制品进行了选择、编辑、修改、推荐等;(4)网络服务提供者是否积极采取了预防侵权的合理措施;(5)网络服务提供者是否设置便捷程序接收侵权通知并及时对侵权通知作出合理的反应;(6)网络服务提供者是否针对同一网络用户的重复侵权行为采取了相应的合理措施;(7)其他相关因素。

二、平台作为短视频服务提供者的常见侵权类型

(一)直接搬运他人短视频至平台

短视频平台未经权利人许可,直接将权利人的短视频上传至自有平台并直接在平台上向用户推送的行为,构成对该权利人作品信息网络传播权的直接侵犯。该类侵权行为具体规定在《传播权案件规定》第3条。

(二)平台伪装成自媒体上传他人短视频内容

短视频平台注册并伪装成"自媒体"账号,未经许可将权利人的短视频上传至自有平台进行传播,让用户误以为是自媒体账号上传的短视频,平台利用避风港原则免责。

(三)平台与第三方公司合作伪装自媒体上传短视频

短视频平台与第三方公司合作伪装成"自媒体"账号,共同上传侵犯他人著作权内容的短视频以获取利益。该类侵权行为被具体规定在《传播权案件规定》第4条。

(四)平台通过自媒体账号鼓励、帮助用户上传侵权短视频

短视频平台在"明知""应知"用户上传具有侵权内容的短视频的情况下,主

动推荐侵权短视频。该类侵权行为被具体规定在《传播权案件规定》第7条。

在上述四种常见的短视频侵权类型中,服务平台均在知情短视频中包含侵权内容的情形下,主动在其运营的平台上传、帮助上传或推荐相关侵权短视频。这提示广大平台运营商,在明知短视频未经权利人授权的情况下,应当严格规范自身行为,不主动上传侵权短视频且不帮助用户推荐侵权短视频。

三、短视频服务平台判赔案例参考

(一)案例一:"用户"截取电视剧画面做成图片集上传至平台,平台是否可证明其仅提供信息存储空间服务

北京互联网法院审理的北京某网络公司诉深圳某科技公司侵害作品信息网络传播权纠纷中,被告为"某电影"App和网站的运营商。被告在其开发运营的"某电影"平台上的剧集栏目中提供涉案剧集的连续图集,基本涵盖了涉案剧集的主要画面和全部情节。被告提交《版权与免责声明》和用户后台记录,用以证明其在本案中仅为信息存储空间服务提供者,用户系"某电影"平台发表内容的原创作者。关于被告是实施了提供作品的行为,还是仅提供信息存储空间服务这一问题,法院认为被告能够提供上传者的用户名、注册IP地址、注册时间、上传IP地址、上传时间及联系方式等证据。但其提交的后台记录仅载明被控侵权内容上传者的用户名、注册邮箱、注册时间、上传终端手机IMEI号等信息,用户名为网络昵称,并非用户真实姓名,注册邮箱不确定为实名账户注册,手机IMEI号仅是手机序列编号,可用于识别移动设备,但不能据此锁定设备使用者。因此,被告提供的证据不足以证明涉案图片集为真实用户所上传,应承担举证不利的后果,即推定涉案图片集由被告直接上传。

对于赔偿数额的确定,由于原被告双方均未提交权利人实际损失或者侵权人违法所得的相关证据,法院综合考虑涉案剧集知名度较高、市场影响力较大,侵权行为发生时间、侵权行为持续时间、播放量等因素酌定由被告向原告赔偿3万元。

(二)案例二:平台非实名用户未获授权擅自上传并发布他人视频,平台被判侵权

北京市海淀区法院审理的北京某科技公司诉广州某公司侵权纠纷中,某知名短视频App用户井某,在某知名短视频App发布了名为"这智商没谁了"的视频,并获较高点击量,井某授权原告取得涉案视频的独家信息网络传播权。被告在其运营的"A小视频"App安卓端和苹果端中上传并发布了涉案视频,且在原告向其发出律师函要求下线视频后仍未做处理。法院在判断被告是否侵害原告著作权时,认为被告未能提交涉案视频系由用户上传的相关证据,未提交证据说明第三

方账户的情况，难以合理解释若确系用户在其经营的 A 小视频 App 中发布视频却无法提供有效用户信息之情形，因此认定短视频为被告自行上传并发布。

法院在判定被告判赔金额时，考虑到原被告双方未提交证据证明实际损失或违法所得，因此综合视频播放量、视频持续时间等因素判定被告向原告赔偿共计 2.3 万元。

（三）案例三：短视频平台未经授权，长期在平台传播涉案作品片段，平台被认为“应知”而承担侵权责任

北京市海淀区法院审理的北京某科技公司诉上海某科技公司侵犯作品信息网络传播权纠纷中，原告享有影视作品《大汉情缘》独占性信息网络传播权。被告称侵权视频均为网站用户上传，被告对上传视频仅提供信息存储空间服务，并且对用户上传内容的合法性进行了明确警示，且在收到原告通知后，及时删除了部分视频。

关于对被告的责任认定，法院认为被告作为网站的运营者，作为该行业内知名度、专业程度较高的视频网站，应对其用户上传的视频的性质、是不是原创的视频等方面具有较高的识别及判断能力。被告在服务器空间完全开放供用户上传分享的经营模式下，应具有“应知”及“明知”的能力分辨网络个人用户上传的电视是否具有合法性，但其仅对涉黄涉暴的内容进行最基本的审查，怠于对著作权进行审查，对上传视频的侵权起到了教唆及帮助的作用，故对于侵权行为的发生存在过错，构成帮助侵权。

与本文前述案例一、案例二不同，案例三中法院认为该平台在行业内知名度、专业程度较高，不仅需要对用户上传视频的内容合法性承担审查义务，还应当对用户上传视频的权属合法性进行审查，即用户是否为权利人或经权利人授权从而有权上传该视频。因此，笔者认为在判断案例中的侵权行为时，仍然应当根据具体案情的情况，结合各相关因素进行综合分析。

（四）小结

如果短视频中有侵权内容，平台方面临的可能是免责、直接侵权责任或帮助侵权责任，并不是全部能凭借“避风港原则”免责，这应当考虑平台是否实施了提供作品的行为还是仅仅提供信息存储空间服务；是否能够提供真正上传内容用户的真实姓名、IP 地址等联系信息；是否对侵权行为“明知”“应知”，并尽到了对用户和内容合理审查的义务；收到权利人通知后是否及时采取断开、屏蔽、删除等制止侵权的必要措施；是否对侵权短视频实施了帮助行为等。同时，平台方还应注意自身规范，加强视频审核，严格防控短视频侵权风险。

法院在认定具体个案的赔偿金额时，通常当原告、被告有证据证明其因为被侵权/侵权事实所受的实际损失或所获得的实际收益的情况下，法院会依证据作出赔偿。而在原告的实际损失或者被告的违法所得不能确定的情况下，法院会综合考虑如被侵权短视频的知名度、使用期限、被告经营规模、影响力以及侵权行为的主观过错程度等因素，但此种情况下法院的判决最高限额为500万元。

四、短视频服务平台避免侵权的建议

通过以上法律分析和案例总结，为了尽可能避免承担或者连带承担著作权侵权风险，建议短视频平台在运营过程中采取以下侵权防范措施：

1. 短视频服务平台应严格审查短视频上传用户的真实身份信息，确保能够有效追溯。本文案例一、案例二中法院对于被告侵权责任的判定较为相似，两案件被告未能证明涉案侵权图片是真实用户所上传的，即无法提供确凿的证据证明上传用户的真实身份信息，因此法院认定由被告承担举证不利的后果，推定侵权图片由被告上传并向原告承担侵权责任。

因此，短视频服务平台应当严格要求用户在申请注册平台账号时上传用户的真实身份信息，以便对用户进行有效管理并有效追溯侵犯他人著作权的用户，保证其向相关著作权人承担侵权赔偿责任。

2. 加强监管用户上传的短视频内容，制定完善的审查流程及规范，且由专人专岗负责短视频内容审查工作，在能够实现合法性审查义务的前提下，尽可能做到对于短视频内容权属合法性的审查。合法性审查要严格遵守法律的规定，根据2019年《网络短视频平台管理规范》中要求的内容审核规则/规定，短视频服务平台应当遵守国家新闻节目管理规定；不得未经授权自行剪切、改编电影、电视剧等各类广播电视视听作品；不转发国家尚未批准播映的电影、电视剧中的片段，以及已被国家明令禁止的广播电视节目、网络节目中的片段。

有关短视频内容权属合法性审查，如本文案例三中法院的裁判观点所述，法院认为平台在行业内知名度、专业程度较高的情况下，不仅需要对用户上传视频的内容合法性承担审查义务，还应当对用户上传视频的权属合法性进行审查，即用户是否为权利人或经权利人授权从而有权上传该视频。因此，笔者团队建议短视频服务平台在对视频进行严格合法性审查的前提下，尽可能对视频内容的权属合法性进行审查，从而在平台内部审查的层面有效避免造成短视频内容侵权的情形。

3. 开通投诉举报渠道，设立由专员管理和查看的专门投诉邮箱，规定专员投诉处理的时限，建立投诉处理反馈和汇报机制。建议由短视频服务平台指定专员管理并每日定期查询投诉邮箱，在收到投诉邮件时，及时与投诉者取得电话联系并就具体侵权投诉内容（包括投诉的具体短视频名称、发布者、发布日期、投诉事由等）进行核实并对通话内容进行录音。在与投诉者核查完毕投诉事项后，及时向内部进行书面汇报，必要时可以先进行口头汇报。

对于核查属实的视频投诉或举报，应尽快采取相关制止/停止（涉嫌）侵权措施，如立即屏蔽、删除，限制登录；情节严重的，查封账号，不允许该侵权用户再使用本视频应用软件，并将处理结果以邮件形式告知投诉者。

刑事辩护篇

认罪认罚从宽制度之检视

龙柏辰

前 言

2016年11月16日,最高人民法院、最高人民检察院、公安部、国家安全部和司法部(以下简称“两高三部”)印发了《关于在部分地区开展刑事案件认罪认罚从宽制度试点工作的办法》,开始了为期两年的认罪认罚试点工作。2018年10月26日,第十三届全国人大常委会第六次会议通过了《关于修改〈中华人民共和国刑事诉讼法〉的决定》,在立法层面正式设立了认罪认罚从宽制度。2019年10月11日“两高三部”出台了《关于适用认罪认罚从宽制度的指导意见》(以下简称《认罪认罚从宽指导意见》),对认罪认罚从宽制度的具体适用问题进行了细致规定。2020年11月5日,“两高三部”印发《关于规范量刑程序若干问题的意见》,对于适用认罪认罚从宽制度案件的量刑程序进一步进行了规范。

从司法实践来看,2021年最高人民检察院工作报告显示,全年认罪认罚从宽制度适用率超过85%;量刑建议采纳率接近95%;一审服判率超过95%,高出其他刑事案件21.7个百分点。应当说认罪认罚从宽制度是辩护律师所直面的兼具实体与程序的重大课题。本文旨在通过刑事辩护实务的视角,从认罪认罚从宽制度的司法协商属性、独立辩护权行使以及认罪认罚从宽与其他法定情节的关系三个层面对该制度予以检视,并结合笔者经办的部分案件进行评析,以供参考。

一、认罪认罚从宽制度之司法协商属性

(一)认罪认罚从宽制度亟须回归交易本质

认罪认罚从宽制度是一种合作框架下的犯罪治理模式,“合作”的主要表现形式为司法机关、辩护人、犯罪嫌疑人、被告人对认罪认罚从宽合意进行协商的过程,并基于该种协商达成犯罪嫌疑人、被告人认罪认罚,司法机关从宽的刑事司法交易。在认罪认罚从宽的司法交易中,犯罪嫌疑人、被告人、辩护人和司法机关均需让渡部分实体或程序上的权利和权力作为“交易成本”。

该种“交易成本”，从犯罪嫌疑人、被告人的立场出发，是指其需要放弃缄默权，让渡部分自行辩护权，同意司法机关指控或认定的罪名和主要事实，甚至某些情况下甘愿“自证其罪”；从辩护人的立场出发，是指其需要在充分对犯罪嫌疑人、被告人开展释法工作，确认其已充分理解交易可能导致的各种后果的前提下，谨慎检视犯罪嫌疑人、被告人认罪认罚的意愿真实与否，并尊重犯罪嫌疑人、被告人的意愿放弃无罪辩护方案而仅做罪轻辩护（但笔者同时认为，该种让渡不得与律师职业伦理发生矛盾）；从司法机关的立场出发，则是指司法机关基于犯罪嫌疑人、被告人认罪认罚所实际获得的司法资源节约效果，做出给予部分求刑权或裁量权从宽优惠的要约或承诺。

为了达成认罪认罚从宽合意，上述的交易成本不可避免，这与民事合同中各当事方为缔结合同而前期付出的磋商、准备等缔约成本本质上是相同的。然而在实际操作过程中，犯罪嫌疑人、被告人对付出“交易成本”后的法律后果顾虑重重，辩护人对达成该种契约将信将疑，而司法机关对于从宽幅度这把“尚方宝剑”的要约或承诺反复不定。从根本而言，是三方所达成的刑事契约没有充分体现司法协商的属性。

（二）量刑建议应当是体现三方合意的刑事契约，而不应当是由司法机关单方主导的格式合同

控辩协商是认罪认罚从宽制度的基础，控辩协商的交易属性决定了交易标的为犯罪嫌疑人、被告人的“自认其罪、甘受处罚”与检察机关同意适用“宽缓的求刑权”、人民法院同意科处宽缓的刑罚。

不可否认的是，现阶段在认罪认罚从宽契约的缔结过程中司法机关与犯罪嫌疑人、被告人所处的实际缔约地位存在现实层面的不平等。

侦查阶段，公安机关在取证活动中的垄断性与排他性，都使得犯罪嫌疑人无法主动参与刑事诉讼，只能通过聘请辩护律师为其提供法律帮助，了解自己涉案的情况。这就导致侦查阶段的认罪认罚协商必然是一种被动参与，既显得苍白无力，也没有现实必要。

审查起诉阶段，在现有刑事诉讼体系下，犯罪嫌疑人仍大概率因受到羁押的客观限制而导致协商能力下降，除非司法机关主动启动证据开示程序，否则羁押状态下的犯罪嫌疑人几乎无法切实享受阅卷、核实证据等诉讼权利。因此审查起诉阶段需要辩护人深度介入，虽然认罪认罚具结书上体现的是三方合意，但实践中侧重表现为控辩协商。

审判阶段，认罪认罚从宽制度仍有适用的制度空间。虽然现行《刑事诉讼法》

规定认罪认罚从宽制度在刑事诉讼的任何阶段均可适用，但司法实践中这一程序大多由检察机关主导，在移送法院审判前已经完结，在庭审中裁判者仅需就被告人签署的认罪认罚具结书是否出于其真实意思表示进行审查，无意外情况一般会尊重控方与被告人达成的这份“刑事契约”。但在笔者办理的诸起案件中，出现过如下情形：

其一，案件提起公诉后，甚至在庭审过程中，检察机关仍在与被告人进行认罪认罚从宽协商。笔者认为这种做法存在不妥，理由在于：案件提起公诉后，案件已进入审判阶段，办案机关变更为人民法院，检察机关的求刑权已经行使完毕，没有继续与被告人进行司法协商的余地。同时，案件开庭在即，此时与被告人进行的司法协商，已经极大受到庭审前被告人紧张心态及其他心理波动（如知晓其他同案人已认罪认罚或家人希望其认罪认罚）的影响，根本无法确保其签署的认罪认罚具结书完全出于“真实意思的表示”。

其二，已经形成的认罪认罚合意在审判阶段被检察机关单方修改。在笔者办理的一起案件中，因法院排期原因，导致案件开庭之日已经过了被告人签署的认罪认罚具结书确定的刑满释放日期。于是检察机关为“配合”法院作出有罪判决，当庭决定对各被告人的量刑建议延长两个月，给法院审理预留出“合理的期限”。笔者认为，这种决定是完全错误的，理由在于：首先，在审判阶段，检察机关的求刑权已经在提起公诉时行使完毕且固定，在全案证据、事实没有发生变化的情况下，检察机关没有修改求刑权的法定理由，更没有配合人民法院的义务。其次，单方决定延长量刑建议的做法，严重违反认罪认罚具结书所确定的刑事契约，完全漠视了被告人的诉讼利益以及为此付出的“交易成本”，被告人认罪认罚所获得的从宽利益也无法实现，因此该种做法无法体现司法协商的本质，也与认罪认罚从宽制度的法理基础相悖。最后，该种做法仍体现了传统纠问式诉讼的烙印，与司法协商的犯罪治理模式存在理念上的根本冲突。

（三）仅有“认罪认罚”，没有“从宽”的具结书

认罪认罚从宽案件中检察机关出具的量刑建议属于求刑权范畴，但与其他刑事案件相比，已不是检察机关单方面的意志，而是犯罪嫌疑人、辩护人、检察机关三方的合意，甚至有时还包含被害人的意见。实质上，它是犯罪嫌疑人、被告人与国家公诉机关协商的结果。

但在笔者经办的一宗聚众斗殴罪案件中，经过阅卷并与犯罪嫌疑人协商，该案的犯罪事实清楚、证据充分，犯罪嫌疑人也有明显的认罪认罚倾向。笔者与经办人取得联系后，其很快提出了一份与法定刑基本一致的量刑建议，且对该量刑

建议仅提供“同意或不同意”的闭合性选项。在笔者试图与其进行协商时,经办人明确答复“没有降低刑期或变更刑罚种类的可能,也不必就刑罚期间讨价还价”。犯罪嫌疑人仅能在其规定的时间内做出选择,完全无法体现“协商”的属性,后来该案没有适用认罪认罚从宽制度,被告人仍获得了低于该“从宽量刑建议”的刑罚。

笔者认为,以上述案件为例,在认罪认罚案件中,犯罪嫌疑人、被告人作出“自证其罪”的决定,并同意让渡部分辩护权是需要突破重重心理防线,并对司法机关能够给予其宽缓的处理具备充分信任为前提的。从最终的结果判断,“认罪认罚”也确实为节约司法资源、降低控方指控难度起到了实际效用。但即便如此,部分司法机关似乎并不“领情”,接受了“认罪认罚”的便利,却仍不愿给予“从宽”的实惠,甚至很多犯罪嫌疑人、被告人连平等的协商机会都没有。这导致部分犯罪嫌疑人、被告人感觉自己被“欺骗”,反而不利于引导犯罪嫌疑人、被告人真诚悔罪、认罪服法,背离了认罪认罚从宽制度的设计初衷,损害了司法公信力。

综上所述,笔者认为,认罪认罚从宽合意在形成前应当充分体现协商本质,而不是司法机关单方提供的“格式合同”;认罪认罚从宽合意落实为具结书形式的刑事契约后,无法定事由不得随意修改,至于是否妥当,唯有人民法院有权进行实质审查。

二、认罪认罚从宽制度下之辩护权行使

在福建省闽侯县人民法院审理的一起案件中,被告人签署认罪认罚具结书,检察机关建议以行贿罪判处被告人1年以上1年7个月以下有期徒刑。庭审中,被告人表示自愿认罪认罚,对指控的事实和罪名没有异议。其辩护律师提出:被告人的行为不构成行贿罪,即使构成行贿罪也应免于刑事处罚或适用缓刑。检察机关据此提出:被告人虽然认罪认罚,但辩护人做无罪、罪轻辩护,违反了认罪认罚具结书的约定,故撤回原来的量刑建议,重新建议法院判处更重的刑罚。

闽侯县人民法院认为:辩护律师有独立发表辩护意见的权利。若被告人同意辩护人的无罪、罪轻辩护意见,则公诉机关有理由认定其违反具结书的约定,相应提高量刑建议,但被告人不同意辩护人的无罪、罪轻辩护,且坚持自愿认罪认罚,应认定被告人与公诉机关签署的认罪认罚具结书仍然有效。综合本案,被告人在侦查阶段、提起公诉及审判阶段,均明确表示认罪认罚,且自愿放弃其辩护人所做的无罪辩护,其悔罪态度诚恳,故其与公诉机关签署的认罪认罚具结书仍然具有法律效力,公诉机关提高量刑建议法律依据不足,本院不予支持。辩护人提出的部分合理辩护意见予以采纳。

笔者认为,闽侯县人民法院的处理是妥当的,认罪认罚从宽制度框架下的律师独立辩护权的理解，可从辩护人角色、辩护权冲突与辩护策略可行性三个层面予以展开。

（一）认罪认罚从宽制度框架下的辩护人角色

虽然辩护人作为当事方在犯罪嫌疑人、被告人与司法机关达成的认罪认罚从宽刑事契约上签名确认，但因为该刑事契约所涉求刑权或量刑并不涉及辩护人自身权益，而完全归结于犯罪嫌疑人、被告人。因此，笔者认为辩护人在认罪认罚从宽制度中的核心作用在于代犯罪嫌疑人、被告人与司法机关进行充分协商，对认罪认罚意思表示的真实性、自愿性、彻底性进行确认，对认罪认罚从宽具结文书的形成过程进行见证。因此，认罪认罚从宽制度本身并不应当对辩护人的独立辩护权进行不当限缩和限制。

（二）独立辩护权与自我辩护权之冲突

辩护人的独立辩护权与犯罪嫌疑人、被告人的自我辩护权存在隐形矛盾。当犯罪嫌疑人、被告人的认罪认罚意愿达到了完全真实、自愿、彻底的程度时，笔者认为辩护人应当尊重这种合意，不宜进行无罪辩护。

（三）认罪认罚从宽框架下的辩护策略选择

当辩护人对犯罪嫌疑人、被告人的认罪认罚主观意愿是否达到了真实、自愿、彻底的程度存在重大疑虑，或已经知晓犯罪嫌疑人、被告人系由于希望早日回归家庭、回归工作岗位等现实考量或其他原因而“认罪认罚”时，笔者认为可以同时委托两位辩护人，由其中没有签署认罪认罚具结书的辩护人进行充分、独立的辩护，被告人亦可以在法庭上卸下心理负担，使审判人员兼听则明，作出公正的判决。当然，该种诉讼策略的可行性与实际效果仍待检验。

三、认罪认罚同时具有坦白、自首情节应当如何从宽

《认罪认罚从宽指导意见》规定，“认罪认罚的从宽幅度一般应当大于仅有坦白，或者虽认罪但不认罚的从宽幅度。对犯罪嫌疑人、被告人具有自首、坦白情节，同时认罪认罚的，应当在法定刑幅度内给予相对更大的从宽幅度。认罪认罚与自首、坦白不作重复评价”。

笔者认为，认罪认罚与自首、坦白一样，都是法定从宽情节。既然《刑事诉讼法》已经明确规定认罪认罚可以从宽，那么其就是法定的从宽情节，至于这个法律是程序法还是实体法，在所不问。认罪认罚与自首、坦白存在内在逻辑竞合，认罪认罚的逻辑内核应当包容自首、坦白的范畴。认罪认罚中的“认罪”应当理解为如实供述自己的犯罪事实即可，对行为性质的辩解、对罪名适用的异议，不影响认罪的认定。认罪认罚中的“认罪”与自首、坦白中的“如实供述自己的罪行”具有相同的含义，换言之，认罪认罚与自首、坦白在“如实供述自己的罪行”的范围内有交叉、重合。

笔者认为，首先需要明确禁止重复评价的内涵。禁止重复评价来源于“一事不两罚”“禁止双重危险”，其基本内涵为“任何人不因同一犯罪再度受罚”。其本质含义在于禁止对被告人不利的重复处罚，禁止定罪事实再次被评价为量刑事实进而导致罪刑不适当，其背后的基本法理是罪责刑相适应原则。

但刑法并不禁止对被告人有利的重复评价，也不应当禁止对被告人有利的情节的重复评价，因此，把认罪认罚作为独立量刑情节，有利于被告人，并不违反禁止重复评价原则。

笔者认为，《认罪认罚从宽指导意见》的“不作重复评价”之规定，应该理解为“认罪认罚同时具有自首、坦白情节的，已经给予更大幅度从宽处罚的，不再重复评价”。对《认罪认罚从宽指导意见》的表述进行文义解释，应该理解为自首、坦白的犯罪嫌疑人、被告人同时认罪认罚的，在量刑时既要按照自首、坦白的规定给予从宽，也要按照认罪认罚的规定给予从宽，否则无法体现出“更大的从宽幅度”中“更大”的差异性。“不作重复评价”应当理解为，不得在考量自首、坦白从宽的同时已经给予认罪认罚更大幅度的从宽后，再一次重复给予从宽；而不能理解为具有自首、坦白情节的犯罪嫌疑人、被告人即使认罪认罚，也只能按照自首、坦白给予从宽处罚而不再适用认罪认罚从宽的规定，否则属于对犯罪嫌疑人、被告人实体权利的剥夺和损害。

结　语

综上所述，笔者通过亲身办理的部分认罪认罚从宽案件，对该制度从司法协商属性、独立辩护权行使以及该制度与其他法定情节的关系三个方面予以检视，并提出自己的观点和看法。期待与各位读者进行充分沟通，共同探索认罪认罚从宽制度下刑事辩护的策略与方式。

认罪认罚从宽制度之律师辩护*

肖　璐

前　言

认罪认罚从宽制度是提升司法效率的重要举措。认罪认罚从宽制度中辩护律师的有效参与能够弥补检察官客观义务之不足,增强被追诉者辩护能力;有助于在刑事诉讼中监督公权力的行使,保障程序正义;有助于防范冤假错案,促进实体正义。面对司法新形势,律师需要积极转变辩护理念,树立有效辩护、有限独立辩护、协商性辩护、多元辩护等理念,围绕被追诉者、控方和审判者开展工作,并将辩护重心前移到审前阶段。

一、问题的提出

党的十八届四中全会通过的《中共中央关于全面推进依法治国若干重大问题的决定》提出"完善刑事诉讼中认罪认罚从宽制度"。随后,中央深改组审议通过《关于认罪认罚从宽制度改革试点方案》。全国人大常委会授权最高人民法院、最高人民检察院在北京等 18 个地区开展认罪认罚从宽制度试点。从改革部署的力度看,认罪认罚从宽制度无疑将成为我国刑事诉讼制度的重要内容,对我国刑事法治产生积极和重大影响。当前,理论界和实务界对如何完善该项制度正如火如荼地开展研究和探索。一项刑事诉讼制度的改革通常涉及控辩审三方权利(权力)义务的重新调适。完善认罪认罚从宽制度同样涉及如何加强辩护权的保障,健全刑事辩护制度。当前的研究成果多从公权力配置及运行角度对该制度加以研究,对认罪认罚从宽制度改革下被追诉者辩护权保障问题缺乏深入研究,该问题目前还处于模糊地带。

---

* 本文发表于《郑州大学学报(哲学社会科学版)》2017 年第 4 期。

《郑州大学学报(哲学社会科学版)》是全国中文核心期刊、中文社会科学引文索引来源期刊(CSSCI),具有较高的学术价值。

在认罪认罚从宽制度改革的背景下,控辩审三方的角色作用、诉讼理念、行为方式等都将产生新的变化和挑战。完善认罪认罚从宽制度必须要有律师的积极参与和推动,律师在辩护中需要积极转变思维和理念,合理定位自身诉讼角色和职能,积极找准发挥自身作用的着力点。认罪认罚从宽制度中,被追诉者的认罪认罚是核心起点。法律知识缺乏、力量弱小的被追诉者认罪认罚的自愿性、真实性如何保障,从宽的处遇能否实现,自身诉讼合法权益如何有效维护,这些都需要具备专业法律知识的辩护律师的帮助。因此,有必要就认罪认罚从宽制度下律师辩护的价值、辩护律师面对刑事司法新态势的调适,以及在认罪认罚从宽制度中如何发挥律师的作用等问题进行探讨。

二、律师辩护在认罪认罚从宽制度中的价值考量

(一)弥补检察官客观义务之不足,增强被追诉者的辩护能力

刑事诉讼中检察官负有客观义务,应当全面客观收集有关定罪和量刑的证据。然而,公检法之间"配合"过度,"制约"不足的"司法一体化"诉讼架构容易使检察官客观义务发生动摇。事实上,如果一味强调所谓"客观义务",无疑会将检察官推向一个背离人性的"神化"角色。实践中,公诉人更注重对定罪证据的把握,而对量刑证据(除非涉及跨档量刑)通常不会过分关心,对于从宽量刑的证据更是依赖辩护人向法庭提出或由法庭依职权查明。具体到认罪认罚从宽制度中,律师在保障被追诉者认罪认罚的自愿性,依法为被追诉者寻求从宽处理的空间方面发挥着重大作用。

(二)有助于在刑事诉讼中监督公权力的行使,保障程序正义

刑事诉讼活动中,追诉方手握强大的公权力,直接影响被追诉者的自由、财产乃至生命权益。公正的程序是公正结果的重要保障。然而,我国刑事司法中一直存在重实体轻程序的弊病,为实现所谓实体惩罚结果有时候不惜违反法定程序办案,牺牲程序正义,而这也是导致冤假错案的重要原因。辩护人程序正义监督者的职责显得尤为重要,无论是因不认罪而适用普通程序,还是因认罪认罚而适用从宽处理的程序或制度,都应当保证程序的合法性,实现程序正义。律师积极、有效地为被追诉者提供辩护,有利于加强对追诉机关权力的监督,使认罪认罚的被追诉者获得公正、合法的对待。

(三)有助于防范冤假错案,促进实体正义

正确的法律认知是自愿认罪认罚的前提,否则被追诉者容易因被欺骗或误解而糊涂地认罪认罚。被追诉者通常是缺乏法律知识和诉讼经验的人,且多处于被羁押状态,对全案信息的掌握和判断上处于极度无知和被动的状态。在此情形

下，如果没有律师高质量的帮助，无辜者极有可能被误导而糊涂认罪或者出于担忧适用普通程序造成诉讼周期拖长或其他原因违心认罪，导致冤假错案的产生。[①] 由于庭审调查和辩论程序被简化，程序本身对被追诉者的保护受到限制。如果被追诉者因各种原因非自愿、非理性地认罪，那么案件的实体正义便有可能打折扣，辩护律师的有效参与能够防范冤假错案的发生。

三、认罪认罚从宽制度改革下律师辩护理念之调适

在新的司法改革态势下，传统司法的分配正义理念已经难以应对现实需要，契约文化理念不断渗透到公法领域，代表国家和公共利益的控方与代表私人利益的辩方将有着越来越多的平等协商空间。同时，现代刑事诉讼日益强调人权保障，无罪推定理念已成为各国刑事诉讼法的基本理念。[②] 面对认罪认罚从宽制度改革带来的新形势、新变化，律师辩护也应及时调整理念，积极适应，具体可从以下几个方面予以调适。

（一）从"普遍辩护"到"有效辩护"

刑事诉讼中，对于被追诉者来说委托了律师并不等于获得了律师应当给予的辩护。[③] 解读《关于在部分地区开展刑事案件认罪认罚从宽制度试点工作的办法》（以下简称《认罪认罚从宽试点办法》），可发现在被告人认罪认罚获得法律帮助方面有不少规定，基本是朝辩护的普遍性上努力，强调被告人"获得"律师的帮助。然而，从强调"获得"律师的帮助到强调"获得辩护"之间还有很长的一段路要走。虽然随着认罪认罚从宽制度的完善，律师辩护普遍性得到了提升，但律师辩护普遍性之外还存在辩护有效性问题。域外则有相应的制度对律师辩护有效性进行约束。如美国通过设立无效辩护制度来约束律师辩护的态度和效果，强调辩护律师应当尽职尽责并高效完成辩护任务。律师辩护如果存在严重瑕疵影响诉讼结果公正性，上级法院可以裁定辩护行为无效，原判将被撤销并发回重审。[④] 律师辩护有效性问题越来越引起理论和实务界的重视，越来越多的学者主张我国应建立无效辩护制度，以反向推动辩护有效性的实现。[⑤] 尤其是在认罪认罚从宽制度下，用于发现真实、维护正义的精密司法程序被简化，被追诉者对律师的依赖将更深，辩护是否有效对其影响重大。律师辩护不是形式上简单地"走程序、读材

---

① 参见张建伟：《认罪认罚从宽处理：内涵解读与技术分析》，载《法律适用》2016 年第 11 期。

② 参见唐张：《完善认罪认罚从宽制度的三个方面》，载《人民检察》2016 年第 23 期。

③ 参见林劲松：《对抗制国家的无效辩护制度》，载《环球法律评论》2006 年第 4 期。

④ 参见李本森：《关于刑事诉讼中辩护权性质的认识》，载《中国司法》2007 年第 3 期。

⑤ 参见吴常青、王彪：《论我国死刑案件无效辩护制度构建》，载《西部法律评论》2012 年第 2 期。

料”,更应当是实质上为被追诉者提供有效的帮助。因此,在认罪认罚从宽制度中更应当强调不断加强律师辩护的责任心和专业水平,提升辩护的有效性。

(二)从“绝对独立辩护”转向“有限独立辩护”

在学界一直存在独立辩护的观点,认为辩护权是辩护人独立的法定权利,辩护律师不是委托者的附属。在刑事辩护实践中,也存在辩护律师与被追诉者意见发生分歧或冲突的情形。有学者指出,在律师与被追诉者产生“辩护冲突”时,律师不同意被追诉者认罪的应当坚持独立的无罪辩护,不能无条件服从被追诉者;当律师提出认罪认罚建议而被追诉者不接受时,应当通过讲事实、讲证据劝说被追诉者认罪认罚,被追诉者仍然坚持己见的,律师可以选择解除委托。[①] 以上对辩护冲突的解决方案恐怕极少有辩护律师采纳,仅是一种理想色彩浓厚的设想而已。在认罪认罚从宽制度下,律师辩护应当是确保被追诉者认罪认罚的自愿性和真实性,律师应就认罪认罚的后果与被追诉者进行充分的沟通和协商,律师的辩护策略应当围绕被追诉者认罪认罚意愿进行,而不应当“坚持己见”。我国台湾地区“刑事诉讼法”便规定,在认罪协商程序中,辩护律师在协助被告人与检察官进行协商时不得发表与被告人明示的意思相反的意见。即使辩护律师坚持发表与被告人意思相反的意见,也应当以被告人的选择为最终结论。在认罪认罚从宽制度中,律师对当事人的从属性、依附性更加明显,从过去的“绝对独立”变为“有限独立”[②]。“有限”表现在被告人可以自己选择程序并承担选择后的风险,律师应尊重被告人的意见。[③] “独立”表现在如果指控的犯罪事实明显错误,可能存在冤假错案的时候,律师应当坚持依据事实和法律发表独立辩护意见,这是基于律师职业维护社会公平正义的价值。

(三)从“对抗性辩护”走向“协商性辩护”

无论是1996年修改的《刑事诉讼法》还是2012年修改的《刑事诉讼法》,对律师辩护的规定都是从增强与控方对抗能力的角度进行完善的。然而,控辩双方对抗的增强无疑会对诉讼效率产生影响,诉讼周期越长,实现正义的成本越大。在司法资源有限的情形下,日益增多的案件必然使司法效率受到影响。在此背景下,从控辩对抗走向控辩合作或协商便成为一种现实趋势和必然选择。有学者认

① 参见韩旭:《辩护律师在认罪认罚从宽制度中的有效参与》,载《南都学坛》2016年第6期。

② 祁建建:《“认罪认罚从宽制度中的律师”研讨会综述》,载《中国司法》2016年第7期。

③ 参见王皇玉:《认罪协商程序之法社会学考察:以台湾刑事司法改革为例》,载《台大法学论丛》2008年第4期。

为,完善认罪认罚从宽制度的关键是引入协商程序。① 在认罪认罚从宽制度下,控辩双方对抗相对弱化,彼此之间更多的是对话与合作,以一种协商性司法的状态呈现。协商性司法本质上是在不排斥辩论的前提下强调实现控辩合意。在协商性司法模式下,律师辩护应当秉持协作对话的态度,就案件事实、证据及量刑与控方进行理性有效的对话,促使被追诉者认罪认罚之意思表示与追诉者的意思达成一致,进而寻求从宽的处理。

(四)从"单一辩护"转向"多元辩护"

在传统刑事辩护中,辩护律师往往将主要精力集中在与公诉人在法庭对抗上,更注重"决战于审理"。在辩护的思路上也基本呈现单一的无罪辩护或罪轻辩护。认罪认罚从宽制度的确立更有助于实现辩护的多元化。首先,律师在诉讼中的角色将呈现多元化,其不再仅充当传统意义上的辩护人角色,还需充当认罪认罚的法律咨询者、与控方进行协商的代理人以及被追诉者程序选择的建议者,在某些情形下还是司法机关的协作者。其次,在律师辩护的内容上,过去仅仅是无罪或罪轻辩护,而在认罪认罚从宽情形下,律师辩护的内容具有多元性,包括被追诉者认罪认罚的自愿性、真实性,审判阶段羁押措施的改变,案件的刑事和解、不起诉,与控方进行量刑协商,审判阶段的量刑辩护等。换言之,在认罪认罚案件中,审判阶段的辩护将成为律师的主战场,律师辩护说服的对象也由法官转为法官与检察官并存,甚至后者比前者更具有说服的价值。

四、认罪认罚从宽制度下律师辩护之主要路径

认罪认罚从宽制度贯穿于刑事诉讼全过程,律师辩护发挥作用的路径亦随之拓展。根据刑事诉讼的参与主体以及刑事辩护一般规律,律师辩护的主要作用对象有三个,即被追诉者、控方和审理者。那么,在认罪认罚从宽制度下律师辩护也应在以上三个主体身上着力。

(一)律师辩护与被追诉者——贯穿于刑事诉讼

认罪认罚从宽制度以被追诉者的认罪认罚为适用起点。因此,律师在整个刑事诉讼过程中应当围绕"认罪""认罚"两个关键词开展辩护。被追诉者认罪认罚意味着放弃了获得无罪判决的可能性,放弃了质证的权利,这种弃权是其获得从宽处理的正当性基础。因此,应确保被追诉者是在充分了解认罪认罚所必备的一系列信息及相应的法律后果的前提下,经过自由且理性的考虑后作出的同意决

① 参见魏晓娜:《完善认罪认罚从宽制度:中国语境下的关键词展开》,载《法学研究》2016 年第 4 期。

定。[①] 实践中,很多犯罪嫌疑人对刑事政策及刑事法律的精神不了解,甚至存在错误认识,以至于有“坦白从宽,牢底坐穿;抗拒从严,回家过年”的抵触思想。为此,辩护律师应当通过释法,积极引导、鼓励被追诉者对认罪认罚从宽制度进行准确认识,从而做出认罪与否的理性选择。需要强调的是,被追诉者认罪可以在判决作出前的任何时间点进行,但早认罪比晚认罪更有利于获得从宽待遇。因此,辩护律师应就“认罪”问题,适时向被追诉者做好释法析理工作。

“认罚”表明被追诉者自愿接受处罚。根据《认罪认罚从宽试点办法》的规定,被追诉者在认罪的基础上需要接受检察机关的量刑建议和程序适用。由此可知,这里的“认罚”仅适用于审查起诉阶段。建议后续进一步规定犯罪嫌疑人在判决作出之前都可以认罪认罚,越早认罪认罚从宽幅度应越大。为了取得尽可能宽宥的处遇,辩护律师应当为被追诉者就可能适用的刑罚进行合理分析和预测,及早向被追诉者提供专业的参考意见,以便其进行理性抉择。事实上,很多被追诉者不认罪是担心刑罚过重,因而抱有一丝侥幸选择不认罪。在审查起诉阶段,检察机关提出量刑建议和适用的审判程序时,辩护律师应当向被追诉者分析该量刑建议公正与否以及拟适用审判程序的性质及后果,为被追诉者提供专业的意见。如果被追诉者愿意选择认罪认罚,从化解矛盾的角度出发,辩护律师还应当引导、帮助其做好退赃、赔偿、赔礼道歉等,争取被害人或其近亲属的谅解,达成刑事和解。达成和解协议或赔偿损失,取得谅解,是量刑的重要参考因素。据此,律师应努力帮助被追诉者与被害方做好刑事和解工作,以争取从宽处理。

(二)律师辩护与控方——集中于审前阶段

审前阶段主要包括立案侦查和审查起诉两个环节,广义的控方包括公安机关与检察机关。根据《刑法》和《刑事诉讼法》的规定,在审前阶段辩护律师可以在变更羁押措施、不起诉、撤销案件、量刑协商等方面为被追诉者争取“从宽”。

根据《认罪认罚从宽试点办法》第6条的规定,对认罪认罚的被追诉者应当给予强制措施上的从宽对待。被追诉者认罪认罚,表明其有良好的悔罪表现,其社会危险性自然减弱。辩护律师在此情况下,应当积极收集有关适用替代性羁押措施的事实和证据,向侦查机关、检察机关提出改变羁押措施的意见。《认罪认罚从宽试点办法》第9条、第13条还规定,对于自愿认罪如实供述的犯罪嫌疑人,有重大立功或案件涉及国家重大利益的,可以经报批撤销案件,还可以经最高人民检察院批准不起诉或选择罪数起诉,进一步扩大了撤销案件、不起诉的范围。辩护

---

① 参见孙远:《侦审关系侧面之审判中心主义的形式与实质》,载《当代法学》2016年第4期。

律师对符合条件的犯罪嫌疑人,要注意收集其有重大立功或案件涉及国家重大利益的证据,从而争取撤销案件、不起诉或选择罪数起诉。辩护律师与检察机关就量刑进行协商将是审前辩护的主要内容。《认罪认罚从宽试点办法》第 20 条规定对于检察机关的指控罪名和量刑建议,法院一般应当采纳。这意味着辩护律师应当将重心放在审前与控诉机关的量刑协商上。最高人民检察院提出,“检察机关公诉部门将深入研究完善公诉环节认罪认罚从宽处理制度,探索建立检察环节辩护律师参与下的认罪、量刑协商制度”。根据当前理论共识,我国认罪认罚从宽制度下控辩双方不能就罪名和罪数进行协商,双方只能就量刑进行协商。因此,在被追诉者认罪的前提下,辩护律师一方面应积极全面地收集有关从轻、减轻或免除处罚的证据,帮助被追诉者与检察机关就量刑的种类、刑期、从宽的幅度、刑罚执行方式进行协商,争取控方最大程度的从宽建议;另一方面,在被追诉者签署具结书前,辩护律师应当向其详细解释涉嫌的罪名、犯罪构成、所涉罪名相应法定量刑幅度、量刑建议合理性、签署具结书的性质及后果等,确保被追诉者在充分了解有关信息的情况下做出理性选择。同时,辩护律师应充分利用《刑事诉讼法》以及《认罪认罚从宽试点办法》规定的“听取辩护律师意见制度”,在审前积极有效地与控方沟通、协商,将辩护的重心移到审前阶段。

(三)律师辩护与审理者——集中于审判阶段

刑事案件定罪与量刑的权力由法院统一行使,对于认罪认罚的被告人,在量刑上的“从宽”最终只能由法庭来确定。根据被追诉者是否认罪认罚,将来我国刑事审判程序可以分为认罪程序和不认罪程序,前者包括简易程序和速裁程序,后者主要指普通程序。《认罪认罚从宽试点办法》第 16 条规定速裁程序可以省略法庭调查和辩论环节,在听取被告人最后陈述后直接宣判。那么,在刑事速裁程序中,辩护律师在法庭上基本没有太多的辩护空间,其辩护精力主要体现在庭前与控方的协商过程中。简言之,对于认罪案件,在审判阶段律师辩护的主要路径是简易程序中的量刑辩护。

在简易程序中,控辩双方对犯罪事实无对抗的必要,辩护律师原则上对指控的罪名和事实应无异议。当前司法实践中,法院采用简易程序通常依据检察院的建议。检察机关建议的前提是被追诉者认罪并同意适用简易程序。因此,适用简易程序审理的案件,控辩双方在庭前没有就量刑协商达成协议的,如果公诉人发表了量刑建议,律师对量刑建议在刑罚的种类、幅度上有异议的,应就此与控方展开辩论,以争取法庭更为从宽的量刑;如果公诉人当庭不发表量刑建议,辩护律师应当就被告人认罪及其他法律规定所应获得的从宽待遇,从事实、法理与情理上充分发表辩护意见,以维护被告人合法诉讼权益。当然,在速裁程序或简易程序中,如果被告人当庭推翻之前认罪认罚的意思,辩护律师应向其核实反悔的理由,并就反悔的后果进行释明。若被告人坚持反悔,辩护律师应建议法庭转换审理程序。此外,《认罪认罚从宽试点办法》第15条规定,法庭应当对被告人认罪认罚的自愿性以及其签署的具结书内容的真实性、合法性进行审查。据此,辩护律师在审判过程中发现被告人认罪认罚是出于控方诱骗或逼迫等非自愿的,以及具结书与被告人认罪认罚的事实不符或有违法律规定的,应当及时向法庭提出辩护意见,积极维护被告人的合法权益。

沉默权离我们还有多远？*

——也谈沉默权

陈远乐　王春平

一

从一般意义上来说，对于一个人的提问，我们可以做出表示，也可以保持沉默，有理由确信，沉默是每一个人应有的权利。一个人以口头、书面或者通过传播媒介合法地表达自己的思想和见解，是我国《宪法》第35条规定的公民的言论自由的应有之义，这是毫无疑问的。从另一个角度看，发表言论作为一种自由，公民可以行使，也可以不行使。作为言论自由消极行使之表现形式的沉默，应当是公民的一项重要权利。

在主体地位相对平等和权利义务相对均衡的法律领域，对沉默权的侵害往往就少，程度也轻，因为双方之间的对抗力量是基本平衡的；相反，在主体地位过分悬殊和权利义务过于失衡的法律领域，对沉默权的侵害就要频繁得多、严重得多，最简单的一个例子是与面对一个赤手空拳的普通人相比，面对一个持枪的暴徒更易使一个人吐露真相。在公权与私权对立的场合，如刑事诉讼和行政诉讼领域，对沉默权的侵害，以及由此对人身自由和其他权利的侵害，已经使社会利益的守夜人——政府，在公众眼中变成了可怕的东西。难怪美国历史上著名的联邦法院大法官霍姆斯会说："罪犯之逃之夭夭与政府的非法行为相比，罪孽要小得多。"

随着历史的发展，人们越来越认识到：缺乏对抗机制的制度安排，极易对公众的权利造成重大伤害。基于这一认识，各国对自身的司法制度都进行了不懈地改革。为了平衡双方之间的力量，在刑事诉讼中，赋予犯罪嫌疑人、被告人以辩护权，采取刑事强制措施之前对侦查机关科以表明身份、出示令证的义务；在行政诉讼中，责令行政机关承担主要举证责任，作出行政处罚决定之先对行政机关科以

---

* 本文发表于《广东律师》2001年第4期，本次收录时进行了修改。

告知义务,赋予行政相对方要求举行听证的权利。在英美法系对抗制刑事诉讼模式下,最具典型意义的当属沉默权制度了。在这种制度下,犯罪嫌疑人、被告人对侦查和司法人员的讯问有权不回答,讯问人不得逼迫其回答问题;侵害沉默权所得的证据,不具有证据能力;认定犯罪事实时,不得将被告人的沉默态度作为有罪证据。

沉默权这种制度安排,“是文明与野蛮的分解、是公平与正义的体现,在人类诉讼制度文明史上具有里程碑的意义”①。其一,它最大限度地满足了犯罪嫌疑人、被告人抗衡侦查和司法机关的要求,使刑事诉讼结构趋于合理化。其二,它最大限度地使无罪推定原则得到有效贯彻。因为,一个人在通常情况下,应当同其他善良公民一样,毫无例外地享有正常行为不受法律责难和有罪质疑的平等对待。其三,它能使司法活动中刑讯逼供和违法诱供等非法行为得到有效的抑制。实践过程中,法律在规定禁止刑讯逼供、诱供的同时,如果不明确规定沉默权而只规定犯罪嫌疑人、被告人如实陈述的义务,侦查和司法人员在刑事诉讼中为了尽早破案,就会对口供形成强烈依赖,将口供作为寻找证据的源头,过分强调犯罪嫌疑人、被告人的义务,忽视他们本应享有的权利,刑讯逼供、诱供自然是不免的了。相反,如果要求侦查和司法机关禁止刑讯逼供、诱供的同时,赋予犯罪嫌疑人以沉默权,双管齐下,则可以调动侦查和司法人员的积极性,促使他们努力寻找口供之外的其他证据,刑讯逼供、诱供等非法行为自然就会相应地大大减少。其四,它符合人道主义的要求,有利于最终实现司法公正。强迫犯罪嫌疑人、被告人自证其罪,是有违人性的。否定刑讯逼供、诱供,承认沉默权,是人类文明进步的表现。采取刑讯逼供、诱供方式取得证据,常常导致被告人在法庭上当庭翻供,这会令控诉方面临尴尬和难堪的处境,为了挽回颜面,往往可能会进一步诱发更严重的非法行为和腐败现象的出现,最终会削弱公众对司法的信任。

二

当事人之辩护权、提出异议权、知情权、要求听证权等是积极对抗性的权利,而沉默权是消极对抗性的权利。刑事诉讼过程中,犯罪嫌疑人、被告人已处于劣势,倘若只对其科以如实陈述的义务,将其对提问保持沉默作为认罪态度不好的一个有力佐证来看待的话,则其情状有若待宰羔羊。每一个人,都有自己的人格和尊严。根据无罪推定原则,一个人在未被司法机关作出有罪判决之前,不得被

---

① 马涛:《沉默权:在理想与现实的边缘——“刑事诉讼与沉默权研讨会”综述》,载《人民检察》1999年第12期。

认定为有罪。如果将这一原则加以引申的话,我们可以得出这样一个结论:一个人在未被司法机关作出有罪判决之前,同其他善良守法的公民一样,享有不受法律责难、有罪质疑和受到平等对待的权利。假设后一命题成立的话,对于一个受到司法机关有罪质疑的无辜良民来说,他可以行使申辩权,也可以保持沉默。这种沉默,应当被认为是其以"身子站得正,不怕影子斜"的心态对抗侦查和司法机关对其的法律责难,而不应被认为是其做贼心虚或认罪态度不老实的表现。

今天,我们更多的是在刑事诉讼领域谈论沉默权,作为一种制度安排,沉默权是否仅仅应当局限于刑事诉讼领域呢?在同样缺乏对抗、双方当事人力量对比过于悬殊的行政诉讼领域,在特定情况下,是否应当允许沉默权的存在呢?

沉默权作为一种消极对抗性的权利,允许沉默权在行政诉讼中的特定情况下存在,是切实可行的。当行政机关在作出行政处罚决定之前违反表明身份义务的情况下,由于责难人身份不明确,为了防止公民的合法权益受到侵害,此时应当允许其对涉及自己切身利益同时又正受到质问的情况保持沉默。从另一个角度来看,一个人对于身份不明的陌生人的质问,没有必须回答和做出表示的义务。对于违反表明身份义务的行政机关工作人员,一个突然遭受责难的人有权将其视为普通陌生人而不必管他是不是正代表国家行使职权的行政机关工作人员。

三

沉默权制度的确立是大势所趋,在沉默权是否应当确立这一问题上花费太多的口舌和笔墨似乎已经没有多大意义。我们所要关心的是:我们现在能否确立完全意义上的沉默权制度?如果不能,那么在什么样的条件下才能确立?如果能,那么应当允许它在多大的范围和限度内存在?

有人认为,我国《刑事诉讼法》第 120 条规定的犯罪嫌疑人对侦查人员所提出的与本案无关的问题,"有拒绝回答的权利"是沉默权在我国的立法表现。笔者对此持肯定态度,但这并非我们所要讨论的完全意义上的沉默权制度。《公民权利和政治权利国际公约》第 14 条第 3 款规定,受刑事追诉的人不得被强迫作不利于自己的证言或者强迫承认犯罪。因而,完全意义上的沉默权应这样理解:犯罪嫌疑人的供述须出于其自愿,不得对其施加任何物质的和精神的强制。对一个人进行法律责难,责难人应提供充分证据,受责难人不负举证责任。据此应当认为,受责难人对于任何做出回答将有可能对自己造成不利影响的质问,都有保持沉默和不做任何表示的权利。

那么,我国现在能否确立完全意义上的沉默权制度呢?

笔者认为,沉默权制度是在保护社会利益和保护个人利益的权衡中创设的,沉默权的设立与否,取决于统治者对个人利益和社会利益的价值取向。社会发展到今天,大多数国家已经完成了从偏重保护社会利益或偏重保护个人利益到社会利益保护和个人利益保护并重的过渡。在两种利益保护并重的情况下,获取证据特别是犯罪嫌疑人口供之外的证据的难易程度以及侦破案件对口供的依赖程度的大小,就成为设立沉默权制度不得不考虑的重要因素;从而,一个国家侦查力量的强弱和侦查技术水平的高低对于这一制度之设立就会起到不可忽视的作用。

就我国目前的实际条件和司法现状来看,我国沉默权制度设立的时机似乎还不太成熟。首先,沉默权制度得以生存的民众心理土壤还没有形成。长期以来,"坦白从宽,抗拒从严"的刑事政策已经深深植根于我国人民大众的心间,阶级斗争的余痕还没有完全消除,公众已习惯于用一种偏执的眼光来观察世界,用惯常的思维定式去思考问题。在一般人看来,一旦被司法机关责难,受责难者总是难辞其咎的,于是自然而然地将其视为异端。在他们眼里,犯罪嫌疑人只有供述的义务,对于司法机关工作人员的提问,允许其保持沉默简直是不可思议的。其次,侦查、司法机关侦破案件对口供的依赖在短期内不可能摆脱。确立沉默权,必须保证大多数案件可以完全不依赖口供定案。① 在我国的诉讼实践中,更多的是先获取口供,然后根据口供取得其他证据,最后通过各种证据的相互印证定案。在一定意义上,口供的确是其他证据的源头。这样,没有口供,将使许多案件无法定案,对犯罪的有效控制也就不复存在了。最后,我国目前的侦查资源还不足以保证沉默权的良好生存。部分侦查人员素质不高、侦查技术水平相对较低、侦查力量相对薄弱、财政支持相对不够等,都严重影响着沉默权制度确立后的良性运行。

因而,沉默权制度在我国的确立和生存,应当满足一定的条件和要求。一是对旧的刑事政策的抛弃与变换,培养沉默权得以健康成长的民众心理土壤。二是加大财政支持力度,提高我国侦查和司法机关的侦查技术水平、加强侦查力量,增强其获取口供以外的其他证据的能力,消除其对口供的依赖。三是与沉默权相关的配套制度措施的建立和实施。单纯从法律上赋予犯罪嫌疑人以沉默权是远远不够的,还必须有相应的制度措施诸如侵犯沉默权的责任制度、行使沉默权的范围和界限制度、沉默权滥用的认定制度等进行保障,此外,原有的刑事诉讼证据制度也要做出相应的调整。唯有如此,沉默权制度确立后才能真正得到贯彻执行。

---

① 马涛:《沉默权:在理想与现实的边缘——"刑事诉讼与沉默权研讨会"综述》,载《人民检察》1999年第12期。

四

沉默权行使的范围和限度是一个比较复杂但又不能回避的问题。对于什么人的、什么方式的、什么问题，犯罪嫌疑人有权拒绝回答和保持沉默，直接影响诉讼进程的快慢、侦查和司法机关发问的内容和方式，以及犯罪嫌疑人沉默权之行使是否得当。

我国《刑事诉讼法》第120条规定的犯罪嫌疑人对侦查人员所提出的与本案无关的问题，"有拒绝回答的权利"无疑是用肯定的方式对犯罪嫌疑人可以保持沉默的范围做出了规定。但是，在没有相应配套制度措施保障的情况下，用"与本案无关的问题"这几个字对沉默权可以行使的范围进行限定是否科学，这是很值得反思的。究竟何为"与本案无关"，何又为"与本案有关"呢？对这一问题，只能由法院在开庭审理过程中进行认定。而在侦查阶段，假设犯罪嫌疑人认为侦查人员的问题是与本案无关的，而侦查人员认定该问题是与本案有关的，双方地位的不等性决定了犯罪嫌疑人的沉默权在此时根本得不到保障，因为在没有口供以外的其他证据而又必须定案的情况下，犯罪嫌疑人以沉默进行对抗的结果极有可能是刑讯逼供的发生。

那么，我们应当用一种什么样的方式对沉默权的范围和限度做出相应规定呢？笔者以为，在立法上，采取肯定和否定相结合的立法方式，既赋予沉默权又做出相应限制，既照顾到一般又兼顾个别，将会是可取的和理想的方法。

对于从肯定角度即在何种情况下犯罪嫌疑人当然有沉默权的角度对沉默权的范围和限度进行界定，笔者认为，可以考虑适用以下原则：一是威胁性提问有权沉默原则。即对于侦查和司法人员采取物理或精神强制方式进行的提问，犯罪嫌疑人有权拒绝回答。这一原则的有效贯彻有一个十分重要的前提，那就是侵害沉默权所获证据为非法的司法认定制度和侵害沉默权责任制度的建立。二是引诱性提问有权沉默原则。即对于做出回答将使犯罪嫌疑人陷入不利境地的提问，其有权拒绝回答。三是涉私性提问有权沉默原则。即对于任何关涉个人隐私之提问，犯罪嫌疑人有权拒绝回答。四是侮辱性提问有权沉默原则。即对于任何伤及个人人格尊严之提问，犯罪嫌疑人有权保持沉默。五是无涉性提问有权沉默原则。即对于无关本案的提问，犯罪嫌疑人有权拒绝回答。这实际上就是上述我国《刑事诉讼法》第120条之规定，这一原则的有效贯彻也应当由无涉性提问之认定制度和由此所获非法证据之排除制度加以保障。对于从否定角度即在何种情况下犯罪嫌疑人之沉默权应受限制角度对沉默权的范围和限度进行界定，笔者认为,可以考虑适用以下原则:一是紧急情况下沉默权有限原则。即在关涉人命或重大利益之时,犯罪嫌疑人沉默权应当受到限制。二是涉国家安全沉默权有限原则。即当允许犯罪嫌疑人保持沉默将危及国家安全时,其沉默权应当受到限制。三是与必要义务冲突时沉默权有限原则。即当犯罪嫌疑人之沉默权与其必须承担的义务发生冲突时,其沉默权应当受到限制。很明显的一个例子是巨额财产来源不明罪,对于关涉非法财产来源之提问,犯罪嫌疑人不得行使沉默权。无论是从肯定角度还是从否定角度考虑的几个原则,都是一种不很成熟的思考,真正贯彻起来难免会出现意想不到的问题,最为关键的一个问题是:违反以上原则的认定问题。对此,笔者认为,应当赋予法院以相应的裁量权。在诉讼过程中,对于侦查和司法机关是否违反上述原则,法院有权进行认定。相应地,对于被认定为违反上述原则所获取的证据,法院应当有权予以排除,不作为定案的依据采用;对于严重违反上述原则的行为,还应当允许法院依法追究有关人员的法律责任。这种思考不管有益或无益,权作法律界同仁用于参考或批判的靶子吧。

五

对于沉默权制度的确立,我们不能再继续保持沉默了,一些必要的准备工作是时候开始了。当犯罪嫌疑人可以有自己保持沉默的自由和空间的时候,表明我国侦查和司法机关的办案能力和水平有了明显的提高,我国的法治进程又向前大大迈进了一步,那将是十分可喜可贺的。

别让少年的你再承受校园欺凌

姜　澄　罗允齐

前　言

2019 年上映的电影《少年的你》一经放映就引起了社会的广泛讨论。电影重点揭露了校园欺凌这一社会现象，这也是电影能够引起观众共鸣的一个重要原因。原本可以避免的欺凌，却成为很多人一生无法逃避的梦魇；原本可以施以援手的旁观者，却成了人群中沉默的大多数。

本文从电影《少年的你》中的情节入手，分析校园欺凌的类型、在我国的法律规制、国外相关法律制度，以及如何保护未成年人免受校园欺凌的侵害。

一、电影《少年的你》中关于校园欺凌的情节

在电影《少年的你》中，首先表现的是复读中心的学生胡小蝶无法忍受欺凌而选择了跳楼自杀。电影中的胡小蝶被欺凌的方式不仅仅体现于对身体进行攻击和伤害，更多的是精神上的侮辱。这也体现了校园欺凌的一个特点，即身体损害很小，证据难以保存。校园欺凌中，由于身体上的伤害较小，被欺凌者即使向老师或家长求助，也没有切实的证据证明自己受到欺凌。若老师或家长没有认真对待欺凌行为，被欺凌者不仅不能得到保护，甚至还会遭到记恨，被欺凌者更进一步地施加报复。在一次或数次求助无果后，被欺凌者往往会放弃求助，选择采取极端的行为逃避校园欺凌。在电影中，胡小蝶最终选择了轻生。但是在轻生之前，胡小蝶曾向女主角陈念求助过，陈念不希望影响自己的学习，没有对胡小蝶提供帮助。

女主角陈念在电影中是一心学习、希望通过高考改变命运的高三学生。电影中欺凌者魏莱的小团体对陈念的欺凌有不同的层次，是从身体到精神多层次的打击。从一开始简单的类似恶作剧的行为，到带动小群体制造精神孤立，然后是身体攻击强化压制关系，最后采用具有极端侮辱性的行为。欺凌者并非一开始就会采用极端的手段，欺凌的手段通常是在对被欺凌者的不断试探中逐渐升级的。

二、校园欺凌的类型分析和法律规制

可以看出，校园欺凌种类多样，既有直接的身体伤害，又有对被欺凌者精神上的打压。总体上，校园欺凌表现出了学生之间的一种身体上或精神上的故意伤害。在故意伤害性之外，另有两项特点使欺凌有别于一般的攻击行为，即力量不均衡性和重复发生性。前者指欺凌者通常在身体力量、人数或人际关系等方面上处于优势地位，受欺凌者在受到欺凌时不能有效地保护自己；换言之，欺凌是指力量相对较强的一方对力量相对弱或处于劣势的一方进行的攻击，通常表现为以大欺小、以众欺寡、以强凌弱。后者指受欺凌者在一段时间内重复性地遭受来自另外一个或多个人的攻击。然而我国一些研究表明，重复发生性只体现在一部分欺凌事件中，可能并不是欺凌的必备特点。

欺凌的类型有很多分类标准，如按照实施方式的不同分为直接欺凌（身体欺凌、言语欺凌）和间接欺凌（关系欺凌）。此外，随着当代网络技术和移动通信技术的发展与普及，网络欺凌（cyber bullying）也成为一种新兴的欺凌类型。[①]

（一）身体欺凌、言语欺凌和关系欺凌

身体欺凌（physical bullying）是指欺凌者一方利用身体动作对受欺凌者实施的欺凌，包括打、踢、推、撞以及抢夺、破坏物品等。

言语欺凌（verbal bullying）是指欺凌者一方通过口头言语形式直接对受欺凌者实施的欺凌，包括骂人、羞辱、叫取外号、嘲讽等。

关系欺凌（relational bullying）是指欺凌者一方借助第三方对受欺凌者实施的欺凌，主要包括背后说人坏话、散布谣言、社会排斥等。

在现实中，校园暴力常见的情形是殴打，可以在诸多校园暴力的视频中看到，对同学抽耳光、拳打脚踢、逼迫下跪等行为比比皆是，而且这样的欺凌往往是多人对一个人实施的，被欺凌者无从求助，反抗也难有效果。这一类的欺凌，行为最为暴烈，但是因为行为激烈、伤痕明显，也比较容易被发现和保存证据。对于此类校园欺凌行为，如果施暴者已满14周岁，可以根据《治安管理处罚法》第43条[②]对施

---

① 《校园欺凌界定、类型》，载中国反校园欺凌网，http://www.antibul.sdnu.edu.cn/info/1032/1039.htm。

② 《治安管理处罚法》第43条规定："殴打他人的，或者故意伤害他人身体的，处五日以上十日以下拘留，并处二百元以上五百元以下罚款；情节较轻的，处五日以下拘留或者五百元以下罚款。有下列情形之一的，处十日以上十五日以下拘留，并处五百元以上一千元以下罚款：（一）结伙殴打、伤害他人的；（二）殴打、伤害残疾人、孕妇、不满十四周岁的人或者六十周岁以上的人的；（三）多次殴打、伤害他人或者一次殴打、伤害多人的。"

暴者进行处理,造成轻伤以上严重结果的还可以根据《刑法》第234条[①]故意伤害罪进行处罚。

此外,从上述分类可以看到,校园欺凌中的欺凌并不仅仅是直接地造成身体性的伤害,也可以是对被欺凌者的物品进行破坏,如《少年的你》电影中撕毁同学的衣服的行为。此外还有对被欺凌者进行语言上的侮辱,如《少年的你》电影中因陈念母亲被逼债而对陈念嘲笑侮辱的行为。对于破坏衣物、侮辱他人的行为,可以根据《治安管理处罚法》第42条[②]对欺凌者进行规制,以其他方法公然侮辱他人,情节严重的,还可以根据《刑法》第246条[③]侮辱罪进行处罚。

而对于校园欺凌中的关系欺凌,目前暂时没有更多法律规制的途径。关系欺凌的可怕之处在于它制造了一种氛围,一种没有人和你站在一起的氛围。被欺凌者无法向他人倾诉,无法摆脱,甚至都无法反抗。例如,《少年的你》电影中体育课上没有人传球给陈念,陈念最终能做的也只是默默走开。对于关系欺凌这一种看似温和的欺凌方式,需要老师和家长更多地和孩子沟通,了解孩子在学校中的情况,需要的话,还可以让心理治疗介入。

(二)新兴的欺凌类型——网络欺凌

网络欺凌(cyber bullying)是指在网络环境下具有相对优势的个体或群体借助于现代网络交往方式或媒介(如短信、电话、邮件、照片、视频、聊天室和网站等)有意实施的指向特定对象的可能产生持续性伤害的一系列侵犯行为的总称。主要包括人肉搜索(cyber manhunt)、网络诋毁(cyber - denigration)和网络骚扰(cyber - harassment)等。

在韩国,网络欺凌已经成为严重的社会问题。一款叫作Kakaotalk的手机软件是韩国校园网络暴力的最主要载体,这是韩国人最常用的实时聊天软件。一些

---

① 《刑法》第234条规定:"故意伤害他人身体的,处三年以下有期徒刑、拘役或者管制。犯前款罪,致人重伤的,处三年以上十年以下有期徒刑;致人死亡或者以特别残忍手段致人重伤造成严重残疾的,处十年以上有期徒刑、无期徒刑或者死刑。本法另有规定的,依照规定。"

② 《治安管理处罚法》第42条规定:"有下列行为之一的,处五日以下拘留或者五百元以下罚款;情节较重的,处五日以上十日以下拘留,可以并处五百元以下罚款:(一)写恐吓信或者以其他方法威胁他人人身安全的;(二)公然侮辱他人或者捏造事实诽谤他人的;(三)捏造事实诬告陷害他人,企图使他人受到刑事追究或者受到治安管理处罚的;(四)对证人及其近亲属进行威胁、侮辱、殴打或者打击报复的;(五)多次发送淫秽、侮辱、恐吓或者其他信息,干扰他人正常生活的;(六)偷窥、偷拍、窃听、散布他人隐私的。"

③ 《刑法》第246条规定:"以暴力或者其他方法公然侮辱他人或者捏造事实诽谤他人,情节严重的,处三年以下有期徒刑、拘役、管制或者剥夺政治权利。前款罪,告诉的才处理,但是严重危害社会秩序和国家利益的除外。通过信息网络实施第一款规定的行为,被害人向人民法院告诉,但提供证据确有困难的,人民法院可以要求公安机关提供协助。"

学生会在班级的聊天群组中对个别学生进行辱骂,若此学生退群,其他人则会再次将其邀请至群组,并继续辱骂和欺凌。也有一些学生在申请加入班级群组时遭到拒绝,承受着被孤立的痛苦。据韩联社报道,韩国教育部提交的"校园暴力与措施现状"资料显示,2015 年韩国共发生 1462 起校园网络暴力事件,是 2012 年的 1.62 倍。此外,据韩国《今日亚洲》报道,有 27.7% 的韩国青少年都曾遭受过校园网络暴力,学生们甚至将 Kakaotalk 聊天软件称作"Kakaotalk 监狱"。

在我国,QQ 和微信是青少年的即时通信工具,在网络上进行的校园欺凌也应当被重视,而目前还未有相关立法对此加以规制。

三、国外有关校园欺凌的法律规制

(一)美国加州留学生校园欺凌案①

2015 年 3 月,在美国加州读高中的两名中国女留学生,因琐事遭到同为中国留学生的 10 余名同学的长时间殴打、虐待。事后被害人在当地报警,警方调查后提起公诉。2016 年年初,此案的 3 名主犯与检方达成减刑协议后,足以使被告人被判处终身监禁的"折磨罪"指控被撤销,3 人被判处 6 年到 13 年监禁,服刑期满后将被驱逐出境。

此案中值得关注的地方还在于,主犯之一翟某某在被捕后甚至希望早日开庭,以便几个月后能在家里庆祝自己的生日。另一位未成年被告人的家长不相信自己的孩子会因为打架而被通缉,确认孩子被通缉后,竟联络被害人家长试图私了,但被警方以贿赂证人罪拘留。翟某某对案情盲目乐观的估计、家长试图私了的行为很大程度上是基于国内情况进行判断的。在我国,校园欺凌、校园暴力事件也时有发生,欺凌者会遭受批评教育,家长甚至教师乐于息事宁人,而这些与校园欺凌的发生甚至重复发生不无关系。

(二)挪威校园欺凌干预研究②

1982 年,挪威的 3 个男孩因不堪忍受欺凌而相继自杀,这一事件引起了挪威政府的极大关注。受挪威教育部委托和资助,卑尔根大学的丹·奥维尤斯(Dan Olweus)教授于 1983—1985 年领导了全国性的学校欺凌问题调查研究和反欺凌运动(Olweus Bullying Prevention Program, OBPP),这也是世界上最早的学校欺凌干预运动。

---

① 《在美中国留学生欺凌同学获重刑》,载中国反校园欺凌网,http://www.antibul.sdnu.edu.cn/info/1004/1026.htm。

② 《挪威的校园欺凌干预研究》,载中国反校园欺凌网,http://www.antibul.sdnu.edu.cn/info/1003/1072.htm。

自 1982 年开始,挪威先后进行了五次大规模的干预运动或干预研究,分别是 1983—1985 年的卑尔根反欺凌计划(Bergen Project against Bullying)、1997—1998 年的新卑尔根反欺凌计划(New Bergen Project against Bullying)、1999—2000 年的奥斯陆反欺凌计划(The Oslo Project against Bullying)、2001—2003 年的新反欺凌国家倡议(New National Initiative Against Bullying)以及 2001—2006 年的奥斯陆五年追踪研究(Five - Year Follow - Up Study in Oslo)。评估结果显示,干预学校的欺凌以及被欺凌水平均有所降低。在这期间,OBPP 不断自我发展、自我完善,譬如 20 世纪 90 年代开始,在关注欺凌行为的同时,注重改进学校的班级管理工作和提高教师的班级管理水平,通过协调和改善学校的各层关系而为干预工作的顺利开展提供支持。

(三)英国的校园欺凌干预运动①

从 1991 年起,英国的谢菲尔德、伦敦和利物浦等地区的学校开始实施欺凌干预方案。1994 年,《不再默默承受》(*Don't Suffer in Silence*)一书出版,并由教育部门发放到各个学校,学校是否存在欺凌问题以及是否采取了有效的应对措施被列为教育评估检查的重要内容之一。同时,英国法律规定,从 1999 年 9 月起,每所学校都要制定反欺凌方案来解决欺凌问题。

在英国开展的欺凌干预研究中,规模最大的是 1991—1993 年在谢菲尔德地区开展的欺凌干预。谢菲尔德欺凌干预方案受到了卑尔根干预方案的影响,具有许多独特之处,如学校欺凌干预方案的制定采取组合的形式,由参加干预的学校各自制定并实施全校反欺凌政策;通过对受欺凌者进行自信心训练和同伴咨询等方法进行干预;此外,学校可以选择设置课程、改善操场环境等来实施干预。干预前后学校欺凌与受欺凌发生率的调查结果显示,小学、初中的受欺凌发生率分别下降了 14%、7%,小学和初中的欺凌发生率下降了 12%;学校投入欺凌干预的时间和精力越多,干预的效果就越好。

四、规制校园暴力之展望

综合前文的分析,我们可以看到,在我国,校园欺凌的问题尽管一直存在,但也在社会各界关注下不断被揭露和讨论。我们应当相信,校园欺凌的规制手段可以在不断地讨论中加以完善。

(一)加以严格的法律约束

导致校园欺凌难以杜绝的原因,是对未成年人的约束能力不足。

---

① 《英国的校园欺凌干预运动》,载中国反校园欺凌网,http://www.antibul.sdnu.edu.cn/info/1003/1071.htm。

一方面,《刑法》规定对未满14周岁的儿童不追究刑事责任;而在《治安管理处罚法》中,未满14周岁的儿童也不能被加以行政拘留的处罚手段。在法律对未成年人没有严格限制的情况下,校园中的欺凌者自然变得有恃无恐。网络报道的一个案例,4个未满14岁的男生在学校性侵小女孩从该案中可以看到,即使是这样的恶性案件,警方依然不能采取刑事手段加以惩处,涉案的4个小男孩最后的结果也仅是转校而已。通过网络获取知识已经如此便捷的今天,未满14岁的儿童们往往都清楚地知道自己不负有刑事责任。

另一方面,作为管理者的学校和老师在欺凌中也起到了推动的作用。一些老师不希望给自己添麻烦,面对查不清原委的欺凌事件,不愿追究,也就不能为被欺凌者提供保护。一旦学生向老师求助又没有得到有效保护,只会给学生以负面反馈,学生受到欺凌就会更加不愿意告知老师。一些学校领导在校园欺凌导致严重后果后,仍然希望息事宁人,不追究欺凌者的责任,这也同样是在变相鼓励欺凌者的行为。

针对这一问题,笔者认为解决方法就是加强对未成年人犯罪的惩处,有法必依。2020年5月29日,广东省人民检察院公开发布《广东未成年人检察工作白皮书》,白皮书中显示,2019年广东省检察机关受理审查逮捕未成年人犯罪案件4305件、6626人,受理审查起诉未成年人犯罪案件4579件、6762人,不捕率、不诉率分别为20.87%、18.60%。2019年广东省检察机关未检部门共对640名涉罪未成年人开展羁押必要性审查,对160人开展交付执行监督。从上述数据可以看到,广东省检察机关对未成年人犯罪案件认真对待,以教育、感化为方针,积极进行案件受理审查。有效执行的法律规制手段,是制约未成年人校园欺凌的一大重点。

(二)学校、培训机构、医院等组织积极保护未成年人

从上文中挪威、英国的校园欺凌干预的相关工作可以看到,学校作为直接管理学生的组织,其投入欺凌干预的时间和精力越多,干预的效果就越好。我国也应当增强学校在校园欺凌中保护未成年人的作用。

2020年5月7日,最高人民检察院、国家监察委员会、教育部、公安部、民政部、司法部、国家卫生健康委员会、中国共产主义青年团中央委员会、中华全国妇女联合会联合发布了《关于建立侵害未成年人案件强制报告制度的意见(试行)》。该意见规定,依法对未成年人负有教育、看护、医疗、救助、监护等特殊职责,或者虽不负有特殊职责但具有密切接触未成年人条件的企事业单位、基层群众自治组织、社会组织[居(村)民委员会、中小学校、医院等],在工作中发现未成

年人遭受或者疑似遭受不法侵害以及面临不法侵害危险时,应当立即向公安机关报案或举报。这一强制报告制度,增加了密切接触未成年人的组织的责任,有利于其在规避校园欺凌中发挥更好的作用。

结　语

在电影《少年的你》中,尽管陈念已经告诉了老师,也向警察进行过求助,但陈念最后是在小混混小北的保护下才得以暂时避免了校园欺凌的侵害。电影中的情节是虚构的,但其引起的共鸣却是真实的。法律更进一步的保护,学校更细一点的管理,家长更多一句的关心,这些才是减少乃至杜绝校园欺凌事件的根本。只有全社会对校园欺凌持续关注,我们才会不断地推动改变,从制度上根本性地解决校园欺凌的问题,让我们的孩子的童年和少年时代不再承受不应承受的伤痛,让电影中虚构的情节永远成为虚构。

2016 年 11 月,教育部等九部门出台《关于防治中小学生欺凌和暴力的指导意见》;2017 年 12 月,教育部等十一部门印发《加强中小学生欺凌综合治理方案》;2020 年 5 月,最高人民检察院等九部门印发《关于建立侵害未成年人案件强制报告制度的意见(试行)》,开始建立侵害未成年人案件的强制报告制度。可以看到,近年来我国对未成年人的法律保护在不断推进。我们应当相信,校园欺凌被杜绝的那一天,就在明天。

专业批发市场合同诈骗的界定及风险防范指引

梁沐周　廖国冬

一、研究背景

广州作为千年商都，是服装、皮具、水产、果蔬、干货、药材等行业的重要批发集散地。目前，广州大约有专业批发市场1000个，总建筑面积达数千万平方米，涵盖了四十多个商品门类，形成了较为齐全的批发市场体系。广州的专业批发市场以其功能清晰、区域性强、产品集中、数量充足、门类齐全而闻名中外，每年吸引来自全国及世界各地的客商到广州批量采购，从而有效地推动了广州经济尤其是旅游服务业的发展。

但长期以来，许多专业批发市场的交易习惯仍处于落后、原始的状态，许多专业市场管理非常不规范，市场、商户法律意识淡薄，常常以交易习惯代替法律，具体表现在：其一，实际交易过程中，在未核实对方的真实身份信息的情况下，便径行与对方进行交易；其二，在对方的欺诈下或自身存在侥幸心理，不签订购销合同或签订合同不规范；其三，部分商户出具的《付款承诺书》或《对账单》内容不够完善，缺少管辖条款、违约责任条款，未载明具体的交易时间、交易品种等；其四，恶意采购方利用了交易产品具有出货量大、货期供应集中、保存期短、保鲜要求高、不宜长时间持有等交易特点，采取赊账或者炒货的交易模式，导致巨额货款（数百万或者数千万元）被拖欠或者被恶意转移；其五，在商品交易中，大部分的商户并不清楚交易对方的财产线索，也未要求对方提供任何担保，在强制执行程序中很难执行到款项；等等。以上种种原因导致许多商户被"老赖"拖欠巨额货款，在维护自身合法权益时无法提供充足的证据材料，民事纠纷、民事欺诈案件也越来越多。

而涉及刑事的合同诈骗在各专业批发市场中更加常见。行为人通过虚构主体、冒用他人名义、隐瞒真实的履行能力、提供虚假的担保等手段进行交易，在收到对方交付的货物后逃匿，致使诸多商户无法追回货款。

合同诈骗犯罪在各专业批发市场发生的频率高、金额大已经是共性，笔者团队服务的客户之一——广州某果蔬批发市场近年来曾经多次发生涉案货款金额超过千万元的案件，数十家供应商的货款被恶意拖欠或者恶意转移，导致商家无法追回货款，资金链条断裂，多年积累起来的产业瞬间化为乌有。

如何避免合同诈骗，采取何种保障方式和法律措施，对保障广州各大专业批发市场诸多商户的切身利益，营造广州高度发达的营商法治环境具有重要现实指导意义。

新冠肺炎疫情笼罩下的广州专业批发市场，正迎来艰难时刻。因体量大、从业人员多，再加上跨地流动频繁、人群容易集聚，导致批发市场疫情防控难度大，所以复工复产的要求尤为严格。除了新冠疫情，常见于各大专业批发市场的法律纠纷亦不断出现，尤其以涉嫌合同诈骗罪的买卖合同类法律纠纷为甚。了解这些纠纷，对于判断行为性质、预防风险发生具有重要意义。

如何准确把握合同诈骗罪，厘清罪与非罪，对于及时打击犯罪，维护社会秩序，维护国家、集体和个人利益，促进社会主义市场经济的发展具有现实的必要性和急迫性。

鉴于前述合同诈骗存在的普遍性及判断的急迫性，本文拟结合有关案例进行分析，并在此基础上提出准确界定合同诈骗的方案。

二、案例分析及合同诈骗罪的构成

（一）案例基本情况

广州市某水果商行（以下简称某水果商行）系广州某果菜批发市场的供应商（该市场为中国最大的果蔬批发专业市场）。2017 年 6 月 5 日，梁某签署了《采购商入场承诺书（广州某果菜批发市场）》，明确市场交易习惯为：采购商或采购商的代理人直接到供应商档口处看货、订货并当场提货，约定期限内供应商向采购商发送对账结算单，供应商核对无误后付清货款，异议部分双方通过电话、微信、短信等多种方式沟通解决。同日，梁某出具《授权委托书》授权谢某在该市场代其进行采购、提货、验收等买卖交易行为。

2019 年 1 月 8 日至 2 月 2 日，谢某以“委托人”梁某的名义与某水果商行签署了 8 份《水果买卖合同（提货单）》（合同金额合计 424,360 元）并已提货。

本案中，实际采购商为谢某，但其并未签署《采购商入场承诺书》，仅在《水果买卖合同（提货单）》中签署了“长沙老谢”（昵称），谢某取走货物后一直下落不明，且未支付任何货款。

本案中，“委托人”为梁某，“代理人”为谢某，根据民事代理的规定，其代理行为法律后果应由“委托人”梁某承担即梁某负责支付货款。但本案的实际采购商及受益人均为“代理人”谢某,其以“委托人”梁某的名义与某水果商行签订水果买卖合同后,取得货物即逃匿且拒不付款,最终,谢某的行为被认定为合同诈骗罪。该类案例为笔者团队常年服务的果蔬、皮具和服装等广州专业批发市场中常见的法律纠纷,笔者从2019年代理的多个买卖合同纠纷中,节选了一个典型的涉及合同诈骗的交易行为进行分析。

(二)合同诈骗罪的构成

1. 概念

《刑法》第224条规定:“有下列情形之一,以非法占有为目的,在签订、履行合同过程中,骗取对方当事人财物,数额较大的,处三年以下有期徒刑或者拘役,并处或者单处罚金;数额巨大或者有其他严重情节的,处三年以上十年以下有期徒刑,并处罚金;数额特别巨大或者有其他特别严重情节的,处十年以上有期徒刑或者无期徒刑,并处罚金或者没收财产:(一)以虚构的单位或者冒用他人名义签订合同的;(二)以伪造、变造、作废的票据或者其他虚假的产权证明作担保的;(三)没有实际履行能力,以先履行小额合同或者部分履行合同的方法,诱骗对方当事人继续签订和履行合同的;(四)收受对方当事人给付的货物、货款、预付款或者担保财产后逃匿的;(五)以其他方法骗取对方当事人财物的。”

合同诈骗罪是指以非法占有为目的,通过虚构事实与隐瞒真相等手段,诱使对方与行为人签订、履行合同,骗取对方当事人财物,数额较大的行为。

另外,根据广东省高级人民法院印发的《关于办理破坏社会主义市场经济秩序犯罪案件若干具体问题的指导意见》的规定,个人进行合同诈骗犯罪定罪量刑的数额标准为:广州、深圳、珠海、汕头、佛山、中山、东莞、江门市及其所辖市、县、区以5万元以下为“数额较大”,5万元以上不满50万元为“数额巨大”,50万元以上为“数额特别巨大”。湛江、茂名、惠州、潮州、揭阳、汕尾、梅州、河源、肇庆、韶关、清远、阳江、云浮及其所辖市、县、区以4万元以下为“数额较大”,4万元以上不满40万元为“数额巨大”,40万元以上为“数额特别巨大”。单位进行合同诈骗犯罪定罪量刑的数额标准为:数额在50万元以下为“数额较大”,50万元以上不满300万元为“数额巨大”,300万元以上为“数额特别巨大”。

2. 构成要件

(1)违法(客观)构成要件:在合同签订、履行过程中,使用欺诈手段,骗取对方当事人数额较大的财物的行为。合同诈骗罪侵犯的客体既包括国家、集体、他人的公私财物所有权,也包括我国社会主义市场经济秩序及合同管理秩序。

(2)责任(主观)构成要件:直接故意且主观上具有非法占有他人财物的目的。该非法占有的目的既可以存在于签订合同之时,也可以存在于履行合同的过程中。以下情形可以认定为具有非法占有的目的:①挥霍对方当事人交付的货物、货款、预付款、定金或保证金,致使上述款物无法返还的;②使用对方当事人的货物、货款、预付款、定金或保证金进行违法犯罪活动的;③合同签订后,以支付部分货款、部分履行合同为诱饵,骗取全部货物后,在合同规定的期限内或者双方约定的付款期限内,无正当理由拒不支付其余货款的;④收到对方货款后,不按合同规定或双方约定组织货源,而是用于冒险投资的;等等。

(三)合同诈骗罪的本质特征

从上述对合同诈骗罪构成要件的分析可知,合同诈骗罪的行为人虚构事实、隐瞒真相的根本目的在于非法占有对方的财物,其并未有真实交易、履行的意图。由此可见,主观目的即行为人非法占有他人财物的目的,是合同诈骗罪最本质的特征,对于界定合同诈骗罪具有重要作用。

(四)谢某的行为应定性为合同诈骗罪

1. 客观(违法)构成要件

客观(违法)构成要件包括危害行为、行为对象、危害结果、时间、地点、构成身份等。合同诈骗罪的主要客观(违法)构成要件是危害行为,即在合同签订、履行过程中,骗取对方当事人数额较大的财物的行为。具体表现为在合同签订、履行过程中,实施欺骗行为使对方产生错误认识或维持、强化对方的错误认识,被骗人基于该错误认识处分了财产。

本案中,谢某假借"委托人"梁某的名义与某水果商行签订水果买卖合同,使某水果商行对合同的交易方产生错误认识,即误以为合同的交易方为梁某,某水果商行基于该错误认识将价值424,360元的货物交付给谢某。该行为符合《刑法》第224条规定的以"冒用他人名义签订合同"的方法骗取对方当事人数额较大的财物。

2. 责任(主观)构成要件

责任(主观)构成要件包括故意、过失、目的、动机等。合同诈骗罪的主要责任(主观)构成要件是非法占有的目的。

本案中,其一,谢某假借"委托人"梁某的名义与某水果商行签订水果买卖合同,而实际采购商及受益人均为谢某,其本质在于使其"代理"的效果归属于"委托人"梁某,亦即将支付货款的义务归属于"委托人"梁某,从而逃避债务,据此可知,谢某在签订合同时就已经具有非法占有的目的。其二,梁某、谢某均无任何实际履行合同的行为,谢某逃匿拒不支付任何货款的行为亦表明其具有非法占有的目的。

综上所述,谢某客观上具有"冒用他人名义签订合同",骗取对方当事人数额较大的财物的行为,主观上具有非法占有的目的,依法构成合同诈骗罪。

三、合同诈骗罪界定方法及相关法律建议

批发市场的业务具有数量大、交易方式简单、从业人员构成复杂和法律意识不足等特点,交易行为涉及刑事诈骗,对商户、市场而言都是巨大的伤害。当前,既要最大限度控制疫情影响,又要妥善复工复产,这就要求各专业批发市场的管理者、商户在交易过程中更为慎重,防止在复工复产中因法律意识淡薄、急于交易出现毁灭性风险。

(一)合同诈骗罪现实界定方法:判断行为人是否具有非法占有他人财物的目的

从前述可知,行为人是否具有非法占有他人财物的目的,是合同诈骗罪最本质的特征。而行为人的客观表现(行为)在一定程度上能反映出其内心的真实意图。因此,判断行为人是否具有非法占有他人财物的目的,可以从行为人以下几个客观表现(行为)进行把握。

1. 确定合同签订、履行过程中行为人虚构事实、隐瞒真相的具体内容。若以虚构的单位或冒用他人名义签订合同,其主观上就很可能具有非法占有他人财物的目的,构成合同诈骗罪。

2. 判断行为人在签订合同时有无实际履行合同的能力。若行为人在签订合同时具有完全或部分的履行能力,自始至终并无任何履行行为或虽有部分履行行为,但其是为了诱骗对方当事人继续签订和履行合同从而占有对方财物,应当认定为合同诈骗罪。若行为人具有完全或部分的履行能力,同时也有积极的履行行为,但因其他原因致使合同并未能完全履行,不应认定为民事欺诈,应通过民事诉讼解决争议。若当事人签署合同前后都无任何履行能力,仍实施欺诈行为占有对方财物,应当认定为合同诈骗罪。若当事人无履行能力,但在签订合同后经过各种努力,积极履行合同,无论履行情况如何,都应认定为民事欺诈。

3. 判断行为人有无实际履行合同的行为。合同诈骗的行为人无实际履行合同的行为或虽有部分履行行为,但其是为了诱骗对方当事人继续签订和履行合同从而占有对方财物。

4. 确定行为人对"取得"的财物的处置情况。合同诈骗的行为人在"取得"对方财物后绝大多数用于挥霍或从事违法犯罪活动、偿还高利贷等。

5. 查明合同当事人未履行合同的原因。若合同当事人有履行能力但不履行合同,即仅仅是因为自己的主观原因而拒绝承担合同义务,可以认定行为人具有非法占有的目的,构成合同诈骗罪。

6. 确定行为人对承担违约责任的态度。利用合同进行诈骗的行为人,一般会转移财产并进行逃匿,使对方当事人遭受重大损失。

(二)预防刑事诈骗的法律建议

1. 商户在签订合同前必须认真审查对方当事人的身份及实际履行合同的能力。对于自然人,应审查其个人身份证,了解其征信状况,是否存在违法犯罪记录等;对于法人,应审查其营业执照、资质等级、商标权利证书、法定代表人身份证、法定代表人身份证明书。对于法人委托的除法定代表人以外的受托人,还应审查授权委托书、身份证明、授权范围等。

针对不签订合同或合同签订不规范,不清楚交易方的真实身份信息等情况,建议商户:其一,应核实对方的真实身份信息,应要求对方提供身份证复印件等身份证明材料,身份证复印件等身份证明材料应注明相关联系方式、银行卡账户等,还应要求对方在其身份证复印件上签名摁手印。其二,在签订合同时,应尽量避免出现签昵称的情况,即使需要签昵称也应在昵称后签署真实姓名,此外,还应要求对方在签名处摁手印。

2. 商户应认真核查合同的条款。在签订合同时应对合同的主体、合法性,合同双方的具体权利义务是否明确且对等,签订合同的目的能否实现等方面严格核查。

对于《付款承诺书》或《对账单》,其一,应载明管辖条款,如"若未按时支付货款,供应商有权向市场所在区人民法院提起诉讼";其二,应载明违约责任,如"逾期付款的,每逾期一日,按未付金额的日万分之五支付逾期违约金";其三,应明确具体的交易时间、交易品种及未付的具体金额;其四,应将对方身份证复印件作为《付款承诺书》或《对账单》的附件。

3. 商户、市场管理者应该对"受托人"假借"委托人"身份签订合同的情况高度重视。在专业批发市场中,委托人安排公司员工、亲戚或者临时雇员进行采购的情况非常常见,其一,应掌握委托人、受托人的真实身份信息、联系方式和委托手续;其二,在合同或者交易单据中应该明确"受托人或者其他保证人对本合同项下的委托人的所有债务承担连带责任";其三,商会应该及时更新受托人的身份信息。

4. 商户应主动采取法律措施。涉及民事欺诈的,应该积极提起诉讼并申请财产保全，第一时间控制风险并保障自身的合法权益。涉及合同诈骗等刑事案件的，应该积极收集有关证据，到公安机关报案，集体涉案的，还需要联合有关受害人，取得批发市场业主和街道办等有关部门的支持。

5. 市场管理者需加强管理措施，提高违约、违法者交易成本。笔者团队在过去的服务工作中，已经协助客户合理妥善地解决了多宗纠纷，对于涉及民事欺诈的交易者采取过多种限制措施：在行业内进行通报、限期禁止入场交易、提存预付款、冻结保证金、要求提供担保物、要求增加保证人等。对于涉及需要刑事立案处理的多宗合同诈骗的刑事案件，律师协助市场、商户积极到公安机关报案，根据处理的结果来看，短时间内对整个交易市场产生了巨大的震慑作用，大宗交易卷货"跑路"的现象得到了遏制。

6. 市场管理者需组建高效有力的市场管理部门。对市场管理部门可实行企业化管理，其本身不在市场从事经营性活动，其职责包括但不限于安排交易摊位，规定和完善市场交易规则，对市场的商户及采购商进行登记及资格的初步审查，协助处理市场的经营、合同等纠纷。从整个市场的实际出发，市场管理部门提供的各种服务、市场管理部门统一的组织协调，可以使专业批发市场的建设发展同国家的经济发展战略、产业发展政策相协调，从而推动专业批发市场向高水平、高层次发展。

7. 建立律师顾问制度。律师可协调市场管理部门起草、完善有关市场交易准则、交易合同模板等，通过提供法律专题讲座，对商户进行普法宣传，提高商户的风险把控意识，从而维护市场的交易安全，切实保障商户的合法利益。

8. 市场管理者需与公安机关、街道办、社会综合治理部门建立良好的沟通渠道。鉴于这类纠纷案件涉及的金额大、商家多，非常容易形成群体性事件，且许多商家法律意识还不强，经常采取恶意催收、暴力催收等手段来追回自己的债权，从而引火烧身，触犯法律。故应与公安机关、街道办、社会综合治理部门等职能部门建立良好的沟通渠道，及时邀请有关职能部门进行法治宣传、纠纷调解、案件处置，达到纠纷解决和社会治理的和谐统一。

作 者 简 介

王春平　广信君达所高级合伙人，曾任或现任全国律协宪法与行政法专业委员会委员、广东省律协行政法律专业委员会委员、广东省律师专家库行政法律事务律师专家、广州仲裁委员会仲裁员、广东省北京大学校友会副会长等。曾获广州市律协2018年度业务成果奖、理论成果三等奖，办理的案件被评为广东省律协2018年度律师典型案例，撰写的文章获2016年度中国领导科学研究会优秀成果等，专注于民商事诉讼/仲裁、行政复议/诉讼及民行交叉案件、公司银行金融、房地产/建设工程、债权处置与强清破产等领域。

黎月梅　广信君达所合伙人，获广州市律协2018年度业务成果奖，被评为广州市司法局2017年度优秀共青团干部，专注于民商事诉讼/仲裁、行政复议/诉讼及民行交叉案件、公司银行金融、房地产/建设工程等领域。

王　钲　广信君达所合伙人，现任华南理工大学法学院广州校友会常务理事，专注于公司治理、商事诉讼、刑事诉讼与刑事法律风险防控等领域。

李键文　广信君达所实习人员，专注于公司治理与风险防控、商事诉讼等领域。

孙君元　广信君达所专职律师，专注于民商事诉讼、公司风险防范与内部治理等领域。

李红梅　广信君达所合伙人，专注于企业治理、股权投融资、家族财富管理、重大争议解决等领域。

杨超男　广信君达所合伙人，暨南大学/柏林自由大学法学博士，广东省涉外律师领军人才，现任广州市律协业务研究与培训工作委员会副主任、公司法律专业委员会委员、广州国际商贸商事调解中心调解员，2020年至2022年，连续三年被国际知名法律评级机构 The Legal 500 评为中国法域律师广州地区“新星律师”，专注于民商事争议解决业务、公司与商事业务、涉外贸易与投资业务、海事海商与航空航天行业业务等领域。

何嘉欣 广信君达所专职律师,曾参与广东省人大常委会办公厅委托的立法项目、广州市金融工作局主管广州金融业协会组织的金融法学研究项目,专注于公司治理与风险防控、民商事争议解决、反垄断与竞争法等领域。

黄子睿 广信君达所专职律师,毕业于香港中文大学,广州市律协证券法律专业委员会的委员,具有证券及基金从业资格,专注于基金、证券、并购及民商事法律纠纷/仲裁等领域。

卢庆波 广信君达(东莞)律师事务所专职律师,东莞市劳动争议兼职仲裁员,获"2008 年度及 2011 – 2012 年度律师工作先进个人"称号,专注于人力资源风险与防范、公司治理与法律顾问、金融保险纠纷、借贷合同纠纷等领域。

朱　滔 广信君达所合伙人,曾任或现任广东省律协党建委、仲裁专业委委员,广州市律协公益委副主任、劳专委委员,广州仲裁委员会、深圳国际仲裁院、深圳仲裁委员会、广州市劳动人事争议仲裁委员会仲裁员等,获广东省律师行业党委 2019 – 2020 年度"广东省律师行业优秀共产党员"、广州市律师行业党委 2020 – 2021 年度"广州市律师行业优秀共产党员"、广州市律协"公益律师奖""理论成果奖""社会责任贡献奖"等荣誉,专注于建设工程房地产、劳动人事、公司治理、民商事仲裁与诉讼争议解决等领域。

罗海滔 广信君达所实习人员,专注于民商事仲裁与诉讼争议解决、公司治理、劳动人事等领域。

李　立 广信君达所高级合伙人,广东省律协医疗卫生与健康法律专业委员会副主任,中国医学论坛报《医事法学》栏目编委,中国卫生信息与健康大数据学会公益慈善与伦理专业委员会委员,多次获得广州市律协业务成果奖,获第三届广州律师辩论赛"优秀辩手",专注于医事领域(民事、行政、刑事、非诉)、政府法律顾问及行政诉讼等领域。

许文滔 广信君达所专职律师,广东省法学会港澳法研究会理事,《医事法学亮点在广东》编委会成员,广州医科大学法治与政策研究中心秘书,中国法学会会员,专注于民商事领域诉讼争议解决、公司治理以及医事法学等领域。

梁文琳 广信君达所实习人员,毕业于英国南安普顿大学法学院,专注于民商事争议解决、公司与商事、涉外贸易与投资等领域。

肖小俊 广信君达所合伙人,清华大学硕士,广州市破产管理人协会副会长,广东省法学会破产法学研究会常务理事，广州市法学会、广州市不良资产管理协会“金融稳定专家委员会”委员，专注于破产清算与重整、债务重组、不良资产等领域。

张泽宇 广信君达所专职律师，美国埃默里大学法学硕士、中国青年政治学院（中国社会科学院大学）法律硕士，专注于破产清算与重整、不动产与建设工程等领域。

吴业辉 广信君达所合伙人，广州市律协政府法律顾问专业委员会委员，中华遗嘱库学术委员会委员，茂名、中卫、德州仲裁委员会仲裁员，获得广州市律协2013年度、2014年度、2016年度“业务成果奖”，广州市律协2020年度“理论成果奖”，专注于政府法律顾问、行政诉讼、不动产登记、招标投标监督管理等领域。

张　蓉 广信君达所合伙人，西南政法大学民商法学士、中山大学法学硕士，专注于企业合规体系建设、重大合同商事纠纷、公司常年法律顾问、公司股东纠纷及衍生法律问题等领域。

云梦梦 广信君达所专职律师，专注于企业法律顾问实务、民商事合同纠纷、劳动纠纷等领域。

林　杨 广信君达所高级合伙人、广东省法学会知识产权法学研究会理事、广东省律协城市更新委员会会员，2021年度获提名ALB年度沿海地区女性律师大奖－本地，2021年度至今获国际认可专业调解员资格，专注于城市更新、知识产权、民商事诉讼及仲裁等领域。

梁彩珠 广信君达所实习人员，专注于民商事诉讼及仲裁、城市更新改造专项业务、企业经营法律策划等领域。

梁沐周 广信君达所专职律师，获得广东省社区法律顾问优秀律师、广州律师行业优秀共产党员称号，入围2021年度ALB中国区域市场法律大奖年度沿海地区青年律师大奖，专注于政府、国企、上市公司决策与应急处置工作参谋，国有投资、并购与融资，大型基础设施、房地产与产业园区建设、开发与运营等非诉讼法律业务，复杂商事争议解决等诉讼业务等领域。

杨诗雨 广信君达所专职律师，专注于国有投资、并购与融资，民商事诉讼等领域。

广信君达所谢昕律师团队 专注于证券与资本市场、公司股权投资并购及股权激励、公司商事诉讼和仲裁、国有企业法律服务、传媒和知识产权等领域，在前述法律业务领域具有较丰富的法律理论和实务处理经验。

庄竣凯 广信君达所专职律师，广州律师辩论团成员，专注于房地产与建设工程法律事务、劳动人事、民商事诉讼、常年法律顾问等领域。

何　浩 广信君达所专职律师，拥有5年国有大型企业及上市公司的法务管理工作经验，广州市劳动人事争议三方联调中心调解员，专注于劳动人事、民商事诉讼、刑事辩护等领域。

周嘉怡 广信君达所专职律师，代理案件类型涉及建设工程施工合同纠纷、劳动争议纠纷、房屋租赁合同纠纷、民间借贷纠纷、买卖合同纠纷、承包经营合同纠纷等。

黎国贵 广信君达所高级合伙人，曾任或现任广州市律协建设工程法律专业委员会副主任，广东省律协建筑工程法律专业委员会委员，广州仲裁委员会仲裁员、案件咨询专家，武汉、佛山、河源市仲裁委员会仲裁员，广州市三农法学会副会长，广东省法学会经济法学研究会常务理事，广东省法学会民商法学研究会理事，广州国际商贸商事调解中心调解员，专注于建设工程、房地产、民商事诉讼（仲裁）、企业法律顾问等领域。

杨　挺 广信君达所专职律师，原军队律师，上尉军衔，理工科背景，曾在知名房企任职，专注于建设工程、房地产、保理票据、法律顾问等领域。

邓传远 广信君达所高级合伙人，广州市律协副会长。具有二级律师、高级经济师职称和上市公司独立董事任职资格。兼任广州市中立法律服务社理事长、中山大学法学院研究生导师、广州市人大监察和司法委员会咨询专家、广东股权交易中心审核委专家、广东省法学会民商法学研究会常务理事、广东省国际经济协会常务理事、汤臣倍健股份有限公司独立董事等职，专注于证券与资本市场、能源与公共产品（服务）、改革与国资管理国企改革、重大与疑难案件处理等法律业务。

马小立 广信君达所专职律师，非执业注册会计师，中南财经政法大学民商法硕士。专注于证券与资本市场、改革与并购重组等领域。

广信君达所石其军律师团队 由具有从事证券与资本市场法律事务的律师组成，在企业并购重组、证券发行、基金、公司法律服务等诉讼、非诉讼业务领域具有丰富经验。

广信君达所张雪芳律师团队 由多位精英律师组成，专注于上市、并购、投融资法律服务及民商争议解决两大板块。

官招阳 广信君达所专职律师，专注于证券资本市场、公司法、土地与建设工程、民商事争议解决等领域。

钟智芬 广信君达所合伙人，中国广州仲裁委员会仲裁员，广东省律协不良资产处置法律专业委员会副主任，广州市律协执行与资产处置业务专业委员会委员，香港特别行政区政府CEPA项下投资争端解决之指定调解员，专注于金融债权、不良资产处置、特殊机会投资、疑难民商事诉讼（仲裁）等领域。

广信君达所侯榆律师团队 由具有从事资本市场业务、金融证券业务、企业合规业务、重大民商事纠纷解决业务的律师组成，专注于金融证券、私募基金业务、股权投资、企业合规等领域。

谢　捷 广信君达所合伙人，现任香港女律师协会理事、广东省粤港澳促进会法律专业委员会委员、中华全国律师协会“一带一路”律师联盟会员、广东省律协粤港澳大湾区工作委员会委员、广州市律协并购重组业务专业委员会委员、广州仲裁委员会仲裁员等职；是司法部全国千名涉外律师人才、广东省首批涉外律师领军人才、广东省律协涉外法律服务讲师团成员、广州市首批涉外律师领军人才、广州律师学院特聘讲师；专注于公司并购、重组及上市、外商投资、民商事仲裁、诉讼及其他涉外法律业务等领域；其承办的非诉讼案例入选广东省律协律师典型案例，并获广州市律协授予“执业20年贡献奖”。

王晓华 广信君达所创始合伙人、高级合伙人，名誉主任，一级律师，留英法学硕士，广东省政协常委、省公安厅常年法律顾问、中南财经政法大学广州校友会会长、广州市律协前会长、第九届全国青联委员、第十六届（广州）亚运会火炬手。

唐浩森 原广信君达所专职律师，广州市首批涉外律师领军人才，中山大学法学院国际法学博士生，英国爱丁堡大学国际经济法硕士。

闪　涛 广信君达所高级合伙人，法学博士，从事律师工作15年，服务范围涉及东南亚、南亚、西亚、中东欧、中亚等“一带一路”沿线地区国家，专注于涉外法律服务，包括“一带一路”与海外投资、跨境争议解决、人工智能与区块链等领域。

苏耀云 广信君达所专职律师，担任广东省社会组织总会法工委互联网专业组委员。在《中国律师》、《广州律师》、威科先行、今日头条、新浪网、广州律协等平台发表文章数十篇。专注于互联网纠纷争议解决，涉及隐私和个人信息保护、数据安全与合规、政府监管合规、行政诉讼等领域。

曾　恺　广信君达所专职律师，担任广东省社会组织总会法工委互联网专业组委员。在《中国律师》、《广州律师》、威科先行、今日头条、新浪网、广州律协等平台发表文章数十篇，同时创办“忘形网络法”微信公众号，专注于互联网、新经济领域纠纷争议解决、商业模式/业务产品合规论证、数据合规管理等领域。

张　由　广信君达所合伙人，现任最高人民检察院民事行政案件咨询专家，广东省律协粤港澳大湾区工作委员会副主任，广州市律协涉外法律专业委主任、申请律师执业人员管理工作委员会副主任，入选司法部“全国千名涉外律师人才”、广东省、广州市涉外律师领军人才，专注于公司法、外商投资法、劳动法、知识产权法等领域。

全朝晖　广信君达所高级合伙人，拥有二级律师职称，曾任广州市律协保险法律专业委员会主任，现任广东省律协、广州市律协财资工委副主任、中国保险资管业协会法律合规专委会委员、英国特许仲裁员协会仲裁委员、内地香港数家机构仲裁员，系司法部及广东律协涉外律师领军人才；任中国贸促会、中证资本市场法服中心及中证协、中国香港、新加坡、日本等国际调解中心调解员及中山大学法律硕士专业学位（涉外律师）研究生联合培养导师等职，专注于资本市场、金融财税保险、跨境投融资及相关多元纠纷等领域。

谢　明　广信君达所合伙人，兼中山大学法律硕士专业学位（涉外律师）研究生校外导师，曾任或现任广州国际商贸商事调解中心调解员、仲裁员，广州市律协海事与航空专业委员会副主任，保险、建设工程与招投标专业委员会委员、广东省律协海商海事专业委员会委员、中国海商法协会海运法规专业委员会委员，广东省、广州市涉外律师领军人才。曾多次获中国海商法协会优秀论文奖、广州市律协业务成就、成果奖等，专注于海事海商、工程、国际贸易和金融保险等领域。

慕亚平　广信君达所高级合伙人，兼任中山大学法学院教授、WTO 与 CEPA 法律研究中心主任。参与起草、修改《粤港合作框架协议》，粤澳法律问题与合作专家小组专家。全国首批“学习强国”法治宣传专家、中国国际经济贸易法研究会副会长、中国法学会自由贸易区法治专业委员会副主任委员、广东省港澳法研究会副会长，专注于跨境投资、涉外民商事调解、诉讼、仲裁及相关执行、涉外法律服务工作等领域。

周　莲　广信君达所合伙人，澳门科技大学 EMBA，广东省港澳法研究会理事，专注于民商事、跨境投资、涉外民商事调解、诉讼、仲裁及相关执行、涉外法律服务工作等领域。

付丽莎 广信君达所合伙人，专注于知识产权及不正当竞争、民商事诉讼等领域，其带领团队获评为“2021 年度知识产权诉讼工作优秀团队”，承办的案件被评为“互联网内容平台典型案例”“岭南知识产权诉讼优秀案例”“2020 年商标授权确权十大典型司法案例”。

黄爱烨 广信君达所专职律师，专注于民商事诉讼、知识产权、劳动争议等领域。

苏东海 广信君达所高级合伙人。执业逾 30 年，法律实务经验丰富，荣获广东省司法厅嘉奖 1 项，广东省、广州市律协颁发的业务成果奖、执业 20 年贡献奖、理论成果三等奖及广东律师杂志评选专业文章一等奖等约 20 项，2021 年获评广东省（2017－2021）“全省优秀律师”，专注于行政法与政府法律顾问、知识产权、法律风险管理及重大疑难诉讼案件代理等领域。

梁广涛 广信君达所专职律师，承办案件曾获广州市律协业务成果奖、岭南知识产权诉讼优秀案例以及广东省律协典型案例等，专注于行政法、知识产权及民商事诉讼等领域。

罗嘉佳 广信君达所专职律师，专注于政府法律顾问、行政诉讼/复议、法律风险论证评估与管理、民商事诉讼等领域。

陈小英 广信君达所合伙人，广州市律协教育法律专业委员会副主任，广东省律协国有资产法律专业委员会委员；获得广东省律师行业党委“2018－2019 年度广东省律师行业综合类优秀党员奖”、广州市律协 2018 年度“业务成果奖”、2019 年度“理论成果二等奖”等市级及以上奖励 6 项；曾出版《律师执业风险与合规管理》《校园法律风险防控教师读本》，专注于企业合规、学校与教育、政府与公共事务、危机管理与争议解决领域。

蒋　利 广信君达所专职律师，现任广东省教师继续教育学会理事、广州市律政营商环境研究院副秘书长等 10 余项社会职务，出版 2 本专著，发表 30 余篇专业文章，获得农工党中央、全国律协、广东省律协、广州市律协等颁发的市级以上荣誉 40 余项，专注于政府与公共事务、商事筹划与企业合规、危机管理与争议解决领域。

陈明圣 广信君达所专职律师，现任广东省律协行政法律专业委员会委员、广东省法学会经济法学研究会理事，专注于建设工程与房地产、企业法律顾问、民商事与行政诉讼等领域。

郑　沛　广信君达所专职律师,获广州市司法局“2021－2022年度优秀共青团员”、广州市律协“建党100周年党史知识竞赛冠军”等多项荣誉,专注于公司法律事务、民商事诉讼、劳动法、知识产权等领域。

黄晓芸　广信君达所合伙人,国家三级律师、广州市司法局调解专家库专家,曾任或现任广州市律协房地产与城市更新专业委员会委员、实习考核委员会委员。曾被广东省、广州市律协评为“优秀党员”,并获广州市律协授予2018年度和2020年度“业务成果奖”、2019年度和2020年度“理论成果奖”,专注于房地产与城市更新、民商事诉讼、非诉法律顾问等领域。

胡颖怡　广信君达所专职律师,获得广州市律协2020年度业务成果奖及理论成果奖,专注于政府法务综合支持、民商事诉讼、行政诉讼、公司并购等领域。

孔卫韦　广信君达所专职律师,专注于知识产权、买卖合同纠纷、金融借款合同纠纷、建设工程合同纠纷等领域。

张　卓　广信君达所专职律师,获“2021－2022年度广州市律师行业优秀共青团员”荣誉称号。专注于民商事争议解决、劳动纠纷等领域。

冯丽娟　广信君达所专职律师,广州市海珠区三方联合调解中心调解员。专注于劳动人事、公司治理、民商事仲裁与诉讼争议解决等领域。

龙柏辰　广信君达所专职律师,中山大学刑法学硕士,专注于刑事辩护、企业合规与公司治理等领域。

肖　璐　广信君达所兼职律师,曾任或现任广东财经大学马克思主义学院讲师、广东省法学会诉讼法学研究会理事、湾区法商研究院研究员。曾获广东省第六届高校(本科)青年教师教学大赛一等奖、广州市第二届公诉人与律师控辩大赛团体二等奖、广州市律协2021年度业务成果奖、广东省首届防范非法集资微视频设计大赛一等奖,专注于刑事辩护、企业合规、企业家刑事法律风险防范等领域。

陈远乐　广信君达所创始合伙人、高级合伙人,曾任或现任原广东广信律师事务所副主任/主任、全国律协公司法专业委员会委员、第六届广东省律协常务理事、第六届广东省律协知识产权法律业务委员会主任、广东省律协发展战略委员会委员、广东省律协法律职业共同体委员会副主任、广州市律协纪律委员会副主任、广州仲裁委员会仲裁员、广东省民营企业文化协会首届副会长、广州市律师学院特聘讲师。专注于房地产、金融,公司收购合并、改制重组、证券上市等非诉讼法律业务和复杂疑难的民商事诉讼/仲裁法律业务等领域。2016年荣获广州市律协执业20年贡献奖和2016年度优秀专门(工作)委员会委员奖,2018年荣获广东省律协委员会优秀委员奖。其承办的非诉讼案例入选2019年度广东律师典型案例。

罗允齐 广信君达所专职律师,专注于民商事争议解决、常年法律顾问、劳动纠纷等领域。

姜 澄 广信君达所专职律师,专注于民商事争议解决、常年法律顾问、劳动纠纷等领域。

廖国冬 广信君达所专职律师,专注于国家机关、事业单位、国企常年和专项法律顾问等领域。